Die innere Burg

Pierre Hadot

Die innere Burg

Anleitung zu einer Lektüre Marc Aurels

Aus dem Französischen
von Makoto Ozaki und Beate von der Osten

Eichborn.

Die Übersetzung wurde vom Autor durchgesehen und autorisiert

Die Deutsche Bibliothek – CIP-Einheitsaufnahme

Hadot, Pierre:
Die innere Burg : Anleitung zu einer Lektüre Marc Aurels / Pierre Hadot. Aus dem Franz. von Makoto Ozaki und Beate von der Osten. – Frankfurt am Main : Eichborn, 1996
 (Gatza bei Eichborn)
 Einheitssacht.: La citadelle intérieure <dt.>
 ISBN 3-8218-0642-7

© Vito von Eichborn GmbH & Co. Verlag KG
Frankfurt am Main, August 1997
Lektorat: Thomas Hack
Umschlaggestaltung: Petra Wagner
Gesamtherstellung: Fuldaer Verlagsanstalt
ISBN 3-8218-0642-7

Verlagsverzeichnis schickt gern:
Eichborn Verlag, Kaiserstraße 66, D-60329 Frankfurt
http://www.eichborn.de

Inhalt

Vorrede

I. Der Kaiser-Philosoph

1. Eine glückliche Jugend, eine stürmische Regierungszeit.. 15
2. Die Entwicklung zur Philosophie 18
3. Sorglosigkeit eines jungen Prinzen –
   Träume von strengem Leben 21
4. Junius Rusticus 25
5. »Ariston« oder »Aristo«? 29
6. Lehrer und Freunde 34
7. Der Kaiser-Philosoph 38

II. Erste Annäherung an die *Ermahnungen an sich selbst*

1. Schicksal eines Textes 42
2. Der Titel 45
3. Hypothesen über die literarische Gattung des Werkes 47
4. Ein befremdliches Werk 52
5. Die *Ermahnungen an sich selbst* als persönliche Notizen (*hypomnémata*) 55

III. Die *Ermahnungen an sich selbst* als geistige Übungen

1. Die »Praxis« und die »Theorie« 62
2. Die Dogmen und ihre Formulierung 65
3. Die drei Lebensregeln 73
4. Übungen in Einbildungskraft 78
5. Die Niederschrift als geistige Übung 80
6. »Griechische« Übungen 84

IV. Der Sklaven-Philosoph und der Kaiser-Philosoph.
Epiktet und die *Ermahnungen an sich selbst*
1. Reminiszenzen an philosophische Lektüren 87
2. Die Lehre Epiktets 93
3. Epiktet-Zitate in den *Ermahnungen an sich selbst* 103
4. Die drei Lebensregeln nach Epiktet 108
5. Ein Einfluß von Ariston? 109

V. Der Stoizismus des Epiktet
1. Allgemeine Charakteristika des Stoizismus 113
2. Die Teile der Philosophie nach den Stoikern 119
3. Die drei Tätigkeiten der Seele und die
   drei Übungsthemen nach Epiktet 125
4. Die drei Übungsthemen und die drei Teile
   der Philosophie 135
5. Die Kohärenz des Ganzen 147

VI. Der Stoizismus der *Ermahnungen an sich selbst*.
Die innere Burg oder die
Disziplinierung der Zustimmung
1. Die Disziplinierung der Zustimmung 150
   Die objektive bzw. adäquate Vorstellung
   (phantasia kataléptiké) 150
   Die »physikalische« Definition 154
2. Die innere Burg 156
   Die Dinge berühren die Seele nicht 156
   Der Seele steht es frei, über die Dinge zu urteilen,
   wie sie will. 159
   Ein kritischer Idealismus? 162
   Die gleichzeitige Entdeckung der Welt und des Ichs ... 163
   Das Ich eingrenzen 164
   »Alles ist eine Frage des Werturteils« 180

VII. Der Stoizismus der *Ermahnungen an sich selbst.*
Die Disziplinierung des Begehrens oder *Amor Fati*

1. Disziplinierung des Begehrens und
   Disziplinierung des Handelns 185
2. Die Gegenwart begrenzen 189
3. Die Gegenwart, das Ereignis und
   das kosmische Bewußtsein 198
4. *Amor fati* 205
5. Vorsehung oder Atome? 210
6. Pessimismus? 231
7. Die Ebenen des kosmischen Bewußtseins 251

VIII. Der Stoizismus der *Ermahnungen an sich selbst.*
Die Disziplinierung des Handelns
oder die Handlung im Dienst der Menschen

1. Die Disziplinierung des Handelns 255
2. Der Ernst der Handlung 258
3. Die »angemessenen Handlungen« *(kathékonta)* 262
4. Die Ungewißheit und die Sorge 265
5. Die moralische Absicht oder das Feuer,
   das jeder Stoff nährt 268
6. Die innere Freiheit gegenüber den Handlungen:
   Reinheit und Einfachheit der Absicht 277
7. Die »Vorbehaltsklausel« und die Übungen zur
   Vorbereitung darauf, Schwierigkeiten zu begegnen 282
8. Verzicht? 288
9. Der Altruismus 291
10. Handlung und Wert,
    Gerechtigkeit und Unparteilichkeit 296
11. Mitleid, Sanftmut und Wohlwollen 306
12. Die Liebe zum Mitmenschen 314

IX. Der Stoizismus der *Ermahnungen an sich selbst*. Die Tugenden und die Freude

1. Die drei Tugenden und die drei Disziplinierungen............318
2. Die Freude 327

X. Marc Aurel in seinen *Ermahnungen an sich selbst*

1. Der Autor und sein Werk 332
2. Die Grenzen der psychologischen Geschichtsschreibung .334
   Der Fall Marc Aurel..334
   Marc Aurel, ein Opiumsüchtiger?..............................342
3. Das stilistische Bemühen 351
4. Chronologische Hinweise...356
5. Die Bücher II bis XII..360
6. Das Andenken an die Dahingeschiedenen 377
7. Die »Bekenntnisse« des Marc Aurel 380
8. *Verus* oder *Fictus* – »Aufrichtiger« oder »Heuchler«........395
9. Die Einsamkeit des Kaisers, die Einsamkeit des Philosophen..............................397
10. Politische Vorbilder 405
11. »Hoffe nicht auf Platons Staat« 414

Schlußbetrachtung

Anmerkungen..429
Literatur 451
Register der Zitate aus Marc Aurels
   Ermahnungen an sich selbst......................................457
Register der Zitate aus den *Unterredungen* des Epiktet 463
Namensregister..465
Begriffsregister 475

Vorrede

»*Nah ist die Zeit, daß du alle vergissest,
nah die Zeit, daß alle dich vergessen.*«

(*Ermahnungen an sich selbst*, VII, 21)

In diesem Punkt hat sich Marc Aurel getäuscht. Achtzehn Jahrhunderte (fast zweitausend Jahre!) sind vergangen, und seine *Ermahnungen an sich selbst* sind noch immer gegenwärtig. Jene Seiten blieben nicht nur einigen Geistesaristokraten wie Shaftesbury, Friedrich II. oder Goethe vorbehalten, sondern haben jahrhundertelang zahllosen Unbekannten, die sie in den vielen, rund um den Erdball entstandenen Übersetzungen lesen konnten, einen Lebenssinn gegeben und tun dies bis in unsere Tage.

Unerschöpfliche Quelle der Weisheit, »ewiges Evangelium«, wird Renan sie nennen. Anscheinend bereiten die *Ermahnungen an sich selbst* des Marc Aurel ihrem Leser keine besonderen Schwierigkeiten. Scheinbar beziehungslos folgen Aphorismen oder kurze Abhandlungen aufeinander, und beim Blättern wird der Leser mit Sicherheit auf die eine oder andere eindrucksvolle oder bewegende Formel stoßen, die für sich selber zu sprechen und keinerlei Exegese zu bedürfen scheint. Es ist zudem ein Buch, welches man nicht in einem Zuge lesen kann. Man muß oft zu ihm zurückkehren, um, je nach des Tages Stimmung, darin etwas zu entdecken, das den augenblicklichen Seelenzustand nähren kann. Der moderne Leser kann diesen oder jenen Aphorismus Marc Aurels – so wie z.B. den eingangs als Epigraph zitierten – vollkommen verstehen. Dies ist es, was uns an den *Ermahnungen an sich selbst* stets anziehen wird: jene Sentenzen, deren Klarheit alterslos ist.

Eine gleichwohl trügerische Klarheit! Denn daneben stehen andere, weit weniger klare Formeln, die von den Historikern in sehr unterschiedlicher Weise verstanden worden sind. Der eigentliche Sinn des Buches, sein Zweck, manche seiner Aussagen sind für uns schwer zu erfassen. Dies liegt nicht an Marc Aurel selbst. Unser Verständnis der antiken Werke hat sich aus den verschiedensten Gründen, wobei die zeitliche Entfernung nicht der wichtigste ist, immer mehr getrübt. Um erneut Zugang zu ihnen zu finden, müssen wir eine Art geistiger Übung, eine intellektuelle Askese betreiben, um uns von einer Anzahl vorgefaßter Meinungen zu befreien und etwas zu entdecken, was für uns fast eine andere Art des Denkens ist. Dies soll in dem vorliegenden Werk durchgängig versucht werden. Doch bevor wir uns auf diese Reise begeben, wird es vielleicht nützlich sein, uns jener Vorurteile und Illusionen bewußt zu werden, die den modernen Leser in die Irre zu führen drohen, wenn er ein Werk der Antike in Angriff nimmt.

Zunächst wird er vielleicht glauben, jener Text sei seit der fernen Zeit, in der er erschienen ist, stets derselbe geblieben, so wie unsere heutigen gedruckten Werke. Man darf jedoch nicht vergessen, daß die antiken Texte nicht gedruckt vorlagen: Jahrhundertelang wurden sie handschriftlich kopiert, und beim Abschreiben ständig Fehler eingefügt. Dem Schreiber wird man dies allerdings kaum übelnehmen können, wenn man bedenkt, daß unsere heutigen Bücher, obgleich gedruckt, nicht selten von Druckfehlern wimmeln, die zuweilen die Gedanken des Autors sinnentstellen oder unverständlich machen. Doch das ist eine andere Geschichte. Wie dem auch sei, eines jedenfalls wird man nicht oft genug sagen können: Den Anstrengungen der Gelehrten, die die uns überlieferten Handschriften der antiken Werke sammeln und klassifizieren und mittels einer kritischen Methode zur Fehleraufschlüsselung versuchen, den Urzustand des Textes wiederherzustellen, ist es zu verdanken, daß wir heute die Werke der Antike in einem Zustand lesen können, der fast zufriedenstellend ist und der im übrigen auch nie absolut vollkommen sein kann. Ich erlaube mir, diesen Punkt zu betonen, der zuweilen von gewissen Instanzen der Wissenschaft bzw. Philosophiehistorikern vollkommen ignoriert wird, die glauben, man könne die Theorien eines antiken Autors erörtern, ohne zu wissen, was er wirklich geschrieben hat. Im Falle Marc Aurels herrscht jedenfalls größte Ungewißheit über einige

Wörter seines Textes, worauf noch zurückzukommen sein wird. Auch wenn dies nicht für das ganze Werk gilt, stellen uns doch einige Passagen auch weiterhin vor fast unlösbare Schwierigkeiten, und es ist nicht verwunderlich, daß wir diese Probleme auch in den Übersetzungen wiederfinden.

Denn der moderne Leser könnte glauben, es gäbe nur eine mögliche Übersetzung des griechischen Textes, und er wird überrascht sein, welch beträchtliche Divergenzen häufig festzustellen sind. Diese Tatsache sollte ihm jedoch die Entfernung bewußt machen, die uns von der Antike trennt. Tatsächlich setzt die Übersetzung zuerst die Wahl der Lesarten des griechischen Textes voraus, in den Fällen nämlich, wo dieser, wie wir gesehen haben, nicht verläßlich ist. Das Zögern des Übersetzers hat jedoch auch mit den Schwierigkeiten des Textverständnisses und den vorliegenden, zuweilen radikal verschiedenen Interpretationen zu tun. Im Falle Marc Aurels z.B. wußten viele die dem stoischen System eigenen Termini technici, denen man auf jeder Seite der *Ermahnungen an sich selbst* begegnet, nicht genau wiederzugeben. Überdies ist bei Marc Aurel die Einteilung der Kapitel stets sehr unsicher, und oft kann man die Grenzen der einzelnen *Ermahnungen an sich selbst* nicht mit absoluter Sicherheit ziehen. Die Unterteilung des Textes kann daher sehr unterschiedlich sein.

Und schließlich mag der moderne Leser sich vorstellen (und niemand ist gefeit gegen diesen Irrtum), der antike Autor lebe in derselben intellektuellen Welt wie er. Er wird seine Behauptungen behandeln, als wären sie die eines heutigen Autors. Er glaubt, unmittelbar verstehen zu können, was jener sagen wollte, versteht ihn jedoch in anachronistischer Weise und läuft häufig Gefahr, groben Widersinn hineinzudeuten. Gewiß gehört es heutzutage zum guten Ton zu behaupten, daß wir ohnehin nicht wissen können, was ein Autor sagen wollte, und daß dies im übrigen auch gar nicht wichtig sei, dürfen wir doch den Werken den Sinn geben, der uns gefällt. Für meinen Teil würde ich, ohne auf diese Polemik einzugehen, sagen, daß es mir möglich und notwendig scheint, vor dem »ungewollten« zunächst den »gewollten« Sinn des Autors zu entdecken. Es ist absolut unabdingbar, die Wiederherstellung eines ursprünglichen Sinnes anzustreben, auf den man sich anschließend berufen kann, um, wenn man will, die Sinngehalte aufzudecken, derer sich der Autor vielleicht nicht bewußt war. Aber diese Wiederherstellung fällt uns ohne Frage schwer, projizieren wir doch Haltungen und Absichten in die Vergangenheit hinein, die unserer Zeit zu eigen sind. Um die antiken Werke zu verstehen, ist es erforderlich, sie in ihren Kontext – im weitesten Sinne des Wortes – zurückzustellen, d.h. in die materielle, soziale und politische Situation ebenso wie in die rhetorische und philosophische Gedankenwelt. Vor allem muß man sich ins Gedächtnis rufen, daß sich die Mechanismen der literarischen Komposition grundlegend geändert haben. In der Antike waren die Regeln der Rede streng kodifiziert: Um zu sagen, was er sagen wollte, mußte der Autor es auf eine bestimmte Art und Weise, entsprechend den traditionellen Modellen und gemäß den von Rhetorik und Philosophie vorgeschriebenen Regeln sagen. Die *Ermahnungen an sich selbst* des Marc Aurel z.B. sind kein spontaner Erguß einer Seele, die ihre Gefühle unmittelbar ausdrücken möchte, sondern eine nach bestimmten Regeln ausgeführte Übung; sie setzen, wie sich noch zeigen wird, Grundmodelle voraus, an die sich der Kaiser-Philosoph zu halten hat. Oft sagt er gewisse Dinge, weil er sie kraft der ihm auferlegten Modelle und Vorschriften sagen *muß*. Man wird die Bedeutung dieses Werkes also nur verstehen können, wenn man die vorgefertigten Schemata kennt, die ihm vorgeschrieben sind.

Unser Vorhaben, dem modernen Leser eine Einführung in die Lektüre der *Ermahnungen an sich selbst* vorzulegen, wird also vielleicht nicht nutzlos sein. Wir wollen herausfinden, was Marc Aurel bezweckte, indem er sie schrieb, ferner die Literaturgattung bestimmen, der sie angehören, vor allem ihr Verhältnis zu dem philosophischen System definieren, das sie inspiriert hat, und schließlich, ohne eine Biographie des Kaisers zu schreiben, enthüllen, was von seiner Persönlichkeit in seinem Werk in Erscheinung tritt.

Ich habe Wert darauf gelegt, umfangreich aus den *Ermahnun-*

gen an sich selbst zu zitieren, denn ich habe etwas gegen Monographien, die mit dem Anspruch daherkommen, den Text zu entschlüsseln und das Nicht-Gesagte zu offenbaren, ohne dem Leser auch nur die leiseste Idee zu vermitteln, was der Philosoph wirklich »gesagt« hat, und sich dabei in verworrene Hirngespinste verwickeln, statt dem Autor das Wort zu erteilen und nah am Text zu bleiben. Eine solche Methode erlaubt bedauerlicherweise jede beliebige Sinnentstellung, jede Deformation. Unsere Zeit ist aus vielerlei Gründen fesselnd, allzuoft jedoch könnte man sie, unter dem philosophischen und literarischen Gesichtspunkt, als Zeitalter des Widersinns, wenn nicht gar des Wortspiels, definieren: alles Mögliche und Unmögliche über Mögliches und Unmögliches sagen! Wenn ich Marc Aurel zitiere, wünsche ich mir, der Leser möge Kontakt mit dem Text selbst aufnehmen, der allen Kommentaren überlegen ist, und sehen, wie die Interpretation versucht, sich auf den Text zu gründen, damit er meine Behauptungen direkt und unmittelbar überprüfen kann. Seit mehr als zwanzig Jahren arbeite ich über Marc Aurel, insbesondere an einer neuen Ausgabe und Übersetzung der *Ermahnungen an sich selbst*, die in den nächsten Jahren erscheinen wird; im Laufe dieser Arbeit gingen Interpretation und Übersetzung Hand in Hand, und die ausgezeichnete Textausgabe und Übersetzung von W. Theiler sowie neuerdings die interessante Übersetzung von R. Nickel haben mir dabei sehr geholfen. Im Unterschied zu der französischen Fassung, die eine völlig neue, originale Übersetzung darbietet, übernimmt daher die deutsche Fassung gelegentlich die Übersetzungen von W. Theiler und R. Nickel oder lehnt sich an diese an, enthält aber vorwiegend gänzlich neue Übertragungen. Deshalb konnte ich den Leser, um meine Überlegungen zu illustrieren, kaum auf bestehende Übertragungen verweisen, die nicht immer genau der Idee entsprochen hätten, die ich mir von dem Werk des Kaisers und Philosophen gemacht habe.

Anmerkung zur Umschrift der griechischen Wörter und zu den Zitaten aus den *Ermahnungen an sich selbst* des Marc Aurel sowie den *Unterredungen* des Epiktet:

Es war zuweilen nützlich, auf einzelne griechische Termini hinzuweisen, die der stoischen Philosophie zu eigen sind. Ich habe versucht, die Umschrift so einfach wie möglich zu halten, indem ich *é* für den Buchstaben *Eta* und *ô* für den Buchstaben *Omega* verwendet habe.

Um die Zahl der Fußnoten nicht unnötig zu vermehren, wird auf die Zitate Marc Aurels und aus den *Unterredungen* des Epiktet im Text durch Klammern verwiesen. In beiden Fällen entspricht die erste Zahl der Nummer des Buches, die zweite der des Kapitels und die dritte der Nummer des Paragraphen in dem jeweiligen Kapitel. Sofern nicht anders vermerkt, beziehen sich die auf den Seiten 93 bis 149 angegebenen Verweise auf den Text der *Unterredungen* von Epiktet.

Die Übersetzungen legen die Textedition von J. Dalfen (Leipzig [Teubner] 1987²), gelegentlich auch die von W. Theiler (*Marc Aurel, Wege zu sich selbst* [Zürich, Artemis-Verlag] 1974) zugrunde.

I
Der Kaiser-Philosoph

1. Eine glückliche Jugend, eine stürmische Regierungszeit

Der künftige Marc Aurel, der diesen Namen später bei seiner Adoption durch den Kaiser Aurelius Antoninus Pius erhalten sollte, wurde im Jahre 121 in Rom geboren und trug zunächst den Namen Marcus Annius Verus. Die Familien seines Vaters und seiner Mutter besaßen zahlreiche Ziegeleien,[1] was ein unermeßliches Vermögen und eine beträchtliche Kapitalanlage darstellte. Überdies erlaubte dieser Reichtum den Fabrikbesitzern politische Einflußnahme, führte er sie doch oft zu Ämtern, durch die sie, wie im Fall des Großvaters von Marc Aurel, die Bauplanung beeinflussen konnten.

Nach dem Tod des Vaters, der sich in Marcus' früher Kindheit ereignete, zog der Knabe die Aufmerksamkeit Kaiser Hadrians auf sich, der ihn protegierte und begünstigte. Um seine Nachfolge zu sichern, adoptierte dieser kurz vor seinem Tod im Jahre 138 Antoninus, den angeheirateten Onkel des zukünftigen Marc Aurel, und bat ihn, seinerseits sowohl Marcus als auch Lucius Verus, den Sohn des jüngst verstorbenen Aelius Caesar, an Sohnes Statt anzunehmen. Hadrian hatte zunächst Aelius Caesar zu seinem Nachfolger erkoren.

Am 10. Juli 138 tritt Antoninus die Nachfolge Hadrians an. Ein Jahr später, im Alter von achtzehn Jahren, wird der künftige Marc Aurel zum Thronfolger erhoben und heiratet 145 Faustina, die Tochter des Antoninus. Aus dieser Ehe gingen dreizehn Kinder hervor, von denen jedoch nur sechs das Kindesalter überlebten: fünf Töchter und ein Sohn – der spätere Kaiser Commodus.[2]

Der sich über fast drei Jahrzehnte, von 139 bis 166 oder 167 (dem Todesjahr Frontos[3]), erstreckende Briefwechsel zwischen

Marc Aurel und Fronto, seinem Rhetoriklehrer, vermittelt uns wertvolle Einzelheiten über diesen Abschnitt im Leben Marc Aurels und über die Atmosphäre am Hofe des Antoninus: das Familienleben, die Krankheiten der Kinder, Jagd, Weinernte, Studien und Lektüre des zukünftigen Kaisers, die Rhetorikaufgaben, die er pünktlich an Fronto sendet, die liebevolle Freundschaft, die nicht nur Lehrer und Schüler, sondern auch deren Familien miteinander verbindet. Als Antoninus im Jahre 161 stirbt, wird Marc Aurel im Alter von 39 Jahren Kaiser und teilt sich das Regierungsamt sofort mit Lucius Verus, seinem Adoptivbruder.

Noch im Jahr ihrer gemeinsamen Thronbesteigung fallen die Parther in die Ostprovinzen des Imperiums ein. Der Feldzug beginnt mit einem Desaster für die römische Armee. Lucius wird daraufhin gen Osten entsandt, wo die römischen Truppen unter Führung zweier kriegserfahrener Generäle, Statius Priscus und Avidius Cassius, die Oberhand zurückgewinnen (163-166), ihrerseits ins Partherreich einfallen und sich der Städte Ktesiphon und Seleukeia bemächtigen.

Kaum waren die Triumphfeiern zu Ehren der beiden Kaiser nach ihrem Sieg (166) beendet, wurden neue, höchst alarmierende Nachrichten aus einer anderen Grenzprovinz des Reiches gemeldet: Germanische Stämme der Donauregion, die Markomannen und die Quaden, bedrohten Norditalien. Die zwei Kaiser mußten sich persönlich vor Ort begeben, um die Lage wieder in die Hand zu bekommen, und so verbrachten sie den Winter in Aquileia. Doch zu Beginn des Jahres 169 starb Lucius in dem Reisewagen, in dem er mit Marc Aurel fuhr. Die vom Kaiser geleiteten Militäroperationen in den Donaugebieten sollten sich noch bis in das Jahr 175 hinziehen.

In dem Augenblick, als er sich des Sieges sicher sein konnte (175), erreichte ihn die Nachricht vom Aufstand des Avidius Cassius, welcher sich eine Verschwörung, die verschiedene Ostprovinzen und Ägypten durchzog, zunutze gemacht hatte, um sich zum Kaiser proklamieren zu lassen. Wahrscheinlich war es die Treue des Statthalters von Kappadokien, Martius Verus, die Marc Aurel rettete. Auf jeden Fall erfuhr der Kaiser in dem Moment, da er sich anschickte, gen Osten aufzubrechen, von der Ermordung des Avidius Cassius, die dieser tragischen Episode ein Ende setzte. Nichtsdestoweniger entschloß sich Marc Aurel zu einer Reise in die Ostprovinzen – in Begleitung Faustinas und ihres Sohnes Commodus. Sie führte ihn nach Ägypten, Syrien und Kilikien, wo seine Frau starb. Die antiken Geschichtsschreiber erinnern mit Vorliebe an die zahlreichen Ehebrüche Faustinas. Doch was es mit diesen üblen Gerüchten auch immer auf sich haben mag: Der Kaiser wurde durch diesen Verlust tief getroffen, und in seinen *Ermahnungen an sich selbst* (I,17,18) ruft er sich mit Rührung seine »so fügsame, so liebevolle, so aufrichtige« Frau in Erinnerung. Die Rückreise nach Rom führte ihn über Smyrna und Athen, wo er mit Commodus in die Eleusinischen Mysterien eingeweiht wurde. Am 23. Dezember 176 fanden in Rom die Feierlichkeiten anläßlich des Sieges über die Germanen und Sarmaten statt, doch kaum zwei Jahre später sollte Marc Aurel erneut zur Donaugrenze aufbrechen. Er starb am 17. März 180 in Sirmium oder Vindobona, dem heutigen Wien.

Mehr noch als durch die Kriege, wurde das Imperium durch die Naturkatastrophen verwüstet: die Überschwemmungen des Tibers (161), die Erdbeben von Kyzikos (161) und Smyrna (178), vor allem jedoch durch die schreckliche Pestepidemie, die von den römischen Truppen durch den Partherkrieg (166) aus Asien eingeschleppt worden war. Wie J.F. Gilliam[4] gezeigt hat, hat sie vielleicht nicht zu der von gewissen Historikern beschriebenen Entvölkerung geführt, die von diesen als entscheidende Ursache für den Untergang Roms angesehen wurde – ohne Frage zeitigte die Epidemie jedoch schwerwiegende Folgen für das soziale und politische Leben des Reiches.

Eine stürmische Regierungszeit: Von dem Augenblick, da Marc Aurel zur Kaiserwürde gelangte, brechen Naturkatastrophen, militärische und politische Schwierigkeiten, Sorgen und Trauerfälle in der Familie über ihn herein und zwingen ihn, sich täglich dem Kampf zu stellen.

Das nüchterne, doch begründete Urteil des Historikers Cassius

Dio[5] ist eines der genauesten, die je über ihn gefällt wurden: »Ihm war nicht das Glück vergönnt, das er verdient hätte [...], sondern er fand sich zeit seiner Regierung mit einer Vielzahl von Unglücksfällen konfrontiert. Aus diesem Grund bewundere ich ihn mehr denn jeden anderen, gelang es ihm doch inmitten jener außerordentlichen und unvergleichlichen Schwierigkeiten, zu überleben und das Imperium zu retten.«

»Die römische Welt«, schrieb Ferdinand Lot,[6] »hat eine Reihe von Herrschern einander auf den Thron folgen sehen, wie die Geschichte später nie wieder ihresgleichen hervorbringen sollte, und dies gerade seit der Zeit des Stillstands und anschließend des Verfalls der antiken Welt.« Und nachdem er als Beispiele unter anderem Marc Aurel, Septimius Severus, Diokletian, Julian und Theodosius aufgezählt hat, fährt er fort: »Als Staatsmänner, Gesetzesgeber und Krieger eilen sie von der Bretagne zum Rhein, vom Rhein zur Donau, von der Donau zum Euphrat, um die römische Welt und die Zivilisation gegen die germanischen oder sarmatischen Barbaren, gegen die Parther und später gegen die Perser zu verteidigen. Sie alle wissen, daß ihre Tage ständig bedroht sind. [...] Und sie geben sich furchtlos ihrem tragischen Schicksal als Übermenschen hin. Denn wenn es jemals Übermenschen gegeben hat, so sind sie wohl unter den römischen Kaisern des 2. bis 4. Jahrhunderts zu suchen.« Die Persönlichkeit Marc Aurels muß unter dieser Perspektive betrachtet werden, wenn man sie auch nur ansatzweise verstehen will.

2. Die Entwicklung zur Philosophie

Ziel der vorliegenden Arbeit soll es indessen nicht sein, die Biographie eines jener »Übermenschen«[7] zu verfassen, sondern wir wollen uns lediglich fragen, was Marc Aurel dazu geführt hat, die *Ermahnungen an sich selbst* zu schreiben, d.h. wie er Philosoph geworden ist, und wie dieses Werk für ihn einen Teil seiner philosophischen Tätigkeit repräsentieren konnte.

Ein Philosoph in der Antike ist – und dies sei hier noch einmal betont – in erster Linie nicht notwendigerweise ein Theoretiker der Philosophie, wie man gerne annimmt. Ein Philosoph in der Antike ist jemand, der als Philosoph lebt, der ein philosophisches Leben führt. Cato der Jüngere, ein Staatsmann des 1. Jahrhunderts v. Chr., ist ein stoischer Philosoph und hat dennoch keine philosophische Schrift verfaßt. Rogatianus, ein Staatsmann des 3. Jahrhunderts n. Chr., ist ein platonischer Philosoph, ein Schüler Plotins, und hat ebenfalls keine philosophische Schrift verfaßt. Beide aber betrachten sich selbst als Philosophen, weil sie sich die philosophische Lebensweise zu eigen gemacht haben. Und es ließe sich wohl kaum behaupten, sie seien bloß Amateure auf dem Gebiet der Philosophie gewesen. In den Augen der Meister der antiken Philosophie ist der echte Philosoph nicht derjenige, der sich mit Theorien auseinandersetzt und Autoren kommentiert. Wie Epiktet, der Stoiker, der einen beträchtlichen Einfluß auf Marc Aurel ausgeübt hat, sagte (III,21,5-6):»Iß wie ein Mensch, trink wie ein Mensch, kleide dich, heirate, zeuge Kinder, führe ein bürgerliches Leben. [...] Zeige uns das, damit wir wissen, ob du wahrhaftig etwas von den Philosophen gelernt hast.«[8]

Für den antiken Philosophen besteht also keine Notwendigkeit zu schreiben. Und wenn er sich doch dazu entschließt, muß er weder eine neue Theorie erfinden, noch diesen oder jenen Teil eines Systems entwickeln. Es genügt ihm, die Grundprinzipien der Schule zu formulieren, zugunsten derer er sich in seiner Lebensführung entschieden hat. Indem Marc Aurel die *Ermahnungen an sich selbst* schreibt, hat er nichts Neues erdacht, hat auch die stoische Doktrin nicht weiterentwickelt. Deshalb läßt sich jedoch nicht behaupten, er sei kein Philosoph, und schon gar nicht, er sei kein stoischer Philosoph gewesen.[9]

Umgekehrt bedeutete die Tatsache, Philosophieunterricht genommen zu haben, nicht unbedingt, daß man ein Philosoph war. Lucius Verus, der Adoptivbruder Marc Aurels, wurde von denselben Philosophielehrern wie dieser unterrichtet, und doch käme niemand auf den Gedanken, ihn als Philosophen zu betrachten.[10]

Der lateinische Schriftsteller Aulus Gellius, ein Zeitgenosse Marc Aurels, ist in Athen Schüler des platonischen Philosophen Taurus gewesen. Unbestreitbar hat er ein Interesse an der Philosophie, wie die zahlreichen in seinem Werk zitierten philosophischen Texte belegen – zu einer philosophischen Lebensführung bekennt er sich indes nicht. Den Rednern und Staatsmännern boten die Philosophiekurse eine Ausbildung in Dialektik, einen Stoff, um Gemeinplätze in ihren Reden zu entwickeln. Wie Fronto an Marc Aurel schrieb: »Die Philosophie wird dir die Grundlage, die Rhetorik die Form deiner Rede vermitteln.«[11] Jedoch fühlen sie sich nicht verpflichtet, als Philosophen zu leben. Eben deshalb mahnen die von Arrian überlieferten *Unterredungen* des Epiktet die Hörerschaft des Philosophen fortwährend daran, daß die Philosophie nicht in der dialektischen Gewandtheit oder der Schönheit der Sprache bestehe, sondern in der Art und Weise, wie man sein alltägliches Leben lebe. Philosoph zu sein heißt nicht, eine theoretische philosophische Ausbildung erfahren zu haben oder Philosophielehrer zu sein, sondern bedeutet, sich nach einer Umkehr, die eine radikale Veränderung des Lebens bewirkt, zu einer Lebensweise zu bekennen, die sich von der anderer Menschen unterscheidet.

Es wäre äußerst interessant, die Art und Weise, in der sich Marc Aurels Hinwendung zur Philosophie vollzogen hat, in all ihren Einzelheiten zu kennen. Viele Punkte sind jedoch bis heute unklar geblieben. Über die Entwicklung Marc Aurels besitzen wir im wesentlichen zwei Zeugnisse, deren erstes der bereits erwähnte Briefwechsel zwischen Marc Aurel und seinem Rhetoriklehrer Fronto ist. Leider ist er uns nur in einem im 19. Jahrhundert entdeckten Palimpsest überliefert worden. Die Briefsammlung ist also von einer anderen Schrift überdeckt, und die Chemikalien, die angewandt wurden, um die Lektüre zu erleichtern, haben das Dokument endgültig zerstört, so daß es häufig unleserlich und lückenhaft ist. Das zweite Zeugnis stammt vom Kaiser selbst, der sich im ersten Buch der *Ermahnungen an sich selbst* all das wieder ins Gedächtnis ruft, was er seinen Eltern, seinen Lehrern und seinen Freunden verdankt: ein äußerst kurzgefaßter Text, der uns überaus unbefriedigt läßt. Wie dem auch sei: Dank der spärlichen Hinweise, die wir hier und da auflesen können, läßt sich eine gewisse Anzahl von Phasen in Marc Aurels Entwicklung zur Philosophie bestimmen. Gleichwohl die spätere Hagiographie versichert hat, er sei seit seiner Kindheit »ernsthaft«[12] gewesen, läßt sich zunächst eine Periode jugendlicher Sorglosigkeit feststellen, die sich bis ins Alter von zwanzig Jahren zu erstrecken scheint, also bis in die Zeit hinein, da er bereits zum Thronfolger ernannt worden war. Denkbar ist jedoch, daß unter dem Einfluß des Diognetos, eines seiner Lehrer, von denen Marc Aurel in den *Ermahnungen an sich selbst* spricht (I,6), der Wunsch, als Philosoph zu leben, bereits während dieser Periode heranreifte.

Die Bekehrung Marc Aurels zur Philosophie scheint das Werk des Junius Rusticus gewesen zu sein, der ihm die Lehre Epiktets offenbarte, und läßt sich wahrscheinlich auf die Jahre 144-147 datieren. Jedenfalls schreibt Marc Aurel 146/147 im Alter von fünfundzwanzig Jahren einen Brief an Fronto, der über seine nunmehrige Geisteshaltung keinen Zweifel läßt. Darüber hinaus spielt Fronto in den ersten Jahren nach der Thronbesteigung fast ständig auf die philosophische Lebensweise seines kaiserlichen Schülers an.

3. Sorglosigkeit eines jungen Prinzen – Träume von strengem Leben

Marc Aurels Briefe an Fronto, vor allem jene, die er als junger Thronfolger von achtzehn oder zwanzig Jahren schrieb, gestatten uns einen flüchtigen Blick auf die schlichte Art des Familienlebens, welche am Hof seines Adoptivvaters Antoninus gepflegt wurde, vor allem in den kaiserlichen Villen fernab von Rom, in die dieser sich oft und gern zurückzog. Man beteiligte sich an der Traubenlese, es gab keinerlei Luxus, weder üppige Mahlzeiten noch geheizte Räume. Der zukünftige Kaiser liebte die körperliche

Betätigung, vor allem die Jagd, der er offenbar ohne große Rücksicht auf seine Untertanen nachging. Dies verrät uns zumindest ein Brief, dessen Anfang uns nicht erhalten geblieben ist und der sich auf die Jahre 140-143 datieren läßt.

»[...] Als mein Vater aus den Weinbergen heimkehrte, bestieg ich wie gewohnt das Pferd; ich machte mich auf den Weg, und wir entfernten uns allmählich. Und da, mitten auf der Straße, befand sich eine große Herde Schafe. Der Ort war fast verlassen: vier Hunde und zwei Schäfer und weiter nichts. Als er den Trupp Reiter herankommen sah, sagte der eine Schäfer zum anderen: ›Siehst du die Reiter dort? Das sind jene, die die schlimmsten Raubzüge zu veranstalten pflegen.‹ Kaum habe ich das gehört, gebe ich meinem Pferd die Sporen und stürme mitten in die Herde. Die aufgeschreckten Tiere stieben blökend in alle Himmelsrichtungen wild durcheinander davon. Der Hirte wirft seinen Stock in meine Richtung. Er trifft den Reiter hinter mir. Wir fliehen. So verlor einer, der befürchtete, ein Schaf zu verlieren, seinen Stock. Du glaubst, diese Geschichte ist erfunden? Nein, sie ist wahr. Es gäbe noch mehr darüber zu berichten, aber man kommt, um mich zum Bade abzuholen.«[13]

Bei diesem Bubenstreich ertappen wir den zukünftigen Kaiser in flagranti bei seiner Gedanken- und Sorglosigkeit. Wir sind noch weit entfernt von dem Philosophen, der sich später bemühen wird, die Gerechtigkeit peinlich genau walten zu lassen. Der Ton dieser Briefe an Fronto ist übrigens zumeist sehr heiter und spielerisch. Es scheint, als denke der junge Thronfolger, ein leidenschaftlicher Leser, der aller Wahrscheinlichkeit nach jede Anstrengung unternimmt, um seine Redekunst zu vervollkommnen, an nichts anderes.

Gleichwohl scheint Marc Aurel schon seit seiner Kindheit geahnt zu haben, worin das Ideal eines philosophischen Lebens bestehen könnte. Im ersten Buch der *Ermahnungen an sich selbst* (I,6) schreibt er dieses Streben nach einer strengen Lebensführung dem Einfluß eines gewissen Diognetos[14] zu – einem seiner ersten Lehrer: Er lehrte ihn, »das Kind, das er noch war«, Dialoge zu schreiben, und er brachte ihn von einem Spiel ab, welches unter jungen Griechen wohl eine lange Tradition hatte – findet es doch bei Aristophanes und Platon Erwähnung – und welches im wesentlichen darin bestand, als Zeitvertreib Wachteln einen leichten Schlag auf den Kopf zu versetzen.[15] Dieser Diognetos, sagt er, weckte in ihm die Liebe zur Philosophie und den »Wunsch, auf einem Schragen und einem schlichten Fell zu schlafen und nach anderen Dingen, die zu der Art ›hellenischer‹ Lebensweise gehören«. Auf diese letzte Formulierung werden wir noch zurückkommen müssen. Doch halten wir zunächst die Übereinstimmung zwischen dieser Bemerkung in den *Ermahnungen an sich selbst* und den Hinweisen, die uns »Das Leben des Marc Aurel« in der *Historia Augusta*[16] gibt, fest: »Im Alter von zwölf Jahren übernahm er die Kleidung und wenig später das asketische Leben eines Philosophen, indem er in das *pallium*, den Philosophenumhang, gehüllt studierte und auf dem Boden schlief. Nur mit Mühe gelang es seiner Mutter, ihn dazu zu bewegen, auf einem mit Fellen bedeckten Lager zu schlafen.«

Der kurze Mantel und die Härte des Bettes waren Symbole des stoischen, philosophischen Lebens. Man findet sie nicht nur bei Seneca, der seinem Schüler Lucius rät, von Zeit zu Zeit jene Askese zu betreiben, und ihm den Kyniker Demetrius ins Gedächtnis ruft, der auf einem Schragen zu schlafen pflegte. Sie werden auch von Plinius dem Jüngeren erwähnt, als er vom Juristen Titius Aristo spricht, der mehr Philosoph als die angeblichen Philosophen war und dessen Bett an die schlichte Lebensweise der »Alten« mahnte. Auch der Stoiker Musonius, der Lehrer Epiktets, erklärte, daß ein Schragen und ein schlichtes Fell zum Schlafen ausreichen.[17]

Im übrigen läßt sich in diesem Zusammenhang fragen, ob man die Lesart »hellenische Lebensweise« (*agôgé*), die sich in den

Handschriften der *Ermahnungen an sich selbst* findet, beibehalten soll, oder ob es nicht besser wäre, sie in »lakonische Lebensweise« (*agôgé*) abzuändern. Denn »hellenische Lebensweise« bezeichnete in der damaligen Zeit vielmehr die griechische Kultur und Zivilisation zugleich in ihren spirituellen wie materiellen Formen: die Literatur, die philosophische Rede, aber auch die Leibesübungen, die Art des gesellschaftlichen Lebens.[18] Demgegenüber war mit dem Ausdruck »lakonische Lebensweise« traditionell das »harte Leben« gemeint, welches sowohl die spartanische Erziehung als auch die philosophische Askese kennzeichnete. Darüber hinaus wurde das Wort *agôgé*[19] auch häufig für sich allein als Bezeichnung der Lebensweise der Lakedämonier verwendet. In seinem *Leben des Lykurg*,[20] des Gesetzgebers von Sparta, erzählt Plutarch im Zusammenhang mit der Erziehung der spartanischen Kinder, daß sie ab ihrem dreizehnten Lebensjahr keine Tunika mehr trugen, mit nur einem Umhang das ganze Jahr auskommen mußten und auf Strohlagern schliefen, die sie selbst aus Schilf angefertigt hatten.

Die Philosophen, vor allem die Kyniker und Stoiker, haben dieses Modell einer Lebensweise stark idealisiert. Es war das »spartanische Trugbild«, um den Ausdruck F. Olliers[21] wiederaufzunehmen – um so mehr, als Sparta ein kriegerischer und totalitärer Staat war, »der die Bürger zu fügsamen Werkzeugen seines Willens formte«, wohingegen die Kyniker und Stoiker den persönlichen moralischen Wert als einzigen Zweck des Lebens betrachteten. Von der spartanischen Erziehung übernahmen sie lediglich die Zucht zur Anstrengung, die Rückkehr zu einer natürlichen Lebensweise, die Verachtung der gesellschaftlichen Konventionen. Um nur ein Beispiel zu zitieren: Der Stoiker Musonius, von dem bereits die Rede war, glaubte, daß ein »auf spartanische Art erzogener« Schüler besser auf die philosophische Unterweisung vorbereitet sei, und pries das frugale Leben der Lakedämonier in aller Ausführlichkeit.[22] Fügen wir hinzu, daß der Philosophenumhang (*tribôn* auf griechisch, *pallium* auf latein), den der junge Marc Aurel trug, eben jener aus grobem Stoff gefertigte spartanische Umhang war, den Sokrates, Antisthenes, Diogenes und die Philosophen der kynischen und stoischen Tradition übernommen hatten.[23]

Wie hatte Diognetos in Marc Aurel den Wunsch nach dem strengen Leben der Philosophen und Spartaner geweckt? Wir wissen es nicht. Hat er das freie Leben der kynischen oder stoischen Philosophen gepriesen? Hat er ihm in Anlehnung an Plutarch von dem Leben des Lykurg oder des Kleomenes erzählt? Wie dem auch sei: Er bewirkte in seinem Schüler das, was man eine erste Bekehrung zur Philosophie nennen könnte.

Allerdings findet sich in den aus den Jahren vor 146/147 stammenden Briefen Marc Aurels an Fronto nicht die geringste Spur dieser jugendlichen oder vielmehr kindlichen Schwärmerei für diese spartanisch-philosophische Lebensweise. Zweifelsohne war sie nur von kurzer Dauer. Doch dieses Feuer, welches bereits erloschen schien, schwelte weiter und sollte bald aufs neue entfacht werden.

4. Junius Rusticus

Die antiken Historiker erkennen übereinstimmend die zentrale Rolle an, die Junius Rusticus in der Entwicklung Marc Aurels zur Philosophie hin gespielt hat. »Sein Lieblingslehrer«, berichtet die *Historia Augusta*,[24] »war Junius Rusticus, der von ihm sehr geschätzt wurde und dessen Schüler er war. Dieser Rusticus war im Krieg ebenso erfolgreich wie im Frieden und zudem ein großer Praktiker der stoischen Lebensweise. Marc Aurel holte seinen Rat in allen öffentlichen oder privaten Angelegenheiten ein. Er grüßte ihn mit einem Kuß sogar noch vor dem Prätorianerpräfekten, er ehrte ihn mit einem zweiten Konsulat, und nach dessen Tod bat er den Senat, ihm Standbilder zu errichten.« Die *Historia Augusta* hätte noch hinzufügen können, daß das erste Konsulat, welches Rusticus 162, ein Jahr nach der Thronbesteigung Marc Aurels, übernommen hatte, zweifelsohne die Dankbarkeit ausdrücken sollte, die der Schüler gegenüber seinem Lehrer empfand. Und der Historiker Cassius Dio[25] führt, wenn er von den Philosophielehrern Marc Aurels spricht, nur Junius Rusticus und Apollonius von Chalkedon an, die er beide als Stoiker beschreibt. Später, im 4. Jahrhundert, wird Themistius erneut auf die besondere Beziehung zwischen Junius Rusticus und dem Kaiser eingehen.[26] Man wundere sich nicht darüber, daß ein Staatsmann, der zwischen 162 und 168 das Amt des Präfekten von Rom bekleidete, gleichzeitig ein Philosophielehrer war. Dies war in der Antike nichts Außergewöhnliches: Cicero und Seneca waren ebenfalls Staatsmänner und zögerten ebensowenig, sich als Lehrer der Philosophie zu zeigen. Hierfür gibt es zwei Gründe: Zunächst einmal ist die antike Philosophie, wie wir gesehen haben, keine Angelegenheit von Spezialisten und Fachleuten. Ein Staatsmann kann demnach sehr wohl als Philosoph leben und die philosophische Sprache beherrschen. Andererseits bestand in Rom, wie I. Hadot[27] gezeigt hat, eine alte Tradition, nach der sich die Jugend älteren und erfahreneren Persönlichkeiten anschloß, die sie in das politische, aber auch in das moralische Leben einführten. Auf diese Weise eigneten sie sich die Rechtswissenschaft an, wie Cicero bei Scaevola, konnten sich aber auch in das philosophische Leben einweihen lassen. Aus dieser Perspektive läßt sich also sagen, daß Junius Rusticus Marc Aurel Privatunterricht in Philosophie erteilte und daß er gleichzeitig sein Freund und Seelenleiter gewesen ist.

Das erste Buch der *Ermahnungen an sich selbst* enthält eine nachdrückliche Würdigung seiner Person, sie ist, abgesehen von der dem Adoptivvater Kaiser Antoninus gewidmeten, die längste von allen:

»Von Rusticus (ist mir zuteil geworden) die Einsicht zu erlangen, daß meine innere Verfassung der Korrektur und Pflege bedürfe, mich nicht von sophistischem Ehrgeiz leiten zu lassen noch Abhandlungen über philosophische

Lehrsätze zu verfassen oder Mahnreden vorzutragen, den
Asketen oder Wohltäter auffällig hervorzukehren, auf rhetorische und dichterische Betätigung, auf Stilisierung des
Ausdrucks verzichtet zu haben; nicht zu Hause im Staats-
gewand herumzuspazieren oder desgleichen zu tun; die
Briefe so schlicht abzufassen wie jenen, den er selbst aus
Sinuessa meiner Mutter schrieb; gegenüber den Übelwol-
lenden oder sich schlecht Betragenden sich so zu verhalten,
daß man bereit ist, auf das erste Zeichen einer Annäherung
zu reagieren und zur Versöhnung bereit zu sein, sobald sie
zur Umkehr bereit sind; die Texte mit Genauigkeit zu lesen
und nicht damit zufrieden zu sein, sie oberflächlich zu
überfliegen, und nicht ohne weiteres den Schwätzern zuzustimmen; auf die Aufzeichnungen aus dem Unterricht des
Epiktet gestoßen zu sein, die er mir aus seiner eigenen Bibliothek zukommen ließ.« (I,7)

Was Marc Aurel von Rusticus lernt, ist also in gewisser Weise das
Gegenteil dessen, was ihn Diognetos gelehrt hat. Wie Epiktet[28]
sagte, ist es nicht der Zweck der Philosophie, einen Umhang zu
tragen, sondern über die »aufrechte Vernunft« zu verfügen. Es
geht nicht darum, sich hart zu betten oder Dialoge zu schreiben,
sondern den eigenen Charakter zu verbessern. Die Philosophie besteht weder in sophistischer Aufgeblasenheit noch papiernen Abhandlungen, weder in auf Effekt berechneten Deklamationen
noch in der Prahlerei: Sie besteht im Gegenteil in der Schlichtheit.
In diesem Text wird der Konflikt zwischen Fronto und Rusticus
über die Ausrichtung der Erziehung Marc Aurels erkennbar: »auf
rhetorische und dichterische Betätigung [...] verzichtet zu haben«.
Fronto selbst spielt auf diesen Gegensatz an. Erfreut darüber, daß
der neue Kaiser, der sich seit einigen Jahren geweigert hatte, seine
Rhetorikstudien fortzusetzen, in der Öffentlichkeit beredt das
Wort ergreift, schreibt er: »Unter all jenen, die ich kennengelernt
habe, findet sich keiner, der mit einer größeren natürlichen
Fähigkeit zur Redekunst begabt wäre. [...] Und widerwillig und

mit mürrischer Miene mußte auch mein lieber Rusticus, unser Römer, der sein Leben freudig für Deinen kleinen Finger hingeben und opfern würde, dem zustimmen, was ich über Deine Redebegabung sagte.«[29]

Die Rolle des Seelenleiters dürfte Rusticus nicht immer leichtgefallen sein. Wenn Marc Aurel auf Rusticus' Haltung gegenüber denjenigen anspielt, die über ihn verärgert waren, so bezieht er sich wohl selbst mit ein, denn er dankt im ersten Buch der *Ermahnungen an sich selbst* den Göttern, daß sie ihn, obwohl er oft in Zorn gegen Rusticus geraten sei, davon abgehalten hätten, je etwas zu tun, was er später bereut hätte (I,17,14). Die Beziehung zwischen den beiden Männern gestaltete sich ohne Frage recht stürmisch, und zwar sowohl in Marc Aurels Jugend, als Rusticus seinen Schüler spüren ließ, daß sein Charakter verbesserungsbedürftig sei (I,7,1), als auch während der Zeit, in der Rusticus einer der kaiserlichen Berater war. Durch seine Nachsicht und seinen Sanftmut zeigte ihm Rusticus die Haltung, die er seinerseits gegenüber denen bewahren sollte, die sich über ihn entrüsteten. Offenbar war einer der Hauptcharakterfehler des Kaisers seine Neigung zur Gereiztheit.

Marc Aurel verliert kein Wort über die stoischen Dogmen, die Junius Rusticus ihn gelehrt hat. Dies ist nicht weiter verwunderlich, denn wenn das erste Buch der *Ermahnungen an sich selbst* die Bilanz dessen zieht, was der Kaiser seinen Eltern und seinen Lehrern, seinen Freunden und den Göttern verdankt, so handelt es sich um eine Bilanz der Vorbilder und praktischen Ratschläge, mit denen er großzügig bedacht wurde, nicht um eine Beschreibung eines rein intellektuellen Werdegangs. Aus dieser Perspektive jedoch genügt die Erwähnung der während des Epiktet-Unterrichts niedergeschriebenen Notizen. Verglichen mit Epiktet sind alle stoischen Lehrer jener Zeit lediglich Epigonen. Seine Gestalt beherrscht, was den Stoizismus angeht, das gesamte 2. Jahrhundert. Daß er ihm dies vermittelt hat, ist in den Augen Marc Aurels die größte Wohltat, die er von Rusticus erfahren hat. Die *Ermahnungen an sich selbst* sind lediglich oft herausragend abgefaßte Variationen der Themen, die der Sklaven-Philosoph entwickelt hatte.

5. »Ariston« oder »Aristo«?

Eine radikale Umkehr wird häufig als ein Ereignis betrachtet, daß durch unerwartete Umstände plötzlich hervorgerufen wird. Und die Geschichte ist reich an Anekdoten dieser Art: Polemon, der nach einer ausschweifenden Nacht zufällig in eine Unterrichtsstunde des platonischen Philosophen Xenokrates gerät; Augustinus, der eine Kinderstimme sagen hörte: »Nimm und lies!«, Saulus-Paulus, der in Damaskus zu Boden geworfen wird. Auch beim Kaiser-Philosophen möchte man gern auf eindeutige Spuren einer plötzlichen Bekehrung zur Philosophie stoßen. Lange Zeit meinte man sie in einem Brief Marc Aurels an seinen Lehrer Fronto[30] entdeckt zu haben, in welchem er schreibt, er sei so erschüttert, daß er, in Traurigkeit versunken, nicht mehr esse.

Zu Beginn dieses Briefes bezieht er sich, ohne auf die Einzelheiten näher einzugehen und in heiterem Ton, auf eine Diskussion mit seinem Freund Aufidius Victorinus, dem Schwiegersohn Frontos. Dieser Aufidius, voller Stolz, Richter in einem Schiedsgerichtsverfahren gewesen zu sein, prahlt gewiß zum Scherz damit, der gerechteste Mann aus Umbrien zu sein, der je nach Rom gekommen sei. Er betrachtet sich Marc Aurel als überlegen, sei dieser doch bloß ein Beisitzer, der sich damit zufrieden gebe, an der Seite des Richters zu gähnen. Als Thronfolger (wie wir aus dem weiteren Verlauf des Briefes wissen, war er zu diesem Zeitpunkt fünfundzwanzig Jahre alt) hatte Marc Aurel die Pflicht, dem Kaiser Antoninus bei seiner juristischen Tätigkeit zur Seite zu stehen. Aufidius' Anspielung bezieht sich wahrscheinlich auf diese Funktion.[31]

Nach der Schilderung dieser Geschichte geht Marc Aurel zu einem anderen Thema über. Fronto werde bald nach Rom kommen, um, wie gewohnt, die literarischen Hausarbeiten, die er seinem Schüler aufgegeben hat, zu kontrollieren. Dieser freue sich zweifelsohne auf den Besuch seines Lehrers, unangenehm sei ihm jedoch, daß er die von Fronto ausgewählten Texte – Plautus, scheint es, und Cicero – nicht gelesen, vor allem aber keine rhetorische Argumentation verfaßt habe, in der er das Für und Wider darlegen sollte. Der Grund für seinen Verzug liege, so sagt er, in der Lektüre Aristons:

>»Die Bücher des Ariston bereiten mir Freude, aber auch Qualen. Sie erfreuen mich in dem Maße, wie ich durch sie eines Besseren belehrt werde. Doch wenn sie mir vor Augen halten, wie weit meine innere Verfassung [ingenium] von jenem Besseren entfernt ist, passiert es nur allzuoft, daß Dein Schüler errötet und auf sich selbst zornig wird, weil er sich im Alter von fünfundzwanzig Jahren in seiner Seele noch nichts von den heilsamen Dogmen und reinen Gedankengängen angeeignet hat. Und eben das quält mich, erzürnt mich, läßt mich in Traurigkeit versinken, macht mich eifersüchtig und raubt mir den Appetit.«

Im dritten Teil des Briefes kündigt Marc Aurel Fronto an, er werde dem Rat eines Redners aus der Antike folgen: Unter gewissen Umständen müsse es den Gesetzen vergönnt sein, zu schlafen. Er werde also die Bücher des Ariston ein wenig ruhen lassen und sich den Rhetorikaufgaben widmen, die er seinem Lehrer versprochen hatte. Dennoch werde es ihm angesichts seiner derzeitigen geistigen Verfassung unmöglich sein, gleichzeitig zugunsten des Für oder des Wider Beweis zu führen, d.h. so zu tun, als wären ihm Recht oder Unrecht in der fraglichen Sache gleichgültig.

In diesem Brief hat man traditionell den Bericht über die Umkehr Marc Aurels gesehen, die sich folglich im Alter von fünfundzwanzig Jahren vollzogen hätte, und den hier erwähnten Ariston mit Ariston von Chios gleichgesetzt, einem Stoiker des 3. Jahrhunderts v. Chr. Demnach hätte die Lektüre dieses Autors jene plötzliche Wandlung bewirkt.

Vor kurzem hat E. Champlin[32] diese Interpretation bestritten. Er stellt fest, daß Anfang und Ende des Briefes Anspielungen auf die Rechtswissenschaft enthalten, zu Beginn ist vom Richterstolz des jungen Aufidius die Rede, am Schluß, wenn er von den Büchern des Ariston spricht, davon, »die Gesetze schlafen zu lassen«. Er zieht den Schluß, daß der mittlere Teil ebenfalls im Zusammenhang mit der Rechtswissenschaft zu interpretieren sei. Die Bücher, von denen Marc Aurel spricht, seien also nicht die des Ariston von Chios, sondern diejenigen des Titius Aristo, eines Rechtsberaters aus der Zeit Trajans, dessen asketische Gestalt Plinius der Jüngere in einem seiner *Briefe*, wie bereits erwähnt,[33] heraufbeschwört. Wo er die Wirkung beschreibt, die jene Werke hervorrufen, äußere der Schüler Frontos also nicht sein Bedauern, noch kein Philosoph zu sein, sondern seinen Kummer, die Rechtswissenschaft bislang nicht ausreichend studiert zu haben. Deshalb würden die Bücher des Aristo am Ende des Briefes den Gesetzen gleichgesetzt, die man bisweilen schlafen lassen müsse.

R.B. Rutherford, H. Görgemanns und ich selbst[34] haben diese Interpretation von Champlin kritisiert. Zunächst einmal erscheint es doch ganz und gar unwahrscheinlich, daß Marc Aurel im Hinblick auf die Jurisprudenz ausrufen könne, daß er »sich im Alter von fünfundzwanzig Jahren in seiner Seele noch nichts von den heilsamen Dogmen und reinen Gedankengängen angeeignet« habe und anschließend von der Kluft spricht, die sich zwischen seiner »inneren Verfassung« und dem Ideal, dessen er gewahr wird, auftut. Und der Zorn, der Kummer, der Verlust des Appetits,[35] scheinen, selbst wenn man die rhetorische Übersteigerung in Rechnung stellt, stark übertrieben, sollten sie aus einer Schwärmerei für die Rechtswissenschaft herrühren.

Sodann ist es recht gewollt, den Brief so zu interpretieren, als handle er nur von einem Thema: der Rechtswissenschaft. Die Geschichte des Aufidius Victorinus stellt einen vom Fortgang unabhängigen Teil dar. Und die Schlußformel, »die Gesetze schlafen zu lassen«, war ein sprichwörtlicher Ausdruck,[36] welcher letztendlich meinte: Man muß sich manchmal damit abfinden, die eigenen

Moralprinzipien zum Schweigen zu bringen, nämlich im Falle einer schweren Krise.

E. Champlin macht die Tatsache geltend, daß alle Werke des Ariston von Chios bereits in der Antike als apokryph betrachtet wurden. In der Tat besteht kaum ein Zweifel darüber, daß dieser Philosoph wie viele andere – von Sokrates bis Epiktet – lediglich mündlich gelehrt und nichts Schriftliches hinterlassen hat. Doch gerade die Liste seiner »Werke«, wie sie sich in der Antike darstellte, enthält größtenteils Titel wie *hypomnémata, scholai, diatribai*, mit denen man die von den Schülern während des Unterrichts angefertigten Notizen bezeichnete.[37] Auf eben diese Weise, dank der Notizen Arrians, eines Staatsmannes vom Beginn des 2. Jahrhunderts v. Chr., kennen wir die Lehre Epiktets. Es wäre durchaus möglich, daß Marc Aurel jene während Aristons Unterricht angefertigten Notizen vor sich hatte, oder zumindest Auszüge davon, die in den Schulen der Stoa aufbewahrt wurden. Denkbar wäre auch, daß er eine Sammlung der *Gleichnisse (Homoiômata)* des besagten Ariston gelesen hat, die bis zum Ausgang der Antike in Ehren gehalten worden ist und im übrigen authentisch zu sein scheint, stimmt sie doch mit dem überein, was wir aus anderen Zeugnissen von der Lehre Aristons wissen. So weiß man z.B., daß er die Dialektik als nutzlos betrachtete, und tatsächlich finden sich in jener Sammlung Sentenzen, die diese Position veranschaulichen. Die Schlußfolgerungen der Dialektiker sind wie Spinngewebe: vollkommen nutzlos, doch kunstreich. Jene, die sich in die Dialektik vertiefen, ähneln denen, die Krebse essen: Sie mühen sich mit vielen Schalen um einen mageren Bissen Nahrung. Die Dialektik gleicht dem Schlamm der Wege: Ganz und gar nutzlos bringt er diejenigen, die in ihm laufen, zu Fall. Oder auch die Bemerkung über die Kürze des Lebens: Die Zeit und das Leben, die den Menschen gewährt werden, sind gar kurz, der Schlaf, wie der Steuereinnehmer, nimmt uns davon die Hälfte.[38] Erinnern wir uns außerdem daran, daß Marc Aurel vermittels Cicero und Seneca, welche von Ariston gesprochen hatten, Kenntnis von ihm gehabt haben könnte.[39]

Letztendlich kommt es jedoch gar nicht darauf an, zu wissen, ob Marc Aurel Ariston oder Titius Aristo gelesen hat. Dem Zeugnis des Plinius zufolge lebte der Rechtsberater Titius Aristo als Philosoph und mag schließlich ebenfalls philosophische Werke verfaßt haben. Das einzige, was sich mit Gewißheit sagen läßt, ist, daß der Brief die Erschütterung offenbart, die die Lektüre philosophischer Bücher bei Marc Aurel bewirkt hat.

Gleichwohl ist es schwer vorstellbar, daß einzig und allein die Lektüre des Ariston von Chios – so es sich um diesen handelt – die Umkehr Marc Aurels ausgelöst und einen so beträchtlichen Einfluß auf sein Denken gehabt haben soll. Denn die Charakteristika, die nach der antiken Tradition die Lehre dieses Philosophen auszeichnen, finden keinen Niederschlag in den *Ermahnungen an sich selbst* des Marc Aurel. In diesem Punkt muß ich die Interpretation berichtigen, die ich in einer früheren Studie vorgeschlagen hatte, und werde später noch einmal auf dieses Problem der Doktrin zurückkommen.[40]

Im ersten Buch der *Ermahnungen an sich selbst* sagt Marc Aurel mit hinreichender Klarheit, daß die Lektüre der *Unterredungen* des Epiktet, die Junius Rusticus ihm hatte zukommen lassen, den entscheidenden Einfluß ausgeübt habe. Die Bekehrung Marc Aurels zur Philosophie läßt sich also vielmehr als eine langsame Entwicklung vorstellen, die durch den regen Umgang mit Junius Rusticus und anderen Philosophen, auf die noch zurückzukommen sein wird, ausgelöst wurde. Man darf im übrigen nicht vergessen, daß viele Briefe Marc Aurels an Fronto verloren gegangen sind. Wahrscheinlich gab der Schüler seinem Lehrer in anderen Schreiben zu verstehen, daß er sich mehr und mehr von der Rhetorik entferne und sich der Verbesserung seiner inneren Verfassung widmen wolle. Er wird sich bemüht haben, dies, wie in dem vorliegenden Brief, mit Feingefühl und einer Spur Selbstironie zu bewerkstelligen. Die Lektüre dieses Ariston oder Aristo, gleich um welchen es sich handelt, stellt somit nur ein Moment, einen Anhaltspunkt in einem langen Prozeß dar. Ohne Frage hat Marc Aurel viele andere Autoren gelesen – ebenso wie er verschiedene Philosophielehrer gehört hat. Doch es ist interessant, festzustellen, daß sich das erste Zeugnis seiner Verbundenheit mit der Philosophie auf sein sechsundzwanzigstes Lebensjahr datieren läßt.

6. Lehrer und Freunde

Neben Junius Rusticus erwähnen die antiken Geschichtsschreiber – und auch Marc Aurel selbst – andere Philosophielehrer, namentlich Apollonius von Chalkedon und Sextus von Chaironeia. Junius Rusticus ist der Seelenleiter, der seinem Schüler sehr nahesteht; Apollonius und Sextus unterhalten eigene Schulen, und Marc Aurel muß dort an ihrem Unterricht teilnehmen. Der *Historia Augusta* zufolge lehnte es Apollonius, der von den antiken Geschichtsschreibern als Stoiker dargestellt wird, ab, in den Palast zu kommen, um seinem vornehmen Schüler Unterricht zu erteilen: »Der Schüler soll zum Lehrer kommen, nicht der Lehrer zum Schüler.« Kaiser Antoninus Pius, der ihn mit viel Aufwand aus dem tiefsten Chalkedon hatte holen lassen, damit er den jungen Thronfolger den Stoizismus lehre, bemerkte hierzu, es sei leichter gewesen, Apollonius aus Chalkedon nach Rom kommen zu lassen als aus seinem Haus zum Palast.[41]

Im ersten Buch der *Ermahnungen an sich selbst* (I,8) gedenkt Marc Aurel dieses Lehrers unmittelbar nach Rusticus. Wiederum verliert er kein Wort über den Inhalt seines Unterrichts, hält aber die moralische Haltung und praktischen Ratschläge seines Lehrers fest: die innere Unabhängigkeit und die Kunst, Extreme miteinander zu versöhnen, z.B. als Folge reiflicher Überlegung ohne Zögern zu entscheiden, gleichzeitig angespannt und entspannt zu sein, sich durch die Wohltaten, die man empfängt, nicht binden zu lassen, ohne sie dabei gleich zu verachten. In seinen Augen führte sich dieser Lehrer nicht als Schulmeister auf: Apollonius betrachtete die von ihm erworbene Erfahrung und Gewandtheit im Unterricht nicht als seine Hauptqualitäten und war in keiner Weise rechthaberisch bei den Textauslegungen. Bevor Marc Aurel das Kaiseramt übernahm, starb Apollonius. Sein Tod erfüllte ihn mit großem Schmerz und ließ ihn viele Tränen vergießen. Bei Hofe stieß seine offen zur Schau gestellte Betroffenheit auf Ablehnung, wahrscheinlich weil man über Marc Aurels philosophische Ambitionen spottete und ihm daher zeigen wollte, daß er seinen Prinzipien untreu geworden war. Kaiser Antoninus Pius entgegnete jedoch: »Erlaubt ihm, Mensch zu sein; weder die Philosophie noch das Kaiseramt vermögen die Gefühle zu entwurzeln.«[42]

Marc Aurel besuchte also die Schule des Apollonius bereits, als er noch junger Thronfolger war. Erst als er älter war und das Kaiseramt bereits angetreten hatte, scheint er an den Unterrichtsstunden des Sextus von Chaironeia teilgenommen zu haben, den die *Historia Augusta* als Stoiker bezeichnet,[43] ganz im Gegensatz zum byzantinischen Großlexikon *Suda*,[44] das ihn mit dem berühmten Sextus Empiricus verwechselt und folglich als Skeptiker aufführt. Nach dieser letzten Quelle soll Marc Aurel ihn oft zum Beisitzer erkoren haben, wenn er Gericht zu halten hatte. Es wird erzählt, daß ein zeitgenössischer Philosoph namens Lucius, der für seine freimütige Art der Rede berühmt war, Marc Aurel gefragt habe, was dieser in der Schule des Sextus zu suchen habe. Und dieser soll geantwortet haben: »Es ist immer gut, zu lernen, auch für jemanden, der bereits altert. Ich gehe zu Sextus, dem Philosophen, um zu lernen, was ich noch nicht weiß.« Daraufhin rief Lucius mit gen Himmel erhobener Hand aus: »Oh Zeus, der Kaiser der Römer hängt sich in seinem Alter die Wachstafeln um den Hals und geht zur Schule, während Alexander, mein König, mit zweiunddreißig Jahren starb!«[45]

Auch von Sextus ist, gleich nach Apollonius, im ersten Buch der *Ermahnungen an sich selbst* (I,9) die Rede. Marc Aurel erinnert sich u.a. an sein Wohlwollen, die Art und Weise, wie er seinen Haushalt führte, das von ihm praktizierte Vorbild für ein naturgemäßes Leben, seine einfache Würde und die Kunst, die Gefühle seiner Freunde zu erraten, seine Geduld, das Vermögen sich jedem anzupassen, Leidenschaftslosigkeit mit Zärtlichkeit zu verbinden. Aber er ruft auch etwas von seiner Lehre ins Gedächtnis:

seine Fähigkeit, »die Grundprinzipien [*dogmata*], die zum Leben notwendig sind, klar und methodisch« zu ordnen, und vor allem, »den Begriff eines naturgemäßen Lebens«. Diese letzte Präzisierung scheint wohl zu bestätigen, daß Sextus ein Stoiker war.

Wir sind nicht in der Lage herauszufinden, ob es Unterschiede zwischen der Lehre des Apollonius und der des Sextus gab. Wahrscheinlich jedoch dürfte es kaum welche gegeben haben, folgten doch alle Stoiker jener Zeit mehr oder weniger Musonius Rufus und dessen Schüler Epiktet. Fronto zumindest betrachtet die berühmten Philosophen seiner Zeit – Euphrates, Dion, Timokrates, Athenodot – allesamt als Schüler des Musonius Rufus.[46] Und wenn Marc Aurel regelmäßig an den Unterrichtsstunden in den Schulen des Apollonius und des Sextus teilnahm, hat er die drei Teile der Philosophie, also nicht nur die Moral, sondern auch die Naturtheorie und die Dialektik, studiert. Es ist daher wahrscheinlich keine rhetorische Übertreibung, wenn Fronto Marc Aurel in einem Brief vorwirft, daß er die Dialektik und die Widerlegung der Sophismen studiere.[47]

Diesen Philosophen, die eine Schule leiteten, deren Kurse er besuchte, stehen unter den Lehrern Marc Aurels die römischen Staatsmänner gegenüber, die sich zur Philosophie bekannten. Dies geht, wie mir scheint, klar aus dem Aufbau des ersten Buches der *Ermahnungen an sich selbst* hervor. Marc Aurel gedenkt darin der Reihe nach: seiner Eltern; der Erzieher, die er seit seiner Kindheit gehabt hat, namentlich Diognetos; der vorherrschenden Gestalt des Seelenleiters Junius Rusticus, die für ihn mit seiner Bekehrung zur Philosophie verbunden ist; der beiden Lehrer, deren Schulen er besucht hat, Apollonius und Sextus; der Grammatik- und Rhetoriklehrer, Alexanders des Grammatikers und Frontos; Alexanders des Platonikers,[48] eines Rhetors, der um 170 Marc Aurels Sekretär für den griechischen Briefwechsel wurde. Der Kaiser hat von diesem, den er als einen »Freund« betrachtet, einige Ratschläge für moralisches Verhalten angenommen.

Die drei folgenden Namen, Catulus, Severus und Maximus, bilden keine Gruppe von Lehrern, sondern von Freunden, die, wahrscheinlich älter als Marc Aurel, wie Junius Rusticus Staatsmänner sind, eine politische Karriere gemacht, aber auch Einfluß auf das philosophische Leben Marc Aurels genommen haben. Der Name Maximus bezieht sich auf Claudius Maximus, den Prokonsul von Afrika, einen Philosophen, von dem Apuleius in seiner *Apologie* spricht. Claudius Maximus und Cinna Catulus werden von der *Historia Augusta* als Stoiker dargestellt, und es gibt keinen Grund, diese Quelle in Zweifel zu ziehen, weiß doch die *Historia Augusta* durchaus zu unterscheiden, daß Severus, d.h. Claudius Severus Arabianus, Konsul im Jahr 146, Aristoteliker war.[49] Auch dessen Sohn, ebenfalls Konsul, gehörte dieser Schule an, wie wir durch den berühmten Arzt Galen wissen, der dies ausdrücklich betont[50] und berichtet, jener habe an den kommentierten Anatomiesitzungen teilgenommen, die er für den römischen Adel veranstaltet habe.[51] Die von Aristoteles ausgehende Schule hat sich stets ein sehr reges Interesse an wissenschaftlicher Forschung bewahrt, und dies ist auch zweifelsohne der Grund dafür, daß der Sohn des Severus derart eifrig dem Unterricht des Galen folgte.

Sodann gedenkt Marc Aurel des Kaisers Antoninus (I,16), indem er ein Bild vom idealen Herrscher entwirft, der er selbst gern sein möchte. Die Philosophie hat ihren Platz in dieser Beschreibung: So wird Antoninus darin mit Sokrates verglichen, der in der Lage war, je nach den Umständen, sich der Dinge zu enthalten oder sie zu genießen. Buch I schließt mit der Erinnerung an all die Gunst, die die Götter Marc Aurel zuteil werden ließen, wobei, wie er sagt, die Begegnung mit den Philosophen Apollonius, Rusticus und Maximus nicht die unbedeutendste war. Die letzten Zeilen dieses ersten Buches nehmen offenbar Bezug auf das 7. Kapitel, in welchem der Kaiser seine Dankbarkeit gegenüber Rusticus zum Ausdruck bringt, und zwar dafür, daß er ihn von sophistischem Eifer, papierenen Abhandlungen und auf Effekt berechneten Deklamationen abgebracht und ihm so offenbart habe, daß die Philosophie eine Lebensform sei.

Nach seinen eigenen Worten in Buch I verdankt Marc Aurel

also Junius Rusticus die Entdeckung der wahren Philosophie und der Gedanken des Epiktet. Diesem entscheidenden Beitrag schließen sich die stoischen Unterweisungen des Apollonius und des Sextus an. Und von seinen »Freunden«, Alexander dem Platoniker, Claudius Maximus, Claudius Severus und Cinna Catulus hat er Ratschläge bzw. Beispiele erhalten, die ihm dabei geholfen haben, sein philosophisches Leben zu leben.

7. Der Kaiser-Philosoph

Als Marc Aurel am 7. März 161 das Kaiseramt übernimmt, stellt dies ein unerwartetes und außerordentliches Ereignis dar: Rom erhält einen Kaiser, der sich als Philosoph versteht – mehr noch, als ein stoischer Philosoph. Der gute Fronto schien recht beunruhigt, daß ein solcher Mann das Imperium regierte, konnte die Philosophie doch in seinen Augen eine schlechte Beraterin sein. Als er Aufidius Victorinus zu einem juristischen Problem schrieb, das Marc Aurel mit dem Testament seiner steinreichen Tante Matidia hatte, bemerkte er: »Ich hatte befürchtet, daß ihn seine Philosophie zu einer schlechten Entscheidung bringen könnte.«[52] Für Fronto war die stoische Philosophie, wie Marc Aurel sie verstand, der Feind der Beredsamkeit, die für einen Herrscher unentbehrlich war. Er schrieb dem Kaiser: »Auch wenn es Dir gelingen sollte, die Weisheit eines Kleanthes oder eines Zenon zu erreichen, wirst Du dennoch, auch wenn es Dir widerstrebt, das purpurne *pallium* und nicht den grobwollenen Umhang des Philosophen annehmen müssen«[53] – mithin also, versteht sich, in der Öffentlichkeit Reden halten und dich meiner Rhetorikstunden erinnern müssen. Während der Jahre, in denen Marc Aurel von den schweren Bürden des Imperiums fast erdrückt wird, wird sich Fronto gegenüber der philosophischen Strenge zum Anwalt des gesunden Menschenverstandes machen und dem Kaiser z.B. raten, sich während seines Aufenthaltes an der Küste von Alsium zu entspannen und wirklich Urlaub zu machen: »Sogar Dein Chrysippos gönnte sich, wie man sagt, jeden Tag seinen Schwips.«[54] Auch wenn sich gewisse zeitgenössische Historiker – zweifellos aus Liebe zum Paradoxon – gefragt haben, ob Marc Aurel sich selbst als Stoiker betrachtet habe,[55] gilt es, angesichts der Formulierung »Dein Chrysippos«, hier festzuhalten, daß sich sein Freund Fronto derartige Fragen gewiß nicht stellte, nimmt er doch spontan auf die großen Gestalten des Stoizismus – Kleanthes, Zenon und Chrysippos – Bezug, wenn er von der Philosophie des Kaisers spricht. Es besteht keinerlei Zweifel daran, daß sich der Kaiser vor aller Augen zum Stoizismus bekannte. Manchmal begnügt sich Fronto damit, diese Schwärmerei des Kaisers zu belächeln: Seinen Dogmen treu (*instituta tua*), sagt er, durfte er sich von einer Situation, die sein Leben bedrohte, nicht aus der Ruhe bringen lassen.[56] Und über die Kinder des Kaisers, denen er einen Besuch abgestattet hat, merkt er an, daß eines von ihnen, wie es dem wahren Sohn eines Philosophen gebühre, ein Stück Schwarzbrot in der Hand gehalten habe.[57]

Die Tatsache, daß der Kaiser ein Philosoph war, war dem Volk anscheinend sowohl in Rom als auch im ganzen Imperium bekannt. So machte während seiner Regierungszeit, als die Kriege in den Donaugebieten ihren Höhepunkt erreichten und Marc Aurel gezwungen war, auch die Gladiatoren einzuberufen, in Rom ein Scherz die Runde: Der Kaiser wolle das Volk zwingen, auf seine Vergnügungen zu verzichten und sich der Philosophie zuzuwenden.[58] In dieser Hinsicht sind die Widmungen der Apologien interessant, die einige Christen dem Kaiser zukommen ließen. Denn tatsächlich bestanden die Ehrentitel der Kaiser im allgemeinen aus den Beinamen, die sie sich selbst nach einem Sieg zugelegt hatten, bei Marc Aurel hingegen fügt ein christlicher Apologet, Athenagoros, den Namen »Philosoph« hinzu: »Den Kaisern Marcus Aurelius Antoninus und Lucius Aurelius Commodus, [Sieger über] Armenier und Sarmaten, und vor allem Philosophen.« Commodus, der unwürdige Sohn Marc Aurels, profitiert hier von dem guten Ruf seines Vaters. Gleiches gilt für den Adoptivbruder, Lucius Verus, in der Widmung, die Justin seiner *Apologie* voranstellt – ein Text, welcher in seinem gegenwärtigen Zustand jedoch verdorben ist. Auf jeden Fall wird Marc Aurel, derzeit noch Thronfolger, darin zusammen mit Lucius Verus als »Philosoph« bezeichnet.[59] Wenn diese Widmungen den »Philosophen« im Titel aufführen, so deshalb, weil die Argumentation der Apologeten darin besteht zu sagen, daß ein Kaiser, der ein Philosoph ist, das Christentum dulden müsse, denn dieses sei doch auch eine Philosophie – sogar die beste von allen.

Bei seiner Regierung umgab sich der Kaiser mit Philosophen. Wir haben bereits die stoischen »Freunde« Junius Rusticus, Konsul im Jahre 162 und um 165 Präfekt der Stadt Rom, Claudius Maximus, Prokonsul von Afrika, und Cinna Catulus erwähnt. Doch es gab nicht nur Stoiker, sondern auch überzeugte Aristoteliker wie den bereits erwähnten Claudius Severus, Konsul im Jahre 173 und Schwiegersohn des Marc Aurel, sowie all jene, von denen Galen im Zusammenhang mit seinen Anatomiesitzungen spricht, und vor allem diejenigen aus dem Kreis um den peripatetischen Philosophen Eudemos von Pergamon: Sergius Paulus, 168 Konsul, Prokonsul der Provinz Asia in den Jahren 166/167 und Präfekt der Stadt Rom um 168; Flavius Boethus, um 166-168 Statthalter des palästinischen Syrien, welcher Schüler des Peripatetikers Alexander von Damaskus gewesen war; und schließlich M. Vetulenus Civica Barbarus, Konsul im Jahre 157, der Marc Aurels Tochter Lucilla auf ihrer Reise nach Antiochia begleitete, wo sie Lucius Verus heiraten sollte.[60] Galens Zeugnis vermittelt eine Ahnung von der intensiven philosophischen Aktivität in den Kreisen der römischen Aristokratie zur Zeit Marc Aurels. Und einmal mehr gilt es hervorzuheben, daß jene Staatsmänner und Philosophen nicht bloß Amateure waren, die sich vage für die philosophischen Lehren interessierten, sondern daß sie ihre Entscheidung für eine philosophische Schule bewußt getroffen hatten. Die einen begeisterten sich für den Aristotelismus, die anderen für den Stoizismus. Mithin war es also nicht ein einziger, sondern viele Philosophen waren es, die damals das Reich regierten. Galen berichtet zudem, daß ein radikaler Gegensatz zwischen dem Hof des

Marc Aurel und dem seines Adoptivbruders Lucius Verus bestanden habe. Im Kreis um Marc Aurel war es Mode, sich wie die Stoiker den Kopf glatt rasieren zu lassen: Der Satirendichter Persius hatte die Anhänger jener Schule eine »geschorene Jugend«[61] genannt, die wenig schlafe und kaum esse. Am Hof des Lucius Verus hingegen trug man die Haare lang, und dieser bezeichnete den Kreis, der Marc Aurel umgab, als *mimologoi*, Mimen, vermutlich weil sie in seinen Augen nur Philosophen spielten, die den Kaiser nachahmten.[62] Und Cassius Dio schreibt seinerseits, daß unter der Regierung Marc Aurels viele eine Philosophenmiene aufgesetzt hatten, in der Hoffnung, die Gunst des Kaisers auf sich zu lenken.[63]

Auf den vorangegangenen Seiten haben wir – wenn auch nur allzu flüchtig – zu skizzieren versucht, wie Marc Aurel Philosoph geworden ist. Im folgenden werden wir uns fragen, was ihn dazu gebracht hat, die *Ermahnungen an sich selbst* zu verfassen.

II
Erste Annäherung an die
Ermahnungen an sich selbst

1. Schicksal eines Textes

In unserem Jahrhundert, in dem der Druck und Vertrieb von Büchern zu den geläufigen und alltäglichen Handelstätigkeiten gehören, ist uns nicht mehr bewußt, in welchem Maße das Überleben dieses oder jenes Werkes der Antike ein fast an ein Wunder grenzendes Abenteuer darstellt. Wenn die Texte, nachdem sie auf relativ zerbrechlichen Unterlagen diktiert oder geschrieben und anschließend durch die Fehler der Kopisten mehr oder weniger entstellt wurden, bis zur Einführung des Buchdrucks überlebt haben, so nur, weil sie das Glück hatten, nicht einem der zahlreichen Brände in den antiken Bibliotheken zum Opfer zu fallen oder schlicht und einfach, weil sie nicht in unbrauchbare Stücke zerfallen waren. Die Odyssee der *Ermahnungen an sich selbst* des Marc Aurel scheint besonders gefahrvoll gewesen zu sein.

Aller Wahrscheinlichkeit nach – wir werden darauf noch zurückkommen –, schrieb der Kaiser für sich selbst, für seinen persönlichen Gebrauch, und mit eigener Hand. Nach seinem Tod nahm ein Vertrauter, ein Verwandter oder ein Bewunderer, das wertvolle Dokument in Besitz und bewahrte es auf. Wurde es irgendwann veröffentlicht, d.h. abgeschrieben und in Buchhandlungen vertrieben? Eine Frage, die schwer zu beantworten ist. In der Rede, die Marc Aurel – laut dem einige Jahre nach dem Tod des Kaisers wirkenden Geschichtsschreiber Cassius Dio – anläßlich des Aufstands des Avidius Cassius vor seinen Soldaten hielt,[1] glaubte man, Analogien zu den *Ermahnungen an sich selbst* zu entdecken. Tatsächlich sind diese Ähnlichkeiten nicht sehr bezeichnend, handelt es sich doch um Formeln, die in der literarischen und philosophischen Tradition recht verbreitet waren. Doch zwei Jahrhunderte nach Marc Aurel scheint der Philosoph Themistius offenbar von der Existenz des Werkes gewußt zu haben, denn er spricht in der Tat von *paraggelmata*,[2] d.h. von »Ermahnungen«, die vom Kaiser niedergeschrieben worden waren. Der Geschichtsschreiber Aurelius Victor und die *Historia Augusta* behaupten, Marc Aurel habe, bevor er zum Feldzug an die Donau-Front aufgebrochen sei, während dreier Tage seine philosophischen Gebote in Form einer Reihe von Ermahnungen öffentlich vorgetragen.[3] Diese Einzelheit ist deshalb interessant, weil sie offenbart, daß man die Niederschrift der *Ermahnungen an sich selbst* in irgendeiner Form mit den Kriegen gegen die Germanen in Verbindung brachte, was nicht ganz falsch ist. Sehr viel später, im 14. Jahrhundert, wird man annehmen, daß Marc Aurel das fragliche Werk für die Erziehung seines Sohnes Commodus verfaßt habe.[4] Auf jeden Fall scheint es, als habe keiner jener Autoren das Buch, von dem sie sprachen, je in der Hand gehabt.

Erst im 10. Jahrhundert tauchen in Byzanz Zeugnisse von der Lektüre und der Abschrift des Werkes von Marc Aurel auf. Das aus dieser Zeit stammende byzantinische Lexikon *Suda* enthält mehrere Auszüge aus den *Ermahnungen an sich selbst* und präzisiert, daß das Werk Marc Aurels aus zwölf Büchern bestehe.[5] Zudem erwähnt der Bischof Arethas in einem in die Zeit vor 907 zu datierenden Brief an Demetrios, den Metropoliten von Heraklea, ein Exemplar des Werkes des Kaiser-Philosophen, welches sich in seinem Besitz befinde, lesbar, doch in schlechtem Zustand. Er habe es abschreiben lassen, sagt er, und könne es der Nachwelt wie neu vermachen.[6] Außerdem finden sich in den Werken des Arethas mehrere wörtliche Zitate von Marc Aurel.[7] In den folgenden Jahrhunderten las man, jedenfalls in der byzantinischen Welt, die *Ermahnungen an sich selbst*.[8]

Im Abendland dagegen findet man erst zu Beginn des 16. Jahrhunderts in *De arte cabalistica* von Johannes Reuchlin, erschienen 1517, zwei Zitate von Marc Aurel, die wahrscheinlich einer Handschrift entnommen wurden, die sich im Besitz des Autors befand.[9]

Man mußte sich aber noch bis 1559 gedulden, bis in Zürich bei Andreas Gesner endlich eine gedruckte Ausgabe erschien – eine Ausgabe, die auf einer heute verlorenen Handschrift beruhte und von einer lateinischen Übersetzung Xylanders (Wilhelm Holzmann) begleitet wurde. Abgesehen von dieser Ausgabe besitzen wir nur eine einzige vollständige Handschrift vom Werk des Kaisers, den *Vaticanus Graecus* 1950, aus dem 14. Jahrhundert.

Es läßt sich also erahnen, wie sehr wir es dem Glück verdanken, daß uns die *Ermahnungen an sich selbst* des Kaisers Marc Aurel überliefert wurden. Gleichwohl müssen wir zugeben, daß es in dem Text, den wir heute besitzen, eine – wenn auch zum Glück nicht übermäßig große – Anzahl von Stellen gibt, die sich in einem nicht sehr befriedigenden Zustand befinden und deren Qualität sich kaum verbessern läßt, da uns der Text nur in wenigen Handschriften überliefert ist. Man ist daher bei dem Versuch, den Text so originalgetreu wie möglich wiederherzustellen, zuweilen auf Konjekturen angewiesen. Ohnehin ist der Text recht schwer verständlich. Der Leser wundere sich also nicht, wenn unsere eigene Übersetzung von anderen mitunter ziemlich abweicht. Aus diesem Grund sahen wir uns auch gezwungen, die Zitate entsprechend lang zu halten, beruht doch unsere Interpretation des Denkens von Marc Aurel auf unserer Art, den Text zu übersetzen.

Überdies gibt es in den Handschriften und der ersten gedruckten Ausgabe keine Einteilung in Kapitel und nur wenige Paragraphen. Die ersten Herausgeber und Übersetzer, die sich im Anschluß an die erste Ausgabe vom 16. bis zum 17. Jahrhundert des Werkes annahmen, haben verschiedene Aufteilungen vorgeschlagen. Die Numerierung, die sich schließlich durchgesetzt hat, ist die der 1652 in Cambridge erschienenen lateinischen Übersetzung Thomas Gatakers.[10] Tatsächlich jedoch bedarf die besagte Einteilung einer kompletten Revision. Gewisse Kapitel müssen zusammengefügt, viele vor allem unterteilt werden, sind in ihnen doch Sentenzen, die von sehr verschiedenen Themen sprechen, in unzulässiger Weise zusammengestellt. Der Leser wundere sich daher ebensowenig über die Unterteilungen, die wir in diesem oder jenem Text vorgenommen haben und die ihm offensichtlich verschieden von denen erscheinen werden, die man in anderen Übersetzungen vorfindet.

2. Der Titel

Die Ausgabe von 1559 hat, wie wir gesehen haben, die *Ermahnungen an sich selbst* des Marc Aurel dem Abendland offenbart. Dem Werk sollte rasch ein sehr großer Erfolg beschieden sein, und es erscheint eine Vielzahl von Ausgaben nicht nur des griechischen Textes, sondern auch von Übersetzungen ins Lateinische und in verschiedene europäische Nationalsprachen. Sehr bald jedoch wird sich die Frage stellen, welcher Gattung dieses Werk nun angehört. In der Antike gab der Titel eines Buches in der Regel unmittelbar zu erkennen, in welche Kategorie es einzuordnen sei. Zumeist war es nicht der Philosoph selbst, der den Titel seiner Schrift bestimmte. In der überwiegenden Zahl der Fälle wurden die Vorlesungen, die er niedergeschrieben hatte, ohne Titel in die Bibliothek der jeweiligen Schule aufgenommen. Später machten es sich die Schüler und Nachfolger aus Bequemlichkeit zur Gewohnheit, ein Werk durch den darin behandelten Teil der Philosophie oder die präzise Frage zu bezeichnen, die in ihm gestellt wurde, z.B. *Vorlesungen über die Physik*, manchmal wurde auch der Adressat erwähnt: *Ethik an Nikomachos*. Platon wählte die Titel seiner Dialoge wahrscheinlich selbst, sie stimmten jedoch im allgemeinen mit den Namen der Protagonisten der Diskussionen überein: *Charmides, Phaidon, Philebos*. Anders als heutzutage war der Titel also noch keine Erfindung des Autors, mit deren Hilfe er bereits seine Originalität durchscheinen lassen und den Leser durch merkwürdige Formulierungen anziehen wollte: *Die kahle Sängerin, Die Tänzerin und das Isolierband, Die Köchin und der Menschenfresser*.[11]

Mit sehr großer Wahrscheinlichkeit wird Marc Aurel, als er niederschrieb, was wir heute *Ermahnungen an sich selbst* nennen, überhaupt nicht daran gedacht haben, diesen lediglich für ihn selbst bestimmten Notizen einen Namen zu geben. Im übrigen war es in der Antike in der Regel fast immer üblich, daß der Autor einem Buch solange keinen Titel gab, bis es, etwa durch eine öffentliche Lesung, verbreitet worden war. So vertrauten der Arzt Galen und der Philosoph Plotin ihre Schriften ihren Freunden an, ohne ihnen einen Titel gegeben zu haben.[12] Die Werke, welche sie an ihre Umgebung weitergegeben hatten, befanden sich in einem Zustand, den man damals als *hypomnémata* bezeichnete, d.h. »Notizen«, die noch nicht ganz zur Veröffentlichung bereit waren und denen eben der Titel fehlte. Gleiches gilt um so mehr für die hier behandelte Schrift von Marc Aurel, als diese – wie sich aller Wahrscheinlichkeit nach sagen läßt – eine Sammlung rein persönlicher und privater Notizen darstellt. Als Arethas[13] (9. bis 10. Jahrhundert), dem wir wahrscheinlich die Rettung des wertvollen Textes verdanken, den Zustand der Handschrift beschreibt, bezeichnet er sie nur als das »sehr gewinnbringende Buch des Kaisers Marc«, was wohl nahelegt, daß die fragliche Handschrift unbetitelt war. Auch das vielleicht von Theophylaktes Simokattes (7. Jahrhundert) stammende Epigramm, welches dem Buch des Marc Aurel gewidmet ist, gibt keinen Hinweis auf einen Titel.[14] Als Arethas seine Scholien zu Lukian[15] schreibt, zitiert er das Buch folgendermaßen: »Marc in den ›für ihn selbst bestimmten ethischen Schriften‹ [*ta eis heauton Ethika*]«. Die *Suda*[16] sagt von Marc Aurel: »Er hat in zwölf Büchern die Regel [*agôgé*] seines persönlichen Lebens aufgezeichnet.« Und erinnern wir uns schließlich daran, daß Themistius im 4. Jahrhundert sehr vage auf die *paraggelmata*, die »Ermahnungen«[17] des Marc Aurel, anspielte.

Die vatikanische Handschrift gibt dem Werk des Kaisers keinerlei Titel. Einige handschriftliche Sammlungen von Auszügen aus demselben tragen den Vermerk *ta kath'heauton*, was sich mit »Schrift sich selbst betreffend« oder »Privatschrift« wiedergeben ließe. Die *editio princeps* schlägt als Titel »Schrift für sich selbst« (*ta eis heauton*) vor.

Nach der Veröffentlichung des griechischen Textes im Jahre

1559 werden den Übersetzungen verschiedene Titel gegeben, die ebenso viele Theorien und Interpretationen darstellen. Die lateinische Übertragung von Xylander, welche die Ausgabe des griechischen Textes von 1559 begleitet, bietet folgenden Titel an: *De seipso seu vita sua* (»Über sich selbst oder sein Leben«), die Ausgaben von Straßburg (1590) und Lyon (1626) betiteln das Werk *De vita sua* (»Über sein Leben«). Meric Casaubon hingegen bevorzugt in der 1643 in London erschienenen griechisch-lateinischen Ausgabe *De seipso et ad seipsum* (»Über sich selbst und an sich selbst«), gibt der 1634 veröffentlichten englischen Übersetzung aber den Titel *Meditations concerning Himself* (»Meditationen über sich selbst«), und Thomas Gataker, ein anderer englischer Humanist jener Epoche, überschreibt seine kommentierte lateinische Übersetzung mit der Formel *De rebus suis sive de eis quae ad se pertinere censebat* (»Über seine Privatangelegenheiten oder die Dinge, die er als seine Anliegen betrachtete«).

Das Buch sollte somit Titel aller Art in den verschiedensten Sprachen erhalten. Auf lateinisch: *De officio vitae* (»Über die Lebensaufgabe«), *Pugillaria* (»Schreibtäfelchen«), *Commentaria quos ipse sibi scripsit* (»Notizen, die er für sich selbst geschrieben hat«); auf französisch: *Pensées morales* (»Moralische Gedanken«), *Pensées* (»Gedanken«), *A moi-même* (»An mich selbst«); auf englisch: *Conversation with Himself* (»Unterredungen mit ihm selbst«), *Meditations* (»Meditationen«), *Thoughts* (»Gedanken«), *To Himself* (»An sich selbst«), *Communings with Himself* (»Gedankenaustausch mit sich selbst«); auf deutsch: *Betrachtungen über sich selbst* oder *Betrachtungen mit sich selbst*, *Selbstbetrachtungen*, *Wege zu sich selbst*.

3. Hypothesen über die literarische Gattung des Werkes

Viele Historiker und Leser der *Ermahnungen an sich selbst* haben nicht verstanden bzw. verstehen noch immer nicht, was Marc Aurel bewirken wollte, als er sie niederschrieb, und haben daher in vollkommen anachronistischer Weise die Vorurteile und literarischen Gewohnheiten ihrer eigenen Zeit auf seine Schrift projiziert.

Bereits der erste Herausgeber Xylander (Holzmann) hatte, da der Text, den er publizierte, nicht so schön geordnet war wie ein Dialog von Platon oder eine Abhandlung von Cicero, gemutmaßt, daß die *Ermahnungen an sich selbst* in dem ihm vorliegenden Zustand der Handschrift lediglich zusammenhanglose Auszüge aus dem Werk Marc Aurels seien und daß uns das Buch des Kaisers verstümmelt und unvollständig in totaler Unordnung überliefert worden sei.[18] Es erschien ihm unvorstellbar, daß Marc Aurel der Nachwelt diese unklaren und nicht geordneten Texte hinterlassen haben könnte, galt doch in jener Zeit die systematische Abhandlung als vollkommene Form des philosophischen Schaffens.

Meric Casaubon, der Marc Aurel im 17. Jahrhundert ins Lateinische (1643) und Englische (1634) übersetzte und offenbar weitaus besser über die Vielfältigkeit der literarischen Gattungen der Antike unterrichtet war, erinnert in der Einleitung seiner lateinischen Übersetzung daran, daß es einst eine Literaturgattung gab, die den Sentenzen ähnelte, welche z.B. von Theognis und Phokylides ausgeübt wurden und die darin bestand, seine Gedanken in Form kurzer Aphorismen auszudrücken, und daß das von Arrian zusammengestellte *Handbüchlein* des Epiktet in genau dieser Gestalt vorliegt. Wenn es einem aber gelinge, die wahren Einheiten, die den Text bilden, zu ermitteln, werde man die Abfolge der Ideen innerhalb jeder Gedankenentwicklung und die in dem Werk häufig wiederkehrenden Themen besser verstehen.[19]

Außerdem, fährt Casaubon fort, dürfe man nicht vergessen, daß Marc Aurel für sich selbst geschrieben habe, mithin also nicht die Klarheit eines Schriftstellers gesucht habe, der sich an ein Publikum wendet. Meric Casaubon kritisiert in diesem Zusammenhang, daß es üblich geworden sei, das Werk Marc Aurels unter dem Titel *De sua vita* (»Über sein Leben«) zu zitieren.[20] Gewiß, sagt er, hätten Kaiser wie Augustus Bücher über ihr Leben geschrieben, dabei handle es sich jedoch um Taten und Ereignisse aus ihrem öffentlichen und privaten Leben. Dies sei hingegen bei Marc Aurel nicht der Fall, es handle sich, wie die *Suda* zu erkennen gebe, vielmehr um eine Schrift, die sich auf die »Regel seines eigenen Lebens« beziehe. Manche hätten diese Idee durch den Titel *De officio suo* (»Über seine Pflicht«) zum Ausdruck gebracht. Dadurch werde allerdings nicht die Spezifik des Titels *Eis heauton* wiedergegeben, ein Ausdruck, der, so Casaubon, genau genommen mit *De seipso et ad seipsum* (»Über sich selbst und an sich selbst«) übersetzt werden müsse. Es handle sich um einen Dialog Marc Aurels mit und über sich selbst. In diesem Zusammenhang erinnert Meric Casaubon daran, daß man Solon *Unterweisungen für sich selbst* (*Hypothékas eis heauton*) zugeschrieben habe. Vor allem jedoch präzisiert er, daß das »Selbst« für die Platoniker und Stoiker die Seele oder der Geist sei.

Thomas Gataker definiert den spezifischen Charakter des Werkes noch genauer. Den *Unterredungen* des Epiktet – sie wurden uns durch seinen Schüler Arrian vermittelt, welcher somit als ihr Herausgeber angesehen werden kann (wie die Evangelisten als die der Worte Christi) – stellt er die Schrift Marc Aurels gegenüber, die dieser selbst niedergeschrieben hat. Er verwendet das Wort *adversaria*, welches »das stets offen vor Augen liegende« bedeutet, »die Kladde, die man stets zur Hand hat«. Der Kaiser habe, so Gataker, seinen Geist stets der philosophischen Beschäftigung zugewandt und es sich zur Gewohnheit gemacht, die Gedanken, welche ihm während der Meditation in den Sinn gekommen seien, schriftlich festzuhalten – ohne den Zwang, sie zu ordnen. Ihre Reihenfolge ergab sich lediglich aus dem Ort und der Zeit, wo immer sie ihm eingefallen oder bei Lektüre oder Gesprächen begegnet waren. Dies belegten nicht zuletzt die jeweils am Beginn der Bücher II und III stehenden Vermerke »Im Land der Quaden« oder »In Carnuntum«. Daher gewisse Inkohärenzen, gewisse Wiederholungen, eine nicht selten elliptische oder abrupte Form, die dem Kaiser genügte, um sich an diese oder jene Idee zu erinnern; daher letztendlich die zahlreichen Unklarheiten. Diese Notizen seien in der Tat für seinen persönlichen Gebrauch bestimmt gewesen.[21]

Doch schon seit dem Beginn des 17. Jahrhunderts, genauer 1624, hebt der Philologe C. Barth[22] hervor, daß sich in der Schrift Marc Aurels Spuren einer Organisation, zuweilen lange Gedankenabfolgen entdecken lassen. Somit kehrt er zu der Theorie Xylanders zurück, derzufolge der Text in dem uns überlieferten Zustand nur Auszüge (*eklogai*) einer umfangreichen systematischen Abhandlung über die Moral darstellte, die der Kaiser verfaßt hätte.

Eine ähnliche Ansicht vertritt im 18. Jahrhundert Jean-Pierre de Joly, der die *Ermahnungen an sich selbst* in den Jahren 1742 und 1773 ins Französische übersetzte und herausgab. Marc Aurel habe eine systematische Abhandlung auf Schreibtäfelchen über die Moral verfaßt, die nach seinem Tod durcheinander gekommen seien. In diesem unordentlichen Zustand seien sie veröffentlicht worden. Die Aufgabe des modernen Herausgebers sei es nun, die systematische Ordnung der Abhandlung wiederherzustellen. Und eben darum bemüht sich Joly, indem er eine systematische Aufbereitung der *Ermahnungen an sich selbst* in fünfunddreißig Abschnitten vorschlägt.[23]

Im 20. Jahrhundert hat A.S.L. Farquharson, welcher 1944 eine in jeder Hinsicht bemerkenswerte Ausgabe des Werkes mit einer englischen Übersetzung und einem Kommentar besorgt hat, die Hypothese von Barth und Joly unter einem anderen Blickwinkel wieder aufgenommen. Seiner Meinung nach hat Marc Aurel zehn bis fünfzehn Jahre lang Materialien aller Art in der Absicht zusammengetragen, ein »Werk zum Trost und zur Ermutigung« abzufassen. In der Tat lassen manche Gedanken eine sehr sorgfältige literarische Ausarbeitung erkennen. Nach dem Tod des Kaisers habe ein Sekretär vielleicht eine Auswahl unter diesen Notizen getroffen. Die gegenwärtige Unordnung mag nun entweder daher rühren, daß er sie so gelassen hat, wie sie waren, oder daher, daß er sie selbst in eine Ordnung gebracht hat, die uns nicht zufriedenstellt, oder sie mag ihren Grund darin haben, daß der Text von Schreibern im Laufe der Jahrhunderte verstümmelt oder durcheinandergebracht worden ist. Wie dem auch sei: Marc Aurel habe ein Handbuch mit nützlichen Ratschlägen für das philosophische Leben schreiben wollen. Für Farquharson lassen sich die *Ermahnungen an sich selbst* mit den *Meditationes* (»Tagebuch eines Mönches«) des Kartäusermönches Guigo von Kastell, der berühmten *Religio Medici* von Thomas Brown, vor allem jedoch den *Pensées* von Pascal vergleichen.[24] Der ungeordnete Charakter der *Ermahnungen an sich selbst* störte die Leser des 19. Jahrhunderts keineswegs. Im Zeitalter der Romantik glaubte man in jenem Werk ein »intimes Tagebuch« des Kaisers zu erkennen. »Wahrscheinlich«, schreibt Renan, »führte Marc von früh an ein intimes Tagebuch über seinen inneren Zustand. Darin trug er auf griechisch die Maximen ein, welche ihm, wenn nötig, Kraft geben sollten, Reminiszenzen seiner Lieblingsautoren, die Textstellen der Moralisten, die ihn am meisten angesprochen, die Prinzipien, die ihm am Tag Halt gegeben hatten, und mitunter die Vorwürfe, die sein peinlich genaues Gewissen glaubte, an sich richten zu müssen.«[25] Hierzu ist zunächst folgendes anzumerken: Wenn man unter »Tagebuch« Aufzeichnungen versteht, die man für sich selbst notiert und die sich mit der Zeit ansammeln, so läßt sich sagen – wie dies G. Misch in seiner *Geschichte der Autobiographie*[26] einräumt –, der Kaiser habe ein »Tagebuch« geführt, und zwar ein »spirituelles Tagebuch«, in Anlehnung an die Formulierung, die P.A. Brunt in seiner ausgezeichneten Studie über *Marc Aurel in seinen »Meditationen«*[27] verwendet. Doch wenn man unter »Tagebuch« eine Schrift versteht, in der man sein Herz ausschüttet und den eigenen Seelenzustand verzeichnet, so stellen die *Ermahnungen an sich selbst* kein »Tagebuch« dar. Allein die Tatsache, daß Marc Aurel seine *Ermahnungen an sich selbst* niedergeschrieben hat, erlaubt uns nicht zu beurteilen, ob er nun eine unruhige Seele hatte, wie E. Renan meinte, der sich den Kaiser-Philosophen als einen Amiel oder einen Maurice de Guérin vorstellte, der jeden Tag in Worte faßte, was ihn beunruhigte, woran er litt. In der Nachfolge Renans haben sich – wir werden es wiederholen müssen[28] – die Historiker des 20. Jahrhunderts darin gefallen, das Bild eines Marc Aurel zu zeichnen, der sich über die Wirklichkeit hinwegtröstete, indem er in seinen *Ermahnungen an sich selbst* seiner Resignation, seinem Pessimismus und seinem Ressentiment Ausdruck verlieh.

4. Ein befremdliches Werk

Man muß versuchen, sich den Zustand vorzustellen, in dem die ersten Humanisten das Manuskript, das die Abschrift des Buches von Marc Aurel enthielt, entdeckt haben. Sie fanden sich vor einem Werk ohne Titel, welches mit einer Aufzählung von Beispielen oder Ratschlägen anhob, die Marc Aurel von seinen Eltern und seinen Lehrern, von seinen Freunden und dem Kaiser Antoninus Pius erhalten hatte, und zugleich von all der Gunst sprach, die ihm von den Göttern zuteil geworden sei. Dieser Aufzählung schloß sich – zumindest in der Handschrift, die für die *editio princeps* herangezogen worden war – ein zugleich geographischer wie chronologischer Vermerk an: »Geschrieben im Land der Quaden, am Ufer des Gran«. Nun folgte eine Reihe von Reflexionen, die sich über mehrere Seiten erstreckten und teilweise durch Paragraphen oder Majuskeln voneinander in Abteilungen abgegrenzt waren, die nicht immer der heutigen Kapiteleinteilung entsprechen. Zu Beginn dessen, was wir heute als Buch III bezeichnen, finden wir den Hinweis: »Geschrieben in Carnuntum« – dann werden die Reflexionen wieder aufgenommen und bis zum Ende des Werkes fortgeführt, ohne daß die Bücher, wie z.B. im *Vaticanus Graecus*, numeriert wären. Jene Handschrift verzeichnet höchstens eine Trennung durch einen zwei Leerzeilen entsprechenden Zwischenraum zwischen den heutigen Büchern I und II, den heutigen Büchern II und III, den heutigen Büchern IV und V, den heutigen Büchern VIII und IX und ein Trennungszeichen zwischen dem heutigen Buch XI und dem heutigen Buch XII. Demnach sind die Grenzen zwischen den Büchern III und IV, V und VI, VI und VII, VII und VIII und IX und X nicht kenntlich gemacht worden.

Auf wen gehen diese Hinweise »Im Land der Quaden«, »In

Carnuntum« zurück? Auf Marc Aurel selbst, der die Umstände, unter denen diese oder jene Gruppe von Notizen niedergeschrieben worden war, im Gedächtnis behalten wollte? Oder auf einen Sekretär, der mit dem Auftrag, die Dokumente des Kaisers aufzubewahren, das ihm anvertraute Bündel mit einer Art Etikett versah? Die erste Hypothese ist die wahrscheinlichere. Dann jedoch haben wir es mit einem, wie ich glaube, einzigartigen Tatbestand in der Geschichte der ganzen antiken Literatur zu tun, der sehr wohl zeigt, daß wir Schriften vor uns haben, die von einem Tag zum anderen verfaßt worden sind und die vielleicht nicht mit den genauen Umständen, aber doch mit den Veränderungen des Geisteszustands ihres Autors zusammenhängen. Gab es derartige geographische Hinweise auch zwischen den anderen Büchern, und sind sie verlorengegangen? Oder wurde der größte Teil des Buches in Carnuntum geschrieben? Hat Marc Aurel selbst darauf verzichtet, Hinweise zu geben? Darüber wissen wir nichts. Entsprechen die zwölf Bücher, die wir heute unterscheiden, zwölf Gruppen von Gedankenabläufen, die in den Augen des Autors jeweils eine eigene Einheit bildeten und voneinander verschieden waren? Ist jene Einteilung rein zufällig, vielleicht bedingt durch Form oder Format der Unterlage, auf der das Werk geschrieben wurde? Oder sind jene Bücher von einem Herausgeber eingeteilt worden, sei es gleich nach dem Tod des Marc Aurel, sei es von Arethas, als er im 10. Jahrhundert seine Textfassung herausgab? Mit Sicherheit wissen wir nur, daß im *Vaticanus Graecus* die Trennungen zwischen den Büchern, wenn sie denn existierten, kaum gekennzeichnet waren.

Doch auch der Inhalt des Werkes ist recht verwirrend. Buch I bildet unbestreitbar eine Einheit, indem es all jene, Menschen und Götter, erwähnt, denen Marc Aurel seine Dankbarkeit ausdrückt. Die folgenden Bücher hingegen – so hat es zumindest den Anschein – bilden eine ganz zusammenhanglose Folge von Reflexionen, die nicht nach den Regeln derselben Literaturgattung gestaltet sind. So begegnen einem eine Vielzahl von sehr kurzen und häufig sehr treffend formulierten Sentenzen, wie z.B.:

»Nah ist die Zeit, daß du alle vergissest, nah die Zeit, daß alle dich vergessen.« (VII,21)

»Alles ist kurzlebig: sowohl das, das sich erinnert, als auch das, dessen es sich erinnert.« (IV,35)

»Die beste Art, es ihnen zu vergelten, besteht darin, ihnen nicht zu ähneln.« (VI,6)

Neben diesen kurzen Formeln finden sich auch einige lange, zwanzig bis sechzig Zeilen umfassende Gedankengänge, welche zuweilen die Form eines Dialogs des Autors mit einem fiktiven Gesprächspartner oder mit sich selbst annehmen können. Marc Aurel ermahnt sich darin selbst zu dieser oder jener moralischen Haltung, oder er erörtert gewisse allgemeine Probleme der Philosophie, etwa, wo die Seelen sich nach dem Tode aufhalten und ob sie überleben (IV,21). In den meisten dieser Texte, ob kurz oder ausführlich, bringt Marc Aurel nicht – worauf wir noch des öfteren hinweisen werden – seine Individualität zum Ausdruck, sondern er spricht Ermahnungen an seine moralische Person aus. Gleichwohl finden sich auch einige Texte, in denen sich Marc Aurel an sich selbst als Kaiser richtet (VI,30,1; VI,44,6), von seiner Einstellung gegenüber dem Hofleben spricht (V,16,2; VI,12; VIII,9), von der Art und Weise, wie er sich im Senat auszudrücken habe (VIII,30), seinen Fehlern (V,5,1), seiner Umgebung (X,36). Desgleichen erwähnt er die Persönlichkeiten, die er in seinem Leben gekannt hat (VIII,37,1; X,31,1), und zwar bei den Übungen in Einbildungskraft, wo er sich als Vorbereitung auf den Tod die Vergänglichkeit der menschlichen Dinge und die Kontinuität des Verwandlungsprozesses vor Augen führt, von dem niemand aus seiner Umgebung verschont werden wird.

Diesen verschiedenartigen literarischen Formen gilt es, noch zwei Zitatensammlungen hinzuzufügen, welche sich in den Büchern VII (32-51) und XI (22-39) finden. Die darin enthaltenen, u.a. Tragödiendichtern, Platon oder Epiktet entlehnten Aussprüche wurden offensichtlich wegen ihrer moralischen Wirksamkeit ausgewählt.

Wie ließe sich nun diese Schrift definieren, die aufgrund ihrer vielfältigen Aspekte wie ihres ungewöhnlichen Tons einzigartig in der ganzen Antike zu sein scheint?

5. Die *Ermahnungen an sich selbst* als persönliche Notizen *(hypomnémata)*

»Irre nicht länger umher. Du wirst weder deine Notizen *[hypomnématia]* noch die Taten der Römer und Griechen, noch die Auszüge aus den Schriften, die du für deine alten Tage zurückgelegt hast, mehr lesen können.« (III,14)

Diese Zeilen vermitteln uns einen Eindruck von der intellektuellen Tätigkeit, die Marc Aurel während seines ganzen Lebens entfaltet hat. Bereits in seiner Jugend, als er noch Schüler Frontos war, schrieb er eifrig Auszüge lateinischer Autoren ab.[29] Später hat er sich offenbar bemüht, für seine »alten Tage« eine Anthologie erbaulicher Zitate zusammenzustellen, deren Spur sich im übrigen auf manchen Seiten der *Ermahnungen an sich selbst* wiederfindet. Auch eine historische Sammlung hat er zusammengestellt: »Die Taten der Griechen und Römer«. Und er spricht gleichfalls von seinen »persönlichen Notizen« (im Diminutiv, *hypomnématia*, wohlgemerkt). Man hat sich oft gefragt, ob diese Notizen mit den *Ermahnungen an sich selbst* gleichzusetzen seien.[30] Es ist sehr schwer, über diesen Punkt sichere Aussagen zu machen, aber anhand paralleler antiker Auskünfte kann man sich wenigstens vorstellen, wie das Werk geschrieben wurde.

Als erstes wäre festzuhalten, daß sich Marc Aurel beim Schreiben der *Ermahnungen an sich selbst* offenbar entschlossen hat, seiner literarischen Tätigkeit ein vollkommen anderes Ziel zu geben. In den Büchern II und III finden sich zahlreiche Stellen, die auf die drohende Nähe des Todes anspielen, die Marc Aurels Donau-Feldzüge überschattet, und zugleich auf die Dringlichkeit der radikalen Wende, die sich ihm aufzwingt, und auf die Veränderung, die sich daraus für seine literarische Tätigkeit ergeben muß:

»Weg mit den Büchern. Beachte sie nicht mehr, es ist dir nicht mehr erlaubt.« (II,2,2)

»Vertreibe den Durst nach Büchern, damit du nicht murrend stirbst, sondern in wahrhaft heiterer Gelassenheit und den Göttern von Herzen dankbar.« (II,3,3)

Sich nicht länger damit zerstreuen, Auszüge von Autoren zu lesen, denn es gibt keine Muße mehr zum Lesen; nicht länger, ob aus intellektueller Neugier oder spekulativem Interesse, »Zettel« um »Zettel« – wie wir heute sagen würden – füllen, sondern schreiben aus dem einzigen Grund heraus, Einfluß auf sich selbst auszuüben, sich auf die wesentlichen Prinzipien des Lebens zu konzentrieren:

»Diese [Gedanken] sollen dir genügen, wenn sie für dich Lebensprinzipien *[dogmata]* sind.« (II,3,3)

Weiter schreiben also, doch einzig und allein die Gedanken, die es vermögen, die Lebensweise vollkommen zu verändern.

Beim Abfassen dieser Texte, die für uns die *Ermahnungen an sich selbst* werden sollten, hat sich Marc Aurel nicht nur unzweifelhaft jener »Zettel« bedient, die zu lesen er keine Zeit mehr zu haben fürchtete, er hat wahrscheinlich auch aus seinen Auszugssammlungen geschöpft und ihnen Zitate entnommen, die er in einigen Büchern der *Ermahnungen an sich selbst* wieder verwendet hat.

Ihrer Form nach bleibt die literarische Tätigkeit Marc Aurels also gleich: Nach wie vor schreibt er für sich selbst Notizen und Reflexionen (*hypomnémata*) aller Art, doch die Zielsetzung seiner intellektuellen Übungen erfährt eine völlige Veränderung. Angesichts der drohenden Nähe des Todes zählt nur eins: sich zu bemühen, der wesentlichen Lebensregeln stets gewahr zu sein, sich immer wieder aufs neue in die Grundhaltung des Philosophen zu versetzen, die – wie wir noch sehen werden – im wesentlichen darin besteht, die eigene innere Rede zu kontrollieren, nur zu tun, was der menschlichen Gemeinschaft dient, und die Ereignisse anzunehmen, welche der Lauf der Natur des Ganzen mit sich bringt.

Die *Ermahnungen an sich selbst* gehören also zu jener Art von Schriften, die man in der Antike *hypomnémata* nannte und die wir als »von einem Tag zum anderen verfaßte persönliche Notizen« definieren können. Diese Praxis war sehr weit verbreitet, wovon auch das bemerkenswerte Beispiel der Pamphila zeugt, einer verheirateten Frau, die zur Zeit des Kaisers Nero, also im 1. Jahrhundert n. Chr., lebte und ihre *hypomnémata* veröffentlichte. Sie hatte dieser leider verlorengegangenen Sammlung eine Einleitung vorangestellt. Darin berichtet sie, sie habe während der dreizehn Jahre der Lebensgemeinschaft mit ihrem Mann, die »keine einzige Stunde oder keinen einzigen Tag unterbrochen« worden sei, alles aufgeschrieben, was sie von ihm, von den Besuchern, die in ihr Haus kamen, und aus den Büchern, die sie las, gelernt habe. Dies habe sie, sagt Pamphila, in Form von Notizen (*hypomnémata*), ohne Ordnung, aufgeschrieben, ohne sie einzuteilen und nach den behandelten Themen zu unterscheiden, lediglich so und in der Reihenfolge, wie die Dinge sich zugetragen hätten. Und sie fügt hinzu: Sie hätte sie für die Veröffentlichung nach Themen ordnen können, doch erschiene ihr gerade die Vielfalt und Planlosigkeit angenehmer und reizvoller. Lediglich die dem Ganzen vorangestellte Einleitung und anscheinend einige Überleitungen schrieb sie unter ihrem eigenen Namen. Ihre so gesammelten Notizen bezogen sich auf das Leben der Philosophen, auf Geschichte, Rhetorik und Poesie.[31]

Im darauffolgenden Jahrhundert veröffentlichte der lateinische Schriftsteller Aulus Gellius ebenfalls seine persönlichen Notizen (unter dem Titel *Attische Nächte*). Im Vorwort schrieb er:

»Sowie ich ein Buch, ob griechisch oder lateinisch, in der Hand gehabt oder einen denkwürdigen Ausspruch vernommen hatte, notierte ich, was auch immer mich daran interessierte, ohne Ordnung, und legte es beiseite, damit es meinem Gedächtnis als Stütze dienen könne [dies ist die etymologische Bedeutung von *hypomnémata*].« Das Buch, welches er der Öffentlichkeit übergebe, fügt er hinzu, werde die Vielfalt und eben die Ungeordnetheit seiner Notizen bewahren.[32]

Zu Beginn seiner Abhandlung *Über die Seelenruhe* erklärt Plutarch dem Empfänger des Werkes, er habe seinen Text dem Boten mitgeben wollen, der nach Rom aufbrach. Daher habe er nicht die Zeit gehabt, eine gut geschriebene Abhandlung zu verfassen und nur die von ihm zu diesem Thema zusammengetragenen Notizen (*hypomnémata*) übermittelt.[33]

Wahrscheinlich hatten es sich viele gebildete Leute, insbesondere die Philosophen, zur Gewohnheit gemacht, in dieser Weise Notizen aller Art zu ihrem persönlichen Gebrauch, zu ihrer Information, aber auch zu ihrer Bildung, zu ihrem geistigen Fortschritt zu sammeln. Plutarch hatte seine Sammlung über die Seelenruhe wahrscheinlich unter diesem Gesichtspunkt zusammengestellt.

Diese Art von Schriften ist es also, der man die *Ermahnungen an sich selbst* des Marc Aurel zuzuordnen hat, wobei man betonen muß, daß der größte Teil dieser Notizen eine an sich selbst gerichtete Ermahnung, d.h. einen zumeist sehr sorgfältig abgefaßten Dialog mit sich selbst, darstellt.

Diese Situation des inneren Dialogs hat zu einer ganz besonderen Literaturgattung geführt, von der wir nur ein einziges sorgfältig abgefaßtes und veröffentlichtes Beispiel kennen: die *Soliloquien* von Augustinus. Bei Augustinus befindet sich das Ich des Schriftstellers – anders als oft bei Marc Aurel – nicht länger auf der Ebene der Vernunft, die die Seele ermahnt, sondern nimmt im Gegenteil den Platz der Seele ein, die auf die Vernunft hört: »Da ich seit langem vieles und Verschiedenes immer wieder überdachte und viele Tage voller Eifer nach mir selber suchte und nach dem, was für mich das Gute sei, als auch danach, welches Übel zu vermeiden sei, sagte etwas plötzlich zu mir – ob ich selbst oder jemand anderer, ob außer oder in mir, ich weiß es nicht, doch ebendies möchte ich so sehr gern wissen –, sagte also etwas zu mir [...]«[34] Was diese Stimme sagt, ist, daß er niederschreiben solle, was sie ihm zu entdecken gebe, und daß er selbst schreiben, nicht diktieren solle. Denn es sei unpassend, derart intime Dinge zu diktieren; sie erfordern vollkommene Zurückgezogenheit. Verweilen wir einen Augenblick bei dieser äußerst interessanten Bemerkung. Während der ganzen Antike haben die Autoren ihre Werke entweder selbst geschrieben oder sie diktiert. So wissen wir z.B. durch Porphyrios, daß Plotin seine Abhandlungen eigenhändig niederschrieb.[35] Das Diktat hatte zahlreiche Nachteile, die der heilige Hieronymus, welcher sich oft und gern der Sekretäre bediente, hervorhebt: »Es ist eine Sache, den Stift einige Male selbst in die Tinte zu tauchen, bevor man zu schreiben beginnt, und nur das niederzulegen, was sich festzuhalten lohnt – etwas anderes, dem Sekretär all das zu diktieren, was einem gerade in den Sinn kommt, aus Angst, vor dem wartenden Schreiber zu schweigen.«[36] Augustinus läßt eine ganz andere Sichtweise durchblicken: Nur in Gegenwart unserer selbst können wir über das nachdenken, was uns am intimsten ist. Die Gegenwart eines anderen, zu dem man spricht, dem man diktiert, statt zu sich selbst zu sprechen, läßt den inneren Dialog in gewisser Weise banal und unpersönlich werden. Aus diesem Grund hat Marc Aurel aller Wahrscheinlichkeit nach seine *Ermahnungen an sich selbst* eigenhändig niedergeschrieben, wie er dies auch mit den Briefen an seine Freunde zu tun pflegte.[37]

T. Dorandi[38] hat kürzlich mit Nachdruck auf die verschiedenen Stufen hingewiesen, die zur Fertigstellung eines literarischen Werkes führen. Eine erste Etappe konnte damals in dem Abfassen eines auf Holz- oder Wachstafeln notierten Entwurfes bestehen. Den zweiten Schritt bildete dann die Erstellung einer vorläufigen Fassung des Werkes – der Autor konnte dies jedoch auch von Anfang an. An dritter Stelle folgte die vor der Veröffentlichung unentbehrliche letzte Überarbeitung. Wahrscheinlich hat Marc Aurel, der ganz offensichtlich nur für sich selbst geschrieben hat, niemals diese dritte Etappe ins Auge gefaßt. Alles deutet darauf hin, daß er nicht über die erste Stufe hinausgegangen ist, schrieb er doch seine *Ermahnungen an sich selbst* von einem Tag zum anderen. Wahrscheinlich hat er Schreibtäfelchen (*pugillares*) oder zumindest eine für die eigenhändige Niederschrift geeignete Unterlage, z.B. einzelne Blätter (*schedae*)[39] verwendet. Zu welchem Zeitpunkt ist nun dieses Material von einem Schreiber ins Reine übertragen worden? Vielleicht zu seinen Lebzeiten, für seinen persönlichen Gebrauch. Vielleicht aber auch, was sogar wahrscheinlicher ist, erst nach seinem Tod.

Man kann sich bei dieser Hypothese vorstellen – ohne daß man soweit gehen muß, ein Durcheinander anzunehmen, wie es Joly[40] beschrieb – daß die Täfelchen oder Papyrusblätter nicht in genau der Reihenfolge abgeschrieben worden sind, in der sie verfaßt wurden. In diesem Zusammenhang sei erwähnt, daß das heutige Buch I, das wahrscheinlich später und unabhängig von den anderen entstanden ist, an den Anfang der Sammlung gesetzt worden ist. Nichtsdestoweniger scheint, wie wir sehen werden, das Wesentliche sehr wohl der ursprünglichen Ordnung zu entsprechen, sind doch für jedes Buch zum Teil ein spezielles Vokabular bzw. bevorzugte Themen charakteristisch, woraus sich schließen läßt, daß jedes Buch seine innere Einheit besitzt und jeweils in einem Zeitraum verfaßt wurde, in dem sich die Interessen des Kaisers auf diese oder jene bestimmte Frage konzentrierten.

Selbstverständlich ist es schwer bzw. unmöglich, sich vorzustellen, was tatsächlich geschehen ist. An drei Dinge kann man sich jedoch, wie mir scheint, mit Gewißheit halten. Erstens: Der Kaiser hat *für sich selbst* geschrieben.[41] Zweitens: Er hat *von einem Tag zum anderen* geschrieben und beabsichtigte nicht, ein einheitliches und für die Öffentlichkeit bestimmtes Werk zu verfassen, was bedeutet, daß sein Werk im Zustand von *hypomnémata*, persönlichen Notizen, verblieben ist, die möglicherweise auf einer »beweglichen« Unterlage wie Schreibtäfelchen notiert worden waren. Drittens: Er hat sich Mühe gegeben, seine Gedanken, Sentenzen, Reflexionen *in einer sehr verfeinerten literarischen Form* zu verfassen, gerade weil die Vervollkommnung der Formulierungen ihre psychologische Wirksamkeit, ihre Überzeugungskraft sichern sollte. Diese Charakteristika genügen, um die persönlichen Notizen Marc Aurels von denen der Pamphila oder des Aulus Gellius zu unterscheiden, oder selbst von den »Zetteln«, welche Plutarch sammelte, um sie zu seiner Abhandlung *Über die Seelenruhe* zusammenzustellen, oder auch von den Notizen Arrians, die dieser beim Unterricht des Epiktet aufzeichnete und auf welche wir noch zurückkommen werden. Es wird in der Tat offensichtlich, daß die *Ermahnungen an sich selbst* des Marc Aurel im Unterschied zu anderen *hypomnémata* »geistige Übungen« darstellen, die nach einer bestimmten Methode durchgeführt wurden. Nunmehr gilt es zu präzisieren, was damit gemeint ist.

III
Die *Ermahnungen an sich selbst* als geistige Übungen

1. Die »Praxis« und die »Theorie«

Einzig und allein ein Thema ist es, mit dem sich die *Ermahnungen an sich selbst* beschäftigen: die Philosophie. Texte wie die folgenden bringen dies deutlich zum Ausdruck:

»Welch mächtiges Schutzgeleit bietet sich denn, wenn nicht einzig die Philosophie? Es besteht darin, den daimôn im Innern vor Schande und Schaden zu bewahren.« (II,17,3)

»Hüte dich, daß du nicht verkaiserst. [...] Bleibe also einfach, gut, rein, würdig, ungeziert, ein Freund der Gerechtigkeit, ehrfürchtig vor den Göttern, wohlwollend, liebevoll, standhaft in der Vollendung geziemender Werke. Kämpfe darum, so zu bleiben, wie die Philosophie dich haben wollte.« (VI,30,1-3)

In der antiken Welt im allgemeinen, insbesondere aber für die Stoiker und Marc Aurel, ist die Philosophie vor allem eine Lebensform. Deshalb bemühen sich die *Ermahnungen an sich selbst* stets von neuem, diese Lebensweise zu beschreiben und das Vorbild zu entwerfen, welches man vor Augen haben soll – nämlich das des idealen sittlichen Menschen. Der gewöhnliche Mensch begnügt sich damit, auf irgendeine beliebige Art zu denken, so zu handeln, wie es ihm gerade in den Sinn kommt, und wider Willen zu leiden. Der sittliche Mensch hingegen wird sich, soweit es von ihm selbst abhängt, bemühen, im Dienste der anderen Menschen gerecht zu handeln, die Ereignisse gelassen anzunehmen, die nicht von ihm abhängen, und aufrichtig und wahrhaftig zu denken:

»Überall und fortgesetzt ist es in Deiner Gewalt, fromm dich mit dem gegenwärtigen Begegnis zu befreunden als auch mit den gegenwärtigen Menschen in Gerechtigkeit zu verkehren und der gegenwärtigen Vorstellung kunstgerecht zu begegnen, damit sich nichts einschleicht, was nicht objektiv ist« (VII,54)

Viele der *Ermahnungen* vergegenwärtigen diese drei Lebensregeln, oder zumindest die eine oder andere von ihnen, in verschiedenen Formen. Doch diese praktischen Regeln legen eine Gesamthaltung, eine Weltsicht, eine grundlegende innere Entscheidung dar, die sich in einem »Diskurs«, in allgemeingültigen Formeln ausdrückt, die Marc Aurel, Epiktet folgend,[1] *dogmata* nennt (Marc Aurel: II,3,3; III,13,1; IV,49,6). Ein Dogma ist ein allgemeingültiges Prinzip, das ein bestimmtes praktisches Verhalten begründet und rechtfertigt und sich in einem oder mehreren Sätzen formulieren läßt. Unser Wort »Dogma« hat im übrigen etwas von diesem Sinn beibehalten, heißt es doch z.B. bei Victor Hugo: »Freiheit, Gleichheit, Brüderlichkeit – das sind Dogmen des Friedens und der Harmonie. Warum gibt man ihnen ein abschreckendes Aussehen?«[2]

Neben diesen drei Lebensregeln formulieren die *Ermahnungen an sich selbst* also auf jede nur erdenkliche Art die Dogmen, die in unterschiedlichen Formulierungen die unteilbare innere Einstellung ausdrücken, welche in den drei Regeln des Handelns sichtbar wird.

Marc Aurel selbst gibt uns gute Beispiele für das Verhältnis zwischen allgemeinen Prinzipien und Lebensregeln. So haben wir bereits gesehen, daß eine der von ihm vorgeschlagenen Lebensregeln darin besteht, in die vom Schicksal gewollten Ereignisse, die nicht von uns abhängen, mit heiterer Gelassenheit einzuwilligen. Sich selbst ermahnt er in folgender Weise:

»Denke bei allem, was dir Kummer bereitet, daran, dieses
Dogma in die Praxis umzusetzen: Dies ist nicht nur kein
Unglück, sondern, es mutig zu ertragen, ist ein Glück.«
(IV,49,6)

Dieses Dogma leitet sich aus dem Grunddogma des Stoizismus ab,
welches das gesamte stoische Verhalten begründet: Nur das moralisch Gute, die Tugend, ist ein Gut; allein das moralisch Schlechte, das Laster, ein Übel.[3] Dies führt Marc Aurel an anderer Stelle
ausdrücklich aus:

> »Worin also besteht das [glückliche Leben]? – Darin, das
> zu tun, wonach die Natur des Menschen sucht. – Wie läßt
> sich das erreichen? – Indem man Dogmen besitzt, die die
> Prinzipien der Strebungen und der Handlungen darstellen.
> – Welche Dogmen? – Solche, die sich auf die Unterschei-
> dung zwischen dem Guten und dem Schlechten beziehen,
> nämlich darauf, daß für den Menschen nichts gut sei, was
> ihn nicht gerecht, besonnen, mutig und frei mache, und
> nichts von Übel, was ihn nicht zum Gegenteil des Genann-
> ten mache.« (VIII,1,6)

Marc Aurel verwendet auch das Wort *theôréma* zur Bezeichnung
der Dogmen, insofern jede Kunst – und somit auch jene Lebenskunst, die die Philosophie darstellt – Prinzipien enthält:

> »In welcher Kunst übst du dich? – In der, ein sittlicher
> Mensch zu sein. – Wie soll das anders erfolgen als ausge-
> hend von Theoremen, die sich zum Teil auf die Natur des
> Ganzen, zum Teil auf die dem Menschen eigene Verfassung
> beziehen?« (XI,5)

Die Dogmen laufen, wie Marc Aurel sagt (VII,2), Gefahr zu erlöschen, wenn die inneren Bilder, die *phantasiai*, die sie vergegenwärtigen, nicht beständig neu heraufbeschworen werden.

Es läßt sich also sagen, daß die *Ermahnungen an sich selbst* – einmal abgesehen von Buch I – in ihrer Gesamtheit in der wiederholten, immer wieder erneuerten Formulierung der besagten drei Handlungsregeln und der verschiedenen, diese begründenden Dogmen bestehen.

2. Die Dogmen und ihre Formulierung

Jene Dogmen, jene wesentlichen Prinzipien, auf die sich alles gründet und die alles begründen, wurden im Unterricht der stoischen Schule ausführlich bewiesen. Diese Beweisführungen hat Marc Aurel von seinen stoischen Lehrern Junius Rusticus, Apollonius und Sextus gelernt, denen er im ersten Buch der *Ermahnungen an sich selbst* seine Hochachtung bezeugt, und er hat sie namentlich in den von Arrian aufgezeichneten *Unterredungen* des Epiktet gelesen, auf welche wir noch zu sprechen kommen werden. In den *Ermahnungen an sich selbst* nimmt er Bezug »auf die Vielzahl von Beweisen, aus denen hervorgeht, daß die Welt einem Staat [*polis*] gleicht«, oder auf die Lehre, die er über den Schmerz und die Lust erhalten hat, und der er zugestimmt hat (IV,3,5 und 6).

Durch diese Beweisführungen erlangen die Dogmen für Marc Aurel eine zwingende Gewißheit, so daß er sich im allgemeinen damit begnügt, sie in Form eines einfachen Satzes zu formulieren, wie z.B. II,1,3: Die Natur des Guten ist eben das moralisch Gute (*kalon*), die des Schlechten, das moralisch Schlechte (*aischron*). Diese Verdichtung genügt, um an die theoretische Beweisführung zu erinnern, deren Gegenstand die Dogmen gebildet haben, und erlaubt, die innere Einstellung, die sich aus der klaren Einsicht in jene Prinzipien heraus ergab – nämlich den Entschluß, Gutes zu tun – wieder in der Seele zu erwecken. Diese Dogmen wiederholt zu sich selbst zu sagen, sie für sich selbst niederzuschreiben, heißt, »sich zurückzuziehen«, nicht »aufs Land, ans Meer, in die Berge«, wie Marc Aurel sagt (IV,3,1), sondern in sich selbst, wo man die Formeln entdecken wird, »die uns erneuern werden«: »Kurz und wesentlich« sollen sie sein, um sich als vollkommen wirksam zu erweisen. Aus diesem Grund, um sich darauf vorzubereiten, die besagten drei Handlungsregeln anzuwenden, stellt Marc Aurel zuweilen eine Reihe von Hauptpunkten (*kephalaia*)[4] in einer äußerst kurzen Form zusammen, eine Aufzählung von Grundgedanken, deren Wirkung auf die Seele sich gerade durch die Anhäufung steigert (II,1; IV,3; IV,26; VII,22,2; VIII,21,2; XI,18; XII,7; XII,8; XII,26). Da es nicht möglich ist, all diese Listen zu zitieren, soll an dieser Stelle nur ein Beispiel (XII,26) angeführt werden, in welchem acht *kephalaia*, acht Hauptpunkte, eine Summe von Hilfsmitteln für die Praxis der Handlungsregeln zur Verfügung stellen, die vorschreibt, mit heiterer Gelassenheit anzunehmen, was uns widerfährt und nicht von unserem Willen abhängt:

»Wann immer du dich über etwas ärgerst, so nur deshalb, weil du vergessen hast:

1. daß sich alles gemäß der Allnatur ereignet,
2. daß die begangene Verfehlung dich nichts angeht, und außerdem
3. daß sich jedes Ereignis stets so ereignet hat, ereignen wird und nun überall ereignet,
4. wie eng die Verwandtschaft des einzelnen Menschen mit der ganzen Menschengattung ist, ist es doch keine Gemeinschaft des Blutes oder des Samens, sondern des Geistes,

vergessen hast du aber auch:

5. daß der Geist eines jeden Gott ist, und von dort ihm zugeflossen ist,
6. daß es nichts gibt, was unser Eigentum ist, sondern daß sowohl das Kind als auch der Körper als auch selbst die Seele von dort oben gekommen sind,

7. daß alles Werturteil *[hypolépsis]* ist,
8. daß jeder nur in der Gegenwart lebt und nur diese verliert.«

Alle diese Punkte, die sich hier in Form einer lakonischen Gedächtnisstütze präsentieren, wollen nur an die Beweisführungen erinnern, mit denen Marc Aurel anderweitig schon bekannt geworden war. Sie finden sich voneinander getrennt in den *Ermahnungen an sich selbst* wieder – oft wiederholt, »wiedergekäut« ließe sich fast sagen, erklärt und mitunter auch bewiesen. Wenn man die neun Abfolgen der *kephalaia* (II,1; IV,3; IV,26; VII,22,2; VIII,21,2; XI,18; XII,7; XII,8; XII,26) zusammennimmt, so entdeckt man nahezu alle Themen, die in den *Ermahnungen an sich selbst* angesprochen oder entwickelt werden. Die Gesamtheit der Dogmen, die das Wesentliche der *Ermahnungen an sich selbst* ausmachen, läßt sich in einer strukturierten Form darstellen, indem wir sie jeweils auf die Grunddogmen des Stoizismus zurückführen.

Aus dem absolut ersten Prinzip, dem zufolge es kein Gut gibt, außer dem moralisch Guten, und kein Übel, außer dem moralisch Schlechten (II,1,3), ergibt sich, daß weder der Schmerz noch die Lust Übel sind (IV,3,6; XII,8), daß die einzige Schande das moralisch Schlechte ist (II,1,3), daß uns die Verfehlung eines anderen gegen uns nicht berührt (II,1,3; XII,26), sondern daß der, der eine Verfehlung begeht, nur sich selbst schadet (IV,26,3) und daß sie sich nur in ihm selbst findet (VII,29,7; XII,26). Daraus resultiert auch, daß ich absolut keinen Schaden von seiten eines anderen erleiden kann (II,1,3; VII,22,2).

Aus den allgemeinen Prinzipien, daß gut oder von Übel nur sein kann, was von uns abhängt, und daß unser Urteil und unsere Zustimmung von uns abhängen (XII,22), ergibt sich, daß Übel oder Beunruhigung für uns nur in unserem eigenen Urteil liegen können, d.h. in der Art und Weise, wie wir uns die Dinge vorstellen (IV,3,10; XI,18,11); der Mensch ist der Urheber seiner eigenen Beunruhigung (IV,26,2; XII,8). Alles ist also eine Frage des Werturteils (XII,8; XII,22; XII,26). Der Geist ist unabhängig vom Körper (IV,3,6), und die Dinge gelangen nicht in uns, um uns zu beunruhigen. Wenn nun alles eine Frage des Werturteils ist, ist jede Verfehlung in der Tat ein Fehlurteil und rührt vom Unwissen her (II,1,2; IV,3,4, XI,18,4-5). In der Aufzählung der *kephalaia* in Buch XI (18,2) sagt Marc Aurel zu sich selbst: »Fang von oben an, von dem Prinzip, das besagt: Wenn es nicht die Atome sind, so regiert die Natur das Ganze«, und in der Aufzählung, die sich im vierten Buch findet (IV,3,5): »Rufe dir die disjunktive Aussage ins Gedächtnis zurück: entweder Vorsehung oder Atome.« Wenn Marc Aurel hier wieder von einem »Prinzip« als etwas gut Bekanntem spricht, kann man annehmen, daß er auf eine Lehre anspielt, die er erhalten hat und die aus der Gegenüberstellung der epikureischen Position (Atome) und der stoischen (Natur und Vorsehung) einen Schluß zugunsten dieser letzteren zog. Wir werden auf diesen Punkt erneut zu sprechen kommen müssen. An dieser Stelle genügt es indes zu sagen, daß sich ausgehend von dem Dogma, welches eine Einheit, eine Rationalität der Welt bejaht, viele Konsequenzen ziehen lassen, auf die Marc Aurel in seinen Abfolgen der *kephalaia* anspielt. Alles rührt von der Allnatur her und geschieht gemäß dem Willen derselben (XII,26) – selbst die Bosheit der Menschen (XI,18,24) folgt notwendig aus der Gabe der Freiheit. Alles ereignet sich dem Schicksal gemäß (IV,26,4): Es entspricht also der Ordnung des Universums, daß alle Dinge sich ohne Unterlaß verwandeln (IV,3,11; XII,21), sich aber auch ohne Unterlaß wiederholen (XII,26), und daß wir sterben müssen (IV,3,4 und XI,18,10). Die Allvernunft verleiht dem fügsamen, doch kraftlosen Stoff Form und Energie; aus diesem Grund gilt es, bei allen Dingen das Ursächliche (die Vernunft) und das Stoffliche zu unterscheiden (XII,8 und XII,18). Und von eben dieser Allvernunft rührt die Vernunft her, die allen Menschen gemeinsam ist und ihre Verwandtschaft sichert, die keine des Blutes oder des Samens ist (II,1,3; XII,26). Deshalb sind die Menschen füreinander geschaffen (II,1.4; IV,3,4; XI,18,1-2).

Eine letzte Gruppe von *kephalaia* läßt sich um die großartige Vision von der Unermeßlichkeit der Allnatur, von der Unendlichkeit von Raum und Zeit (IV,3,7; XII,7) gruppieren. Aus dieser Perspektive erscheint das Leben im ganzen von winziger Dauer (VIII,21,2; IV,25,5; XII,7), der Augenblick als unendlich klein (II,14,3 und XII,26), die Erde wie ein Punkt (IV,3,8; VIII,21,2), der gegenwärtige Ruf oder der postume Ruhm als ganz und gar eitel (IV,3,8; VIII,21,3; XII,21; IV,3,7), um so mehr, als man diese lediglich von Menschen erhalten kann, die einander und sich selbst widersprechen (IV,3,8; VIII,21,3) und die man nicht achten kann, wenn man sie sieht, wie sie sind (XI,18,3).

All jene Dogmen leiten sich also aus Grunddogmen ab; sie kristallisieren sich jedoch auch um die drei Regeln, um die drei Formen der Disziplin des Lebens, die wir unterschieden haben. Die Disziplinierung des Denkens setzt selbstverständlich diejenigen Dogmen voraus, die sich auf die Urteilsfreiheit beziehen; die Disziplinierung des Handelns die Dogmen, die das Dasein einer Gemeinschaft der vernünftigen Wesen behaupten; und die Disziplinierung der Zustimmung setzt das Dogma der Vorsehung und der Rationalität des Universums voraus. Eine solche Gruppierung läßt sich teilweise in Buch IV,3 entdecken.

Listen der *kephalaia*, von Hauptpunkten, machen also den ersten Formulierungsmodus der Dogmen in den *Ermahnungen an sich selbst* aus. Aber auch einzeln werden sie im Verlauf des ganzen Werkes wiederaufgenommen und häufig wiederholt. So wird die in einer der Abfolgen der *kephalaia* (XII,8) formulierte Aufforderung, bei allem zu ermitteln, was ursächlich ist, achtmal einzeln, ohne Kommentar noch Erklärung, in den *Ermahnungen an sich selbst* wiederholt (IV,21,5; VII,29,5; VIII,11; IX,25; IX,37; XII,10; XII,18; XII,29). Desgleichen begegnet einem die Behauptung »Alles ist Urteil«, die in zwei Listen der *kephalaia* (XII,8 und XII,26) enthalten ist, zweimal einzeln und unkommentiert oder mit einer sehr kurzen Erklärung versehen (II,15 und XII,22). Vor allem das Dogma, dem zufolge unsere Beunruhigungen einzig und allein von unseren Urteilen herrühren und die Dinge unsere Seele nicht berühren (IV,3,10), kehrt – mal fast wortwörtlich, mal in einer etwas anderen Form – achtzehnmal in den *Ermahnungen an sich selbst* wieder (V,19; VI,52; VII,2,2; VIII,47; IX,13; IX,15; XI,11; XI,16; XII,22; XII,25; IV,7; IV,39,2; V,2; VII,14; VII,16; VIII,29; VIII,40; VIII,49).

Greifen wir noch ein anderes Thema auf, welches uns in den Abfolgen der *kephalaia* begegnet war: das der ewigen Wiederholung aller Dinge in der Allnatur und in der menschlichen Geschichte (XII,26,3). Auch dies ist ein Punkt, der Marc Aurel am Herzen liegt und den er nicht müde wird zu wiederholen: Es ist kaum von Bedeutung, ob man dem Schauspiel der Welt nur kurz oder während langer Zeit beiwohnt, denn in jedem Augenblick und in jedem Ding ist das Sein in seiner Ganzheit gegenwärtig. Alle Dinge sind demnach von gleicher Art (*homoeideis*) und haben den gleichen Inhalt – sie wiederholen sich mithin unendlich. »Seit aller Ewigkeit sind alle Dinge gleichartig und wiederholen sich in ständigem Kreislauf« (II,14,5).»[...] alles ist der Gattung und der Art nach gleich« (VI,37).»Seit aller Ewigkeit haben sich die Dinge auf die gleiche Art ereignet, und es werden ins Unendliche andere Dinge derselben Art sein« (IX,35).»In gewisser Weise hat der Vierzigjährige, wenn er nur ein wenig Geist besitzt, alles gesehen, was sich je ereignet hat und je sein wird, indem er die Gleichartigkeit aller Dinge erkennt« (XI,1,3).

Es wäre ermüdend, andere Beispiele für die vielfachen Wiederholungen zu zitieren, die sich im Verlauf des ganzen Werkes finden. Halten wir also fest, daß der größte Teil der Bücher die verschiedenen Dogmen, die Marc Aurel in seinem Werk mehrfach aufgelistet hat, wiederaufnimmt – häufig in einer literarisch sehr ausgearbeiteten und sehr einprägsamen Form.

Es genügt jedoch nicht, »sich in sich selbst zurückzuziehen«, indem man sich auf jene Dogmen besinnt, um die eigene Handlung daran erneut zu orientieren (denn bei der Lebenskunst soll man nichts tun, was mit den »Theoremen der Kunst« nicht übereinstimmt [IV,2]), sondern häufig wird es erforderlich sein, auf ihre theoretischen Grundlagen zurückzukommen. Marc Aurel bringt dieses Bedürfnis in einem Text des zehnten Buches, der von vielen Interpreten mißverstanden worden ist, deutlich zum Ausdruck (X,9). In diesem gilt es nämlich, zweierlei Gedanken voneinander zu unterscheiden. Der erste ist eine knappe und rauhe Beschreibung des Unglücks der conditio humana, wenn diese nicht von der Vernunft geleitet wird:

»Posse, Krieg, Aufruhr und Betäubung, Sklaverei jeden Tag!«[5]

Dann folgt ein anderer, vom vorhergehenden vollkommen unabhängiger Gedanke, der sich auf die Wichtigkeit der Theorie bezieht:

»All deine geheiligten Dogmen werden schnell ausgelöscht sein, die du dir, ohne sie auf die Naturphilosophie zu gründen, vor Augen stellst und sie dann alsbald aufgibst. Von jetzt an muß alles so gesehen und praktiziert werden, daß das von den gegenwärtigen Umständen Geforderte vollbracht wird und gleichzeitig in wirksamer Weise die theoretischen Grundlagen deines Handelns gegenwärtig sind und daß du, in dir verborgen, aber nicht verschüttet, das Selbstvertrauen behältst, das die Wissenschaft hervorbringt, die sich auf jeden Fall bezieht.«

Man soll also nicht nur gemäß den Theoremen der Lebenskunst und der Grunddogmen handeln, sondern sich dabei auch der theoretischen Grundlagen bewußt bleiben, durch welche sie sich rechtfertigen – durch das nämlich, was Marc Aurel »Wissenschaft von der Natur« (*physiologia*) nennt.[6] Unterläßt man dieses, so entleeren sich die Formulierungen der Dogmen ihres Sinns, auch wenn sie noch so oft wiederholt werden, da letztlich alle Lebensprinzipien in der Kenntnis der Natur gründen.

Deshalb verwendet Marc Aurel einen dritten Modus, die Dogmen zu formulieren. Diesmal handelt es sich darum, die sie rechtfertigende Argumentation nachzuvollziehen oder sogar über die Schwierigkeiten nachzudenken, die sie aufwerfen können. So spielte Marc Aurel z.B., wie wir gesehen haben, ohne sie zu zitieren, auf alle Gründe an, die beweisen, daß die Welt gleichsam ein Staat ist (IV,3,5) – eine Formel, die die gesamte Haltung gegenüber den anderen Menschen und den Ereignissen nach sich zog. Andernorts aber gründet er diese Formel auf eine komplexe Gedankenabfolge, nämlich auf einen Sorites, der sich folgendermaßen zusammenfassen läßt: Ein Staat ist eine Gruppe von Wesen, die denselben Gesetzen unterworfen sind; die Welt ist nun eine Gruppe von Wesen, die denselben Gesetzen unterworfen sind, d.h. den Gesetzen der Vernunft; folglich ist die Welt ein Staat (IV,4). Diese Schlußfolgerung besaß Tradition in der Schule der Stoa, lassen sich doch schon z.b. bei Cicero Anzeichen dafür entdecken.[7] Wieder andernorts sagt Marc Aurel, man solle seinen Geist mit vernunftgemäßen Überlegungen, d.h. mit Verkettungen von Vorstellungen, durchtränken (V,16,1) und führt Beweise an, von denen einer ebenfalls die Form eines Sorites annimmt.

Aber diese theoretische Arbeit besteht nicht nur darin, eine einfache Abfolge von vernunftgemäßen Überlegungen zu reproduzieren, sondern kann die Form von Erörterungen literarischer und rhetorischer Art oder von eher technischen Erörterungen in bezug auf Aporien annehmen. So wird z.B. das Dogma: »Alles ereignet sich gemäß der Allnatur« (XII,26,1) in Buch V,8 doch auch in VII,9, in einer sehr ausgestalteten Weise dargeboten:

»Alle Dinge sind miteinander verflochten, und ihre Verbindung ist heilig; und in nichts sozusagen sind sie einander fremd, sind sie doch aufeinander zugeordnet und tragen zur Ordnung derselben Welt bei; es ergibt sich also aus allen Dingen eine einzige Welt, ein einziger Gott durchdringt alles, ein einziges Sein, ein einziges Gesetz, eine einzige, allen geistigen Lebewesen gemeinsame Vernunft, eine einzige Wahrheit.«

Das Thema der in der Einheit ihres Ursprungs begründeten Einheit der Welt wird mit ähnlichen Worten häufig wiederaufgenommen (VI,38; XII,29), doch auch – sei es schematisch, sei es im Gegenteil in einer ausgedehnteren Form – in zahlreichen Texten erörtert (IV,27; VI,10; VI,44; VII,75; VIII,18; IX,28; IX,39; X,6-7), in denen das erscheint, was Marc Aurel eine disjunktive Aussage nennt: entweder die Atome (epikureische Zersplitterung) oder die eine Natur (stoische Einheit).

Doch auch viele andere Hauptpunkte werden so in relativ langen Erörterungen untersucht, als da sind: die wechselseitige Anziehung, die die vernünftigen Wesen füreinander empfinden und die erklärt, weshalb die Menschen füreinander geschaffen sind (IX,9), oder auch das Dogma, das besagt, daß nichts den Geist und die Vernunft behindern kann (X,33).

3. Die drei Lebensregeln

Das praktische Verhalten gehorcht, wie wir gesehen haben, drei Lebensregeln, die das Verhältnis des Individuums zum notwendigen Lauf der Natur, zu den anderen Menschen und seinem eigenen Denken bestimmen. Wie die Darlegung der Dogmen ist auch die der Lebensregeln bei Marc Aurel stark gegliedert. Die drei Lebensregeln entsprechen – worauf wir noch zurückkommen werden – einerseits den drei Tätigkeiten der Seele – Urteil, Begehren und Handlungsantrieb –, andererseits aber auch den drei Bereichen der Wirklichkeit: dem individuellen Urteilsvermögen, der Allnatur und der menschlichen Natur, wie das folgende Schema zeigt:

Tätigkeit	Bereich der Wirklichkeit	innere Haltung
(1) Urteil	Urteilsvermögen	Objektivität
(2) Begehren	Allnatur	Zustimmung zum Schicksal
(3) Antrieb zur Handlung	Menschliche Natur	Gerechtigkeit und Altruismus

Dieses dreiteilige Modell findet sich daher sehr häufig in den *Ermahnungen an sich selbst*. Führen wir einige wichtige Texte als Beispiele an:

»Überall und festgesetzt ist es in Deiner Gewalt,
- fromm dich mit dem gegenwärtigen Begegnis zu befreunden [2],
- als auch mit den gegenwärtigen Menschen in Gerechtigkeit zu verkehren [3] und
- der gegenwärtigen Vorsstellung kunstgerecht zu begegnen, damit sich nicht einschleicht, was nicht objektiv ist.« (VII,54)

»Es genügen,
- das gegenwärtige Werturteil [1], sofern es objektiv ist,
- die gegenwärtigen Handlungen [3], sofern sie im Dienste der menschlichen Gemeinschaft geschehen,
- die gegenwärtige Einstellung [2], sofern sie Gefallen an allem findet, was sich durch die äußere Ursache ereignet.« (IX,6)

»Eine vernünftige Natur folgt dem ihr bestimmten Weg, wenn
- sie in bezug auf die Vorstellungen [1] weder Falschem noch Unklarem zustimmt,

– sie ihre Antriebe [3] einzig auf die Handlungen im Dienste der menschlichen Gemeinschaft richtet,
– sie ihr Begehren [2] und ihre Abneigung nur auf die Dinge bezieht, die in unserer Gewalt sind, wenn sie alles von der allgemeinen Natur Zugeteilte willkommen heißt.« (VIII,7)

Oder an anderer Stelle:

»Die *Vorstellung* [*phantasia*] auslöschen [1];
dem *Handlungsantrieb* [*hormé*] ein Ende setzen [3];
das *Begehren* [*orexis*] tilgen [2];
Das leitende Prinzip [*hégemonikon*] in eigener Gewalt haben.« (IX,7)

»Was also ist es, wofür man Sorge tragen soll? – Dieses eine:
– ein gerechtes Denkvermögen und *Handlungen* im Dienste der Gemeinschaft [3],
– eine *Rede*, die niemals zu trügen vermag [1],
– eine *innere Einstellung* [2], die alles, was sich ereignet, als notwendig, vertraut, als einem Ursprung, einer Quelle entspringend freudig empfängt.« (IV,33,3)

Neben diesen expliziten Formulierungen stößt man auf zahlreiche, in verschiedenen Formen auftretende Anspielungen auf die drei Lebensregeln. So zählt Marc Aurel die Triade der Tugenden »Wahrheit«, »Gerechtigkeit«, »Mäßigung« (XII,15) oder »Vermeiden von Überstürzung beim Urteil«, »Liebe zu den Menschen«, »Bereitschaft, den Göttern zu folgen« (III,9,2), den drei Lebensregeln entsprechend, auf. Zuweilen erscheinen auch nur zwei oder gar nur eine der drei Regeln. Z.B.:

»Bei jedem Handlungsantrieb das Gerechte erfüllen und bei jeder Vorstellung das Objektive bewahren.« [Man erkennt hier die Disziplinierung des Handelns und des Urteils wieder.] (IV,22)

oder:

»Er ist mit zweierlei zufrieden: Das, was jetzt zu tun ist, gerecht zu tun, und das zu lieben, was ihm jetzt zugeteilt wird.« (X,11,3)

oder andernorts:

»Tue ich etwas? Ich tue etwas, indem ich es als Beitrag zum Wohl der Menschen verrichte. Widerfährt mir etwas? Ich nehme es an als Gabe von den Göttern und der Quelle aller Dinge, von der die Verknüpfung aller Ereignisse ausgeht.« [Hierin lassen sich die Disziplinierung des Handelns und des Begehrens wiedererkennen.] (VIII,23)

Oft wird nur ein einziges Thema heraufbeschworen, wie die Disziplinierung des Begehrens:

»Nur das lieben, was auf einen zukommt und vom Schicksal mit einem verknüpft ist.« (VII,57)

oder die des Urteils:

»Heb das Werturteil *[das du hinzufügst]* auf, so ist das ›Ich bin beleidigt worden‹ aufgehoben. Heb das ›Ich bin beleidigt worden‹ auf, so ist die Beleidigung aufgehoben.« (IV,7)

oder auch die Disziplinierung des Handelns:

»Erstens: nichts zufällig, nichts ohne Berufung auf ein Ziel. Zweitens: seine Handlungen wegen nichts anderem ausführen als zu dem Zweck, der menschlichen Gemeinschaft zu dienen.« (XII,20)

So wie die *Ermahnungen an sich selbst* die verschiedenen Dogmen, von denen einzelne Kapitel mehr oder weniger lange Listen enthalten, isoliert – in kurzer oder ausführlich entwickelter Form – wiederaufnehmen, genauso unermüdlich wiederholen sie, mehr oder weniger ausführlich, die Formulierung der drei *Lebensregeln*, die sich in manchen Kapiteln vollständig vereint vorfinden. In Buch III, welches sich, wie wir noch sehen werden, bemüht, das Idealbild des sittlichen Menschen genauer zu zeichnen, werden die drei Lebensregeln, die dem Verhalten desselben genau entsprechen, bis ins kleinste Detail dargelegt. Umgekehrt können sie aber auch, mit anderen ihnen verwandten Ermahnungen vermischt, in so verdichteter Form dargestellt werden, daß der Text sich fast rätselhaft ausnimmt:

»Lösche diese Vorstellung aus [Disziplinierung des Urteils].
Setze dem Zappeln der Marionette ein Ende [Disziplinierung des Handelns].
Begrenze das Gegenwärtige in der Zeit.
Erkenne, was dir oder einem anderen widerfährt [Disziplinierung des Begehrens].
Unterteile und analysiere das Objekt auf das Ursächliche und das Stoffliche hin.
Denke an die letzte Stunde.
Laß den Fehler jenes Menschen dort, wo er unterlaufen ist.« (VII,29)

Diese drei Lebensregeln sind wahrhaftig der Schlüssel zu den *Ermahnungen an sich selbst* des Marc Aurel. Um jede einzelne von ihnen organisieren und kristallisieren sich die verschiedenen Dogmen, von denen wir gesprochen haben. Der Disziplinierung des Urteils schließen sich die Dogmen an, die die Urteilsfreiheit, die Möglichkeit des Menschen, seine eigenen Gedanken zu kritisieren und zu verändern, behaupten; um die Disziplinierung des Begehrens, die unsere Haltung gegenüber den äußeren Ereignissen lenkt, gruppieren sich alle Theoreme über die Ursächlichkeit der Allnatur, und die Disziplinierung des Handelns schließlich nährt sich von all den theoretischen Sätzen, die sich auf die wechselseitige Anziehung beziehen, die die vernünftigen Wesen vereint. Letztendlich wird man gewahr, daß sich hinter der anscheinenden Unordnung der *Ermahnungen an sich selbst* ein äußerst strenges Begriffssystem entdecken läßt, dessen Struktur es nun im Detail zu beschreiben gilt.

4. Übungen in Einbildungskraft

Die *Ermahnungen an sich selbst* begnügen sich nicht damit, die Lebensregeln und Dogmen, von denen sie sich nähren, zu formulieren. Sie stellen nicht nur eine Übung in Vernunft, sondern auch in Einbildungskraft dar, beschränkt sich doch Marc Aurel nicht darauf, sich zu sagen, das Leben sei kurz und man müsse aufgrund des von der Natur auferlegten Gesetzes der Metamorphose bald sterben, sondern läßt vor seinem geistigen Auge

> »den Hof des Augustus, dessen Frau und dessen Tochter, die Nachfahren und Vorfahren, die Schwester, Agrippa, die Verwandten, Hausgenossen, die Freunde, Arius, Maecenas, seine Ärzte, die Opferpriester – den Tod des ganzen Hofes [...]« (VIII,31)

vorüberziehen.

Es ist nicht nur das Verschwinden eines Hofes, sondern das einer ganzen Epoche, das er sich vorzustellen versucht:

> »Stelle dir beispielsweise die Zeit Vespasians vor, dann wirst du all dieses sehen: Menschen, die heiraten, Kinder großziehen, erkranken, sterben, Krieg führen, Feste feiern, Handel treiben, den Acker bestellen, Menschen, die anderen schmeicheln, anmaßend sind, argwöhnisch, Ränke

schmieden, sich den Tod anderer wünschen, über die gegenwärtigen Verhältnisse murren, und Menschen, die lieben, Schätze anhäufen, Konsulate, Königswürden begehren. Nun ist ihr Leben indes nirgends mehr.« (IV,32)

Oder andernorts denkt Marc Aurel an die großen Männer der Vergangenheit, an Hippokrates, Alexander, Pompeius, Caesar, Augustus, Hadrian, Heraklit, Demokrit, Sokrates, Eudoxos, Hipparchos, Archimedes. »Alle längst tot und begraben!« (VI,47) »Niemand und nirgends« (VIII,5). So sichert er sich seinen Platz in der großen literarischen Tradition, die – von Lukrez bis François Villon[8] – der berühmten Toten gedenkt: »Wo ist der Schnee des vergangenen Jahres?« – »Wo sind sie nun? Nirgends oder irgendwo« hatte Marc Aurel bereits geantwortet (X,31,2).

Derartige Übungen in Einbildungskraft tauchen relativ häufig in den *Ermahnungen an sich selbst* auf (IV,50; VI,24; VII,19,2; VII,48; VIII,25; VIII,37; IX,30; XII,27). Damit versucht Marc Aurel, sich das Dogma der allgemeinen Metamorphose eindringlich vor Augen zu führen.

Doch das Leben selbst ist gleichsam ein Sterben, sofern es nicht durch die Tugend, die Praxis der Lebensregeln und die Kenntnis der Dogmen, die das Wissen um die göttlichen und menschlichen Dinge gewähren, aufgehellt wird. Dies läßt die eines Kynikers würdigen Beschreibungen der Eitelkeiten des menschlichen Lebens verständlich werden, die sich zuweilen in den *Ermahnungen an sich selbst* finden, wie z.B. der folgende außergewöhnliche Text:

»Eitle Feierlichkeit eines Umzugs, Dramen, die auf der Bühne gegeben werden, Schafherden, Rinderherden, Lanzenkämpfe, Knochen, die man Hündchen hinwirft, Häppchen im Fischbassin, Plackereien und Schleppereien, mit denen sich Ameisen abrackern, Durcheinanderlaufen aufgescheuchter Mäuse, an Fäden zappelnde Marionetten [...].«(VII,3)

Die knappe, doch einprägsame Notierung:

»Posse, Krieg, Aufruhr und Betäubung, Sklaverei jeden Tag!«

ist uns bereits begegnet (X,9).

5. Die Niederschrift als geistige Übung

Wie wir im Laufe unserer bisherigen Analyse festgestellt haben, stellen die *Ermahnungen an sich selbst* Variationen über eine kleine Zahl von Themen dar. Daraus ergeben sich mitunter fast wortwörtliche Wiederholungen, wofür uns bereits einige Beispiele begegnet sind. Fügen wir noch einige weitere hinzu:

»Wie könnte das, was einen Menschen nicht schlechter macht, das Leben eines Menschen schlechter machen?« (II,11,4)

»Was einen Menschen nicht schlechter macht, als er ist, das macht auch sein Leben nicht schlechter [...].« (IV,8)

»Alles ist kurzlebig, sowohl das, das sich erinnert, als auch das, dessen es sich erinnert.« (IV,35)

»Kurzlebig [...] sowohl derjenige, der sich erinnert, als auch derjenige, dessen er sich erinnert.« (VIII,22)

»Nichts ist mehr geeignet, Seelengröße zu erzeugen.« (III,11,2)

»Nichts ist mehr geeignet, Seelengröße zu erzeugen.« (X,11,1)

Es ließen sich noch viele andere, auch lange Entwicklungen anführen, deren Strukturen vollkommen parallel laufen. VIII, 34 und XI,8 z.B. sind beide der Fähigkeit gewidmet, die Gott dem Menschen verliehen hat, sich erneut mit dem Ganzen zu vereinen, vom dem er sich getrennt hat.

Ungefähr zehnmal wird, wie wir gesehen haben, mit geringfügigen Varianten der Rat gegeben, in allem und jedem zu unterscheiden, was »ursächlich« und was »stofflich« ist. Hierin läßt sich eine der Grundstrukturen der stoischen Physik[9] erkennen und mithin einmal mehr der technische Charakter der verwendeten Formeln. Doch Marc Aurel wiederholt diese Unterscheidung nicht einfach so, als schriebe er eine in der stoischen Schule gelernte Lektion auf. Für ihn hat sie einen existentiellen Sinn: Das ursächliche Element unterscheiden heißt, das leitende Prinzip (*hégemonikon*) in sich selbst erkennen, d.h. das Denk- und Urteilsprinzip, das uns vom Körper unabhängig macht, das Prinzip der Freiheit, das die Sphäre dessen, »was von uns abhängt« von dem abgrenzt, »was nicht von uns abhängt«. Marc Aurel sagt dies nicht explizit – wir können es lediglich aus dem System im Ganzen ableiten. Er selbst begnügt sich mit der an sich selbst gerichteten Empfehlung, jene Unterscheidung anzuwenden, veranschaulicht jedoch nirgendwo, was diese Übung bedeuten soll. Denn für ihn bedarf es keiner Beispiele, weiß er doch, worum es geht. Jene Formeln, die sich dergestalt die ganzen *Ermahnungen an sich selbst* hindurch wiederholen, stellen niemals eine Doktrin dar. Sie dienen lediglich als Induktor, der durch Ideenassoziation eine ganze Gesamtheit von Vorstellungen und Praktiken reaktiviert, die im einzelnen auszuführen für Marc Aurel nicht von Nutzen ist, schreibt er doch nur für sich selbst.

Wenn Marc Aurel die Dinge schriftlich festhält, so nur, um sich im Geiste stets die Dogmen und die Lebensregeln zu vergegenwärtigen. Hiermit folgt er einem Ratschlag Epiktets, der seiner Darlegung des Grunddogmas des Stoizismus, der Unterscheidung zwischen dem, was von uns abhängt, und dem, was nicht von uns abhängt, hinzufügt:

»Das ist es, worüber die Philosophen meditieren sollen, was sie jeden Tag aufschreiben, was ihr Übungsstoff sein soll.« (I,1,25)

»Diese Prinzipien mußt du Tag und Nacht zur Hand haben [*procheira*], du mußt sie schreiben, du mußt sie lesen.« (III,24,103)

Das philosophische Leben im stoischen Sinne besteht wesentlich in der Beherrschung der inneren Rede – ein Punkt, auf den wir noch zurückkommen werden. Alles im Leben des Individuums hängt von der Art und Weise ab, in der es sich die Dinge vorstellt, d.h. wie es sie innerlich zu sich selber sagt. »Was uns Menschen beunruhigt«, sagt Epiktet, »sind nicht die Dinge [*pragmata*], sondern unsere Meinungen [*dogmata*] über die Dinge« (*Handbüchlein*, § 5), d.h. unsere innere Rede über die Dinge. Die von seinem Schüler Arrian aufgezeichneten *Unterredungen* des Epiktet zeigen uns den Philosophen im Gespräch mit seinen Zuhörern während des Philosophieunterrichts, und wie es in dem kurzen Vorwort von Arrian heißt: »Während er sprach, wünschte er nichts anderes, als die Gedanken seiner Zuhörer zum Besten hinzuführen. [...] Andernfalls sollen die, die sie lesen, zumindest wissen, daß jeder, der Epiktet zuhörte, als er diese Worte sprach, empfinden mußte, was jener Mann ihn empfinden lassen wollte.«

Ziel der Worte Epiktets war es also, die innere Rede seiner Zuhörer zu verändern. Diese Therapeutik des Wortes erfolgt in verschiedenen Formen, nämlich mit Hilfe einprägsamer und bewegender Formulierungen, mit Hilfe logischer und technischer Gedankenabfolgen, aber auch verführerischer und überzeugender Bilder. Dieser Therapeutik des Wortes entspricht eine Therapeutik des Schreibens für sich selbst, die für Marc Aurel darin besteht, die von Epiktet ausgesprochenen Dogmen und Handlungsregeln – indem er das Wort an sich selbst richtet – wiederaufzunehmen und sie sich anzueignen, damit sie Prinzipien seiner eigenen inneren Rede werden. Es gilt also, die »Vorstellungen«

(*phantasiai*), d.h. die Reden, in denen die Dogmen formuliert werden, in sich selbst beständig neu heraufzubeschwören (VII,2). Derartige schriftliche Übungen führen notwendigerweise zu Wiederholungen. Dies unterscheidet die *Ermahnungen an sich selbst* radikal von jedem anderen Werk. Die Dogmen sind keine mathematischen Regeln, die, ein für allemal gelernt, mechanisch angewendet werden. Sie sollen gewissermaßen Bewußtwerdungen, Intuitionen, Gefühlsbewegungen, moralische Erfahrungen werden, die die Intensität einer mystischen Erfahrung, einer Vision haben. Doch diese geistige und gefühlsmäßige Intensität verflüchtigt sich sehr rasch. Und um sie erneut hervorzurufen, genügt es nicht, noch einmal zu lesen, was bereits geschrieben worden ist. Die mit Schrift gefüllten Seiten sind bereits tot. Die *Ermahnungen an sich selbst* sind nicht dazu da, wiederholt gelesen zu werden. Was zählt, ist sie neu zu formulieren, der Akt des Schreibens, sie laut zu sich selbst zu sagen, in dem Augenblick, jenem präzisen Augenblick, da man das Bedürfnis verspürt, zu schreiben – und es ist auch der Akt, mit der größten Sorgfalt Sätze zu bilden, nach der Fassung zu suchen, die augenblicklich die größte Wirkung erzeugen wird, die aber, kaum niedergeschrieben, im nächsten Augenblick verblassen wird. Die auf der Schreibunterlage hinterlassenen Schriftzeichen können nichts festhalten – alles liegt im Akt des Schreibens selbst.

Und so reiht sich ein Formulierungsversuch an den anderen, werden dieselben Formeln wiederaufgenommen, folgen endlose Variationen über die immer gleichen Themen: die des Epiktet.

Es kommt darauf an, sich einen inneren Zustand, der unaufhaltsam zu erschöpfen, zu erlöschen droht, immer wieder zu vergegenwärtigen, aufs neue heraufzubeschwören, zu neuem Leben zu erwecken; es geht darum, eine innere Rede, die in Bedeutungslosigkeit und Routine zu verblassen droht und sich verflüchtigt, immer wieder neu zu ordnen.

Indem er seine *Ermahnungen an sich selbst* niederschreibt, praktiziert Marc Aurel also stoische geistige Übungen, d.h. er bedient sich einer Technik, eines Verfahrens, des Schreibens, um einen Einfluß auf sich selbst auszuüben, um seine innere Rede durch die Meditation über die Dogmen und die Lebensregeln des Stoizismus umzuwandeln. Es sind von einem Tag zum anderen schriftlich ausgeführte Übungen, die immer wieder erneuert, immer wieder neu aufgenommen werden, immer wieder neu aufzunehmen sind, ist doch der wahre Philosoph derjenige, der sich dessen bewußt ist, daß er die Weisheit noch nicht erreicht hat.

6. »Griechische« Übungen

Der moderne Leser findet es nicht sonderbar, daß die *Ermahnungen an sich selbst* auf griechisch verfaßt sind. Und dennoch könnte er sich fragen, warum der Kaiser, dessen Muttersprache Latein war, das Griechische für die Niederschrift der persönlichen Notizen, die doch nur für ihn selbst bestimmt waren, gewählt haben mag.

Hierzu ist zunächst einmal zu sagen, daß Marc Aurel vollkommen zweisprachig war, da er die griechische Rhetorik bei Herodes Atticus und die lateinische bei Fronto studiert hatte. Zudem setzte sich die Bevölkerung Roms im großen und ganzen aus den verschiedensten Menschen zusammen, die alle aus unterschiedlichen Gründen in die Metropole geströmt waren, und beide Sprachen waren ständig in Gebrauch. Der griechische Arzt Galen konnte in den Straßen Roms neben Justin, dem christlichen Apologeten, oder einem Gnostiker einhergehen. All diese Persönlichkeiten lehrten in jener Stadt und hatten Zuhörer aus den gebildeten Schichten.[10]

Die Sprache der Philosophie war in der Tat – selbst in Rom – das Griechische. Es gebe nur wenige lateinische Schriftsteller, die die Philosophie behandelt hätten, stellt Ende des 1. Jahrhunderts n. Chr. der Rhetoriker Quintilian fest und führt lediglich Cicero, Brutus, Seneca und einige andere an. Er hätte noch den Namen des Lukrez hinzufügen können. Wie dem auch sei: Im 1. Jahrhundert v. Chr. haben die beiden Sextii, im 1. Jahrhundert n. Chr.

Cornutus, Musonius Rufus und Epiktet auf griechisch gelehrt, woraus hervorgeht, daß diese Sprache nunmehr bei den gebildeten Römern, selbst in der Hauptstadt des Imperiums, als offizielle Sprache der Philosophie galt.

Man könnte meinen, Marc Aurel hätte es vorgezogen, für sich selbst das Lateinische zu verwenden. Doch wie wir gesehen haben, sind die *Ermahnungen an sich selbst* kein spontaner Erguß, sondern Übungen, die nach einem Programm durchgeführt werden, welches Marc Aurel von der stoischen Tradition und insbesondere von Epiktet erhält. Marc Aurel bearbeitet Grundmodelle, mit denen man ihn versehen hat. Daraus ergeben sich mehrere Konsequenzen:

Zunächst einmal ist dieser philosophische Stoff mit einem Fachvokabular verbunden, und gerade die Stoiker waren für den technischen Charakter ihrer Terminologie berühmt. Für den Übersetzer gilt es im übrigen auf diese Besonderheit bei Marc Aurel zu achten und sehr aufmerksam zu sein, wenn ihm Wörter begegnen wie *hypolépsis* (»Werturteil«), *kataléptikon* (»objektiv«, »adäquat«), *phantasia* (»Vorstellung« und nicht »Einbildung«), *hégemonikon* (»leitendes Prinzip«), *epakolouthésis* (»notwendige und zusätzliche Folge«), *hypexairesis* (»Vorbehaltsklausel«), um nur einige Beispiele anzuführen. Dieser fachsprachliche Charakter zeigt, daß Marc Aurel kein Amateur ist und daß der Stoizismus für ihn nicht bloß eine »Religion«[11] darstellt.

Solche Termini ließen sich nur schwer ins Lateinische übertragen, und man kann sagen, daß Lukrez, Cicero und Seneca derartige Aufgaben hervorragend gelöst haben. Doch diese Schriftsteller wollten die griechische Philosophie verbreiten, sie lateinischen Lesern zugänglich machen. Ganz anders sieht die Zielsetzung bei Marc Aurel aus, schreibt er doch für sich selbst. Übersetzen oder Adaptieren würde ihn nur von seinem Ziel ablenken. Mehr noch: Die Termini technici der griechischen Philosophie würden, ins Lateinische übertragen, einen Teil ihres Sinnes einbüßen. So glaubte sich der Schriftsteller und Zeitgenosse Marc Aurels, Aulus Gellius,[12] welcher in Athen Philosophie studiert hatte, bei seiner

Übersetzung eines Textes aus den von Arrian überlieferten *Unterredungen* des Epiktet verpflichtet, die griechischen Fachwörter anzuführen, um seine Wahl der ihnen entsprechenden lateinischen Wörter gewissermaßen zu begründen. In ähnlicher Weise sehen sich z.b. auch die modernen Übersetzer Heideggers oft gezwungen, zu diesem Mittel zu greifen. Letztendlich ist jedoch die Philosophie genauso unübersetzbar wie die Poesie. Marc Aurel jedenfalls hat keine Zeit, sich der literarischen Arbeit einer Übersetzung zu widmen. Angesichts der Dringlichkeit der Umkehr, angesichts der drohenden Nähe des Todes sucht er nach der unmittelbaren Wirkung, nach Wörtern und Sätzen, die unmittelbar die Beunruhigung oder den Zorn verschwinden lassen (IV,3,3). Er muß wieder eintauchen in die Atmosphäre des Philosophieunterrichts, muß sich Wort für Wort die Formeln des Epiktet ins Gedächtnis zurückrufen, die ihm die Themen bieten, über die er seine Variationen entwickelt.

IV
Der Sklaven-Philosoph und der Kaiser-Philosoph.
Epiktet und die *Ermahnungen an sich selbst*

1. Reminiszenzen an philosophische Lektüren

In den *Ermahnungen an sich selbst* tauchen zuweilen einige Zitate von Philosophen auf.[1] Es ist denkbar, daß Marc Aurel manche dieser Autoren gelesen hat, er mag sie aber genausogut im Laufe seiner Lektüre der Stoiker angetroffen haben.

Heraklit z.B. galt in den Augen der Stoiker als der große Vorfahr.[2] In den *Ermahnungen an sich selbst* finden sich mehrere Texte des Philosophen aus Ephesos, doch es fällt schwer, die authentischen Texte von den Paraphrasen des Kaisers zu unterscheiden, vielleicht weil er sie aus dem Gedächtnis zitiert. Es ist möglich, daß die Anspielung auf die »Leute, die im Schlaf sprechen und handeln«, also unbewußt leben (IV,46,4), lediglich eine Fortführung des ersten Fragments von Heraklit ist, der ebenfalls auf jene Unbewußtheit der meisten Menschen Bezug nahm, die einem Schlaf vergleichbar ist.[3]

Auf jeden Fall hat dieses Thema der dem Schlaf gleichen Unbewußtheit Marc Aurel beeindruckt. Nicht nur spielt er vermutlich auf das Fragment von Heraklit[4] an, das an denjenigen mahnt, der, betrunken, nicht mehr weiß, wo er hinläuft: »der vergißt, wo der Weg verläuft« (oder »wohin der Weg führt«), wie Marc Aurel sagt (IV,46,2), sondern er äußert vor allem – immer in Anlehnung an Heraklit[5] –, daß die Schlafenden und die Unbewußten ebenfalls auf ihre Art und Weise am Werk der Welt mitwirken, und zieht daraus den Schluß:

»Alle wirken wir gemeinsam auf ein Endergebnis hin, die einen wissentlich und mit Einsicht, die anderen unwissend.« (VI,42,1)

Jeder arbeitet also mit, auch wenn er sich dem Willen der Allvernunft noch so sehr entgegensetzt. Denn der Lauf der Natur bedarf auch derer, die sich weigern, ihm zu folgen. In der Tat hat die Natur in ihren Plan die Freiheit und alles, was diese impliziert, d.h. ebenfalls Unbewußtheit oder Widerstand, integriert. In dem Drama, daß die Natur aufführen läßt, muß auch die Rolle der Schlafenden oder Widerständler vorgesehen sein.

Doch jenen Schläfern, jenen Unbewußten, die »in Uneinigkeit mit dem *logos*«[6] (IV,46,3) sind, »erscheint fremd, was ihnen jeden Tag begegnet«[7] (IV,46,3). Dieses andere heraklitische Thema mag Marc Aurel noch mehr am Herzen gelegen haben, maß er doch dem Begriff der »Vertrautheit« mit der Natur, also mit dem *logos*, große Bedeutung bei – einer Vertrautheit, die es erlaubt, alle Ereignisse, die durch den Willen der Natur geschehen (III,2,6), als vertraut und natürlich und nicht als fremd zu erkennen.

Der Tod der sich ineinander verwandelnden Elemente[8] – ein im höchsten Grade heraklitisches Thema – mußte die Aufmerksamkeit des Kaisers ebenfalls gefesselt haben (IV,46,1), den der Stoizismus daran gewöhnt hatte, über die allumfassende Metamorphose zu meditieren.[9]

Neben Heraklit erscheint Empedokles, von dem ein Vers zitiert wird (XII,3); denn der *Sphairos* »mit vollkommener Kugelform« des Dichter-Philosophen galt traditionell als Vorbild für den Weisen.[10]

Marc Aurel zitiert und kritisiert – ohne den Autor zu nennen – ein Fragment von Demokrit, in dem dieser rät, sich nicht in zu viele Dinge einzumischen, will man sich seine Seelenruhe bewahren (IV,24). In der Tat war es Tradition vor allem unter den stoischen Autoren, die von der Tugend der Seelenruhe gehandelt haben, jene demokritische Aufforderung zur Untätigkeit abzulehnen.[11]

In der »Sentenzen des Demokrates« betitelten und zuweilen Demokrit[12] zugeschriebenen Sammlung findet Marc Aurel (IV,3,11) einen Aphorismus, der sein eigenes Denken gewissermaßen zusammenfaßt: »Die Welt ist nur Metamorphose [*alloiôsis*

– wörtlich: »Veränderung«], das Leben nur eine Meinung [bzw. Urteil: *hypolépsis*].« In dieser letzten Formel erkannte er unzweifelhaft die Idee Epiktets wieder, der zufolge es nicht die Dinge sind, die uns beunruhigen, sondern die Vorstellungen, die Urteile, die wir über sie aussprechen (*Handbüchlein*, §5).

Marc Aurel kritisiert ebenfalls (VII,31,4) einen anderen Text des Demokrit, in welchem behauptet wird, daß die wahre Wirklichkeit aus den Atomen und der Leere bestehe und daß der Rest lediglich »durch Konvention« (*nomisti*) vorhanden sei. Gemeint war, wie Galen erklärt,[13] daß es »an sich« nur Atome gebe, »im Verhältnis zu uns«, aber eine ganze Welt aus Farben, Gerüchen und Geschmäcken, von der wir glauben, daß sie wirklich sei, die jedoch bloß subjektiv ist. Marc Aurel berichtigt die demokritische Formel, indem er sie in einem stoischen Sinn interpretiert. Er weist jene unendlich vielen Atome, die die einzigen Prinzipien seien, zurück, läßt das Wort »*nomisti*« jedoch unter der Bedingung gelten, daß es nicht im Sinne von »durch Konvention«, sondern im Sinne von »durch ein Gesetz« verstanden werde. Für Marc Aurel entspricht die Formel des Demokrit nur zur Hälfte der Wahrheit: »Alles ist *nomisti*«. Ihre Bedeutung ist jedoch: »Alles geschieht durch das Gesetz«, das Gesetz der Allnatur. In diesem Fall ist der andere Teil von Demokrits Formel – die wahre Wirklichkeit bestehe aus der die Prinzipien darstellenden Vielzahl von Atomen – falsch. Denn wenn alles durch das Gesetz der Natur geschieht, ist die Anzahl der Prinzipien äußerst eingeschränkt. Sie reduzieren sich auf eines, den *logos*, oder zwei, den *logos* und den Stoff. Dies ist eine der Interpretationen dieses sehr schwierigen und wahrscheinlich entstellten Textes von Marc Aurel.[14] Es ließe sich genauso gut annehmen, daß Marc Aurel den Satz »Alles ist *nomisti*« in demselben Sinne versteht wie die oben zitierte Sentenz von »Alles ist subjektiv, d.h. alles ist Urteil«, also im Lichte der Idee Epiktets, der zufolge alles in unserer Vorstellung besteht.[15] Das soll nicht heißen, daß wir die Wirklichkeit nicht erkennen, sondern, daß wir ihr subjektive Werte geben (»gut« oder »schlecht«), die nicht in der Wirklichkeit begründet sind.

Diese letzte Doktrin ist es, die Marc Aurel ebenfalls in der Formel eines Kynikers wiederzuerkennen glaubt:

»Daß alles Werturteil [*hypolépsis*] ist. Zwar ist einleuchtend, was man diesem Ausspruch des Kynikers Monimos entgegnete. Einleuchtend ist aber auch der Nutzen jener Aussage, unter der Bedingung, daß man das Brauchbare dieser Aussage, soweit es wahr ist, annimmt.« (II,15)

Dem Komödiendichter Menandros zufolge behauptete dieser Kyniker, daß jede menschliche Meinung (*to hypoléphthen*) nichts als Eitelkeit (*typhos*), Schall und Rauch sei.[16] Marc Aurel glaubt bis zur innersten Wahrheit der von Menandros zitierten Formel vorzudringen: Letztendlich ist alles nur eine Frage der Meinung; unsere Werturteile sind es, die uns beunruhigen, und sie sind nichts als Eitelkeit (*typhos*).

Für gewöhnlich ist es in der Tat genauso, wie Monimos es sieht: die Eitelkeit – der *typhos*, im Sinne von »Nichtigkeit«, »Rauch«, aber auch »Hochmut« – ist es, die unsere Werturteile verfälscht.

»Ein furchtbarer Sophist ist doch der Hochmut, und gerade wenn du dich mit ernsthaften Dingen zu befassen meinst, da täuscht er dich am meisten. Sieh etwa, was Krates sogar über einen Mann wie Xenokrates sagt.« (VI,13)

Die Platoniker wie Xenokrates galten in der Antike als eitel, übermütig und voller Selbstgefälligkeit. Es ist also nicht verwunderlich, wenn Krates, ein Kyniker wie Monimos, ihm seinen *tuphos*, seine eitle Aufgeblasenheit vorwirft.[17]

Wahrscheinlich hat Marc Aurel andere kynische Texte, auf die zurückzukommen wir noch Gelegenheit haben werden,[18] direkt oder indirekt gekannt. Das verwundert nicht weiter, wenn man bedenkt, daß zum einen Kynismus und Stoizismus in ihrer Lebensauffassung sehr nah beieinander lagen, und zum anderen der

Kaiser – wie wir im Fall von Demokrit und Monimos gesehen haben – es verstand, in den Texten, die seine Aufmerksamkeit auf sich zogen, eine stoische Doktrin wiederzuentdecken.

Man begegnet in den *Ermahnungen an sich selbst* auch mehreren Texten Platons aus der *Apologie* (28b und 28d), dem *Gorgias* (512d-e), dem *Staat* (486a) und dem *Theaitetos* (174d-e). Auch dies ist nicht erstaunlich, denn es ist gewissermaßen der »Prästoiker« Platon, den Marc Aurel zitiert, ein Platon, der Sokrates so sprechen läßt, daß die Stoiker ihn nicht verleugnet hätten. Die entscheidende Frage lautet nicht, ob Leben oder Tod, sondern ob gerecht oder ungerecht, gut oder von Übel (VII,44); man kann den Posten, der einem zugewiesen worden ist, nicht verlassen (VII,45); es kommt nicht darauf an, das eigene Leben zu retten, sondern darauf, es sittlich gut zu verbringen (VII,46); wer in seinem Denken die Gesamtheit der Zeit als auch der Substanz erfaßt, fürchtet den Tod nicht (VII,35). Im *Theaitetos* (174 d-e) schließlich stößt er auf eine Beschreibung der schwierigen Lage des Königs, der sich ohne Muße zum Philosophieren noch zum Denken, eingesperrt wie ein Hirte mit seiner Herde »in einem Berggehege« (X,23) befindet. Stoisches, nicht Platonisches ist es, was Marc Aurel in allen diesen Zitaten wiedererkannte.[19]

Von Theophrast, dem Schüler des Aristoteles, hat Marc Aurel einen Text gelesen, auf den er als einziger in der Antike anspielt und der ihn wahrscheinlich als Richter interessierte, dem es obliegt, die Schuld zu bewerten, wirft diese Stelle doch das Problem der Gradabstufungen von Verantwortlichkeit auf. Laut Theophrast sind die mit und aufgrund von Lust begangenen Verfehlungen schwerwiegender als solche, zu denen man durch das Leiden gezwungen wird, welches eine erlittene Ungerechtigkeit hervorruft, und das zum Zorn reizt – eine Theorie, die bei Marc Aurel auf Zustimmung stößt (II,10). Man hat zuweilen behauptet, er sei damit dem Stoizismus untreu geworden, betrachtete dieser doch alle Verfehlungen als einander gleichgestellt.[20] Gewiß sahen die Stoiker die Weisheit als eine absolute Vollkommenheit an: Die geringste Verfehlung entfernte einen genausoweit davon wie die größte; entweder war man weise oder man war es nicht, gleichgültig wie. Im Prinzip gab es also gar keine mehr oder weniger schwerwiegenden Verfehlungen. Nichtsdestoweniger räumten die Stoiker jedoch im Rahmen der Nicht-Weisheit die Möglichkeit des moralischen Fortschritts ein, folglich auch der Abstufungen dieses Fortschritts. Aus diesem Grund konnte man auch für diesen Zustand der Nicht-Weisheit verschiedene Schweregrade der Verfehlungen gelten lassen.[21] Auch Epiktet selbst scheint im übrigen gewisse Verfehlungen als verzeihlicher denn andere anzusehen (IV,1,147): die Liebesleidenschaft z.B. mehr als den Ehrgeiz.

Marc Aurel nimmt auch Bezug auf die »Pythagoreer«, die vorschrieben, bei Tagesanbruch zum Himmel aufzublicken, um sich des Vorbildes für Ordnung und Reinheit, das die Gestirne darstellen,[22] stets gewahr zu sein (XI,27).

Ebenso finden sich in den *Ermahnungen an sich selbst* Texte von Epikur oder epikureische Maximen. Marc Aurel, der sie beim Zitieren ins stoische Vokabular überträgt, hält nur solche Ratschläge fest, die ein Stoiker rechtmäßig befolgen kann: über das Gegenwärtige glücklich sein, ohne zu vermissen, was wir nicht haben und nicht haben können (VII,27); der Schmerz kann nicht zugleich unerträglich und ewig sein (VII,33 und VII,64); sich stets die Tugenden der »Alten« vor Augen zu führen (XI,26); unter allen Umständen nicht von der Philosophie abzustehen, sich nicht dazu verleiten zu lassen, die anthropomorphen Gesichtspunkte derer zu teilen, die die Philosophie nicht praktizieren[23] (IX,41). Der Kommentar, den Marc Aurel zu diesem letzten Text – einem Brief, den Epikur während einer Krankheit oder am Tage seines Todes schrieb – abgibt, läßt verständlich werden, daß Stoiker wie Seneca oder Epiktet aus dem Epikureismus Maximen für ihre eigene Meditation schöpfen konnten. Man darf daraus nicht den Schluß ziehen, sie seien Eklektiker und keine überzeugten Stoiker gewesen. Sie waren sich sehr wohl des radikalen Gegensatzes bewußt, der zwischen der stoischen und der epikureischen Doktrin sowie zwischen der praktischen Haltung beider Schulen bestand. Sie wußten aber auch, daß Epikureismus, Stoizismus,

Platonismus und Aristotelismus lediglich verschiedene und einander entgegengesetzte Formen ein und derselben Lebensweise sind – eben der philosophischen –, im Rahmen derer es gemeinsame Punkte zwischen mehreren oder sogar allen Schulen geben kann. Das sagt Marc Aurel ausdrücklich in bezug auf den Brief von Epikur:

>»Unter gar keinen Umständen von der Philosophie abzustehen und sich niemals dazu verleiten zu lassen, mit dem philosophisch Ungebildeten und in Dingen der Natur nicht Bewanderten zu schwatzen, ist allen Schulrichtungen gemeinsam.« (IX,41)

Stoiker und Epikureer teilten vor allem die gleiche besondere Haltung gegenüber der Zeit, eine Konzentration auf die Gegenwart,[24] die es erlaubt, den unvergleichbaren Wert des gegenwärtigen Augenblicks zu erfassen und zugleich die Intensität des Schmerzes zu vermindern, indem man sich bewußt wird, daß man ihn nur im gegenwärtigen Augenblick *fühlt* und *erlebt*.

Marc Aurel hat also die Texte der von ihm zitierten Philosophen als Stoiker, als Schüler Epiktets gelesen, und die Lektüre dieses Philosophen, die Kenntnis seiner Lehre ist es vor allem, aus der sich die *Ermahnungen an sich selbst* erklären lassen.

2. Die Lehre Epiktets

Mehrmals bereits ist uns auf den vorausgegangenen Seiten der Name Epiktets begegnet, was nicht verwunderlich ist, wird er doch wiederholt in den *Ermahnungen an sich selbst* erwähnt. In ihnen spricht Marc Aurel seinem Lehrer Rusticus, der ihn im Stoizismus unterwies, seine Dankbarkeit aus, daß er ihm die Notizen zu Epiktets Unterricht hatte zukommen lassen; andernorts zitiert er ausdrücklich einige Texte jenes Philosophen und stellt ihn auf eine Stufe mit denen, die in den Augen der Stoiker als größte Gestalten zu betrachten sind:

»Wie viele Männer wie Chrysippos, wie Sokrates, wie Epiktet hat die ewige Zeit [*aiôn*] bereits verschlungen!« (VII, 19,2)

In der Tat war Epiktet damals der große Philosoph. Die Literatur des 2. Jahrhunderts beschwört durchgängig seine Gestalt und seine Lehre, und bis zum Ende der Antike wird er den Philosophen als Vorbild dienen. Der lateinische Schriftsteller Aulus Gellius, der in Athen studiert hatte, ruft ein Gespräch in Erinnerung, das er in dieser Stadt mitangehört hatte und in dem der Rhetoriker Herodes Attikus einen Text der von Arrian überlieferten *Unterredungen* des Epiktet zitierte. Durch ihn erfahren wir auch, daß der Philosoph Favorinus von Arelate (dem heutigen Arles) in einem anderen Gespräch auf verschiedene Äußerungen desselben Bezug genommen hatte. Und Aulus Gellius selbst war auf einem Schiff einem anderen Philosophen begegnet, der aus seinem Reisesack die *Unterredungen* hervorgeholt und ihm eine Stelle daraus vorgelesen hatte. Darüber hinaus finden sich auch in dem von Aulus Gellius verfaßten Werk *Attische Nächte* Anspielungen auf das Leben des Epiktet: darauf, daß er zunächst Angehöriger des Sklavenstandes gewesen, durch Kaiser Domitian aus Rom vertrieben worden war und sich in Nikopolis niedergelassen hatte.[25] Der Satiriker Lukian, der ebenfalls zur Zeit Marc Aurels lebte, berichtet, daß ein Bewunderer »die Tonlampe des Stoikers Epiktet« für 3000 Drachmen erstanden habe.»Wahrscheinlich hoffte er«, so Lukian,»daß, wenn er nachts im Lichte dieser Lampe lese, die Weisheit Epiktets im Schlaf sofort über ihn kommen und er jenem bewundernswerten alten Mann gleichen würde.«[26] Galen, der Leibarzt Marc Aurels, spielt auf einen Dialog des Favorinus an, der gegen Epiktet gerichtet gewesen sei und den er selbst widerlegt habe.[27] Sogar Christen wie Origenes, der im 3. Jahrhundert schrieb, sprachen mit Achtung von diesem Philosophen.[28]

Epiktet wurde im 1. Jahrhundert v. Chr. in Hierapolis in Phrygien (Pamukkale in der heutigen Türkei) geboren. In der zweiten Hälfte des Jahrhunderts wurde er als Sklave des Epaphroditos, eines von Nero Freigelassenen, den Epiktet in seinen *Unterredungen* mehrere Male erwähnt, nach Rom gebracht. Sein Herr erlaubte ihm, die Vorlesungen des Stoikers Musonius Rufus zu besuchen, welcher einen großen Einfluß auf ihn ausübte. Oft bezieht er sich in den *Unterredungen* auf seine Worte, und er beschreibt seinen Unterricht folgendermaßen: »Wie wir in seiner Nähe saßen, war jedem von uns, als hätten sich ihm unsere Verfehlungen offenbart, so klar zeigte er uns unseren gegenwärtigen Zustand auf, so deutlich führte er jedem sein Elend vor Augen« (III,23,29). Von Epaphroditos freigelassen, eröffnete Epiktet ebenfalls eine Philosophieschule in Rom, wurde aber 93/94 durch Kaiser Domitian zusammen mit allen anderen Philosophen aus Rom vertrieben. Sodann ließ er sich an der griechischen Küste nieder, in Nikopolis in Epirus, einer Stadt, die als Einschiffungshafen nach Italien diente, und eröffnete dort eine neue Philosophieschule. Der Neuplatoniker Simplicius erzählt von Epiktet, er sei so arm gewesen, daß das Haus, welches er in Rom bewohnte, keines Schlosses bedurfte, denn die einzigen Möbelstücke, die sich darin befanden, seien das Strohlager und die Matte gewesen, die ihm zum Schlafen dienten. Derselbe Autor berichtet, Epiktet habe einen Waisenknaben adoptiert und eine Frau zu sich genommen, um diesen aufzuziehen[29] – er habe jedoch niemals geheiratet.[30] Sein genaues Todesdatum ist unbekannt.

Epiktet hat nichts geschrieben. Von seiner Lehre können wir uns nur eine Vorstellung machen dank Arrian von Nikomedeia, einem Staatsmann, der in seiner Jugend, um das Jahr 108 herum, Epiktets Vorlesungen in Nikopolis besucht und die »Notizen«, die er während des Unterrichts aufgezeichnet hatte, veröffentlichte. Dieser Arrian von Nikomedeia ist eine fesselnde Persönlichkeit.[31] Stellen wir zunächst heraus, daß seine Zeitgenossen ihn als Philosophen betrachteten. Inschriften, die ihm schon zu seinen Lebzeiten in Korinth und Athen gewidmet wurden, bezeichnen ihn mit diesem Titel.³² Der Historiker Cassius Dio hatte allem Anschein nach ein Werk mit dem Titel *Das Leben von Arrian dem Philosophen*³³ geschrieben. Tatsächlich hat Arrian selbst philosophische Schriften hinterlassen. Auf seine Notizen, die die »Äußerungen« oder »Unterredungen« des Epiktet überliefern, haben wir bereits hingewiesen. Dem gilt es, ein kleines Werk hinzuzufügen, welches eine noch viel größere Bedeutung für die Geschichte des abendländischen Denkens gehabt hat. Ich spreche von dem, was man gewöhnlich das *Handbüchlein* des Epiktet – *encheiridion* auf griechisch – nennt. Das Wort »*encheiridion*« (»das, was einem zur Hand ist«) spielt auf eine Forderung des stoischen philosophischen Lebens an, eine Forderung, der Marc Aurel nachkommen wollte, indem er seine *Ermahnungen an sich selbst* niederschrieb: die Prinzipien, die Dogmen, die Lebensregeln, die Formeln, die ihm erlauben, sich in die rechte innere Einstellung zu versetzen, sittlich zu handeln oder sein Schicksal anzunehmen, stets, unter welchen Umständen auch immer, »zur Hand zu haben«. Das *Handbüchlein* ist eine Textauswahl aus den *Unterredungen* des Epiktet,³⁴ eine Art Anthologie der einprägsamsten Maximen, die am besten geeignet sind, den Philosophen in seinem Handeln zu leiten. Allem Anschein nach hat Arrian auch ein Werk über die Himmelserscheinungen, also über das, was man in der Antike *meteôrologia*³⁵ nannte, verfaßt. Allerdings galt in der damaligen Zeit nicht derjenige als Philosoph, der über die Philosophie schrieb, sondern der, der ein philosophisches Leben führte. Alles deutet jedoch darauf hin, daß Arrian, der wie Rusticus, der Lehrer Marc Aurels, Staatsmann blieb, sich gleichfalls bemühte, als Philosoph zu leben. Das Ende seines Vorwortes zu den *Unterredungen* des Epiktet gibt zu verstehen, er habe durch die Veröffentlichung derselben die gleiche Wirkung auf seine Leser erzielen wollen, wie Epiktet durch seine Vorlesungen auf seine Zuhörer: sie zum Guten hinzuführen. Sein Vorbild war im übrigen jener berühmte Schüler des Sokrates, Xenophon, der ebenfalls sowohl eine politische und militärische als auch eine literarische Laufbahn eingeschlagen hatte. Arrian wollte gern als »neuer Xenophon« bezeichnet werden. Er eiferte ihm nach im Stil und in der Wahl der Themen: Wie Xenophon schrieb er eine Abhandlung über die Jagd, vor allem jedoch diese *Unterredungen*, gleichsam die *Erinnerungen* (»Memorabilien«) an diesen neuen Sokrates, den Epiktet verkörperte.[36] Und gewiß handelte es sich dabei für ihn nicht nur um ein literarisches Vorbild, sondern um ein Lebensmodell, nämlich das des Philosophen in Aktion. Zwei Jahrhunderte später wird der Philosoph Themistius[37] Junius Rusticus und Arrian gerade dafür lobpreisen, daß sie die Bücher beiseite gelegt und sich in den Dienst des Gemeinwohls gestellt hätten, und zwar nicht nur wie Cato und andere Römer, sondern insbesondere wie Xenophon und Sokrates selbst. Für Rusticus und Arrian, fährt Themistius fort, habe sich die Philosophie nicht auf das Verfassen von Schriften beschränkt, sie hätten sich nicht damit begnügt, über den Mut zu schreiben, sich ebensowenig der Pflicht entzogen, den Interessen des Staates zu dienen. In der Tat hat Arrian eine glänzende Karriere als Staatsmann gemacht. Insbesondere war er um 123 Prokonsul der Provinz Baetica, im Jahre 129 oder 130 Consul suffectus, von 130 (oder 131) bis 137 (bzw. 138) Statthalter von Kappadokien, wo er 135 einen Einfall der Alanen zurückwarf; darüber hinaus inspizierte er die Schwarzmeerküsten und legte Kaiser Hadrian einen Bericht über diese Reise vor.

In seinem Vorwort, das sich in der Form eines Briefes an seinen Freund Lucius Gellius richtet, legt Arrian Rechenschaft darüber ab, wie er die Notizen zu Epiktets Unterricht zusammengestellt habe: »Ich habe sie nicht auf eine literarische Art und Weise verfaßt, wie man mit Äußerungen dieser Art verfahren könnte, und ich habe sie auch nicht selbst veröffentlicht, eben weil ich sie nicht verfaßt habe.« In der Antike übergab man dem Publikum, sei es durch eine öffentliche Lesung, sei es über Buchhändler, im Prinzip nur sorgfältig entsprechend den Kompositions- und Stilregeln verfaßte Werke. »Vielmehr habe ich mich bemüht, alles was ich gehört habe, während er sprach, all das mit genau den Worten, die er verwendete, aufzuschreiben, um für mich selbst in Hinblick auf die Zukunft ›Notizen [*hypomnémata*], die es mir gestatten würden‹, mich an sein Denken und freimütiges Reden ›zu erinnern‹, aufzubewahren. Deshalb sind diese Notizen ein spontanes Gespräch von Mann zu Mann und keineswegs eine Niederschrift, die dafür bestimmt ist, späteren Lesern zu begegnen.« Damit meint er, daß er die Spontaneität der Ermahnung oder des Dialoges soweit als möglich wiedergegeben habe, und erklärt so, weshalb er in dem Werk durchgängig die Umgangssprache (*koiné*) verwendet habe und nicht, wie in seinen anderen Büchern, den literarischen Stil. Er fährt fort: »Ich weiß nicht, wie die in diesem Zustand befindlichen Notizen gegen meinen Willen und ohne mein Wissen in die Öffentlichkeit gelangen konnten.« Wahrscheinlich ist Arrian das gleiche wie dem Arzt Galen widerfahren: Unterrichtsnotizen, die Freunden mitgeteilt wurden, sind nach und nach in verschiedensten Kreisen weitergereicht, kopiert und so praktisch »veröffentlicht« worden. »Es macht mir wenig aus, sollte ich als unfähig gelten, ein Werk zu verfassen.« Hier – indem er den literarischen Ruhm verachtet – zeigt sich Arrian als guter Schüler Epiktets. »Und auch Epiktet kümmert dies wenig, wenn es zutrifft, daß er die Reden verachtete; denn während er sprach, wünschte er nichts anderes, als die Gedanken seiner Zuhörer zum Besten hinzuführen. Wenn diese Reden eben dahin führen sollten, so werden sie zweifelsohne jene Wirkung zeitigen, die die Reden der Philosophen hervorrufen sollen. Andernfalls sollen die, die sie lesen, zumindest wissen, daß jeder, der Epiktet zuhörte, als er diese Worte sprach, empfinden mußte, was jener Mann ihn empfinden lassen wollte. Und wenn diese Reden jene Wirkung verfehlen sollten, so bin ich vielleicht dafür verantwortlich; vielleicht aber muß dem auch so sein.«

Wir werden an dieser Stelle nicht auf die Einzelheiten der Diskussionen eingehen, die dieses Vorwort bei den Historikern ausgelöst hat. Manche waren der Auffassung, daß Arrian uns in seinem Werk Epiktets eigene Worte, in Kurzschrift festgehalten, überliefert habe; andere meinten, er habe, in seinem Bemühen, Xenophons *Erinnerungen* (»Memorabilien«) nachzueifern, im Gegenteil eine weitaus umfangreichere redaktionelle Arbeit geleistet, als er in seinem Brief an Gellius sagt, und Epiktets Worte oft umformuliert, sei doch die literarische Form viel verfeinerter, als Arrian zugeben mag. Wie dem auch sei: Außer wenn wir annehmen, daß Arrian fähig gewesen sei, selbst eine eigene philosophische Rede zu entwickeln und sie Epiktet zuzuschreiben, müssen wir wohl davon ausgehen, daß sich das Werk Arrians im wesentlichen eng an die lebendige Lehre des Epiktet hält.[37]

Allerdings soll man nicht wie die meisten Historiker und Kommentatoren denken, die von Arrian niedergeschriebenen *Unterredungen* enthielten die ganze Lehre Epiktets. Tatsächlich werden wir beim Lesen derselben gewahr, daß sich darin Anspielungen auf Teile des Unterrichts finden, die von Arrian nicht weitergegeben wurden. Wie Souilhé[38] gezeigt hat, war der größte Teil des Unterrichts von Epiktet – wie dies für jeden Philosophieunterricht galt, zumindest vom 1. Jahrhundert n. Chr. an – der Lektüre und Auslegung der Texte der Schulgründer gewidmet, im Fall der Schule der Stoa also von Zenon und Chrysippos. Der Lehrer erläuterte diese Texte, doch mitunter fiel diese Aufgabe auch den Zuhörern zu. Von diesem technischen Teil der pädagogischen Tätigkeit Epiktets hat Arrian nicht das Geringste wiedergegeben; er spielt jedoch zuweilen darauf an. So schildert er eine Szene, in der einer der Schüler Epiktets unter der Anleitung eines weiter fortgeschrittenen Schülers einen stoischen Text über das logische Problem der Syllogismen auslegt (I,26,13), oder er erinnert an Epiktet, wie dieser am Morgen erwacht und darüber nachdenkt, wie er die Übung der Textauslegung in seinem Unterricht gestalten soll (I,10,8).

Dieser Teil des Unterrichts, der in der »Lektüre« bestand – im Mittelalter *lectio* genannt, woraus sich unsere »Lektion« entwickelt – und der einen wesentlichen Bestandteil desselben darstellte, fehlt vollkommen in den *Unterredungen* des Epiktet. Sie überliefern uns jedoch, was man den nicht-technischen Teil des Unterrichts nennen könnte. Selbst wenn, wie wir gesehen haben, der Philosophieunterricht, zumindest seit Beginn des 1. Jahrhunderts, als wesentlichen Bestandteil stets die Textauslegung enthielt, so konnte er doch mit einem Moment freier Diskussion zwischen den Zuhörern und dem Philosophen enden. Einige Jahrzehnte nach Arrian erzählt Aulus Gellius von seinem Lehrer, der den Platonikern angehörte, daß dieser die Gewohnheit hatte, seine Zuhörer nach beendeter Textauslegung – also nach der *lectio* – aufzufordern, ihn über ein Thema ihrer Wahl zu befragen. Die von Arrian niedergeschriebenen *Unterredungen* entsprechen demnach jenen entspannteren Momenten, in denen der Meister sich mit seinen Zuhörern unterhält oder die eine oder andere Bemerkung entwickelt, die er als nützlich für die Praxis des philosophischen Lebens erachtet.[40]

Es ist sehr wichtig, dies zu betonen, bedeutet es doch, daß man nicht erwarten darf, in den von Arrian niedergeschriebenen *Unterredungen* des Epiktet technische und systematische Darlegungen der gesamten stoischen Doktrin zu finden. Dies heißt indes nicht, daß Epiktet in dem theoretischen Teil seines Unterrichts anhand der Textauslegung das stoische System nicht im Ganzen erörtert hätte. Man kann nicht behaupten, Epiktet hätte von den drei Teilen der stoischen Philosophie, nämlich Physik, Logik und Ethik, die Physik, d.h. vornehmlich die Beschreibung der Naturerscheinungen als Teil besagter Fachrichtung, außer acht gelassen, wissen wir doch gar nicht, welche stoischen Texte er während seines Unterrichts lesen ließ und auf welche Weise er diese auslegte. Sagen läßt sich lediglich, daß er die Probleme der Physik in den uns überlieferten *Unterredungen* mit seinen Schülern nicht zur Sprache bringt. Allem Anschein nach hat Arrian selbst, wie bereits erwähnt, ein – uns leider nicht erhalten gebliebenes – Buch über die Kometen geschrieben. Wenn dies den Tatsachen entspricht, ist anzunehmen, daß er von Epiktet in die philosophische Behandlung von Fragen dieser Art eingeführt wurde. Die Art, in der Photius den Inhalt des fraglichen Werkes beschreibt, gestattet uns sogar Rückschlüsse darauf, was Arrian von Epiktets Unterricht in Erinnerung behielt, d.h. die moralische Bedeutung, die den physikalischen Forschungen zukommen sollte: »Arrian, welcher ein kleines Werk über die Natur, die Entstehung und Erscheinung der Kometen geschrieben hat, bemüht sich in vielen Diskussionen zu zeigen, daß derartige Erscheinungen keinerlei, weder gute noch schlechte, Vorzeichen darstellen.«[41] Wie dem auch sei: In jedem Fall werden wir auf die Auffassung Epiktets über die Einteilung der Philosophie in jene drei Teile noch genauer eingehen müssen. An dieser Stelle sei lediglich betont, daß es vollkommen falsch wäre, aufgrund des Inhalts der *Unterredungen* den Schluß zu ziehen, es hätte im späten Stoizismus eine Verarmung des theoretischen Unterrichts stattgefunden.[42] Denn erstens übermittelt uns dieses Werk – und dies zudem nur fragmentarisch –, wie gesagt, nur den Teil des Unterrichts, der per definitionem weder theoretisch noch technisch ist. Zweitens sind sie nur das Echo der Äußerungen, die Arrian im Laufe eines oder zweier Jahre während seines Aufenthaltes in Nikopolis vernommen hatte. Epiktet hat indessen fünfundzwanzig oder dreißig Jahre lang gelehrt! Und drittens darf man nicht vergessen, daß uns nur die ersten vier Bücher des Werkes erhalten geblieben sind. Daß ein oder mehrere Bücher verlorengegangen sind, wissen wir z.b. aus einem Text des Aulus Gellius,[43] in dem dieser einen langen Abschnitt aus Buch V zitiert. Und dank Marc Aurel läßt sich erahnen, daß es noch weitere, uns heute unbekannte Texte gab.[44] Es zeigt sich also, daß uns die *Unterredungen*, so wie sie uns überliefert sind, in keiner Weise eine Vorstellung von all dem gestatten, was Epiktet gesagt, geschweige denn nicht gesagt haben mag.

Aus dem ersten Buch der *Ermahnungen an sich selbst* (Kap. 7) wissen wir, daß Marc Aurel Epiktet durch Junius Rusticus kennengelernt hat, der ihn in der stoischen Doktrin unterwiesen hatte, bevor er einer seiner Berater wurde. Der Kaiser spricht davon, daß ihm Rusticus sein persönliches Exemplar der *hypomnémata* zu Epiktet (d.h. der in seinem Unterricht aufgezeichneten Notizen) habe zukommen lassen. Diese Aussage läßt zwei verschiedene Interpretationen zu. Zum einen wäre es denkbar, daß es sich dabei um ein Exemplar des Werkes von Arrian gehandelt hat. Wie wir gesehen haben, stellt Arrian selbst in dem oben besprochenen Brief an Lucius Gellius sein Werk als *hypomnémata*, als Notizen, die als Gedächtnisstütze dienen, dar. Besagter Brief wurde vermutlich nach dem Tode Epiktets, um 125-130 herum, verfaßt; das Buch kam wahrscheinlich gegen 130 in Umlauf. Aulus Gellius berichtet, er habe in dem Jahr, in dem er in Athen studierte (um 140), einem Gespräch zugehört, bei dem Herodes Attikus, einer der reichsten Männer der Antike, aus der Bibliothek ein Exemplar des Buches kommen ließ, das Aulus Gellius als die von Arrian geordneten (*digestae*) *dissertationes* des Epiktet[45] bezeichnet. Er erzählt auch, daß er auf der Seereise von Kassiopeia nach Brindisium einen Philosophen getroffen habe, der dieses Werk in seinem Reisesack mitgeführt und, genauer noch, ihm daraus eine Stelle aus dem – inzwischen verschollenen – Buch V vorgelesen habe.[46] Dank Rusticus konnte Marc Aurel also ein Exemplar der von Arrian niedergeschriebenen *Unterredungen* lesen, und zwar eines, das vollständiger war als unsere heutigen Ausgaben.

Jedoch läßt sich noch eine andere Hypothese in Betracht ziehen, welche von Farquharson[47] aufgestellt worden ist. Ihr zufolge wären die Notizen, die Rusticus Marc Aurel hat zukommen lassen, Aufzeichnungen gewesen, die von Rusticus selbst während des Unterrichts von Epiktet gemacht worden waren. Geht man davon aus, daß Epiktet gegen 125-130 n. Chr. gestorben und Rusticus zu Beginn des 2. Jahrhunderts geboren worden ist (wie man aufgrund seines offiziellen *cursus* annehmen kann), so ist es chronologisch betrachtet durchaus möglich, daß er gegen 120 ein Schüler Epiktets war. Zudem ist es nur schwer vorstellbar, daß ein Exemplar der von Arrian niedergeschriebenen *Unterredungen* des Epiktet um 145/146, in der Zeit, in der Marc Aurel sich zur Philosophie bekehrte, nicht auch in Rom in Umlauf gewesen sein soll, war das Werk doch um 140 in Griechenland verbreitet. Marc Aurel indes stellt jenes Geschenk von Rusticus als etwas ganz Besonderes dar. Man kann sich daher fragen, ob es sich nicht um Rusticus' eigene Notizen handelt. Wenn dem so war, hätten diese Notizen Marc Aurel einen ganz anderen Epiktet als den des Arrian offenbart haben können. Denn sicherlich trug Epiktet seinen Zuhörern nicht jahraus jahrein dieselben Reden vor. Auf jeden

Fall ist es nahezu gewiß, daß Marc Aurel das Werk von Arrian gelesen hat, finden sich in den *Ermahnungen an sich selbst* doch einige wortwörtliche Zitate daraus.

Ob Marc Aurel nun lediglich die von Arrian niedergeschriebenen *Unterredungen* des Epiktet oder auch Notizen von Rusticus gelesen haben mag, eines steht fest: Er kannte mehr Texte, die sich auf den Unterricht des Epiktet beziehen, als wir kennen. Tatsächlich besitzen wir nur noch einen Teil des Werkes von Arrian, und zudem mögen die Notizen von Rusticus dem Kaiser andere Lehren des Epiktet vermittelt haben als die, welche durch Arrian weitergegeben worden sind. Dank Marc Aurel, dies sei hier noch einmal betont, haben wir Zugang zu einigen Fragmenten des Epiktet, die nirgendwo sonst auftauchen.

3. Epiktet-Zitate in den *Ermahnungen an sich selbst*

»Eine kleine Seele bist du, die einen Leichnam trägt, wie Epiktet sagte.« (IV,41)

»Wenn man sein Kind liebkost, sagt Epiktet, soll man sich innerlich sagen: ›Morgen bist du vielleicht schon tot‹.« (XI,34)

Dies sind zwei explizite Zitate Epiktets, die sich in den *Ermahnungen an sich selbst* finden.[48] Der erste Text ist nicht in den vier Büchern der von Arrian überlieferten *Unterredungen* des Epiktet, die wir noch besitzen, enthalten, d.h. er ist zu Marc Aurel aus einer anderen Quelle gelangt. Diese »Seele, die einen Leichnam trägt«, erscheint in Buch IX,24 erneut in einer der zahlreichen Beschreibungen des elenden Zustandes, in den das menschliche Leben gestürzt wird, wenn es sich nicht in Übereinstimmung mit der Natur und der Vernunft befindet:

»Kindergezänk, Kinderspiele und Seelen, die Leichname tragen! Auf daß dir die Szene aus der Nekyia [11. Gesang der Odyssee] noch eindringlicher vor Augen stehe.«

In dem anderen Epiktet-Zitat (XI,34) läßt sich ein Text aus dem dritten Buch der *Unterredungen* erkennen (III,24,88). Häufig gibt Marc Aurel jedoch ganze Passagen von Epiktet wieder, ohne auf ihn zu verweisen. So führt er (VII,63) zum Beispiel eine Formulierung von Platon (*Staat*, 412e-413a) in der ihr von Epiktet (I,28,4) gegebenen Form an:

»Jede Seele, sagt er, ist wider Willen der Wahrheit beraubt«

– eine Formel, die wir in der langen Abfolge von *kephalaia* gegen den Zorn (XI,18,5) wiederfinden.
Epiktet spielt auf die stoische Theorie des Selbstmords mit folgenden Worten an:

»Ist Rauch im Haus? Wenn es nicht zuviel ist, bleibe ich; ist es zuviel, verlasse ich das Haus. Denn man soll niemals vergessen, daß die Tür offensteht.« (I,25,18)

Bei Marc Aurel (V,29,2) findet sich ein Echo zu diesem Text:

»Rauch? Dann gehe ich weg.«

Epiktet empfiehlt seinem Schüler:

»Sobald du am Morgen das Haus verlassen hast, sollst du alles, was du siehst und hörst, einer Prüfung unterziehen und antworten wie bei einer Argumentation mit Frage und Antwort:
Was hast du gesehen? – Einen schönen Mann, eine schöne Frau.

Wende dann die Regel an [epage ton kanôna] [und frage dich]:
Hängt ihre Schönheit von ihrem Willen ab oder nicht? – Sie hängt nicht von ihrem Willen ab. – Verwirf sie.« (III,3,14)

Marc Aurel nimmt die Formel wieder auf:

»Was dem Staat nicht schädlich ist, schadet dem Bürger ebensowenig. *Wende diese Regel [touton epage ton kanôna]* jedes Mal an, wenn du dir vorstellst, geschädigt worden zu sein.« (V,22)

In beiden Fällen wird eine theoretische Position, ein Dogma (die Unterscheidung zwischen dem, was von uns abhängt, und dem, was nicht von uns abhängt, die Interessengleichheit zwischen dem Staat und dem Bürger) als eine Regel (*kanôn*) dargestellt, die es auf jeden spezifischen Fall anzuwenden gilt.

Der ganze Schluß des elften Buches (Kap.33-39) scheint aus Texten von Epiktet zusammengesetzt zu sein. In Kapitel 34 wird Epiktet, wie wir gesehen haben, zunächst explizit zitiert. Auch das Kapitel davor faßt eine Stelle aus dem dritten Buch der *Unterredungen* (III,24,86) anonym zusammen, und die Kapitel 35-36 zitieren andere Texte aus demselben Buch III (III,24,92-93 und III,22,105). Es scheint wahrhaftig so, als hätten wir die Notizen vor uns, die Marc Aurel beim Lesen des dritten Buches der *Unterredungen* aufgezeichnet hat.

Das folgende Kapitel (XI,37) wird mit den Worten »sagt er« eingeleitet, was wohl vermuten läßt, daß Marc Aurel fortfährt, denselben Autor wie in den vorangegangen Kapiteln zu zitieren, also Epiktet. Dieser Text hat keine Entsprechung in den *Unterredungen*, dennoch entstammt er mit Sicherheit den verlorengegangenen Texten aus dem Unterricht jenes Philosophen, läßt sich doch in ihm das übliche Vokabular des Epiktet wiedererkennen (*topos peri tas hormas, hypexairesis, kat'axian, orexis, ekklisis*), vor allem aber eine seiner Grundlehren, nämlich die der drei Lebensregeln, auf welche im Verlauf der vorliegenden Arbeit noch zurückzukommen sein wird: die Disziplinierung des Urteils, des Begehrens und des Handelns.

Auch das Kapitel 38 beginnt mit »sagt er«, womit nur Epiktet gemeint sein kann. Es handelt sich vielleicht um eine recht freie Paraphrase eines Textes des Epiktet (III,25,3), in dem dieser bekräftigt, daß es sich beim Kampf um die Tugend nicht um etwas Belangloses, sondern um das Glück und die Glückseligkeit handele. Marc Aurel notiert seinerseits:

»In diesem Kampf, sagt er, geht es nicht darum, einen beliebigen Sieg zu erringen, sondern darum, ob man töricht sein wird oder nicht.« (XI,38)

Auch das letzte Kapitel (Kap. 39), welches angeblich Worte des Sokrates anführt, beruht höchstwahrscheinlich ebenfalls auf Epiktet, lassen sich doch die Kapitel 33-38 auf diesen Autor zurückführen.

Möglicherweise enthalten die *Ermahnungen an sich selbst* noch andere anonyme Epiktet-Zitate. H. Fränkel[49] meinte, aus guten Gründen in Buch IV,49,2-5 ein solches entdeckt zu haben:

»Ich Unglücklicher, daß mir das widerfahren mußte! – Ganz im Gegenteil! Welch Glück habe ich, nachdem mir das widerfahren ist, ungerührt zu bleiben, nicht an dem Gegenwärtigen zu zerbrechen und furchtlos demgegenüber zu sein, was sich ereignen kann! Denn so etwas könnte jedem widerfahren, doch nicht alle wären davon ungerührt geblieben. – Und warum sollte jenes eher ein Unglück als dieses ein Glück sein? – Nennst du denn Unglück für den Menschen, was die Natur des Menschen nicht von ihrem Ziel abbringt? Scheint dir das ein Abweichen der Natur des Menschen von ihrem Ziel zu sein, was nicht gegen den Willen der Natur ist? – Was ist denn der Wille der Natur? – Du kennst ihn. Hindert dich das, was dir widerfahren ist, etwa daran, gerecht, großmütig, gemäßigt, besonnen zu sein, unüberstürzt zu urteilen, ohne Falsch in deinen Worten, zurückhaltend, frei zu sein – und die anderen Tugenden zu besitzen, durch deren Vorhandensein die Natur des Menschen das erlangt, was ihr eigentümlich ist?«

Fränkel stützt seine Behauptung auf vollkommen überzeugende lexikalische und grammatikalische Besonderheiten.[50] Man wird nun vielleicht zu Recht sagen, daß dieser Text im wesentlichen das Grunddogma des Stoizismus – das einzige Übel ist das moralische, d.h. das, was uns daran hindert, die Tugenden zu praktizieren – lediglich in Dialogform wiedergibt. Auch wenn dies zutrifft, so unterscheidet sich der fragliche Text doch durch seinen Ton und seine Form deutlich vom Rest der *Ermahnungen an sich selbst*. Wenn Marc Aurel das Wort »Ich« verwendet, handelt es sich für gewöhnlich entweder um ihn selbst oder um den sittlichen Menschen, der zu sich selbst spricht. Hier aber ist das »Ich« dasjenige des Gesprächspartners in einem von Marc Aurel übermittelten Dialog. Wahrscheinlich handelt es sich um ein Zwiegespräch, das Epiktet, wie so oft in seinen *Unterredungen*, sich vor seinen Zuhörern ausgedacht und welches Marc Aurel nachgeschrieben hat. Nebenbei bemerkt vertritt Epiktet in den *Unterredungen* (I,4,23) die Meinung, man soll an dem arbeiten, was wirklich der Mühe wert ist, nämlich daran, die »Oh weh« und »Wie bin ich doch unglücklich« aus dem eigenen Leben zu streichen.

Wahrscheinlich handelt es sich hier also um ein unbekanntes Fragment von Epiktet. Gibt es noch andere? Ich würde gerne glauben, daß es einige mehr gibt. Andererseits ist im allgemeinen die Hypothese nicht auszuschließen, daß sich Marc Aurel an dieser oder jener Stelle der *Ermahnungen an sich selbst* eines Textes eines unbekannten Autors bedient oder ihn zumindest paraphrasiert. Was jedoch Epiktet betrifft, so gilt es auch die Tatsache zu berücksichtigen, daß Marc Aurel durch dessen Lektüre das Vokabular, die Wendungen und vor allem die Ideen Epiktets in sich aufgenommen hat. Ein Humanist des 14. Jahrhunderts, der Auszüge aus den Büchern I bis IX der derzeit in Darmstadt befindlichen Handschrift kopiert hat, hat die Lage sehr gut erkannt, indem er zu Beginn des zweiten Buches anmerkte: »*antikrus epiktetizei*« (»Er epiktetisiert unverhohlen«, d.h. »Er folgt Epiktet und imitiert ihn«).

4. Die drei Lebensregeln nach Epiktet

Weiter oben[51] haben wir auf die Bedeutung hingewiesen, die in den *Ermahnungen an sich selbst* dem zukommt, was wir die dreifache Lebensregel genannt haben, die eine Disziplinierung der Vorstellungen oder des Urteils, des Begehrens und des Handelns vorschreibt. Schon diese Dreiteilung der Akte und Funktionen der Seele, d.h. die Unterscheidung zwischen Urteil, Begehren und Antrieb, ist eine Doktrin, *die Epiktet eigen ist und die man im früheren Stoizismus nicht findet.*[52] Diese Dreiteilung erscheint nun auch ganz klar bei Marc Aurel. So setzt er in Buch VIII,7 die Vorstellungen *(phantasiai)*, das Begehren (*orexeis*) und die Handlungsantriebe (*hormai*) einander entgegen. Desgleichen in VIII,28:

> »Jedes Urteil, jeder Handlungsantrieb, jedes Begehren oder jede Abneigung liegen im Innern der Seele, und nichts fließt ein, was von außen kommt.«

Und folgende kurze Sentenz, die sich desselben Schemas bedient, ist uns bereits begegnet:

> »Die *Vorstellung [phantasia]* auslöschen, dem *Handlungsantrieb [hormé]* ein Ende setzen, das *Begehren [orexis]* tilgen. Das leitende Prinzip *[hégemonikon]* in eigener Gewalt haben.« (IX,7)

Die drei Lebensregeln schlagen eine Askese vor, eine Disziplinierung in jeder der drei Tätigkeiten der Seele. Und diesbezüglich zitiert Marc Aurel in jenem Teil der *Ermahnungen an sich selbst* (XI, 33-39), der aus Texten von Epiktet zusammengestellt ist und von dem bereits die Rede war, einen Text, der uns nur durch ihn zugänglich ist:

> »Man muß die Regel finden, sagt er, die man bei der *Zustimmung* [zu den Vorstellungen oder Urteilen] anzuwenden hat,
> und auf dem Gebiet der *Handlungsantriebe* aufmerksam darauf achten, daß sie mit einer Vorbehaltsklausel versehen werden, im Dienste der Gemeinschaft stehen und dem Wert [der Dinge] angemessen sind;
> und sich jeden *Begehrens* ganz und gar enthalten, gegen nichts eine Abneigung hegen, was nicht von uns abhängt.«
> (XI,37)

Die in diesem Text und mehreren Kapiteln der *Unterredungen* von Epiktet vorgeschlagenen drei Lebensregeln – die Disziplinierung der Vorstellung und des Urteils, die Disziplinierung des Handlungsantriebes und der Handlung sowie die Disziplinierung des Begehrens – entsprechen genau den von Marc Aurel formulierten drei Lebensregeln, die gleichsam den Schlüssel zu den *Ermahnungen an sich selbst* darstellen.

5. Ein Einfluß von Ariston?

Im Zusammenhang mit der Frage nach der Bekehrung, die Marc Aurel zur Philosophie vollzogen hat, haben wir den Einfluß erwähnt, den die Lektüre der Werke eines Stoikers des 3. Jahrhunderts v. Chr., Ariston von Chios, auf den Kaiser ausgeübt haben könnte.[53] Früher glaubte ich, in einigen Formeln des Kaisers ein Echo der Lehre Aristons zu entdecken. Dieser hatte das höchste

Ziel des Lebens mit folgenden Worten definiert: »In gleichgültiger Haltung gegenüber den gleichgültigen Dingen leben«, und Marc Aurel schreibt seinerseits:

»Das Leben in der bestmöglichen Weise verbringen: die Macht dazu liegt in der Seele, wenn man sich gegenüber den gleichgültigen Dingen gleichgültig verhält.« (XI,16)

Die Analogie der Formeln schien mir auffällig.[54] Tatsächlich aber ist Ariston nicht der einzige Stoiker, der von der Gleichgültigkeit gegenüber den gleichgültigen Dingen spricht, und andererseits versteht Marc Aurel, dem Stoizismus des Epiktet und des Chrysippos treu, jenes Prinzip nicht in dem gleichen Sinn wie Ariston, sondern interpretiert es völlig anders.

Das Prinzip jeder Art von Stoizismus besteht in der Tat eben in der Gleichgültigkeit gegenüber den gleichgültigen Dingen. Das bedeutet erstens, daß der einzige Wert das moralisch Gute ist, das von unserer Willensfreiheit abhängt, und daß alles, was nicht von unserer Willensfreiheit abhängt (Armut, Reichtum, Gesundheit oder Krankheit) weder gut noch von Übel, also gleichgültig ist, und zweitens, daß wir keinen Unterschied zwischen den gleichgültigen Dingen machen, sondern ihnen allen in gleicher Weise zugetan sein sollen, sind sie doch von der Allnatur gewollt. Diese Gleichgültigkeit gegenüber den gleichgültigen Dingen findet sich z.B. in einem Text des Philon von Alexandreia wieder, in dem die Übung in Weisheit, d.h. die Philosophie, beschrieben wird, ohne daß Ariston in besonderer Weise einen Einfluß auf Philon ausgeübt hätte:

»Gewohnt, nicht länger körperliche noch äußere Übel zur Kenntnis zu nehmen, sich darin übend, *gleichgültig gegenüber den gleichgültigen Dingen* zu sein, gewappnet gegen die Lüste und das Begehren [...], für solche Menschen ist das ganze Leben ein Fest.«[55]

Tatsächlich bezog sich die Meinungsverschiedenheit zwischen Ariston und den anderen Stoikern aber gerade auf den Begriff der »Gleichgültigkeit«. Für Ariston war das Gleichgültige vollkommen »unterschiedslos«,[56] nichts vom Alltagsleben war an sich von Bedeutung. Eine solche Haltung lief indes Gefahr, zur skeptischen Haltung eines Pyrrhon zu werden, der seinerseits allem gegenüber gleichgültig war. Die orthodoxen Stoiker, die zwar zugaben, daß die Dinge, die nicht von uns abhängen, an sich gleichgültig sind, räumten nichtsdestoweniger ein, daß wir ihnen einen moralischen Wert verleihen können, indem wir gelten lassen, daß es politische, soziale und familiäre Bindungen gibt, die nach einer vernünftigen Wahrscheinlichkeit mit den Bedürfnissen der menschlichen Natur verbunden sind. Dies war der ganze Bereich der *kathékonta*, der Pflichten, auf die wir noch zurückkommen werden. Wie Epiktet erkennt Marc Aurel nun diesen Bereich der Verpflichtungen und Aufgaben an, die Ariston ablehnte. Fünfmal verwendet er den Terminus technicus *kathékon* im stoischen Sinn.[57] Hinsichtlich der Doktrin der Gleichgültigkeit hat Ariston also keinerlei Einfluß auf Marc Aurel ausgeübt.

Andererseits verwarf Ariston sowohl den physikalischen als auch den logischen Teil der Philosophie.[58] Auch Marc Aurel scheint auf den ersten Blick zu einer solchen Haltung zu neigen, dankt er doch beispielsweise den Göttern dafür, ihm die Gunst gewährt zu haben, daß er sich nicht dazu hinreißen lasse, Syllogismen zu lösen oder die Himmelserscheinungen zu erforschen (I,17,22), und gibt an anderer Stelle zu, daß er nicht länger darauf hoffe, sich in Dialektik oder Naturphilosophie hervortun zu können (VII,67). Doch auch hier ist die zugrundeliegende Vorstellung eine vollkommen andere. In den Augen Aristons führen Logik und Physik zu überhaupt nichts. Für Marc Aurel hingegen sind es die *theoretischen Erörterungen* in Logik und Physik, die nun nicht mehr Gegenstand seiner Beschäftigung sind. Gleichwohl nimmt er, wie wir noch sehen werden, für sich sehr wohl in Anspruch, eine gelebte Logik (die Disziplinierung des Urteils) und Physik (die Disziplinierung des Begehrens) zu praktizieren, und er betont ausdrücklich:

»Durchgängig und möglichst bei jeder Vorstellung, die sich dir bietet, die Physik, Pathologie und Dialektik praktizieren.« (VIII,13)

Somit muß man also zu dem Schluß kommen, daß sich in den *Ermahnungen an sich selbst* des Marc Aurel nicht die geringste Spur der Doktrin Aristons entdecken läßt.[59]

V
Der Stoizismus des Epiktet

1. Allgemeine Charakteristika des Stoizismus

Muß daran erinnert werden? Wenn man von der Doktrin eines Philosophen aus jener Epoche spricht, mit der wir uns beschäftigen, darf man sich nicht der Vorstellung hingeben, es handle sich um ein in allen Teilen von dem betreffenden Philosophen erdachtes System. Der antike Philosoph hat nichts von unseren zeitgenössischen Philosophen, die sich einbilden, daß die Philosophie für jeden Philosophen darin bestünde, einen »neuen Diskurs«, eine neue Sprache zu erfinden – je unverständlicher und künstlicher, desto origineller. Der antike Philosoph begreift sich im allgemeinen als Teil einer Tradition und gehört einer Schule an. Epiktet ist Stoiker, was bedeutet, daß seine Lehre darin bestehen wird, die Texte der Gründer dieser Schule, Zenon und Chrysippos, auszulegen, vor allem jedoch, daß er selbst die den Stoikern eigene Lebensform praktiziert und auch seine Schüler diese ausüben läßt. Dies bedeutet jedoch nicht, daß die Lehre Epiktets keine eigenen Charakteristika hätte. Doch rühren diese nicht an die Grunddogmen des Stoizismus oder die Wahl der wesentlichen Lebensform. Sie bestehen eher in der Form der Unterweisung, in der Art, wie die Doktrin dargestellt wird, in der Definition besonderer Punkte (z.B. der Unterscheidung zwischen Begehren und Antrieb) oder auch im Ton, der besonderen Färbung, die die von dem Philosophen vorgeschlagene stoische Lebensweise kennzeichnen wird.

Zu der Zeit, als Epiktet lehrte, waren ungefähr vier Jahrhunderte vergangen, seit Zenon von Kition die Schule der Stoa in Athen gegründet hatte. Man kann sagen, daß der Stoizismus aus der Verschmelzung dreier Traditionen hervorgegangen ist: der ethischen sokratischen Tradition, der physikalischen und »materialistischen« Tradition Heraklits und der dialektischen Tradition der Megariker und des Aristoteles. Die von den Stoikern gewählte Lebensform knüpft an die sokratische Wahl des Lebens an: Der einzige Wert, dem alles unterzuordnen ist, ist das moralisch Gute, die Tugend. Wie Sokrates in Platons *Apologie* (41d) sagt, »gibt es für den sittlichen Menschen nichts Übles, ob er nun lebt oder sein Leben schon vollendet hat«. »Es kann kein Übel geben«, eben weil für ihn als sittlichen Menschen, dem das moralische Übel fremd ist, und für den es kein Übel außer dem moralischen gibt, all jene Dinge, die in den Augen der anderen von Übel zu sein scheinen, wie der Tod, die Krankheit, der Verlust des Reichtums, die Schmähungen, keine Übel sind. Aber diese Umwertung der Werte kann nur dank eines intellektuell-ethischen Prozesses stattfinden, der darin besteht, in einem Dialog, einem *logos*, einer sich auf die Vernunft gründenden Überlegung, die man mit einem anderen oder mit sich selbst entwickelt, sich selbst zu prüfen. Der Geist des Sokratismus liegt also darin, den absoluten Wert des moralisch Guten zu behaupten, das von der Vernunft entdeckt wird; er besteht, wie später noch auszuführen sein wird, auch in der Idee, daß das moralische Leben eine Frage des Urteils, des Wissens ist.

Die heraklitische physikalische Tradition des »Materialismus« hat allem Anschein nach nichts mit der ethischen Tradition der Sokratiker zu tun. Wir werden bald sehen, wie es dem Stoizismus gelingt, diese beiden Traditionen aufs innigste und unauflöslich miteinander zu verbinden, worin eben seine Originalität besteht. Begnügen wir uns also hier damit, den Einfluß Heraklits auf die stoische Vision eines dem stetigen Wandel unterliegenden Universums hervorzuheben, dessen Urelement das Feuer ist und welches durch einen *logos*, eine »Vernunft« geordnet wird, derzufolge die Ereignisse auf eine notwendige Art und Weise miteinander verknüpft sind.

Letzten Endes verwundert es nicht, daß der Stoizismus gleichfalls in der dialektischen Tradition der Megariker, aber auch in der der platonischen und aristotelischen Akademie steht. Zu jener

Zeit bestand die philosophische Unterweisung vor allem in einer Schulung in Diskussion und Argumentation, also in dialektischen Übungen. Wiederum finden wir einen *logos*, diesmal die menschliche Rede, aber vernünftig und aufrichtig in dem Maße, wie sie den *logos* nachahmt, der das Universum ordnet. Es läßt sich die außerordentliche Einheitlichkeit erahnen, die die Bestandteile des stoischen Systems zusammenhält, eine Einheitlichkeit, die die eines einzigen *logos* ist, einer einzigen, alle Dinge durchdringenden Vernunft. Wie E. Bréhier treffend sagte: »Ein und dieselbe Vernunft ist es, die in der Dialektik den nachfolgenden an den vorangegangenen Satz kettet, in der Natur alle Ursachen verbindet und, im Verhalten, die Akte in vollkommenen Einklang miteinander bringt. Es ist unmöglich, daß der sittliche Mensch nicht auch Physiker und Dialektiker ist: Es ist unmöglich, die Rationalität in diesen drei Bereichen getrennt voneinander zu realisieren und etwa die Vernunft im Fortgang der Ereignisse des Universums vollständig zu erfassen, ohne sie eben dadurch auch im eigenen Verhalten zu verwirklichen.«[1] Der Stoizismus ist eine Philosophie der Kohärenz mit sich selbst. Sie beruht auf einer bemerkenswerten intuitiven Erfassung des Wesens des Lebens. Von Anfang an, schon vom ersten Augenblick seines Daseins, befindet sich das Lebewesen instinktiv im Einklang mit sich selbst: Es neigt dazu, sich selbst zu erhalten und seine eigene Existenz sowie alles, was diese bewahren kann, zu lieben. Dieser instinktive Einklang wird zu einer moralischen Übereinstimmung mit sich selbst, sobald der Mensch durch seine Vernunft feststellt, daß es die bewußt getroffene Wahl des Einklanges mit sich selbst ist, die *Tätigkeit des Wählens als solche*, in der der höchste Wert besteht, und nicht in den Objekten, auf die sich der Erhaltungstrieb richtet. Denn der willentliche Einklang mit sich selbst deckt sich mit der Absicht der Allvernunft, nicht nur aus jedem Lebewesen, sondern aus der ganzen Welt ein mit sich selbst übereinstimmendes lebendes Wesen zu machen. Wie Marc Aurel später sagen wird: »Alles, oh Welt, was mit dir in Einklang ist, ist auch mit mir im Einklang« (IV,23). Und die menschliche Gesellschaft, die Gesellschaft derer, die an ein und demselben *logos*, an ein und derselben Vernunft teilhaben, bildet im Prinzip ihrerseits einen idealen Staat, in dem der Einklang mit sich selbst durch die Vernunft, das Gesetz, sichergestellt wird. Es versteht sich letztlich von selbst, daß die Vernunft jedes einzelnen Individuums bei der Verkettung der Gedanken oder Worte die logische und dialektische Kohärenz mit sich selbst erfordert. Und eben diese Kohärenz mit sich selbst ist das Grundprinzip des Stoizismus. Für Seneca läßt sich alle Weisheit in folgender Formel zusammenfassen: »Stets dasselbe wollen, stets dasselbe nicht wollen.«[2] »Es ist überflüssig«, fährt Seneca fort, »jenen kleinen Vorbehalt hinzuzufügen: unter der Bedingung, daß das, was man will, auch moralisch gut sei.« »Denn«, sagt er, »nur wenn es moralisch gut ist, kann einem dasselbe stets und vollkommen gefallen.« Es ist dies lediglich ein fernes Echo der Formeln, mit denen Zenon, der Gründer des Stoizismus, das höchste Gut definierte: »Kohärent [*homologoumenôs*[3]] leben, d.h. nach einer einheitlichen und harmonischen Lebensregel leben, denn jene, die in Inkohärenz leben, sind unglücklich.«

Diese Kohärenz mit sich selbst gründet, wie gesagt, in der Kohärenz der Allvernunft, der Allnatur mit sich selbst. Die berühmte stoische These der ewigen Wiederkehr ist lediglich ein anderer Aspekt dieser Doktrin. Die Allvernunft will diese Welt so, wie sie ist, will, daß sie im Urfeuer geboren wird und ins Urfeuer zurückkehrt, also mit einem Anfang und einem Ende. Ihr Wille jedoch bleibt stets derselbe, und sie kann nicht anders als durch ihr kontinuierliches Fortwirken diese Welt mitsamt *diesem* Anfang, *diesem* Ende und dem ganzen Verlauf der Ereignisse, die zwischen diesen beiden Momenten liegen, wiederholen. Diese Welt wird also ewig wiederkehren: »Es wird von neuem einen Sokrates, einen Platon geben und jeder dieser Männer mit denselben Freunden und denselben Mitbürgern [...] und diese Erneuerung wird nicht nur einmal, sondern viele Male stattfinden – oder vielmehr: Alles wird ewig wiederkehren.«[4] Aus diesem Grund soll der Weise, wie die Allvernunft, jeden Augenblick intensiv wollen, soll intensiv wollen, daß die Dinge ewig so geschehen, wie sie geschehen.

Damit haben wir die Figur des Weisen heraufbeschworen. Es ist charakteristisch für die Philosophie der Stoa, diese Gestalt zu einer alles übersteigenden Norm zu machen, die konkret nur selten und ausnahmsweise erfüllt werden kann. Hier klingt Platons *Gastmahl* an (204a), worin Sokrates als derjenige erscheint, der weiß, daß er nicht weise ist. Damit steht er zwischen den Göttern, die weise sind und auch wissen, daß sie es sind, und den Menschen, die sich weise glauben und nicht erkennen, daß sie es nicht sind. Diese Zwischenstellung ist die des Philosophen, desjenigen, der die Weisheit liebt, der nach ihr strebt, gerade weil er weiß, daß sie ihm fehlt, und es ist die Situation des Eros, der die Schönheit liebt, weil er weiß, daß sie ihm fehlt, des Eros also, der weder Gott noch Mensch ist, sondern ein *daimôn*, der zwischen beiden steht. Die Gestalt des Sokrates fällt also mit der des Eros und der des Philosophen zusammen.[5]

Auch der stoische Weise ist Gott gleich, Gott, der nichts anderes ist als die Allvernunft, die in Kohärenz mit sich selbst alle kosmischen Ereignisse hervorruft. Die menschliche Vernunft ist eine Emanation, ein Teil jener Allvernunft. Sie kann sich verdunkeln und verzerren, weil sie im Körper lebt und von der Lust angezogen wird. Einzig der Weise ist fähig, seine Vernunft mit der Allvernunft übereinstimmen zu lassen. Doch diese vollkommene Deckung kann lediglich ein Ideal sein. Der Weise ist zwangsläufig ein Ausnahmewesen, von denen es nur sehr wenige gibt, einen vielleicht oder sogar gar keinen: Es ist ein nahezu unerreichbares Ideal und letztendlich eher eine alles übersteigende Norm, welche die Stoiker, indem sie all ihre Paradoxa aufzählen, nicht müde werden zu beschreiben. Die Philosophie ist nicht identisch mit der Weisheit, sie ist lediglich eine Übung in Weisheit; ebenso ist der Philosoph kein Weiser, sondern eben ein Nicht-Weiser. Es besteht also ein kontradiktorischer Gegensatz zwischen dem Weisen und dem Nicht-Weisen: Man ist entweder das eine oder das andere, »Weiser« oder »Nicht-Weiser« – es gibt keine Mitte. Im Verhältnis zur Weisheit gibt es keine Abstufung in der Nicht-Weisheit. »Es liegt nicht viel daran«, sagen die Stoiker, »ob man sich eine Elle oder fünfhundert Klafter unter der Wasseroberfläche befindet, ertrunken ist man allemal.« Da der Weise jedoch äußerst selten vorkommt, resultiert daraus, daß alle Menschen Toren sind. Fast durchgängig läßt sich bei den Menschen ein Verfall der Vernunft, ein Abweichen von ihr feststellen. Nichtsdestoweniger fordern die Stoiker die Menschen auf, zu philosophieren, d.h. sich in Weisheit zu üben. Demnach glauben sie also an die Möglichkeit des geistigen Fortschritts. Denn auch wenn Weisheit und Nicht-Weisheit in kontradiktorischer Opposition zueinander stehen, wenn es mithin keine Abstufungen der Nicht-Weisheit gibt, wenn man sie der Weisheit gegenüberstellt, existieren dennoch, wie in Platons *Gastmahl*, innerhalb des Zustandes der Nicht-Weisheit selbst zwei Kategorien von Menschen: die Nicht-Weisen, die sich ihres Zustandes nicht bewußt sind (die Toren), und die Nicht-Weisen, die im Bewußtsein ihres Zustandes versuchen, zur unerreichbaren Weisheit fortzuschreiten (die Philosophen). Logisch betrachtet handelt es sich hierbei um einen konträren Gegensatz zwischen den Weisen und den sich ihres Zustandes unbewußten Toren. Und diese Opposition läßt eine Mitte zu: die nicht törichten Nicht-Weisen, d.h. die Philosophen.[6]

Der ideale Weise wäre also der Mensch, der endgültig in jedem Augenblick seine Vernunft in vollkommene Übereinstimmung mit der Allvernunft bringen könnte, er wäre der Weise, der die Welt erdenkt und erschafft.

Die unerwartete Folge dieser stoischen Theorie des Weisen ist die Tatsache, daß die Philosophie der Stoa, d.h. die Theorie und die Praxis der »*Übung* in Weisheit«, der Ungewißheit und bloßen Wahrscheinlichkeit sehr großen Raum gewährt. Einzig der Weise besitzt in der Tat die vollkommene, notwendige und unerschütterliche Erkenntnis der Wirklichkeit. Nicht so der Philosoph. Ziel der stoischen Philosophie, ihr Projekt, ihr Objekt, ist es also, dem Philosophen zu erlauben, sich in der Ungewißheit des alltäglichen Lebens zu orientieren, indem sie wahrscheinliche Wahlmöglichkeiten vorschlägt, der unsere Vernunft zustimmen kann, ohne daß sie immer die Gewißheit hätte, gut zu handeln. Was zählt, ist weder das Ergebnis noch die Effektivität, sondern die Absicht, gut zu handeln. Wichtig ist allein, aus einem einzigen Motiv heraus zu handeln: das des moralisch Guten, ohne jegliche Rücksicht auf Interesse oder Lust. Dies ist der einzige Wert, das einzig Notwendige.[7]

2. Die Teile der Philosophie nach den Stoikern

Als Zenon die Schule der Stoa gründete, war es bereits zur Tradition geworden, zwischen verschiedenen Teilen der Philosophie zu unterscheiden und ihr Verhältnis zueinander zu präzisieren. Seit Platon, vor allem jedoch seit Aristoteles, galt die besondere Aufmerksamkeit der Philosophen den verschiedenen Formen des Wissens und den unterschiedlichen, für sie charakteristischen Methoden.[8]

Es ist anzunehmen, daß bereits in der platonischen Schule, der sogenannten Alten Akademie, zwischen drei Teilen der Philosophie unterschieden wurde: der Dialektik, der Physik und der Ethik. Die Dialektik stellte insofern den edelsten Teil der Philosophie dar, als sie, verstanden im Sinne Platons, der Entdeckung der »Ideen«, der »Formen« (des Begriffs der Gerechtigkeit oder der Gleichheit z.B.) entsprach, und zwar dank einer »dialektischen« Form der Diskussion, d.h., in der Sicht der Platoniker, dank einer strengen Argumentation. Die Physik, das Studium der sichtbaren Welt, war dieser unterlegen, obwohl sie sich immerhin teilweise mit Himmelserscheinungen, mit dem unabänderlichen und ewigen Lauf der Gestirne befaßte. Die Ethik wurde als noch minderwertiger betrachtet, widmete sie sich doch dem ungewissen und zufälligen Handeln der Menschen. Die Einteilung der Philosophie spiegelt also demnach die Hierarchie wider, die die Platoniker zwischen den einzelnen Graden der Wirklichkeit eingeführt hatten.

Die Stoiker übernahmen diese Einteilung zwar, gestalteten sie jedoch vollständig um: Scheinen auch die Termini identisch zu bleiben, so entsprechen sie doch nicht länger der platonischen Rangfolge, sondern der den Stoikern eigenen dynamischen und einheitlichen Auffassung der Welt.

Keine der drei Disziplinen Physik, Ethik und Dialektik ist einer der beiden anderen überlegen, beziehen sich doch alle auf denselben *logos*, dieselbe göttliche Vernunft, die in der physischen Welt, in der Welt des gesellschaftlichen Lebens – schließlich beruht die Gesellschaft auf der den Menschen gemeinsamen Vernunft – sowie in der Rede und im Denken des Menschen, d.h. in der vernunftgemäßen Urteilstätigkeit, gegenwärtig ist.

Mehr noch: Aus der Perspektive der vollkommenen Handlung – der des Weisen – implizieren sich diese drei Disziplinen gegenseitig, ist es doch derselbe *logos*, dieselbe Vernunft, die sich in der Natur, in der menschlichen Gemeinschaft und in der individuellen Vernunft wiederfindet. Deshalb ist es, um noch einmal auf den Text von E. Bréhier zurückzukommen, »unmöglich, daß der sittliche Mensch [d.h. derjenige, der die Ethik praktiziert] nicht auch Physiker und Dialektiker ist: Es ist unmöglich, die Rationalität in diesen drei Bereichen getrennt voneinander zu realisieren und etwa die Vernunft im Fortgang der Ereignisse des Universums vollständig zu erfassen, ohne sie eben dadurch auch im eigenen Verhalten zu verwirklichen.«[9] Die vollkommene Übung in irgendeiner dieser Disziplinen begreift die in allen anderen mit ein. Der Weise übt die Dialektik aus, indem er in seinen Urteilen kohärent bleibt, die Ethik, indem er die Kohärenz in seinem Willen und den sich daraus ergebenden Handlungen bewahrt, und er übt die Physik aus, indem er sich als kohärenter Teil des Ganzen verhält, dem er angehört. Die Stoiker betrachten die einzelnen Teile der Philosophie als Tugenden,[10] die wie alle Tugenden in ihren Augen einander gleichgestellt sind und sich wechselseitig bedingen: Eine von ihnen auszuüben heißt notwendigerweise, auch alle anderen auszuüben. Unter diesem Gesichtspunkt unterscheiden sich daher Logik, Physik und Ethik in einem gewissen Sinne nicht wirklich voneinander: Keine geht den anderen voraus, und alle sind untrennbar ineinander verwoben. Das platonische und aristotelische Schema der Hierarchie der Wissensformen und der Wirklichkeitsebenen wird durch die Vorstellung einer organischen Einheit ersetzt, worin alles einander durchdringt. Für die Platoniker und Aristoteliker ist die Wirklichkeit als Ganzes heterogen: Sie setzt sich aus Zonen zusammen, deren Substantialität und Notwendigkeit vollkommen unterschiedlich sind. Für die Stoiker hingegen bildet die Realität ein homogenes Ganzes, in dem die Verkettung der Ereignisse zwangsläufig ist. Die Unterscheidung zwischen der Physik als Wissenschaft der Sinnenwelt und der transzendenten Welt der Ideen (platonische Dialektik) oder der Götter (Theologie) ist vollständig aufgehoben. Die *physis*, die Natur, die für die Platoniker und Aristoteliker lediglich ein kleiner Teil der gesamten Wirklichkeit war, und zudem der niedrigste, bildet nun die ganze Wirklichkeit. Andererseits erhält das Wort »Dialektik« einen neuen Sinn. Es bezeichnet nicht mehr, wie bei Platon, eine Methode der Schlußfolgerung, die, ausgehend von den Begriffen, die allen Menschen gemeinsam sind, durch Frage und Antwort bis zur Entdeckung der Formen aufsteigt, die die Sprache erst ermöglichen. Es bezeichnet auch nicht länger, wie bei Aristoteles, eine Methode der Schlußfolgerung, die, ebenfalls ausgehend von den allen Menschen gemeinsamen, in der Sicht des Aristoteles daher nicht wissenschaftlichen Begriffen, es erlaubt, wahrscheinliche Schlüsse in allen Bereichen der Wirklichkeit zu ziehen. Wenn die stoische Dialektik auch von denselben Allgemeinbegriffen ausgeht, so erhebt sie ihrerseits den Anspruch, zu wahren und zwangsläufigen Schlußfolgerungen in allen Wirklichkeitsbereichen zu gelangen, weil sie die notwendige Verkettung der Ursachen in der Sinnenwelt widerspiegelt.

Zwar beziehen sich für die Stoiker Physik, Ethik und Dialektik formell auf verschiedene Bereiche der Wirklichkeit, nämlich auf die physische Welt, das menschliche Verhalten und die Bewegung des Denkens; nichtsdestoweniger aber betrachten die Stoiker – wie hier noch einmal betont werden soll – diese drei Teile nicht als Körper einer theoretischen Doktrin, sondern als innere Einstellungen und Verhaltensweisen des Weisen (und des Philosophen, der sich in Weisheit übt). Unter diesem Gesichtspunkt entspricht die gelebte Übung in Physik, Ethik und Dialektik – die Praxis dieser drei Tugenden – in der Tat einer einzigen Haltung, dem einzigen Akt, sich in Übereinstimmung mit dem *logos* zu bringen, sei es dem *logos* der Allnatur, dem *logos* der menschlichen vernünftigen Natur oder dem *logos*, der sich in der menschlichen Rede ausdrückt.

Sind Physik, Ethik und Dialektik bei der praktischen Ausübung der Philosophie in einem Akt vereint, lassen sie sich jedoch gut voneinander unterscheiden, wenn es darum geht, sie zu lehren. Die Philosophie muß dem Schüler dargelegt und beschrieben werden. Die philosophische *Rede* bringt eine zeitliche Dimension hinein, die zwei Aspekte aufweist: die »logische« Zeit der Rede selbst und die psychologische Zeit, die der Schüler benötigt, um das ihm Vorgelegte innerlich aufzunehmen. Die logische Zeit entspricht den inneren Erfordernissen der theoretischen Rede: Es bedarf einer Abfolge von Argumenten, die in einer bestimmten Reihenfolge vorgetragen werden müssen, der logischen Zeit. Die Darlegung richtet sich jedoch an einen Zuhörer, und dieser bringt eine andere Komponente hinein: die Etappen seines geistigen Fortschritts, d.h. diesmal handelt es sich um die im eigentlichen Sinne psychologische Zeit. Solange der Zuhörer sich diese oder jene Doktrin geistig nicht angeeignet hat, ist es nutz- bzw. sinnlos, zu ihm von anderen Dingen zu sprechen. Im übrigen besteht zwischen den beiden Zeiten ein gewisser Konflikt, ist es doch oft schwer, die logische Ordnung beizubehalten, wenn man dem geistigen Zustand des Zuhörers Rechnung tragen will.

Unter dem Gesichtspunkt der Rede, durch welche die philosophische Lehre vermittelt wird, unterschieden die Stoiker die drei Teile der Philosophie also klar und deutlich. Sie versuchten, eine logische Reihenfolge festzulegen, aber auch eine pädagogische, worüber es innerhalb der Schule viele Diskussionen gab. Uneinig war man sich in der Frage, welche Reihenfolge zwischen Physik,

Ethik und Logik bzw. Dialektik herrschen sollte. Die Stoiker verglichen bekanntlich die Teile der Philosophie mit einem gegliederten Ganzen, wie dem Ei, dem Obstgarten oder dem Lebewesen. Wenn aber bei diesen Gleichnissen die Logik stets als derjenige Teil angesehen wurde, der die Abwehr und die Festigkeit sichert, galt bald die Ethik, bald die Physik als der innerste und kostbarste Teil.

In seiner Abhandlung *Über die Widersprüche der Stoiker* wirft Plutarch Chrysippos vor, daß er bald die Physik, gleichsam als höchste Weihe, ans Ende des philosophischen Unterrichts gesetzt habe, da sie die Lehre über die Götter vermittle, bald sie der Ethik vorangehen ließ mit der Begründung, die Unterscheidung zwischen gut und schlecht sei erst auf der Grundlage des Studiums der Allnatur und der Organisation der Welt möglich.[11] Tatsächlich entsprechen diese Schwankungen den verschiedenen Unterrichtskonzepten, zwischen denen man wählen kann. Nach der logischen Ordnung der Darlegung muß die Physik der Ethik vorausgehen, um sie vernunftmäßig zu begründen; nach der psychologischen Ordnung der Ausbildung hingegen muß die Ethik der Physik vorangestellt werden, da man sich, indem man die Ethik praktiziert, auf die Offenbarung der göttlichen Welt, der Allnatur, vorbereitet.

Um diese Schwierigkeiten zu überwinden, rieten tatsächlich manche Stoiker – auch wenn sie sich in bezug auf die ideale Plazierung der einzelnen Teile im allgemeinen Unterrichtskonzept für eine bestimmte Theorie entschieden hatten –, die einzelnen Teile der Philosophie in der philosophischen Rede im Unterricht gleichzeitig zu lehren: »Gewisse Stoiker waren der Auffassung, keinem Teil gebühre der Vorrang, alle seien miteinander vermischt, und so vermengten sie sie auch in ihrem Unterricht.«[12] Sie waren »voneinander untrennbar«.[13] Konnte man denn warten, bis man den vollständigen Lehrstoff zu einem Teil abgehandelt hat, um mit dem Studium eines anderen zu beginnen? Und vor allem, konnte man denn warten, bis man die Philosophie selbst unter ihren drei Aspekten praktizierte? Chrysippos scheint diesen gemischten Unterricht befürwortet zu haben, schreibt er doch: »Wer mit der Logik beginnt, soll von den anderen Bereichen nicht absehen, sondern soll auch mit den anderen Teilen sich beschäftigen, wenn sich Gelegenheit dazu bietet.«[14] Tatsächlich muß der Unterricht in jedem einzelnen seiner Stadien sich um Vollständigkeit bemühen, geht es doch nicht darum, theoretisches Wissen in drei voneinander getrennten Bereichen zu erwerben, sondern sich auf einen einzigen Akt der Weisheit hin zu üben, der die untrennbare Praxis von Physik, Ethik und Logik darstellt.

Im Lichte der bisherigen Ausführungen wird besser verständlich, warum die Stoiker zwischen der Philosophie selbst und der Rede über die Philosophie unterschieden haben. In der Tat vertraten sie die Ansicht, Logik, Physik und Ethik, also das, was wir bisher wie allgemein üblich die Teile der Philosophie genannt haben, seien in Wirklichkeit nicht Teile der Philosophie im eigentlichen Sinne, sondern Teile der Rede über die Philosophie.[15] Denn Physik, Logik und Ethik erscheinen nur in den Reden des Philosophieunterrichts als voneinander verschiedene, getrennte, eventuell aufeinanderfolgende Teile.

Tatsächlich ist es also die Rede im Unterricht, die eine theoretische Darlegung der Logik (d.h. ein abstraktes Studium der Regeln des Schlußfolgerns), eine theoretische Darlegung der Physik (d.h. ein abstraktes Studium der Struktur und der Entwicklung des Kosmos) und eine theoretische Darlegung der Ethik (d.h. ein abstraktes Studium des menschlichen Verhaltens und der hierbei zu befolgenden Regeln) erfordert. Chrysippos sagte ausdrücklich, es handle sich hier um »drei Arten von *theôrémata*, die der Philosophie eigen sind«.[16] In der Philosophie selbst als Übung in Weisheit hingegen sind Physik, Ethik und Logik untrennbar miteinander verbunden in dem zugleich einzigen und vielfachen Akt, der die Ausübung der »physikalischen«, der ethischen und der logischen Tugend ist. Es geht von nun an nicht länger darum, über die Logik, d.h. das rechte Denken und Sprechen, abstrakt zu theoretisieren, sondern darum, wirklich recht zu denken und zu sprechen; nicht länger darum, über die Ethik, d.h. das gute Handeln, abstrakt zu theoretisieren, sondern wirklich gut zu handeln, und schließlich geht es von nun an auch nicht länger darum, über die Physik abstrakt zu theoretisieren, um zu zeigen, daß wir ein Teil des kosmischen Ganzen sind, sondern darum, wirklich wie ein Teil dieses Ganzen zu leben. Diese drei Übungen implizieren sich wechselseitig und formen tatsächlich einen einzigen Akt, eine einzige innere Einstellung, die sich nur in dem Maße differenziert, wie sie sich an den drei Aspekten der Wirklichkeit orientiert: der Vernunft der menschlichen Rede, der Vernunft der menschlichen Gesellschaft und der kosmischen Vernunft.

Logik, Physik und Ethik unterscheiden sich also voneinander, wenn man von der Philosophie *spricht*, nicht aber, wenn man sie *lebt*.

3. Die drei Tätigkeiten der Seele und die drei Übungsthemen nach Epiktet

Die Formulierung der stoischen Lehre hat sich von Zenon (332-262 v. Chr.) und Chrysippos (ca. 281-204 v. Chr.) bis hin zu Epiktet (gest. um 125 n. Chr.) besonders unter dem Einfluß der Polemiken mit den anderen philosophischen Schulen entwickelt, wobei die Strenge der von den Schulgründern vertretenen Positionen zuweilen ein wenig gemildert wurde. Die grundlegenden Dogmen jedoch blieben stets die gleichen.

Jedenfalls kehrt Epiktet selbst, vielleicht aufgrund der Lehrmethoden, die ihn zur Auslegung der Texte der Gründer verpflichten, zu den Ursprüngen zurück. Demjenigen, der den frühen Stoizismus verstehen will, sagte E. Bréhier sinngemäß, könne man die Lektüre Epiktets gar nicht genug ans Herz legen.[17] Bereits 1894 war A. Bonhöffer in zwei bemerkenswerten Werken über Epiktet zu einem ähnlichen Schluß gelangt.[18] Epiktet, so läßt sich sagen, kehrt zur orthodoxesten Tradition zurück, die ausgehend von Chrysippos anscheinend über Archedemos und Antipater[19] verläuft, ohne auch nur im geringsten auf Panaitios und Poseidonius Bezug zu nehmen. Durch Vermittlung des Epiktet hat Marc Aurel aus den reinsten Quellen des Stoizismus geschöpft, und unsere Darlegung des Stoizismus des Epiktet wird gleichzeitig eine erste Darstellung des Stoizismus Marc Aurels sein.

Gewiß läßt sich in den von Arrian übermittelten *Unterredungen* des Epiktet nirgends eine systematische Darstellung der stoischen Doktrin im ganzen finden. Der Grund wurde bereits erläutert: Die Themen der *Unterredungen* sind durch bestimmte Umstände und Gelegenheiten, durch die Fragen der Schüler, durch den Besuch einer bestimmten Person angeregt, und so hat das Werk im wesentlichen anekdotischen Charakter. Um so wertvoller ist die Beobachtung, daß in ihnen ein stark strukturiertes Thema auftritt, welches häufig wiederkehrt und das Wesentliche des Stoizismus zusammenfaßt.

Dieses stark strukturierte Thema integriert zunächst, was Epiktet offenbar *in der stoischen Tradition neben Marc Aurel als einziger* unterscheidet, nämlich die drei Tätigkeiten oder Handlungen der Seele: das Begehren, das zu erwerben, was gut ist, den Antrieb zum Handeln und das Urteil über den Wert der Dinge.

Basierend auf der in der Schule der Stoa traditionell üblichen und grundlegenden Unterscheidung zwischen Dingen, die von unserem Willen abhängen, und solchen, die nicht von ihm abhängen, zählt Epiktet die in Frage kommenden Tätigkeiten auf:

»Von uns hängen das Werturteil [*hypolépsis*], der Antrieb zum Handeln [*hormé*], das Begehren [*orexis*] oder die Abneigung [*ekklisis*], mit einem Wort, alle unsere eigenen Werke ab; nicht von uns hängen dagegen der Körper, der Reichtum, der Ruhm, die Ämter und, mit einem Wort, alle Dinge ab, die nicht unsere eigenen Werke sind.«[20]

Hier läßt sich eine der grundsätzlichsten stoischen Haltungen erblicken: die Abgrenzung unserer eigenen Freiheitssphäre, einer kleinen unbezwingbaren Insel der Autonomie inmitten des unermeßlich großen Flusses der Ereignisse, des Schicksals. Was von uns abhängt, sind also die Tätigkeiten unserer Seele, da wir sie frei wählen können: Wir können urteilen oder uns dessen enthalten, können auf diese oder jene Weise urteilen; es steht uns frei zu begehren oder nicht zu begehren, zu wollen oder nicht zu wollen. Was hingegen nicht von uns abhängt (Epiktet zählt den Körper, den Ruhm, die Reichtümer und die Ämter auf), ist all das, was vom allgemeinen Lauf der Natur bestimmt wird. Unser Körper: Gewiß können wir ihn bewegen, aber wir sind seiner nicht vollständig Herr, entziehen sich doch die Geburt, der Tod, die Krankheit, die unwillkürlichen Bewegungen, die Empfindungen von Lust und Schmerz gänzlich unserem Willen. Reichtümer und Ruhm können wir zwar zu erlangen versuchen, der letztendliche Erfolg jedoch ist nicht von uns abhängig, sondern von einer unberechenbaren Summe menschlicher Faktoren und äußerer Ereignisse, die weder vorhersehbar noch von unserem Willen abhängig sind. Der Stoiker grenzt also ein Zentrum der Autonomie ab: die Seele im Gegensatz zum Körper, das leitende Prinzip *(hégemonikon)* im Gegensatz zum Rest der Seele, und eben in diesem leitenden Prinzip liegen die Freiheit und das wahre Ich. Und nur hier können sich das moralisch Gute und das moralische Übel befinden, denn es gibt nichts moralisch Gutes oder Schlechtes, was nicht willentlich wäre.

Die Seele bzw. das leitende Prinzip hat demnach drei Grundtätigkeiten. Erstens entwickelt sie, sowie sie Bilder empfängt, die von körperlichen Empfindungen herrühren, eine innere Rede (das *Urteil*): Sie sagt zu sich selbst, was das Objekt bzw. das Ereignis ist, vor allem jedoch, was es *für sie*, in ihren Augen sei. Der ganze Stoizismus spielt sich in diesem Moment der inneren Rede, des über die Vorstellungen ausgesprochenen Urteils, ab. Epiktet und Marc Aurel werden es zur Genüge wiederholen: Alles ist eine Frage des Werturteils; nicht die Dinge sind es, die uns beunruhigen, sondern unsere Vorstellung von ihnen, die Idee, die wir uns von ihnen machen, die innere Rede, die wir über sie halten. Das Begehren und der Antrieb zum Handeln ergeben sich notwendigerweise aus dieser inneren Rede: Wenn wir etwas begehren, so deshalb, weil wir uns gesagt haben, daß es gut sei, wenn wir etwas tun wollen, so deshalb, weil wir uns gesagt haben, daß es gut sei. Bekanntlich betonten die Stoiker, daß man in seinem Geist nur die von ihnen *kataléptikai* genannten Vorstellungen gelten lassen dürfe – ein Terminus, der gewöhnlich mit »erfassend« übersetzt wird. Dieser Ausdruck vermittelt jedoch den Eindruck, als ob die Stoiker der Ansicht gewesen wären, eine Vorstellung entspräche dann der Wahrheit, wenn sie den Inhalt der Wirklichkeit erfasse. Bei Epiktet läßt sich jedoch ein ganz anderer Sinn erkennen: Eine Vorstellung ist dann *kataléptiké*, wenn sie nicht über das Gegebene hinausgeht, wenn sie sich auf das, was wahrgenommen wird, zu begrenzen weiß, ohne diesem etwas ihm Fremdes hinzuzufügen. Nicht von einer »erfassenden Vorstellung« sollte man also sprechen, sondern besser von einer »adäquaten«. In diesem Zusammenhang ist es notwendig, im folgenden einen der – zum besseren Verständnis auch paraphrasiert wiedergegebenen – Haupttexte aus Epiktets *Unterredungen* heranzuziehen, welcher uns die konkrete innere Rede der Seele mit sich selbst in bezug auf die Vorstellungen anschaulich vor Augen führt (III,8,1):

»In der Weise, wie wir uns üben, um den sophistischen Fragestellungen entgegenzutreten, so sollten wir uns auch üben, um den Vorstellungen [*phantasiai*] zu begegnen, denn auch sie stellen uns Fragen.«

Ein Beispiel: Wir formulieren innerlich den Inhalt einer Vorstellung: »Der Sohn von Soundso ist gestorben.«

»Antworte auf die Frage, die von dieser Vorstellung gestellt wird: ›Das hängt nicht vom Willen ab, das ist kein Übel‹ – ›Der Vater von Soundso hat ihn enterbt. Was hältst du davon?‹ – Antworte: ›Das hängt nicht vom Willen ab, das ist kein Übel.‹ – ›Er ist niedergeschlagen.‹ – Antworte: ›Das hängt vom Willen ab, das ist ein Übel.‹ – ›Er hat es tapfer ertragen.‹ – ›Das hängt vom Willen ab, das ist ein Gut.‹«

Epiktet fährt fort:

»Wenn wir diese Gewohnheit annehmen, werden wir Fortschritte machen, denn wir werden nur dem zustimmen, wovon es eine adäquate [*kataléptiké*] Vorstellung gibt.«

Äußerst bemerkenswert hierbei ist, daß sich Epiktet das moralische Leben als eine dialektische Übung vorstellt, bei welcher wir mit den Ereignissen, die uns die Fragen stellen, in einen Dialog treten. Epiktet gibt anschließend folgende Beispiele, in denen die Vorstellungen ebenfalls Fragen stellen. Auf die innerlich formulierte Vorstellung: »Sein Sohn ist gestorben«, die uns die Frage stellt: »Was ist geschehen?«, und uns dazu verleiten könnte, ein Werturteil wie »Ein großes Unglück« abzugeben, soll man antworten: »Sein Sohn ist gestorben.« Die Vorstellung bleibt beharrlich: »Mehr nicht?«, und die Seele erwidert: »Mehr nicht.« Epiktet fährt in gleicher Weise fort:

»›Sein Schiff ist gesunken. Was ist geschehen?‹ – ›Sein Schiff ist gesunken.‹ – ›Man hat ihn ins Gefängnis geworfen. Was ist geschehen?‹ – ›Man hat ihn ins Gefängnis geworfen.‹ Die Behauptung ›Es ist ihm ein Unglück geschehen‹ jedoch entspringt in mir selbst.«

Was Epiktet zum Ausdruck bringen möchte, ist, daß die Idee, ein Ereignis sei ein Unglück, mitsamt den Folgen, die eine solche Anschauung auf das Begehren und die Strebungen der Seele haben kann, eine Vorstellung ist, die in Wirklichkeit jeglicher Grundlage entbehrt, oder die vielmehr über die adäquate Sicht der Realität hinausgeht, indem sie ihr ein falsches Werturteil hinzufügt. Sie entsteht in der Seele, die sich das Grundaxiom des Stoizismus nicht angeeignet hat: Glück gibt es nur im moralischen Gut, in der Tugend, Unglück nur im moralischen Übel, in der Verfehlung und im Laster.

Wie jedoch, könnte man sich fragen, wird der Stoiker sein Alltagsleben leben, in dem es viele Dinge gibt, die moralisch weder gut noch von Übel – also »gleichgültig« nach dem stoischen Vokabular – sind, wenn kein Gut außer dem moralisch Guten, kein Übel außer dem moralisch Schlechten existiert? Er muß essen, schlafen, arbeiten, eine Familie gründen, seine Rolle im Staat spielen. Der Stoiker muß handeln, und er hat hierzu einen zugleich instinktiven und vernünftigen *Antrieb*. Das zweite, der Seele eigene Werk nach den Tätigkeiten von Vorstellung, Urteil und Zustimmung wird also der Antrieb zum Handeln und die Handlung selbst sein, deren Bereich das umfaßt, was die Stoiker und Epiktet *kathékonta* nennen, d.h. die Handlungen, die man aufgrund einer gewissen Wahrscheinlichkeit bzw. aus guten Gründen als der menschlichen Natur »angemessen« betrachten kann, als dem tief verwurzelten Instinkt entsprechend, der die vernünftige menschliche Natur aus Selbsterhaltungstrieb zum Handeln drängt. Der Antrieb zum Handeln und die Handlung selbst werden also vor allem im Bereich der Gesellschaft, des Staates, der Familie, der menschlichen Beziehungen ausgeübt.

Von der menschlichen Handlung läßt sich jedoch keine vollkommene Wirksamkeit erwarten. Nicht immer erreicht sie ihr Ziel. Dem Menschen bleiben dann nur noch die Hoffnung und der Wunsch, ihm möge geschehen, was ihm genehm ist, und erspart bleiben, was er fürchtet. Das Begehren ist die dritte Tätigkeit, die der menschlichen Seele eigen ist. Sein Bereich erstreckt sich nicht mehr auf das, was man selbst tut, sondern umgekehrt auf das, was einem widerfährt, auf die Ereignisse, die kraft des Schicksals, des Laufes der Allnatur auf einen zukommen. Wer begehrt, handelt nicht, sondern befindet sich in einer gewissen Erwartungshaltung. Wie der Antrieb zum Handeln hängt auch das Begehren von uns ab. Die Seele ist frei, dieses oder jenes zu begehren oder darauf zu verzichten, es zu begehren.

Diese drei Tätigkeitsbereiche – das Urteil, der Antrieb zum Handeln und das Begehren – sind es also, in denen der Philosoph sich üben soll:

»Es gibt drei Bereiche, in denen sich derjenige, der Vollkommenheit erlangen will, üben muß:
– den Bereich der *Begierden* und Abneigungen, damit sein Begehren nicht enttäuscht wird und er nicht in das hineingerät, was er zu vermeiden sucht;
– den Bereich der positiven und negativen Strebungen, kurz, den Bereich der (von Natur) zukommenden *Handlungen [kathékonta]*, damit er ordnungsgemäß, vernünftig und nicht nachlässig handelt;
– der dritte Bereich ist derjenige, der sich auf die Vermeidung von Irrtümern und auf die Vorsicht im Urteilen bezieht, kurz der Bereich der *Zustimmungen.*« (III,2,1-2)

Berücksichtigt man alle Hinweise, die sich bei Epiktet zu diesem Thema finden, läßt sich diese Theorie der drei Formen oder der drei Bereiche der philosophischen Übung wie folgt darstellen:

Der erste Bereich ist der der *Begierden* und *Abneigungen.* Die Menschen sind unglücklich, weil sie Dinge begehren, die sie als Güter betrachten, die sie vielleicht nicht erlangen können oder zu verlieren drohen, und weil sie vor Dingen fliehen, die sie als Übel betrachten, die oft unvermeidlich sind, da diese vermeintlichen Güter oder Übel, z.B. Reichtum, Gesundheit oder umgekehrt Armut und Krankheit, nicht von uns abhängen. Die Übung in der Disziplinierung des Begehrens wird also darin bestehen, nach und nach auf diese Begierden und Abneigungen zu verzichten, damit man nur das begehrt, was von uns abhängt, d.h. das moralische Gut, und nur vor dem flieht, was von uns abhängt, d.h. dem moralischen Übel. Was nicht von uns abhängt, soll als gleichgültig betrachtet werden, womit gemeint ist, daß man bei diesen Dingen keine Vorlieben entwickeln, sondern sie annehmen soll als vom Willen der Allnatur gewollt, die Epiktet zuweilen allgemein als

»Götter« bezeichnet. »Den Göttern folgen«, heißt, ihren Willen akzeptieren, der der Wille der Allnatur ist (I,12,8 sowie I,20,15). Die Disziplinierung des Begehrens bezieht sich also auf die Leidenschaften (*pathé*), die Gemütsbewegungen, die wir anläßlich der sich uns darbietenden Ereignisse empfinden.

Der zweite Übungsbereich ist der der *Handlungsantriebe*. Dieser bezeichnet, wie angedeutet, den Bereich der Handlungen, die unserer vernünftigen Natur »angemessen« (*kathékonta*) sind. Es sind dies Handlungen (also etwas, was von uns abhängt), die sich auf Dinge, die nicht von uns abhängen, wie andere Menschen, die Politik, die Gesundheit, das Familienleben, mithin auf Dinge beziehen, die im stoischen Sinn an und für sich »gleichgültig« sind. Nichtsdestoweniger können diese Objekte der Handlung aufgrund einer vernunftmäßigen Rechtfertigung, einer vernünftigen Wahrscheinlichkeit als dem Erhaltungstrieb der vernünftigen Natur entsprechend betrachtet werden. Ausschließlich auf die anderen gerichtet und auf die Gemeinsamkeit der die Menschen vereinenden vernünftigen Natur gegründet, müssen diese Handlungen von der Absicht geleitet werden, sich in den Dienst der menschlichen Gesellschaft zu stellen und der Gerechtigkeit zur Herrschaft zu verhelfen.

Der dritte Übungsbereich ist der der *Zustimmung* (*synkatathesis*). Jede sich bei uns einstellende Vorstellung (*phantasia*) muß einer Kritik unterzogen werden, damit die innere Rede, das Urteil, welches wir darüber abgeben, dem, was an der Vorstellung objektiv ist und der Wirklichkeit »adäquat«, nichts Subjektives hinzufügt, und wir mithin einem wahren Urteil unsere Zustimmung geben können. Wir haben bereits die Bedeutung dieses Themas im Stoizismus hervorgehoben, für den Gut und Übel ausschließlich im Urteilsvermögen liegen.

Man könnte versucht sein, Parallelen zu ziehen zwischen den von Epiktet unterschiedenen drei Tätigkeiten der Seele – die vernunftgemäße Tätigkeit von Urteil und Zustimmung, der Antrieb zum Handeln und das Begehren – und den drei Teilen der Seele, die die Platoniker in der Nachfolge des Schulgründers unterschieden – der vernünftige Teil, der das Handlungsprinzip beinhaltende »zornige« und der »begehrende« Teil, in dem das Prinzip von Lust und Schmerz liegt. Diese Annäherung stellt eine um so größere Versuchung dar, als Platon wie Epiktet ihr System der Tugenden, mithin gleichsam ihr »asketisches« System, auf die Unterscheidung der einzelnen Teile der Seele gründen. Für Epiktet gibt es, wie wir gesehen haben, eine Disziplinierung der geistigen Tätigkeit der Seele, eine Disziplinierung des Antriebs und des Handlungsstrebens, eine Disziplinierung des Begehrens. In Platons *Staat* besteht nun die Gerechtigkeit, d.h. die innere Harmonie des Individuums wie des Staates, in der Vereinigung dreier Tugenden: der Weisheit, die in der Seele über den vernünftigen Teil herrscht und im Staat der Klasse der Philosophen-Herrscher zu eigen ist, des Mutes, der in der Seele über den »zornigen« und impulsiven Teil herrscht und im Staat der Kriegerklasse zu eigen ist, sowie schließlich der Mäßigung, die in der Seele über den »begehrenden« Teil herrscht und im Staat der niederen Klasse der Handwerker zu eigen sein soll.[21]

Ungeachtet dieser Analogien unterscheiden sich das Schema Platons und das des Epiktet radikal und vollständig voneinander. Bei Platon besteht eine Hierarchie zwischen den Teilen der Seele, analog derjenigen, die in seinem *Staat* zwischen den gesellschaftlichen Klassen herrscht: den Herrschern, den Kriegern und den Handwerkern. Die Philosophen-Herrscher zwingen ihr vernunftgemäßes Gesetz den ihnen untergeordneten Kriegern und Handwerkern auf. In der gleichen Weise erlegt die Vernunft, die gut ist, ihr Gesetz den niederen Teilen der Seele auf. Bei Epiktet hingegen sind der Antrieb zum Handeln und das Begehren Akte der vernünftigen Seele, des »leitenden Prinzips« des ganzen menschlichen Wesens. Weder Gegensatz noch Niveauunterschied bestehen zwischen vernunftmäßiger Tätigkeit, Handlungsantrieb und Begehren. Antrieb und Begehren liegen um so mehr in der vernunftgemäßen Seele selbst, als sie, auch wenn sie eine gefühlsmäßige Auswirkung auf die Seele haben, der stoischen Lehre zufolge wesentlich Urteile der vernunftmäßigen Seele sind. Die Vernunft ist nicht wesenhaft gut, sondern kann, wie der Antrieb oder das Begehren, gut oder schlecht sein, je nachdem, ob sie wahre oder falsche Urteile abgibt. Ein Text von Plutarch faßt die stoische Doktrin, die wir bei Epiktet wiederfinden, gut zusammen:

»Für die Stoiker ist die Tugend eine Einstellung des leitenden Teils der Seele [...] oder vielmehr: Sie ist die mit sich selbst kohärente, feste und beständige Vernunft. Sie glauben nicht, daß das vernunftlose und den Leidenschaften verhaftete Seelenvermögen durch eine in seiner Natur begründete Verschiedenheit von dem vernünftigen Seelenvermögen getrennt sei, sondern daß es derselbe Teil der Seele sei, den sie eben *dianoia* und *hégemonikon* [Denkvermögen und leitendes Prinzip] nennen, der sich vollständig verändert und wandelt in den Leidenschaften und den Verwandlungen, die er bezüglich seines Zustandes und seiner Grundhaltung erfährt, und somit zu Tugend oder Laster wird: Er enthalte in sich nichts Vernunftloses, aber er werde ›vernunftlos‹ genannt, wenn er, durch ein stark und vorherrschend gewordenes Übermaß an Trieben, zu etwas Unangemessenem hingerissen wird, das im Gegensatz zur Wahl der Vernunft steht. Die Leidenschaft sei somit die Vernunft, doch eine lasterhafte und entstellte, die unter der Einwirkung eines schlechten und verkehrten Urteils an Kraft und Stärke gewonnen hat.«[22]

Für Platon besteht das Wesen des Menschen in der notwendigerweise aufrechten Vernunft, mit der sich das Leben des konkreten Menschen jedoch nicht notwendigerweise deckt. Für Epiktet wie für die Stoiker hingegen besteht das Wesen des Menschen sehr wohl in der Vernunft, dem Prinzip der Freiheit, in der Möglichkeit zu wählen, die, gerade weil sie Möglichkeit der Wahl ist, schlecht oder gut sein kann, die aber nicht notwendigerweise aufrecht ist.

Antrieb und Begehren liegen demnach im »leitenden Prinzip«, im Zentrum der Freiheit der menschlichen Seele, mithin auf derselben Ebene wie das vernunftgemäße Urteils- und Zustimmungsvermögen. Selbstverständlich sind Urteil, Antrieb und Begehren nicht gegeneinander austauschbar. Jeder Antrieb und jedes Begehren hat seine Grundlage und seinen Ursprung in einem Urteil. Die Seele empfindet diesen Handlungsantrieb oder jene innere Einstellung des Begehrens in Abhängigkeit von ihrer inneren Rede.

4. Die drei Übungsthemen und die drei Teile der Philosophie

Für die Stoiker gibt es, wie gesagt, nicht nur eine Rede über die Logik, sondern auch eine gelebte Logik, nicht nur eine Rede über die Ethik, sondern auch eine gelebte Ethik, nicht nur eine Rede über die Physik, sondern auch eine gelebte Physik, d.h. mit anderen Worten: als Lebensform ist die Philosophie untrennbar Logik, Ethik, Physik zusammengenommen. Und diese gelebte Logik, Ethik und Physik lassen sich in eben jenen drei Übungen des Epiktet wiedererkennen, von denen bereits die Rede war.

Bemerkenswerterweise verwendet Epiktet[23] das Wort *topos*, um diese Übungen zu bezeichnen – ein Begriff, der spätestens seit Apollodorus von Seleukeia, einem Philosophen, der gegen Ende des 2. Jahrhunderts v. Chr. lebte, traditionell von den Stoikern als Bezeichnung für die Teile der Philosophie[24] verwendet wurde. Wenn die Stoiker von den Teilen der philosophischen Rede sprachen, verstanden sie den Begriff *topos* wahrscheinlich in einem rhetorischen und dialektischen Sinn, d.h. als Bezeichnung einer These, genauer, einer »allgemeinen, zur Diskussion gestellten Frage«.[25] Epiktet behält den Ausdruck *topos* bei, um damit die drei gelebten Übungen zu bezeichnen, die, wie wir sehen werden, gleichsam die praktische Umsetzung der drei Teile der philosophischen Rede darstellen. Übersetzen ließe sich der Terminus mit »Übungsthema«. So wie nämlich der rhetorische und dialektische *topos* ein Übungsthema im Bereich der Rede ist, sind die drei *to-*

poi des Epiktet gleichzeitig drei Themen intellektualer Übung, die den drei Teilen der philosophischen Rede entsprechen, und drei Themen gelebter Übung, insofern sie im Bereich des Lebens die Prinzipien zur Anwendung bringen, die in der philosophischen Rede formuliert sind.

Daß für Epiktet die Disziplinierung des Urteils und der Zustimmung dem logischen Teil der Philosophie und die des Antriebs dem ethischen entspricht, darüber kann kein Zweifel bestehen. Diese Entsprechung geht klar aus einem Text (IV,4,11-18) hervor, in dem er zunächst die Logik als Teil der theoretischen Rede der Disziplinierung der Zustimmung als gelebter Logik gegenüberstellt und danach die Ethik als Teil der theoretischen Rede der Disziplinierung des Antriebs als gelebter Ethik. In dieser seiner *Unterredung* kritisiert Epiktet den falschen Philosophen, der sich damit begnügt, theoretische Reden über die Philosophie zu lesen, und gibt, nachdem er daran erinnert hat, daß das Leben nicht nur aus Büchern bestehe, folgendes Beispiel:

»Es ist so, als wollten wir, wenn wir im Bereich [*topos*] der Zustimmung vor Vorstellungen stehen, von denen die einen ›adäquat‹ [*kataléptikai*] und die anderen es nicht sind, uns weigern, sie voneinander zu unterscheiden, und als wollten wir statt dessen die Abhandlungen *Über das Erfassen* lesen. Doch woher kommt das? Weil wir niemals gelesen, niemals geschrieben haben mit dem Ziel, uns dazu zu befähigen, beim Handeln die sich bei uns tatsächlich einstellenden Vorstellungen in naturgemäßer Weise zu gebrauchen, sondern uns darauf beschränkt haben, das, was gesagt wird, zu lernen, damit wir es einem anderen erklären, syllogistische Fragen lösen und hypothetische Argumentationen prüfen können.«

Epiktet stellt hier also die in Abhandlungen *Über das Erfassen* enthaltene theoretische Logik der gelebten Logik entgegen. Die theoretische Logik kann nur theoretisches Wissen und technische

Geschicklichkeit in Diskussionen ohne Beziehung zur Realität vermitteln. Die gelebte Logik hingegen kritisiert die Vorstellungen, die sich im Alltagsleben tatsächlich einstellen, und führt einen Dialog mit ihnen. Auch muß man, fährt Epiktet fort, die Abhandlungen *Über den Antrieb* nicht lesen, um zu wissen, was über den Antrieb gesagt wird, sondern um es in die Tat umzusetzen. Die theoretische Ethik, die in den Abhandlungen über den Antrieb und – so fügt Epiktet hinzu – über die Pflichten enthalten ist, wird hier in Beziehung zur Übung der Disziplinierung des Antriebs gesetzt.

Die Entsprechung zwischen der *Logik* und der Disziplinierung der Zustimmung bzw. zwischen der *Ethik* und der Disziplinierung des Antriebs anzuerkennen, dürfte also nicht schwerfallen. Doch wie verhält es sich mit der Unterweisung im Begehren? Die Struktur des von den Stoikern aufgestellten Schemas der drei Teile der Philosophie würde erfordern, daß sie der *Physik* entspräche. Ist dies möglich? Allem Anschein nach nicht. Vor allem gibt Epiktet selbst in dem oben zitierten Text, in welchem die Disziplinierung des Urteils mit der Logik und die des Antriebs mit der Ethik in Beziehung gesetzt wird, keinerlei Hinweis auf ein besonderes Verhältnis zwischen der Disziplinierung des Begehrens und der Physik. Statt dessen begnügt er sich damit, von theoretischen Abhandlungen *Über das Begehren und die Abneigung* zu sprechen, welche offenbar Moralabhandlungen sind. Wenn es auch zutrifft, daß die abstrakte Theorie des »Begehrens« selbst, als eine Tätigkeit der Seele, im Bereich der Moral liegt, so impliziert die gelebte Praxis der Disziplinierung des Begehrens letztendlich eine besondere Haltung gegenüber dem Kosmos und der Natur. Indem wir den Inhalt der drei Disziplinen darlegten, haben wir dies bereits zu verstehen gegeben. Dies gilt es nun zu präzisieren. Die Disziplinierung des Begehrens hat zum Ziel, uns dorthin zu führen, daß wir niemals Dinge begehren, die uns versagt werden könnten, und niemals vor dem fliehen, was wir gegen unseren Willen erleiden könnten. Sie besteht also darin, nur das Gute zu begehren, das von uns abhängt, d.h. das nach dem Urteil der Stoiker einzige Gut, und gleichfalls nur vor dem moralischen Übel zu fliehen und das, was nicht von uns abhängt, als von der Allnatur gewollt anzunehmen:

> »Die Aufgabe des Philosophen stellen wir uns in etwa so vor: Er soll seinen eigenen Willen an die Ereignisse anpassen, auf daß es unter dem sich Ereignenden nichts gebe, von dem er nicht gewollt hätte, daß es geschehe, und unter dem sich nicht Ereignenden nichts, von dem er gewollt hätte, daß es geschehe. Für jene, die sich dies zur Aufgabe gemacht haben, ergibt sich daraus, daß sie in ihren Begierden niemals enttäuscht werden und niemals erleiden müssen, was ihnen zuwider ist.« (II,14,7)

Der weitere Verlauf des Textes beschreibt die Aufgabe des Philosophen, diesmal aber in Beziehung zum anderen. Wie wir sehen, besteht also eine sehr klare Verbindung zwischen der Disziplinierung des Begehrens und der Einwilligung in die vom Schicksal gewollten Ereignisse. Diese Einwilligung setzt voraus, daß sich der Mensch als Teil des Ganzen erkennt und versteht, daß die Ereignisse durch den Willen der Allvernunft notwendigerweise miteinander verkettet sind. Unter keinen Umständen, empfiehlt Epiktet, darf man erzürnt sein

> »über die Ereignisse, die von Zeus selbst [d.h. der Allvernunft] angeordnet worden sind und die er bestimmt und geordnet hat mit den Moiren [Schicksalsgöttinnen], welche bei deiner Geburt zugegen waren und dein Schicksal gesponnen haben. Weißt du nicht, welch winzigen Teil du im Verhältnis zum Ganzen darstellst?« (I,12,25)

Oder an anderer Stelle:

> »Laß dein Begehren, deine Abneigungen sich Zeus und den anderen Göttern anschließen. Vertraue sie ihnen an, auf

daß sie von ihnen geführt werden, auf daß Begehren und Abneigung ihre Gefolgschaft antreten.« (II,17,25)

Die Einwilligung in das Schicksal, der Gehorsam gegenüber den Göttern, worin die Disziplinierung des Begehrens im wesentlichen besteht, setzt also voraus, daß der Mensch sich seines Platzes inmitten des Ganzen bewußt wird und die Physik in die Praxis umsetzt: »Die Einwilligung in das Schicksal«, schreibt A.-J. Voelke, »erfordert zunächst, daß das Universum dank einer gedanklichen Anstrengung begriffen wird, bei der sich das geistige Vermögen auf die sinnliche Vorstellung stützt. [...] Aus dieser methodischen Erhellung tritt nach und nach die vernunftmäßige Gewißheit hervor, daß wir in einem guten, von einer höchsten Vorsehung harmonisch geordneten Kosmos leben.«[26] In den Texten Marc Aurels wird dieses Thema – die Verbindung zwischen der Disziplinierung des Begehrens und der als geistige Übung gelebten Physik –, wie wir sehen werden, noch stärker betont als in den überlieferten Ausführungen des Epiktet.[27]

Zuweilen stellt Epiktet die drei Disziplinen auf ein und dieselbe Ebene, zuweilen aber scheint er auch eine bestimmte Reihenfolge zwischen ihnen festzulegen. Bald zählt er die drei Disziplinen auf, ohne eine bestimmte Reihenfolge zwischen ihnen festzulegen, wenn er etwa mit der Disziplinierung der Zustimmung beginnt (I,17,22; IV,4,14ff.; IV,6,26), bald spricht er von einem ersten, zweiten und dritten Übungsthema, wobei das erste das Begehren, das zweite die Antriebe und das dritte die Zustimmung betrifft. Diese Reihenfolge entspricht in seinen Augen verschiedenen Phasen des geistigen Fortschritts. Aus dieser Perspektive soll die Disziplinierung des Begehrens am Anfang stehen, gefolgt von der in den Antrieben, denn diese beiden sind es, die am notwendigsten sind (I,4,12). Die Disziplinierung der Zustimmung kommt erst an dritter Stelle und ist den Fortgeschrittenen vorbehalten (III,2,5; III,26,14; IV,10,13). Sie gewährt dann deren Zustimmungen die Sicherheit und Festigkeit. Gleichzeitig wird man jedoch gewahr, daß sich für Epiktet die Disziplinierung des Begehrens und die der Antriebe sich mit der Disziplin verschmelzen, die die Vorstellungen kritisiert, also auf die Disziplinierung des Urteils und der Zustimmung. Für Epiktet – und hierin folgt er der guten stoischen Doktrin – liegt die Ursache unserer Leidenschaften, d.h. unseres Begehrens, und unserer Handlungen, d.h. unserer Antriebe, in der Tat nur in der Vorstellung (*phantasia*), also in unserer Idee von den Dingen. Alle Tragödien, alle Dramen dieser Welt rühren schlicht und einfach von den falschen Ideen her, die sich die Helden dieser Tragödien und Dramen von den Ereignissen gebildet haben (I,28,10-33). Wenn dem jedoch so ist, sollte das Übungsthema, welches die Kritik der Vorstellungen und der Urteile zum Objekt hat, den Auftakt der Unterweisung bilden.

Tatsächlich entspringt dieser scheinbare Widerspruch wiederum den unterschiedlichen Perspektiven, die einerseits die konkrete und gelebte Philosophie und andererseits die Reihenfolge und der Fortschritt, die der Philosophieunterricht erfordert, hineinbringen. In der Praxis stellt zweifellos die Kritik der Vorstellungen, die Berichtigung unserer falschen Ideen von den Dingen, die dringlichste Aufgabe dar, bedingt sie doch die Kontrolle unseres Begehrens und unserer Antriebe. Man kann mit der Disziplinierung des Urteils und der Zustimmung in der Praxis nicht bis zum Ende des Unterrichtsprogramms warten, wo dann das Studium der Texte über die theoretische Logik und die Prüfung der hypothetischen Syllogismen und der Sophismen in Angriff genommen wird. Die Dringlichkeit des Lebens erlaubt keine Verfeinerungen, und »das Leben«, sagt Epiktet, »besteht nicht nur aus Büchern«. Im Alltagsleben sind die Disziplinierungen des Begehrens, des Antriebs und des Urteils untrennbar miteinander verbunden, sind lediglich drei Aspekte ein und derselben Tätigkeit, die Epiktet den »guten Gebrauch [*chrésis*]« der Vorstellungen nennt (II,19,32 sowie 22,29), d.h. der Prüfung von Wert und Richtigkeit der Ideen, die wir uns von den Dingen machen und die die Begierden und Antriebe verursachen.

Andererseits jedoch lassen sich diese drei Disziplinierungen auch lehren und bilden das Objekt einer theoretischen Rede, die, sofern sie sich der Schüler gut angeeignet hat, zu dessen geistigem Fortschritt beiträgt. Auch hier – nur aus einer anderen Perspektive – läßt sich eine Reihenfolge nach der Dringlichkeit aufstellen. Die Übungsthemen, die zuerst gelehrt werden sollen, sind jene, die erlauben werden, philosophisch zu leben, d.h. die Disziplinierung des Begehrens, die uns von den »Beunruhigungen, Aufregungen und Kümmernissen« (III,2,3) befreit, und die Disziplinierung des Antriebs, die uns lehrt, wie wir in der Familie und im Staat zu leben haben. »Dies sind«, sagt Epiktet (I,4,12), »die Übungsthemen, die am Anfang stehen sollen und die am notwendigsten sind.« Im theoretischen Unterricht wird also das erste Übungsthema, die Disziplinierung des Begehrens, der Physik entsprechen; das zweite, die Disziplinierung des Handlungsantriebes, der Ethik und besonders der Theorie der Pflichten und der (von Natur) zukommenden Handlungen (*kathékonta*).

So kommen wir einmal mehr auf das Verhältnis zwischen der theoretischen und jener gelebten Physik zurück, die die Disziplinierung des Begehrens darstellt. Um seine Begierden disziplinieren zu können, muß der Philosoph die stoische Theorie der Natur verstehen. Chrysippos selbst hatte es bereits gesagt:

> »Kein anderer Weg führt angemessener zur Theorie der Güter und der Übel, zu den Tugenden und zur Weisheit, als der, der von der Allnatur und der Organisation der Welt ausgeht. [...] Denn es gilt, die Theorie der Güter und der Übel auf diese Themen zu beziehen [...] und die Physik wird nur gelehrt, um die Unterscheidung lehren zu können, die es hinsichtlich der Güter und der Übel festzustellen gilt.«[28]

Auf eben diese Unterscheidung zwischen den Gütern und den Übeln stützt sich die Disziplinierung des Begehrens. Deshalb treffen wir auch bei Epiktet auf diese enge Verbindung zwischen der Physik und der Disziplinierung des Begehrens, überdies mit einem expliziten Hinweis auf Chrysippos:

»Ich bitte dich zu prüfen, worin nach Chrysippos die Verwaltung der Welt besteht und welcher Platz darin dem vernunftbegabten Wesen zukommt, und aus dieser Perspektive zu untersuchen, wer du bist, was für dich das Gute und das Übel ist.« (I,10,10)

In den durch Arrian überlieferten *Unterredungen* Epiktets finden wir zwar keine langen Erörterungen, die diesem Fragenkomplex gewidmet sind und einem ganzen Studienprogramm entsprochen haben müssen. Häufig treffen wir jedoch Anspielungen Epiktets auf diesen wesentlichen Teil der Rede des Physik-Unterrichts an:

»Gott hat alles, was im Universum ist, und das Universum als Ganzes, frei von Zwang und unabhängig geschaffen, doch schuf er die Teile des Ganzen zum Nutzen des Ganzen. Die anderen Wesen sind nicht mit der Fähigkeit versehen worden, die göttliche Verwaltung zu verstehen, aber das vernunftbegabte Lebewesen besitzt die inneren Mittel, welche ihm erlauben, über dieses Universum nachzudenken, über die Tatsache, daß es ein Teil desselben ist, und darüber, was für ein Teil es ist, und daß es ein Gut für die Teile ist, hinter dem Ganzen zurückzutreten.« (IV,7,6)

Sich – durch das Studium der Physik – unserer Situation als eines Teils des Ganzen bewußt zu werden, bedeutet nicht nur, der Disziplinierung des Begehrens eine theoretische und vernunftmäßige Grundlage zu geben, denn gerade weil wir ein Teil des Ganzen sind, fordert jene Disziplinierung von uns, daß wir alles begehren, was kraft des allgemeinen Laufs der Allnatur geschieht. Es bedeutet jedoch auch, das Schauspiel des ganzen Kosmos zu genießen und die Welt mit Gottes eigenem Blick zu betrachten. Epiktet beschreibt die einsame Meditation Gottes in dem Augenblick, in dem dieser am Ende eines der periodischen Zyklen des Universums allein ist, da für einen Moment alle Dinge wieder in ihm, im Urfeuer, dem *logos*, der die Welt erzeugt, aufgesogen sind, und er fordert uns auf, es ihm gleichzutun:

»So wie Zeus mit sich selbst ist und in sich ruhend darüber nachdenkt, wie er die Welt verwaltet, sich in Gedanken versenkt, die seiner würdig sind, müssen auch wir mit uns selbst Zwiesprache halten können, ohne der anderen zu bedürfen, ohne darüber verlegen zu sein, wie wir unser Leben ausfüllen können. Auch wir müssen darüber nachdenken, wie Gott die Welt verwaltet, müssen unser Verhältnis zum Rest der Welt reflektieren, müssen betrachten, welche unsere bisherige Haltung gegenüber den Ereignissen gewesen, welche sie zum jetzigen Zeitpunkt ist, welche Dinge uns betrüben, wie wir dem abhelfen könnten [...].« (III,13,7)

Ganz natürlich gestaltet sich hier der Übergang von der Vision des Universums zu einer Gewissensprüfung, die sich auf die Disziplinierung des Begehrens und auf unsere Haltung gegenüber den Ereignissen bezieht, die kraft der allgemeinen Bewegung des Universums auf uns zukommen. Wie Epiktet sagt:

»Wie hätte Gott diesen Körper aus Schlamm frei von Fesseln schaffen können? Er hat ihn ebenso wie mein Vermögen, meine Möbel, mein Haus, meine Kinder, meine Frau dem Kreislauf des Universums unterworfen. Warum dann mit Gott ringen? Warum wollen, was man nicht wollen kann?« (IV,1,100)

Es ist also nutzlos, sich zu beklagen und dem, der uns alles gegeben hat, vorzuwerfen, uns zu nehmen, was er uns gab:

»Wer bist du, und warum bist du hierher gekommen? War es nicht Gott, der dich hier auf Erden eingeführt hat? War er es nicht, der für dich das Licht erscheinen ließ [...], der dir die Sinne und die Vernunft gegeben hat? Und in was für einem Zustand hat er dich hier eingeführt? [...] Ist es nicht, damit du mit einem elenden Stückchen Fleisch versehen auf Erden lebst und für eine Weile seine Regierung betrachtest, ihm das Geleit gibst und das Fest mit ihm feierst?« (IV,1,103)

Der sittliche Mensch wird demnach im Sterben sagen:

»Ich scheide voller Dankbarkeit gegen dich dahin, weil du mich als würdig erachtet hast, das Fest mit dir zu feiern, deine Werke zu betrachten und zu begreifen, wie du das Universum lenkst.« (III,5,10)

Letztendlich besteht die Disziplinierung des Begehrens als gelebte Physik nicht nur in der Annahme dessen, was geschieht, sondern auch darin, das Werk Gottes voller Bewunderung zu betrachten:

»Gott hat den Menschen hier auf Erden eingeführt, damit dieser ihn betrachte, ihn und seine Werke. [...] Unsere menschliche Natur endet bei der Schau, dem Bewußtwerden, bei der Art und Weise, in Harmonie mit der Natur zu leben. Seid also wachsam, auf daß ihr nicht sterbet, ohne all diese Wirklichkeiten betrachtet zu haben. [...] Werdet ihr denn nicht gewahr, wer ihr seid, warum ihr geboren worden seid, zu welchem Schauspiel ihr zugelassen seid?« (I,6,19)

In der Ausbildung des Philosophen wird der erste theoretische Unterricht folglich der Physik gelten müssen, die die Unterscheidung zwischen Gütern und Übeln, mithin die Disziplinierung des Begehrens, begründet. Diesem folgt der theoretische Unterricht in Ethik, die die Disziplinierung des Antriebs begründet. An dritter Stelle wird die theoretische Unterweisung in Logik kommen, welche dem entspricht, was Epiktet »Übungsthema der Zustimmung« nennt. Hierbei handelt es sich um ein schönes Beispiel dafür, wie Epiktet die bei der Darlegung eines bestimmten Teils der philosophischen Rede praktizierte *intellektuelle Übung* – die Logik im gegebenen Fall – und die im Alltagsleben praktizierte *gelebte Übung* – hier das Übungsthema (*topos*) des Urteils und der Zustimmung – als durchaus gleich betrachtet. In der Tat bezeichnet er mit ein und demselben Terminus »Übungsthema der Zustimmung« einerseits die gelebte Logik, d.h. die Kritik der Vorstellungen und der Ideen, die wir uns von den Dingen machen, andererseits die theoretische Logik, d.h. die Theorie der Syllogismen.

Einerseits sagt er:

»Das dritte Übungsthema betrifft die Zustimmung und insbesondere die verführerischen und anziehenden Vorstellungen. Wie Sokrates sagte, daß ein Leben, das keiner Prüfung unterzogen wird, kein Leben sei, so darf keine Vorstellung ungeprüft angenommen werden.« (III,12,14)

In dieser Beschreibung erkennen wir die gelebte Logik wieder, die praktizierte Logik, jenen guten Gebrauch der Vorstellungen, der die Basis und das Fundament aller anderen Übungsthemen bildet. Unter diesem Gesichtspunkt des konkreten Lebens bestehen die drei Themen – um es noch einmal zu sagen – notwendigerweise gleichzeitig mit- und nebeneinander, und wenn Epiktet hier von dem dritten Thema spricht, so tut er dies nur der Einfachheit der Darstellung halber.

Andererseits ist in anderen Texten das dritte Übungsthema der Zustimmung im Gegenteil wirklich das *dritte* Thema, welches zuletzt, nach allen anderen kommt und den Fortgeschrittenen vorbehalten ist (III,2,5). Diesmal handelt es sich um die theoretische und schulische Rede über die Logik, wie über die Aussagen, die ihren Wahrheitsgehalt ändern, über solche, die mit einem der Vordersätze schließen, über die hypothetischen Syllogismen, über die Trugschlüsse (III,2,6).[29] Epiktet betont die absolute Notwendigkeit dieses Unterrichts, wenn er etwa einem Zuhörer antwortet, der ihn bittet, ihn vom Nutzen der Logik zu überzeugen: »Wirst du ohne die Logik wissen, ob ich dich nicht durch einen Sophismus in die Irre führe?« (II,25,1) In seinen Augen ist es unentbehrlich, den im Physik- und Ethikunterricht vermittelten Dogmen dank der Kunst, Trugschlüsse und Denkfehler aufzudecken, eine unerschütterliche Festigkeit zu sichern. Diese Logik ist vielleicht unfruchtbar (I,17,10), ist sie doch eine rein kritische Fachrichtung, die kein Dogma lehrt, sondern alles übrige prüft und kritisiert. Offenbar findet die Logik für Epiktet letztendlich in zwei verschiedenen Momenten der philosophischen Ausbildung ihren Platz: am Anfang und am Ende. Sie steht am Anfang, denn es ist zur Praxis der drei Übungsthemen unabdingbar, möglichst früh zu lernen, die Vorstellungen zu kritisieren und seine Zustimmung nur denjenigen zu geben, die adäquat sind. »Aus diesem Grund«, so Epiktet, »wird die Logik an den Anfang gestellt« (I,17,6). Die Logik findet jedoch auch am Ende ihren Platz: in der technischeren Form von Syllogismustheorie, die den Dogmen, den Handlungsprinzipien eine unerschütterliche Gewißheit verleiht (III,26,14). Allerdings birgt dieses theoretische Studium die Gefahr in sich, rein technisch zu bleiben, zum Selbstzweck (III,2,6; I,26,9; II,19,5), zu einem Paradestückchen zu werden. In diesem Fall wird das dritte Übungsthema der philosophischen Ausbildung abträglich.

Wie man sieht, ist für Epiktet wie für die anderen Stoiker die Versöhnung zwischen den Forderungen des konkreten philosophischen Lebens und denen der pädagogischen und theoretischen Ausbildung sehr schwierig, und vermutlich hielt er sich an einen Unterricht, in dem die drei Disziplinen miteinander vermischt waren. Die Lehre von den drei *topoi*, den drei gelebten Übungsthemen, erscheint mithin bei ihm als letztes Entwicklungsstadium der stoischen Theorie von den drei Teilen der Philosophie. Epiktet hält eine philosophische Rede über diese drei Teile, gleichzeitig aber findet er sie im alltäglichen Leben des Philosophen als drei, mit den drei Tätigkeiten der Seele in Verbindung stehende

Übungsthemen wieder: Die Disziplinierung des Begehrens ist nur dank der Bewußtwerdung möglich, durch die sich der Philosoph als Teil des kosmischen Ganzen sieht, die Disziplinierung des Antriebs nur dank der Bewußtwerdung, durch die der Philosoph seinen Platz in der menschlichen Gemeinschaft entdeckt, und die Disziplin der Zustimmung schließlich nur dank jener Bewußtwerdung, durch die der Philosoph zugleich seine Freiheit hinsichtlich der Vorstellungen und die strengen Gesetze der Vernunft entdeckt.

5. Die Kohärenz des Ganzen

Epiktets Lehre der drei Übungsthemen hat bei den meisten Philosophiehistorikern Erwähnung gefunden. Sie haben z.B. erkannt, daß Arrian dieses Schema der drei Übungsthemen benutzt hatte, um die von ihm gesammelten Äußerungen Epiktets in jenem Kondensat der Lehre des Meisters, dem er den Titel *Handbüchlein*[30] gegeben hat, zu gruppieren. Ebenfalls versuchten die Historiker, ähnliche Schemata bei Seneca oder Cicero[31] aufzuspüren. In diesem letzten Punkt scheint es allerdings nicht möglich, zu eindeutigen und endgültigen Ergebnissen zu gelangen. Doch bei alledem haben sie vielleicht die menschliche Bedeutung dieser Doktrin nicht genügend herausgestellt.

Die Disziplinierung des Begehrens besteht nun im wesentlichen darin, sich ins kosmische Ganze einzufügen, sich des menschlichen Daseins als eines Teiles bewußt zu werden, der sich dem Willen des Ganzen, d.h. der Allvernunft anpassen muß. Die Disziplinierung des Antriebs und der Handlung besteht hauptsächlich darin, sich ins Ganze der menschlichen Gemeinschaft einzufügen, also in Übereinstimmung mit der allen Menschen gemeinsamen Vernunft zu handeln, einer Vernunft, die ihrerseits ein integrierender Bestandteil der Allvernunft ist. Die Disziplinierung des Urteils besteht darin, sich von der logischen Notwendigkeit leiten zu lassen, die die in uns enthaltene Vernunft uns auferlegt, die ebenfalls ein Teil der Allvernunft ist, da die logische Notwendigkeit sich auf die notwendige Verkettung der Ereignisse gründet. Das epiktetische Schema der Übungsthemen verfolgt mithin genau denselben Zweck wie bei den Stoikern die drei Aspekte der gelebten Philosophie – Physik, Ethik und Logik: »gemäß der Vernunft« zu leben. Dies ist nicht verwunderlich, sind doch für Epiktet, wie wir gesehen haben, die drei Übungsthemen gleichbedeutend mit den drei Aspekten der gelebten Philosophie. Für den Philosophen kommt es darauf an, seine egoistische und eingeschränkte Sicht der Wirklichkeit aufzugeben, um sich dank der Physik dazu zu erheben, die Dinge so zu sehen, wie die Allvernunft sie sieht; es kommt vor allem darauf an, das dem Universum und der menschlichen Gemeinschaft gemeinsame Wohl intensiv zu wollen, indem man entdeckt, daß es kein anderes Eigenwohl für den Teil gibt als das Gemeinwohl des Ganzen. Der Philosoph ist Weltbürger (I,9,1; II,10,3), aber auch Bürger des menschlichen Staates (II,5,26), dieses kleinen Abbildes des kosmischen Staates. Dies hindert das individuelle Bewußtsein, selbst wenn es sich bis zu den äußersten Grenzen des kosmischen Ereignisses erweitert und dies uneingeschränkt will, nicht daran, Verantwortung für gesellschaftliche Aufgaben zu übernehmen und eine tiefe Liebe für die Gemeinschaft der Menschen zu empfinden. Wenn meine Vernunft der Allvernunft entspringt, so gilt selbiges für die Vernunft der anderen Menschen: alle sind Brüder, verbunden durch dieselbe Vernunft. Selbst der Sklave ist somit Bruder seines Herrn (I,13,3).

Die drei Disziplinen des Epiktet bestimmen also das Verhältnis des Menschen zum Universum, zu den Mitmenschen und zu seiner eigenen Vernunft. Dergestalt setzt sich die Totalität des menschlichen Wesens in Beziehung zur Totalität der Wirklichkeit. Und für die Stoiker ist es die Totalität, die kennzeichnend für das Lebewesen ist: Ein Ganzes zu sein, heißt, kohärent mit sich selbst zu sein. Durch die drei Disziplinen trägt der Mensch freiwillig zu der Totalität und der Kohärenz bei, die sich, ob er will oder nicht, notwendigerweise verwirklichen werden. In der Tat ist einzig die Totalität des Kosmos einer vollkommenen Kohärenz sicher, die durch nichts gebrochen werden kann. Wenngleich die Freiheit des Menschen ihm das Vorrecht einräumt, sich frei und willentlich dieser vernunftmäßigen Kohärenz des Kosmos anzupassen, so setzt sie ihn auch der Gefahr aus, Inkohärenz in sein Denken, seine Gefühle und in den menschlichen Staat hineinzubringen. Die Anbindung des Menschen an die Kohärenz der kosmischen Vernunft ist stets gefährdet und wird immer wieder in Frage gestellt. Die göttliche Absicht jedoch wird sich notwendigerweise verwirklichen.

Die Lehre von den drei Übungsthemen, den drei Disziplinen, den drei Lebensregeln enthält also, großartig zusammengefaßt, das ganze Wesen des Stoizismus. Sie fordert den Menschen zu einer radikalen Umwälzung seiner Sicht der Welt und der gewöhnlichen Lebensart auf. Marc Aurel, der Kaiser-Philosoph und entfernte Schüler des Sklaven-Philosophen, hat diese Themen in seinen *Ermahnungen an sich selbst* prachtvoll zu entwickeln und mit reichen Harmonien zu orchestrieren gewußt.

VI
Der Stoizismus der *Ermahnungen an sich selbst*.

Die innere Burg oder die Disziplinierung der Zustimmung

1. Die Disziplinierung der Zustimmung

Die *Ermahnungen an sich selbst* stellen, wie wir gesehen haben, geistige Übungen im stoischen Sinn dar. Wir können indes präzisieren, daß Marc Aurel dank dieser Übungen in sich selbst eine innere Rede, d.h. innerliche Einstellungen ansiedeln will, die ihm erlauben werden, die drei von Epiktet angeregten Übungsthemen, die drei Lebensregeln, in seinem Leben als Kaiser konkret zu praktizieren. Beständig kommen die *Ermahnungen an sich selbst* daher auf die Formulierung dieser Übungsthemen und der sie begründenden Dogmen zurück. Die Struktur, die den *Ermahnungen an sich selbst* zugrundeliegt, ist jene Dreiteilung, die wir im Zusammenhang mit Epiktet erläutert haben. Nun gilt es zu untersuchen, in welcher Form sie in den *Ermahnungen an sich selbst* erscheint.

Die objektive bzw. adäquate Vorstellung (phantasia kataléptiké)

Die Disziplinierung der Zustimmung besteht, wie gesagt, wesentlich darin, keine Vorstellung in sich aufzunehmen, die nicht objektiv bzw. adäquat ist. Um wirklich verstehen zu können, was Marc Aurel damit meint, ist es erforderlich, den Sinn des vom Kaiser in diesem Kontext verwendeten stoischen Fachvokabulars zu präzisieren.

Die sinnliche Wahrnehmung (*aisthésis*) – so wäre zunächst festzuhalten – ist ein körperlicher Prozeß, den wir Menschen mit den Tieren gemein haben und in dem sich der Eindruck eines äußeren Objekts auf die Seele überträgt. Durch diesen Vorgang wird in der Seele oder genauer, in ihrem leitenden Teil (*hégemonikon*), ein Bild (*phantasia*) jenes Objekts erzeugt. Die *phantasia* hat einen doppelten Aspekt. Einerseits ersetzt sie das Objekt und identifiziert sich gleichsam mit ihm, ist ein Bild davon. Andererseits ist sie eine Modifikation (*pathos*) der Seele unter der Einwirkung des äußeren Objekts. Marc Aurel fragt sich z.B.: »Welches ist die Natur des Objekts, das diese *phantasia* in mir erzeugt?« (III,11,3 und XII,18)

In der Zusammenfassung, die uns der Historiker Diogenes Laertios von der stoischen Logik hinterlassen hat, ist zu lesen: »Zuerst kommt die *phantasia*, dann die Reflexion (*dianoia*), die ausspricht, was sie durch die Einwirkung der *phantasia* erleidet, und es durch die Rede ausdrückt.«[1] Die Gegenwart des Bildes in der Seele wird also von einer inneren Rede begleitet, d.h. von einem Satz oder einer Abfolge von Sätzen, die über die Natur, die Qualität und den Wert des Objektes aussagen, durch welches die *phantasia* hervorgerufen worden ist. Diesen Aussagen können wir zustimmen oder nicht. Die *phantasia* ist wie das äußere Objekt körperlich, die innere Rede, der man zustimmt, hingegen als eine mit einem Sinn versehene Rede unkörperlich. Im Gegensatz zu dem passiven Charakter der *phantasia* – also des Bildes, der Vorstellung, die durch das äußere Objekt erzeugt wird – stellt diese innere Rede eine Tätigkeit des leitenden Teils der Seele dar. Aber es kann auch zu einer Erzeugung von Vorstellungen, von *phantasiai*, durch die Seele kommen, wenn diese die empfangenen Bilder miteinander verbindet.[2]

Der doppelte – passive und aktive, erzwungene und freie – Aspekt des Erkenntnisprozesses findet sich auch in einem Text wieder, der von Aulus Gellius überliefert wurde und der es verdient, in seiner ganzen Länge zitiert zu werden, beschreibt er doch sehr gut den Mechanismus der Zustimmung:

»Diese von den Philosophen *phantasiai* genannten Vorstellungen der Seele, durch welche der Geist der Menschen augenblicklich, bei dem ersten Anblick des Dinges, das sich der Seele zeigt, bewegt wird, hängen nicht vom Willen ab und sind nicht frei, sondern stürzen sich durch eine gewisse, ihnen eigene Kraft auf die Menschen, um zur Kenntnis genommen zu werden.
Demgegenüber sind die Zustimmungen, die man *sunkatatheseis* nennt und dank derer jene Vorstellungen erkannt und beurteilt werden, willentlich und vollziehen sich durch die Freiheit des Menschen.
Deshalb ist es unvermeidlich, daß, wenn sich ein erschreckender Laut vernehmen läßt, der vom Himmel oder einem Einsturz herrührt oder welche Gefahr auch immer ankündigt, oder wenn etwas anderes der gleichen Art geschieht, auch die Seele des Weisen ein wenig bewegt, bedrängt und erschreckt wird, und zwar nicht, weil er urteilt, daß es sich da um ein Übel handelt, sondern aufgrund von raschen und unwillkürlichen Bewegungen, die der eigentlichen Aufgabe des Geistes und der Vernunft zuvorkommen.
Doch der Weise gibt solchen Vorstellungen, die seine Seele erschrecken, nicht sofort seine Zustimmung; er befindet sie nicht für richtig, sondern entfernt sie, weist sie zurück, und er erkennt, daß es in jenen Dingen nichts zu fürchten gibt. Dies ist der Unterschied zwischen dem Weisen und dem Toren. Der Tor meint, daß die Dinge so seien, wie sie der ersten Regung seiner Seele nach erscheinen, d.h. entsetzlich und furchterregend, und stimmt diesen ersten Eindrücken zu, die die Furcht zu rechtfertigen scheinen.
Der Weise aber, auch wenn sich seine Gesichtsfarbe kurz und rasch verändert hat, verweigert seine Zustimmung und bewahrt die Festigkeit und Kraft des Dogmas, welches er stets über solche Vorstellungen gehabt hat, nämlich, daß man sie nicht fürchten soll, versetzen sie die Menschen doch nur mit falschem Schein und eitlem Schrecken in Angst.«[3]

Dieser Text unterscheidet recht deutlich das Bild (*phantasia*), d.h. den Donnerschlag, der in der Seele widerhallt, das Urteil (bei Marc Aurel: *hypolépsis*), welches eine innere Rede ist – »Es ist entsetzlich und furchterregend« –, und schließlich die Zustimmung (*sunkatathesis*), die das Urteil bestätigt oder zurückweist. Marc Aurel neigt oft dazu, Urteil und Vorstellung (*phantasia*) miteinander zu verwechseln, d.h. die Vorstellung mit der inneren Rede, welche den Inhalt und den Wert derselben darlegt, gleichzusetzen. In diesem Zusammenhang kann der Text, in dem Marc Aurel von einer Verkettung von Vorstellungen spricht – obwohl es sich um einen Syllogismus, d.h. eine Verkettung von Urteilen handelt (V,16,2) –, außer acht gelassen werden, denn man kann annehmen, daß Marc Aurel in diesem Fall von *phantasiai logikai*, jenen bereits besprochenen abstrakten Vorstellungen spricht, die sich aus intellektuellen Schlußfolgerungen ergeben. Andernorts jedoch sagt er unterschiedslos: »Lösche die Vorstellungen (*phantasiai*) aus« (VIII,29) oder »Hebe dein Urteil auf« (VIII,40). Indessen weiß Marc Aurel sehr wohl zwischen der inneren Rede, also dem Urteil, das die Seele über die Vorstellung entwickelt, und der Vorstellung selbst zu unterscheiden:

> »Sag weiter nichts zu dir selbst als das, was dir die ersten Vorstellungen übermitteln. Man hat dir gesagt, jemand hätte schlecht über dich gesprochen. Dies lassen sie dich wissen, nicht, daß dir Unrecht getan worden ist.« (VIII,49)

Dieser Text läßt die Etappen des Prozesses gut erkennen. Den ersten Schritt bildet ein äußeres Ereignis: Man berichtet Marc Aurel, jemand habe schlecht über ihn gesprochen. Sodann folgt die in ihm erzeugte Vorstellung, die deshalb als erste bezeichnet wird, weil sich ihr noch nichts hinzufügt. An dritter Stelle steht die Rede, die den Inhalt dieser ersten Vorstellung wiedergibt: »Jemand hat schlecht über dich gesprochen« – das ist es, was die erste Vorstellung wissen läßt. Den Abschluß bildet eine andere Aussage, die sich nicht mehr damit begnügt, die Situation zu beschreiben, sondern ein Werturteil abgibt: »Man hat mir Unrecht getan.«

Wir finden hier den Begriff der »adäquaten« bzw. »objektiven« Vorstellung (*phantasia kataléptiké*) wieder, wie er von Epiktet definiert worden war.[4] Die objektive bzw. adäquate Vorstellung ist diejenige, die der Wirklichkeit genau entspricht, d.h. in uns eine innere Rede erzeugt, die nichts anderes ist als einzig und allein die Beschreibung des Ereignisses ohne jedes subjektive Werturteil:

»›Man hat ihn ins Gefängnis geworfen. – Was ist geschehen?‹ – ›Man hat ihn ins Gefängnis geworfen.‹ Die Behauptung ›Es ist ihm ein Unglück geschehen‹ fügt jeder aus eigenen Stücken [d.h. in subjektiver Weise] hinzu.« *(Unterredungen,* III,8,5)

Epiktet und Marc Aurel setzen die »objektive« innere Rede, die lediglich eine reine Beschreibung der Wirklichkeit ist, in deutliche Opposition zur »subjektiven« inneren Rede, welche wirklichkeitsfremde, auf Konventionen beruhende und der Leidenschaft entspringende Erwägungen hinzufügt.

Die »physikalische« Definition

»Man soll sich stets eine Definition oder eine Beschreibung von dem Objekt machen, das sich in der Vorstellung zeigt, damit man es so sieht, wie es seinem Wesen nach ist, vollkommen entblößt, in seiner Gesamtheit und allen Einzelheiten, und soll zu sich selbst den Namen sagen, mit dem es bezeichnet wird, sowie die Namen der einzelnen Teile, aus denen es sich zusammensetzt und in die es sich wieder auflösen wird.« (III,11)

Marc Aurel gibt uns einige Beispiele für das, was er unter einer derartigen Definition versteht:

»Wie wichtig ist es doch, sich beim Anblick ausgesuchter Gerichte und ähnlicher Speisen zu vergegenwärtigen: ›Dies ist der Kadaver eines Fisches, dies der Kadaver eines Vogels oder eines Schweines‹ und ferner: ›Dieser Falerner ist der Saft von Trauben‹, ›Der Purpursaum [der *toga praetexta*] ist aus Schafwolle, die mit dem Blut einer Schnecke getränkt wurde.‹ Und was den Beischlaf betrifft: ›Ein Reiben im Unterleib und die mit Krampf verbundene Ausscheidung einer schleimigen Flüssigkeit.‹ Wie wichtig sind doch diese Vorstellungen [*phantasiai*], die an die Gegenstände selbst heranreichen und durch sie hindurchgehen, so daß man sieht, von welcher Art sie denn eigentlich sind.« (VI,13)

Wieder verwendet Marc Aurel den Begriff *phantasia*, um die innere Rede zu bezeichnen, die das Objekt der Vorstellung beschreibt. Aber diese Vorstellungen, d. h. diese Reden »die an die Gegenstände selbst heranreichen und durch sie hindurchgehen«, entsprechen bei Epiktet bzw. Marc Aurel den »objektiven« oder »adäquaten« Vorstellungen. Sie fügen der Wirklichkeit nichts hinzu, sondern sie definieren die Dinge so, wie sie sich von allem entblößt darbieten, indem sie sie von den Werturteilen trennen, die die Menschen, unter dem Einfluß der Gewohnheit, der gesellschaftlichen Vorurteile oder der Leidenschaft, hinzuzufügen sich verpflichtet glauben.

Diese Art der Definition läßt sich als »physikalisch« (d.h. der Allnatur gemäß) bezeichnen, weil sie die Vorstellungen von jeder subjektiven und anthropomorphen Betrachtung, von jedem Bezug zum menschlichen Standpunkt entkleidet, um sie gleichsam wissenschaftlich und naturgemäß zu definieren. Wiederum stellen wir fest, daß in der stoischen Philosophie alles in allem liegt. In der Tat: Auch wenn die Kritik der Vorstellungen und die Suche nach der objektiven Vorstellung zum Bereich der Logik gehören, so sind sie doch nur realisierbar, wenn man den Standpunkt der Physik einnimmt und die Ereignisse und Objekte in die Perspektive der Allnatur stellt. Deshalb müssen wir auf diese Art der Definition im Zusammenhang mit der Disziplinierung des Begehrens zurückkommen.[5]

2. Die innere Burg

Die Dinge berühren die Seele nicht

»Die Dinge berühren die Seele nicht.« – »Die Dinge selbst berühren in keiner Weise die Seele.« – »Denn es liegt nicht in der Natur der Dinge selbst, unsere Urteile hervorzubringen« – »Die Dinge selbst stehen vor den Toren und wissen weder etwas über sich, noch geben sie etwas über sich selbst zu wissen.« (IV,3,10; V,19; VI,52; IX,15)

Dieses vollkommene Außenstehen der äußeren Dinge im Verhältnis zu uns betont Marc Aurel nachdrücklich und wiederholt in einprägsamen Formulierungen, die in den Worten Epiktets, die uns von Arrian überliefert worden sind, nicht vorkommen. »Die Dinge berühren die Seele nicht.« Dies bedeutet nicht, daß sie nicht die *Ursachen* der Vorstellungen *(phantasiai)* wären, die in der Seele entstehen. Es läßt sich sogar sagen, daß die Beziehung zwischen dem Ding und der Vorstellung, da sie eine Beziehung von Ursache und Wirkung ist, zur notwendigen Verkettung des Schicksals gehört. Dennoch ist dieser Anstoß, der die innere Rede des leitenden Prinzips in Bewegung setzt, für das leitende Prinzip selbst nur ein Anlaß, um seine innere Rede zu entwickeln – eine Rede, die vollkommen frei bleibt:

»So wie man, sagt Chrysippos, dadurch, daß man ihm einen Stoß gegeben, den Zylinder zwar in Bewegung gesetzt, ihm jedoch nicht die Eigenschaft gegeben hat, rollen zu können, so wird jener sich bietende visuelle Eindruck zwar gleichsam sein Bild der Seele einprägen, doch die Zustimmung dazu bleibt in unserer Macht; wie der Zylinder wird sie sich durch einen äußeren Anstoß aus eigener Kraft und gemäß ihrer eigenen Natur bewegen.«[6]

Der Skeptiker Sextus Empiricus kritisiert zwar die Stoiker, bestätigt jedoch diesen doppelten Aspekt:

»Für sie besteht die Wahrnehmung [katalépsis] darin, einer objektiven Vorstellung [kataléptiké] zuzustimmen, die etwas Doppeltes zu sein scheint: das eine hat etwas Unwillkürliches; das andere etwas Willentliches, etwas, was von unserem Urteil abhängt. Denn das Empfangen einer Vorstellung ist unwillkürlich; es hängt nicht von dem ab, der die Vorstellung empfängt, sondern von der Ursache der Vorstellung. Aber der Akt, dieser Regung der Seele zuzustimmen, liegt in der Macht dessen, der die Vorstellung empfängt.«[7]

Um zu verstehen, was Marc Aurel meint, wenn er davon spricht, daß die Dinge die Seele nicht berühren, daß sie außerhalb von uns liegen, muß man sich daran erinnern, daß das Wort »Seele« für die Stoiker zwei Bedeutungen haben kann. Zunächst bezeichnet es eine Wirklichkeit, die aus dem Hauch (pneuma) besteht, der unseren Körper belebt und die Abdrücke, die phantasiai, der äußeren Objekte empfängt. Marc Aurel versteht das Wort häufig in diesem Sinn. Hier jedoch, wo er von »uns« und von der Seele spricht, denkt er an jenen höheren, jenen leitenden Teil der Seele, das hégemonikon, wie die Stoiker sagten, der als einziger frei ist, weil allein er der inneren Rede, die ausdrückt, was das von den phantasiai vorgestellte Ding sei, seine Zustimmung geben oder verweigern kann. Die Grenze, die die Dinge nicht überschreiten können, ist die Grenze dessen, was wir im folgenden die »innere Burg« nennen werden, der unantastbare Zufluchtsort der Freiheit. Die Dinge können in diese Burg weder eindringen, noch die Rede hervorbringen, die wir gewöhnlich über sie entwickeln, die Interpretation, die wir der Welt und den Ereignissen geben. Die Dinge, die außerhalb von uns sind, sagt Marc Aurel, sind »bewegungslos«, »kommen nicht auf uns zu«, sondern wir sind es gewissermaßen, die »auf sie zugehen« (XI,11). Selbstverständlich sind diese Aussagen in einem psychologischen und moralischen Sinn zu verstehen. Marc Aurel meint nicht, daß die Dinge physisch bewegungslos sind, sondern daß sie »in sich selbst« sind, daß sie sich nicht um uns kümmern, daß sie uns weder zu beeinflussen noch in uns einzudringen oder uns zu beunruhigen suchen. Im übrigen »wissen [sie] weder etwas über sich, noch geben sie etwas über sich selbst zu wissen«. Vielmehr sind wir es, die wir uns mit ihnen beschäftigen, sie kennenzulernen suchen und uns ihretwegen beunruhigen. Der Mensch ist es, der durch seine Freiheit Unruhe und Befürchtungen in die Welt trägt. An sich betrachtet sind die Dinge weder gut noch schlecht und sollten uns daher nicht beunruhigen. Die Dinge gehen ihren notwendigen Gang, ohne Wahl, ohne Verzug, ohne Leidenschaft.

»Wenn du wegen etwas Äußerem betrübt bist, so ist es nicht dieses Ding, was dich in Unruhe versetzt, sondern dein Urteil, das du darüber abgibst.« (VIII,47)

In diesem Satz läßt sich das Echo der berühmten Formel Epiktets vernehmen:

»Was uns Menschen beunruhigt, sind nicht die Dinge, sondern unsere Urteile [*dogmata*] über die Dinge.« (*Handbüchlein*, §5)

Die Dinge können uns nicht beunruhigen, weil sie unser Ich, d.h. das uns innewohnende leitende Prinzip, nicht erreichen können: sie bleiben draußen vor den Toren, außerhalb unserer Freiheit. Wenn Epiktet und Marc Aurel hinzufügen, das, was uns beunruhigt, seien unsere Urteile über die Dinge, so spielen sie ohne Frage auf die innere Rede an, die innerlich zu formulieren uns freisteht, mit dem Ziel, das Ereignis für uns selbst zu definieren. Dieses Urteil ist es, das uns beunruhigen kann. Hier jedoch schaltet sich das Grunddogma des Stoizismus ein: Es gibt kein Gut außer dem moralisch Guten, kein Übel außer dem moralisch Schlechten; das was nicht »moralisch« ist, also nicht von unserer Wahl, unserer Freiheit, unserem Urteil abhängt, ist gleichgültig und soll uns daher nicht beunruhigen. Wenn also unser Urteil über die Dinge uns beunruhigt, so deshalb, weil wir uns nicht an dieses Grunddogma erinnern. Die Disziplinierung der Zustimmung steht also in sehr engem Zusammenhang mit der Doktrin der Güter, der Übel und der gleichgültigen Dinge:

»Das Leben in der bestmöglichen Weise verbringen: die Macht dazu liegt in der Seele, wenn man sich gegenüber den gleichgültigen Dingen gleichgültig verhält. Man wird sich gleichgültig verhalten, wenn man jedes einzelne Ding in allen seinen Teilen und seiner Gesamtheit betrachtet und sich daran erinnert, daß keines von ihnen in uns ein Werturteil über sich erzeugen, noch auf uns zukommen kann, sondern daß die Dinge unbeweglich verharren und daß wir es sind, die die Urteile über sie hervorbringen und sie gleichsam in uns aufschreiben, wo es uns doch freisteht, sie nicht aufzuschreiben, ebenso wie es in unserer Macht liegt, wenn es etwa unvermerkt geschehen ist, sie auf der Stelle wieder auszulöschen.« (XI,16)

Der Seele steht es frei, über die Dinge zu urteilen, wie sie will.

Die Dinge sollten also keinen Einfluß auf das leitende Prinzip ausüben. Für Epiktet und Marc Aurel ist in der Tat allein das leitende Prinzip dafür verantwortlich, ob es sich durch die Dinge beunruhigen läßt oder ruhig bleibt, verändert es sich doch selbst, indem es ein bestimmtes Urteil über die Dinge, also eine bestimmte

Vorstellung der Welt wählt. Wie Marc Aurel sagt: »Die Seele verändert sich selbst« (V,19), wobei er hier das Wort »Seele« verwendet, um ihren höheren und leitenden Teil zu bezeichnen. Die in dieser Formel zum Ausdruck gebrachte Auffassung wurde im Stoizismus bereits vor Epiktet und Marc Aurel vertreten, wie folgender Text von Plutarch zeigt:

> »Es ist derselbe Teil der Seele, den sie eben *dianoia* und *hégemonikon* [Denkvermögen und leitendes Prinzip] nennen, der sich vollständig verändert und wandelt in den Leidenschaften und den Verwandlungen. [...] Die Leidenschaft sei somit die Vernunft, doch eine lasterhafte und entstellte, die unter der Einwirkung eines schlechten und verkehrten Urteils an Kraft und Stärke gewonnen habe.«[8]

Hier finden wir ein anderes stoisches Dogma wieder: Anders als nach Auffassung der Platoniker, besteht kein Gegensatz zwischen einem vernunftmäßigen, von sich aus guten Teil der Seele und einem unvernunftmäßigen, der schlecht wäre, sondern es ist der leitende Teil – die Vernunft und das Ich selbst –, der in Funktion der Urteile, die er über die Dinge fällt, gut oder schlecht wird.[9] »Die Seele verändert sich selbst in Erkenntnis oder Verkennung der Dinge.«[10] Damit ist gemeint, daß sich die Seele eben durch ihr eigenes Urteil und ihre eigene Entscheidung in der Wahrheit oder im Irrtum befindet.

Es ist sehr wichtig, zu verstehen, daß für Epiktet und Marc Aurel all das auf der Ebene des Wertes liegt, den man den Dingen beimißt, und nicht auf der Ebene des Seins. Ein Beispiel von Marc Aurel soll uns davon überzeugen (VIII,50). Die Gurke, die ich esse, ist bitter. Der Seele prägt sich also die Vorstellung der bitteren Gurke ein. Doch das leitende Prinzip der Seele sollte nur eine einzige Rede über diese Feststellung halten: »Diese Gurke ist bitter.« Deutlich läßt sich hier die objektive und adäquate Vorstellung, die *phantasia kataléptiké*, erkennen. Die ganze Disziplinierung der Zustimmung wird darin bestehen, meine Zustimmung einzig und allein dieser objektiven Vorstellung zu geben. Füge ich hinzu: »Warum gibt es solche Dinge in der Welt?« oder: »Zu Unrecht läßt Zeus solche Dinge zu!«, so füge ich aus freien Stücken ein Werturteil hinzu, das mir selbst entspringt und nicht den adäquaten Inhalt der objektiven Vorstellung wiedergibt.

Im *Handbüchlein* (§5) wird die Formel »Das, was uns beunruhigt, sind nicht die Dinge, sondern unsere Urteile [*dogmata*] über die Dinge« sehr gut durch folgenden Kommentar erklärt: »So ist beispielsweise der Tod nichts Furchtbares [...], sondern das Urteil [*dogma*] über den Tod, nämlich daß er furchtbar sei; dies ist das Furchtbare.« Wiederum handelt es sich hier also um ein Werturteil, das rein subjektiv hinzugefügt wird.

In eben diesem Bereich der Werturteile üben das leitende Prinzip und sein Zustimmungsvermögen ihre Macht aus. In eine Welt, die gleichgültig, die »an sich« ist, führt sie Unterschiede ein: die Wertunterschiede. Die einzig wahren und authentischen Wertunterschiede sind jedoch jene, die anerkennen, daß das moralisch Gute das Gut, das moralisch Schlechte das Übel ist und daß das, was moralisch weder gut noch schlecht ist, gleichgültig, mithin ohne Wert ist. Anders gesagt: Die stoische Definition des Guten und dessen, was von Übel ist, hat zur Folge, daß sich die Sicht der Welt vollkommen verändert, indem sie die Objekte und Ereignisse der falschen Werte entkleidet, die die Menschen ihnen gewöhnlich beimessen und die sie daran hindern, die Wirklichkeit in ihrer Nacktheit zu sehen. »Das [wahre] Urteil [*krisis*] sagt zu dem, was sich darbietet: ›Das bist du deinem Wesen nach, auch wenn du dem Meinen nach anders zu sein scheinst‹« (VII,68). Wenn das »leitende Prinzip [...] jedes Ereignis ihm so erscheinen zu lassen« vermag, »wie es will« (VI,8), so bedeutet dies nicht, daß es sich jede beliebige Vorstellung von der Wirklichkeit machen dürfte, sondern daß es ihm frei steht, den Objekten den Wert beizumessen, den es beimessen will. Und so genügt es, die falsche Rede über den Wert der Objekte zu tilgen, um den falschen Wert, den wir ihnen zuschreiben, aufzuheben. Wenn man die innere Rede ›Man hat mir Unrecht getan‹ aufhebt, so verschwindet das Unrecht« (IV,7); es wird aufgehoben. Und Epiktet: »Sag nicht zu dir selbst, daß jene gleichgültigen Dinge für dich notwendig sind, und so werden sie es nicht mehr sein« (IV,1,110).

Wenn Epiktet und Marc Aurel also von »Urteil« (*hypolépsis*) sprechen, meinen sie damit das »Werturteil«, und ich habe *hypolépsis* gewöhnlich mit »Werturteil« wiedergegeben.[11]

Ein kritischer Idealismus?

Es ist daher ein Irrtum, die Aussagen Epiktets und Marc Aurels, wie V. Goldschmidt,[12] einer Art »kantischem Idealismus« gleichzusetzen, der sich vollkommen von der Theorie der objektiven und erfassenden Vorstellung unterscheidet, so wie sie sich bei Chrysippos darstellt. Goldschmidt zufolge war bei letzterem »das Verständnis [...] die natürliche Folge der Zustimmung, die ihrerseits freiwillig, doch notwendig der erfassenden Vorstellung gewährt wurde. Das Verständnis bemüht sich nun, wie im kantischen Idealismus, eher um den Schein als um das Objekt an sich. Der durch das Objekt hervorgerufene Schein wird von uns erarbeitet; diese Subjektivität, die das Wirkliche verformt, müssen wir nun weit mehr als das Wirkliche selbst zum Objekt der Untersuchung werden lassen und einer Kritik unterziehen. [...] Alles geht so vor sich, als werde die Vorstellung, die nicht mehr auf Anhieb und aufgrund des Vorhandensein des Objektes allein erfassend ist, dank der Tätigkeit des Subjekts zu einer erfassenden.« Goldschmidt hat übersehen, daß die Tätigkeit des Subjekts für Epiktet und Marc Aurel nicht darin besteht, eine erfassende oder objektive Vorstellung *hervorzubringen*, sondern gerade darin, sich an das Objektive in der objektiven Vorstellung zu halten, ohne ein Werturteil hinzuzufügen, das sie verformen würde. Epiktet zufolge (III,12,15) soll man zu jeder Vorstellung sagen: »Zeig mir deine Papiere«, »Besitzt du von Natur aus das Merkmal, daß eine Vorstellung haben muß, um zugelassen zu werden?« Dieses Verhör richtet sich nicht an die objektive und adäquate Vorstellung, der wir spontan unsere Zustimmung geben, sondern an die anderen

Vorstellungen, d.h. die anderen Urteile, die anderen inneren Reden, die wir nicht über die Wirklichkeit des Ereignisses oder des Dinges, sondern über seinen Wert aussprechen, Vorstellungen, die eben keine »Papiere« besitzen und nicht über das »Erkennungszeichen« der objektiven und adäquaten Vorstellung verfügen.

Goldschmidt mußte Epiktet und Marc Aurel falsch interpretieren, weil er einen Text aus den *Unterredungen* (I,5), der auf den ersten Blick sehr rätselhaft erscheint, falsch verstanden hatte:

> »Übe dich darin, angesichts jeder unangenehmen Vorstellung sofort über sie zu sagen: ›Du bist nur eine Vorstellung [*phantasia*] und nicht ganz das, was du vorstellst [*to phainomenon*].‹«

So lautet zumindest die von Goldschmidt vorgeschlagene Übersetzung, doch sie ist ungenau. Es handelt sich hier um eine »unangenehme« Vorstellung, d.h. eine, die den Eindruck vermittelt, ein Objekt oder ein Ereignis sei schmerzhaft, verletzend oder erschreckend. Das bedeutet, daß sich der objektiven Vorstellung von einem Ereignis oder einem Objekt ein *Wert*urteil hinzufügt: »Das ist unangenehm.« Die Vorstellung ist also nicht mehr objektiv, sondern subjektiv. Daher muß übersetzt werden: »Du bist nur eine subjektive Vorstellung«, d.h. »Du bist nichts als Vorstellung« (wir würden sagen »nichts als Einbildung«), »und du bist *ganz und gar nicht* – (und nicht wie Goldschmidt übersetzt »nicht ganz«) – was wirklich in Erscheinung tritt«. *To phainomenon* bezeichnet hier das Objekt, so wie es in der objektiven und adäquaten Vorstellung »in Erscheinung tritt«, nämlich als das wirklich wahrgenommene.

Die gleichzeitige Entdeckung der Welt und des Ichs

So erscheint uns die Disziplinierung der Zustimmung schließlich als eine unablässige Anstrengung, alle Werturteile auszuschließen, die wir über das, was nicht von uns abhängt, d.h. über das, was keinen moralischen Wert hat, fällen können. Aller Prädikate entkleidet – wie »erschreckend«, »furchtbar«, »gefährlich«, »abscheulich«, »abstoßend« –, die ihnen durch ihren Anthropomorphismus verblendete Menschen gerne geben, erscheinen die Naturerscheinungen, die Ereignisse der Welt in ihrer Nacktheit und offenbaren – wie sich noch zeigen wird[13] – ihre wilde Schönheit. Die ganze Wirklichkeit wird aus der Perspektive der Allnatur, im Strom der ewigen Verwandlung wahrgenommen, in dem unser eigenes Leben, unser eigener Tod nichts als eine winzige Woge ist. Doch in dem Akt selbst, durch den wir unseren Blick auf die Dinge verändern, werden wir uns auch gerade unserer Möglichkeit zur Veränderung dieses Blickes bewußt, mithin unserer inneren Macht, die Dinge (worunter stets der *Wert* der Dinge zu verstehen ist) so zu sehen, wie wir sie sehen wollen. Anders ausgedrückt: Dank der Disziplinierung der Zustimmung zieht die Veränderung des Bewußtseins von der Welt eine Veränderung des Bewußtseins vom Ich nach sich. Und wenn die stoische Physik die Ereignisse so erscheinen läßt, als hätte das Schicksal sie unerbittlich gesponnen, wird sich das Ich seiner selbst als einer kleinen Insel der Freiheit inmitten der unermeßlichen Notwendigkeit bewußt. Diese Bewußtwerdung wird darin bestehen, unser wahres Ich gegenüber dem abzugrenzen, was wir für unser Ich hielten. Und eben dies wird die Bedingung für die Seelenruhe sein: Nichts kann mich mehr berühren, wenn ich entdecke, daß das Ich, das zu sein ich glaubte, nicht das Ich ist, das ich bin.

Das Ich eingrenzen

Wiederholt spricht Marc Aurel von der Notwendigkeit für das Ich und den leitenden Teil der Seele, sich abzugrenzen, sich selbst zu beschränken, und an einer Stelle nimmt er sich die Mühe, diese Übung genau zu beschreiben:

»Drei Dinge sind es, aus denen du bestehst: der Körper, der Lebenshauch [*pneuma*; im Sinne von Seele] und der Geist [*noûs*].
Von diesen sind die beiden ersten nur insofern dein, als du Sorge für sie tragen sollst, einzig das dritte gehört wirklich dir.
Daher wirst du, wenn du *von dir selbst*, d.h. von deinem Denkvermögen [*dianoia*], abtrennst
– was die anderen tun oder sagen,
– oder auch was du selbst [in der Vergangenheit] getan oder gesagt hast, was dich als Zukünftiges beunruhigt,
– und was dir vom Körper, der dich umgibt, oder dem dir mitverwachsenen Lebenshauch ohne deinen Willen geschieht
– sowie das, was der draußen vorbeiflutende Strom aufwirbelt, der dich mit seinen Wassern umspült,
so daß die
– reine,
– sich über die Verflechtungen des Schicksals erhebende
– und unabhängig auf sich selbst beruhende
Geisteskraft lebt und dabei
– *Gerechtes tut,*
– *will, was geschieht und*
– *die Wahrheit spricht* –,
wenn du, sage ich, von jenem leitenden Prinzip [*hégemonikon*] die Dinge abtrennst, die ihm anhängen, weil es sich an sie gehängt hat,
– und von der Zeit die Zukunft und die Vergangenheit abtrennst,
– und wenn du dich selbst in eine Form bringst wie der empedokleische *Sphairos*, ›vollkommen kugelförmig und froh auf seine stolze Einzigkeit‹,
und dich darin übst, nur zu leben, was du lebst, d.h. die Gegenwart,

kannst du die Zeit, die dir bis zum Tod verbleibt, ohne Beunruhigung, mit Wohlwollen und heiterer Gelassenheit in Hinsicht auf deinen inneren *daimôn* verleben.« (XII,3,1)

Die Übung, die darauf abzielt, das Ich zu beschränken, es zu umgrenzen, beginnt mit der Analyse der Komponenten des menschlichen Wesens, als da sind: der Körper, der Lebenshauch, d.h. die Seele, die den Körper belebt, und der Geist, d.h. – wie wir noch sehen werden – das Urteils- und Zustimmungsvermögen, also das Denkvermögen (*dianoia*) oder das leitende Prinzip (*hégemonikon*). Diese Beschreibung des menschlichen Wesens kehrt bei Marc Aurel mehrmals wieder (II,2,1-3; II,17,1-4; III,16,1; V,33,6; VII,16,3; VIII,56,1; XI,20; XII,14,5; XII,26,2). Manchmal aber werden nur die Seele und der Körper erwähnt, wobei die Seele in diesen Fällen dem *hégemonikon* gleichgesetzt wird, wie aus der Textstelle VI,32, in der Seele und *dianoia* (also *hégemonikon*) synonym sind, klar hervorgeht.

Die traditionelle stoische Doktrin unterschied den Körper und die Seele und in dieser wiederum einen übergeordneten, eben den leitenden Teil, in dem die verschiedenen Funktionen der Seele lagen, d.h. es gab also nur eine, Seele und Körper einander entgegensetzende Dichotomie. Es läßt sich jedoch leicht nachvollziehen, wie sich die stoische Doktrin der Seele zu der Position, die Marc Aurel vertritt, entwickeln konnte. Ein Text des Skeptikers Sextus Empiricus erklärt die Richtung, in der diese Entwicklung abläuft:

»Manche Stoiker sagen, das Wort ›Seele‹ werde in einem doppelten Sinn verwendet; es bezeichne einerseits das, was das im Körper Vermischte zusammenhält [was Marc Aurel *pneuma*, den Lebenshauch, nennt], und andererseits – in einem eigentlicheren Sinn – das leitende Prinzip. [...] Wenn wir bei der Einteilung der Güter sagen, die einen seien Güter der Seele, die anderen Güter des Körpers und die dritten äußere Güter, so denken wir nicht an die ganze Seele, sondern an jenen Teil von ihr, der das leitende Prinzip ist.«[14]

Eben diese Spaltung der Seele in Lebens- und Denkprinzip finden wir bei Marc Aurel wieder. Wie es scheint, begegnet man in den von Arrian niedergeschriebenen *Unterredungen* des Epiktet keinen Anzeichen für eine Trichotomie, wie sie Marc Aurel vorschlägt. Dennoch ähnelt das Vokabular Epiktets (II,1,17) stark dem des Kaisers, wenn er den Körper (den er mit dem Diminutiv *sômation* bezeichnet) dem Lebenshauch (im Diminutiv *pneumation*) entgegensetzt.

Das allgemeine Prinzip, das die Übung der hier beschriebenen Selbstabgrenzung leitet, ist dasjenige, welches Epiktet formuliert hatte und das von Arrian zu Beginn seines *Handbüchleins* wiedergegeben worden ist: der Unterschied zwischen den Dingen, die von uns abhängen, und denen, die nicht von uns abhängen – oder anders ausgedrückt: zwischen der inneren Ursächlichkeit, d.h. unserer Fähigkeit zu wählen, unserer moralischen Freiheit einerseits und der äußeren Ursächlichkeit, d.h. dem Schicksal und dem allgemeinen Lauf der Natur andererseits.

Der erste Schritt bei der Abgrenzung des Ichs besteht in der Erkenntnis, daß in dem Wesen, das ich bin, weder der Körper noch der Lebenshauch, der ihn beseelt, wirklich mein sind. Zwar soll ich Sorge für sie tragen – was zur Doktrin der »Pflichten«, der der Natur »angemessenen Handlungen« gehört. Es ist in der Tat natürlich und entspricht dem Erhaltungstrieb, den eigenen Körper und das *pneuma*, welches ihm das Leben einhaucht, zu pflegen, doch gerade die Entscheidung, die über die Dinge getroffen wird, die mein sind, gehört einem Prinzip der Auswahl an, welches seinerseits mir ganz zu eigen ist. Körper und belebendes *pneuma* gehören nicht vollkommen mir, da sie mir vom Schicksal, unabhängig von meinem Willen, auferlegt worden sind. Gewiß ist auch das *hégemonikon* »gegeben«, aber es ist gegeben als Quelle der Initiative, als »Ich«, das entscheidet.

In dem oben zitierten Text beschreibt Marc Aurel auf beeindruckende Weise die das »Ich« umgebenden Kreise sowie die Übung, die darin besteht, sie nacheinander zu verwerfen, weil sie dem Ich fremd sind.
Den ersten, den äußersten Kreis bilden die *anderen* Menschen. Wie Marc Aurel an anderer Stelle sagt:

»Vergeude den verbleibenden Teil deines Lebens nicht mit den Vorstellungen [*phantasiai*] über die anderen, es sei denn, du beziehst sie auf etwas Gemeinnütziges. Denn du beraubst dich in der Tat eines anderen Werkes, indem du dir vorstellst, was ein Soundso tun mag und weswegen und was er sagen, was er denken, was er im Schilde führen mag und was sonst noch dazu führt, daß du innerlich in Aufruhr versetzt wirst und daß deine Aufmerksamkeit, die du dem eigenen leitenden Prinzip [*hégemonikon*] zukommen lassen solltest, abgelenkt wird.« (III,4,1)

Der zweite Kreis ist der der Vergangenheit und Zukunft. Wenn man sich des wahren eigenen Ichs bewußt werden will, muß man sich auf die Gegenwart konzentrieren, »die Gegenwart begrenzen«, wie Marc Aurel sagt, sich von dem trennen, was einem nicht länger angehört, von den eigenen Handlungen und Worten in Vergangenheit und Zukunft. Wie bereits Seneca betont hatte:

»Abschneiden muß man also zweierlei: die Furcht vor der Zukunft und die Erinnerung an altes Ungemach. Letzteres geht mich nichts mehr an, ersteres noch nicht.«[15]

Weder die Zukunft noch die Vergangenheit hängen von mir ab. Nur die Gegenwart liegt in meiner Macht.
Den dritten Kreis bilden die unwillkürlichen Gemütsbewegungen, die den Eindrücken entspringen, welche der Körper und die Seele, gesehen als Lebensprinzip desselben, als »angeborener Lebenshauch«, empfangen. Um zu verstehen, worin jene unwillkür-

lichen Gemütsbewegungen bestehen, ist es vielleicht hilfreich, sich der bereits erwähnten Textstelle aus dem uns nicht erhaltenen fünften Buch der von Arrian niedergeschriebenen *Unterredungen* des Epiktet[16] zu erinnern. In seinem Werk *Attische Nächte* erzählt Aulus Gellius, daß er während einer stürmischen Überfahrt auf See sogar einen stoischen Philosophen habe im Sturm erbleichen sehen und ihn bei der Landung gefragt habe, wie ihn diese Schwäche habe befallen können. Der Philosoph habe daraufhin aus seinem Reisesack Arrians Buch hervorgeholt und ihm die Stelle vorgetragen, wo Epiktet erläutert, daß auch der Weise bei einem stärkeren, sehr heftigen Sinneseindruck, trotz seiner Weisheit eine unwillkürliche Gemütsbewegung verspüre, die im Körper und im Rest der Seele nachhalle. So mag auch er die Gesichtsfarbe wechseln. Epiktet betont jedoch: »Der Weise stimmt dieser Regung des Gemütes nicht zu.« Dies bedeutet, daß das leitende Prinzip, wenn es jene Gemütsbewegung in seine innere Rede übersetzt und ausspricht: »Das ist entsetzlich und furchterregend«, diesem Werturteil seine Zustimmung sofort verweigert. Dieses Zeugnis ist nebenbei bemerkt von um so größerem Interesse, als es uns ahnen läßt, daß Epiktet in den nicht erhalten gebliebenen Büchern der *Unterredungen* auf ganz andere Themen zu sprechen kam als in den ersten vier. In der Tat hat es den Anschein, daß sich in diesen keinerlei Anspielung auf jene unwillkürlichen Gemütsbewegungen finden. Wie dem auch sei: Die Beziehungen zwischen dem leitenden Prinzip und jenen Regungen des Gemütes werden von Marc Aurel andernorts wiederaufgenommen:

»Der leitende und herrschende Teil deiner Seele verhalte sich unbeugsam gegenüber der Bewegung des Fleisches, sei sie sanft oder heftig, und vermische sich nicht mit ihr, sondern grenze sich ab und beschränke jene Empfindungen auf die Glieder.« (V,26,1)

Das leitende Prinzip zieht gewissermaßen eine Grenze zwischen den sinnlichen Gemütsbewegungen und seiner Urteilsfreiheit, indem es sich weigert, Urteilen zuzustimmen, die den im Körper entstehenden Lust- oder Schmerzempfindungen einen positiven oder negativen Wert zuschreiben würden. Diese Grenze hindert das leitende Prinzip allerdings nicht daran, alles wahrzunehmen, was im Körper geschieht, und dadurch die Einheit des Bewußtseins des gesamten Lebewesens zu sichern, so wie alles im kosmischen Lebewesen zu dem einzigen Bewußtsein des leitenden Prinzips des Universums hinaufführt (IV,40). Aus diesem Blickwinkel, fährt Marc Aurel fort, kann man die Empfindungen – da sie natürliche Erscheinungen sind – nicht daran hindern, ins leitende Prinzip einzudringen, dieses soll jedoch von sich aus kein Werturteil über sie hinzufügen.

Einerseits sichert das leitende Prinzip die Einheit des Lebewesens, so daß die Sinneseindrücke und Empfindungen des Körpers mir angehören, denn ich nehme sie aus meinem Inneren wahr, andererseits betrachtet das leitende Prinzip sie jedoch gewissermaßen als etwas Fremdes, insofern es sich weigert, die dadurch im Körper verursachten Beunruhigungen zu billigen oder gar an ihnen teilzuhaben. Doch sollte der Weise nicht vollkommen leidenschaftslos, vollkommen Herr seines Körpers und seiner Seele sein? Dies ist zumindest die Vorstellung, die man sich gewöhnlich von einem stoischen Weisen macht. Tatsächlich jedoch ist der stoische Weise, wie Seneca sagt, alles andere als unempfindlich:

»Es gibt Übel, die den Weisen treffen, ohne ihn jedoch zu Boden zu werfen, wie der physische Schmerz, Hinfälligkeit, der Verlust der Freunde oder der Kinder, die Schicksalsschläge eines vom Krieg heimgesuchten Vaterlandes. Ich leugne nicht, daß er diese Dinge empfindet, denn ihm wird nicht auferlegt, hart wie ein Fels oder Eisen zu sein. Es bedarf keiner Tugend, um zu ertragen, was man nicht fühlt.«[17]

Die erste emotive Erschütterung ist diese Bewegung, die von unserem Willen unabhängig ist und von der Marc Aurel spricht. Doch auch Seneca kennt sie genau:

»Auf folgende Art entstehen die Leidenschaften, entwickeln sich und werden schließlich übermächtig. Den Anfang bildet eine erste unwillkürliche Regung, gleichsam eine Vorbereitung und eine Art Androhung der Leidenschaft. Sodann kommt es zu einer zweiten Bewegung, begleitet von einem Begehren, das sich noch zügeln läßt, es ist die Idee: ›Ich sollte mich rächen, weil man mir ein Unrecht angetan hat. [..]‹ Die dritte Regung ist nicht mehr Herr ihrer selbst. [...] Sie will nicht, wenn es nötig ist, sich rächen, sondern in jedem Fall; sie hat die Vernunft besiegt. Dem ersten seelischen Schock können wir mit Hilfe der Vernunft ebensowenig ausweichen wie gewissen Reflexbewegungen des Körpers wie etwa dem Gähnen [...]. Die Vernunft kann sie nicht besiegen, die Gewohnheit vielleicht und unablässige Aufmerksamkeit vermögen sie zu mildern. Die zweite Bewegung, die einem Urteil entspringt, kann durch ein Urteil aufgehoben werden.«[18]

Diesen ersten Regungen kann sich selbst der Weise nicht entziehen. Stets wird er, wie Seneca sagt, »leichte Andeutungen«, »Schatten« einer Leidenschaft verspüren.[19] Der vierte Kreis, »der draußen vorbeiflutende Strom [...], der dich mit seinen Wassern umspült«, ist der Fluß der Ereignisse, d.h. letztendlich des Schicksals und der Zeit, in der es sich offenbart:

»Ein Fluß aller Ereignisse, ein gewaltiger Strom ist die Ewigkeit: Kaum ist etwas erschienen, wird es bereits davongetragen, etwas anderes taucht auf und es wird ebenfalls fortgespült werden.« (IV,43)

Oder an anderer Stelle:

»Denke oft an die Geschwindigkeit, mit der alles, was ist und sich ereignet, vorüberzieht und verschwindet, denn das Sein gleicht einem in beständigem Fluß befindlichen Strom.« (V,23)

Sobald man erkennt, daß all das Fließen der Dinge und Ereignisse uns fremd ist, werde man, fügt Marc Aurel hinzu, »über die Verflechtungen des Schicksals erhoben«. Unser Körper und unser Lebenshauch werden zwar von dem Strom davongetragen, und die Vorstellungen der Dinge, die in diesem Körper empfangen werden, und auch der Lebenshauch selbst sind ein Teil dieses Flusses, da sie von Ursachen erzeugt werden, die außerhalb von uns stehen. Das Ich aber, das sich – dank seiner Urteilsfreiheit, die auch die Freiheit des Begehrens und die Willensfreiheit miteinschließt – bewußt wird, daß es diesem Fließen fremd ist, dieses Ich also, das leitende Prinzip, das Denken – ist über das Schicksalsgewebe hinausgehoben.

Das Ich, das sich dergestalt seiner Freiheit bewußt wird, handelt nur so, daß seine Vernunft mit der großen Vernunft der Allnatur zusammenfällt.

Es will, was geschieht, d.h. was von der Allnatur gewollt ist. Es sagt innerlich und nach außen die Wahrheit, d. h. daß es sich bei allen Vorstellungen, zu denen das leitende Prinzip seine Zustimmung zu geben hat, stets an das hält, was da ist, also an die objektive Vorstellung, ohne Werturteile über die Dinge hinzuzufügen, die keinen moralischen Wert haben. Und schließlich tut das Ich, was gerecht ist, d.h. es handelt nach der Vernunft im Dienste der menschlichen Gemeinschaft. Deutlich lassen sich hier (XII, 3,3) die drei Übungsthemen (*topoi*) Epiktets erkennen, die Marc Aurel, wie wir gesehen haben[20], von Epiktet übernommen hat. Sich beschränken, sich selbst abgrenzen heißt, jene dreifache Übung praktizieren, heißt, im Bereich der *Zustimmung* keine Werturteile billigen, die vom Körper und vom Lebenshauch (die nicht mein Ich sind) beeinflußt wären; heißt, im Bereich des *Begehrens* erkennen, daß alles, was nicht von meiner moralischen Wahl abhängt, gleichgültig ist; und heißt schließlich, im Bereich der *Handlung* die egoistische Sorge um den Körper und den Lebenshauch überwinden, um sich zum Gesichtspunkt der Vernunft zu erheben, die allen Menschen gemeinsam ist, mithin zu wollen, was dem Gemeinwohl nützlich ist.

Nachdem Marc Aurel damit gewissermaßen den Gipfelpunkt erreicht hat, nimmt er das Thema der Abgrenzung des Ichs wieder auf, um bestimmte Aspekte davon zu präzisieren. Die Konzentrationsübung soll uns das Bewußtsein vermitteln, daß die Dinge sich an uns angeheftet haben, daß sie sich nicht mehr von uns unterscheiden und unser Ich mit ihnen verschmilzt, weil wir uns ihnen eng angeschlossen haben. Dieses Thema der Entfremdung in den Dingen, denen wir uns verhaften, liegt Epiktet sehr am Herzen:

»*Reinige deine Urteile*, damit sich nichts von dem, was nicht ›dein ist‹, sich an dich anhefte und mit dir verwachse, so daß du keinen Schmerz verspürst, wenn man es dir entreißt.« (IV,1,112)

Der Grund, warum diese Objekte nicht »unsere« sind, liegt nicht nur darin, daß sie von uns verschieden sind, sondern – daran erinnert uns Epiktet – vor allem in der Tatsache, daß sie dem Schicksal und Gott gehören, denen es freisteht, sie zurückzunehmen, nachdem sie sie uns gegeben haben:

»Wenn du dein Herz an eine Sache hängst, dann nicht so, als ob sie zu den Sachen gehöre, die dir nicht entrissen werden können, sondern als eine, die zu derselben Art gehört wie ein tönerner Kochtopf oder ein gläserner Kelch, damit du, wenn man sie zerbricht, eingedenk dessen, was sie war, nicht beunruhigt wirst. [...] Erinnere dich, daß du einen Sterblichen liebst, daß du nichts liebst, was dir wirklich gehört. Er ist dir für den gegenwärtigen Moment gegeben worden, und zwar nicht als etwas, was man dir nicht entreißen könnte oder für immer, sondern so wie eine Feige oder eine Traube dir in einer bestimmten Jahreszeit gegeben wird: töricht bist du, wenn du im Winter sie begehrst.« (III,24,84)

Anschließend spricht Marc Aurel erneut von der Konzentration auf den gegenwärtigen Augenblick. Diese unauflösbare Verbindung, die zwischen der Abgrenzung des Ichs und der Abgrenzung des gegenwärtigen Augenblicks besteht, ist äußerst bedeutsam. Frei und ich selbst bin ich nur, wenn und insofern ich innerlich oder äußerlich handle – dies kann ich jedoch nur im gegenwärtigen Augenblick. Er allein gehört mir – ich lebe nur die Gegenwart.

So isoliert, zu sich selbst zurückgekehrt, ist das Ich dem *Sphairos* des Empedokles vergleichbar. Mit diesem Wort wird bei ihm der einheitliche Zustand des Universums bezeichnet, in dem es sich befindet, solange es von der Liebe beherrscht wird, im Gegensatz zum Zustand der Zerteilung wenn es vom Streit beherrscht wird. Im Zustand der Einheit ist es vollkommen rund und stolz auf seine frohe Einzigkeit.[21] In der philosophischen Tradition wurde der *Sphairos* des Empedokles zum Sinnbild des Weisen, »ganz und gar in sich selbst«, so Horaz,[22] »vollkommen glattrund und kugelförmig, so daß sich ihm aufgrund seiner glatt polierten Form nichts von außen Kommendes anhaften kann«. Dieses Bild entspricht dem Ideal der unbezwingbaren inneren Burg (VIII, 48,3), die das Ich, welches sich selbst umgrenzt hat, darstellt.

Am Ende dieses Textes (XII,3) nimmt Marc Aurel Bezug auf den inneren *daimôn*, der für ihn dem Ich, dem leitenden Prinzip, der Denkfähigkeit gleichkommt und auf den wir noch genauer eingehen müssen.[23]

Es zeigt sich, daß diese Abgrenzung des Ichs im Grunde die wesentliche Übung des Stoizismus ist. Denn sie impliziert eine vollkommene Umwandlung unseres Selbstbewußtseins, unseres Verhältnisses zu unserem Körper und zu den äußeren Gütern, unserer Haltung gegenüber Vergangenheit und Zukunft; sie impliziert eine Konzentration auf den Augenblick, eine Askese der Loslösung, die Erkenntnis der allgemeinen Kausalität des Schicksals, in welches wir gestürzt wurden, sowie die Entdeckung unserer eigenen Macht, frei zu urteilen, d.h. den Dingen den Wert zu geben, den wir ihnen geben wollen.

Diese Bewegung der Abgrenzung des Ichs bewirkt somit einerseits eine Unterscheidung zwischen dem, was wir fälschlich für unser wahres Ich halten, d.h. dem Körper, doch auch der Seele als Lebensprinzip mitsamt ihren Gemütsbewegungen, und andererseits unserer Macht zu wählen. Das, was wir für unser wahres Ich halten, ist uns vom Schicksal auferlegt, wohingegen unser wirkliches Ich über das Schicksal hinausgehoben ist. Dieser Gegensatz zwischen den zwei »Ichs« tritt in einem Text, in dem Marc Aurel auf die Langsamkeit seines Geistes eingeht, deutlich zutage; sie ist ihm angeboren, gehört zu seinem Charakter, seiner physischen Verfassung, hängt also ebensowenig von ihm ab wie seine Körpergröße oder die Farbe seiner Augen. Was dagegen von ihm abhängt, ist seine Freiheit, moralisch zu handeln:

»Geistesschärfe werden sie an dir wohl nicht bewundern. Sei es drum. Doch es gibt vieles andere, wovon du nicht behaupten kannst: ›Ich bin nicht dazu begabt.‹ Zeige also jene Dinge, die gänzlich von dir abhängen: Lauterkeit, Ernsthaftigkeit, Ertragen von Schmerz, Verachten der Lust, Zufriedenheit mit dem Schicksal, Bedürfnislosigkeit, Freundlichkeit, innere Freiheit, Einfachheit, Meiden von Geschwätz, Seelengröße. Wirst du denn nicht gewahr, wie viele Dinge du in der Lage bist zu zeigen, wobei du weder mangelnde Begabung noch Unvermögen zum Vorwand nehmen kannst [...]?«(V,5)

Der Bewußtwerdung, durch die man das psychologische Ich mit seinen Qualitäten und seinen Fehlern entdeckt, so wie es vom Schicksal hervorgebracht wurde, setzt sich so die Bewußtwerdung des Ichs entgegen, insofern es eben als leitendes Prinzip fähig ist, sich Zugang zu der Sphäre der Moralität zu verschaffen. Zwei Aspekte des Denkvermögens und der Vernunft lassen sich hier also erkennen. Die Vernunft ist zwar jedem menschlichen Wesen inhärent, gleich ist sie aber nur in bezug auf das Urteilsvermögen und die Fähigkeit, moralische Entscheidungen zu treffen. Dies verhindert jedoch nicht, daß es qualitative Unterschiede im Bereich der Spekulation und des Ausdrucks gibt, entsprechend den individuellen psychologischen Besonderheiten. Wohlgemerkt ist das Ich als Prinzip der Freiheit fähig, zur Moralität vorzudringen, d.h. das leitende Prinzip ist weder gut noch schlecht, sondern gleichgültig. Wählen zu können, heißt also das wählen zu können, was gut ist, oder das, was von Übel ist, heißt, gut oder schlecht sein zu können. Die Vernunftmäßigkeit ist nicht wie für Platon durch sich selbst gut. Die Vernunft kann vollkommen verdorben sein:[24]

»[Jene üblen Taten begehen die Menschen] nicht mit ihren Händen oder Füßen, sondern mit dem edelsten Teil ihrer selbst, der, sofern er nur will, zu Treue, Ehrfurcht, Wahrheit, zum Gesetz, zum guten *daimôn* wird.« (X,13)

Die Abgrenzung des Ichs als Fähigkeit zur Freiheit, die das Schicksal übersteigt, entspricht der Abgrenzung meines Vermögens zu urteilen und meinen Urteilen, meinen Werturteilen, die Zustimmung zu gewähren oder zu verweigern. Das Schicksal mag mich dazu zwingen, einen Körper zu haben, arm oder krank zu sein, Hunger zu leiden, an diesem oder jenem Tag zu sterben – es steht mir jedoch frei, darüber zu denken, was ich will: Ich kann mich weigern, diese Dinge als Unglücksfälle zu betrachten; diese Freiheit des Urteils kann mir von niemandem genommen werden. Allein, in welchem Namen, kraft wessen werde ich urteilen, daß das einzige Gut das moralisch Gute, das einzige Übel das moralisch Schlechte ist? Hier greift das Mysterium der Freiheit ein. Als Macht zu wählen und zu urteilen kann das Ich, wie Marc Aurel sagt, Treue, Ehrfurcht, Wahrheit, das Gesetz, der gute *daimôn* oder jeweils das Gegenteil werden. Es kann sich also, wenn es will, mit der Allvernunft identifizieren, mit der alles übersteigenden Norm, die den absoluten Wert der Dinge setzt. Indem er seine geistigen Übungen niederschreibt, stellt sich Marc Aurel auf eben diese Ebene, d.h. er setzt sich jener Allvernunft, jener alles übersteigenden Norm gleich. Dies nennt Epiktet den »Anderen«:

»Wenn du einen Mächtigen aufsuchst, so erinnere dich daran, daß es einen Anderen gibt, der von oben zuschaut, was vor sich geht, und daß du besser daran tust, diesem zu gefallen als jenem Menschen.« (I,30,1)

Dieser Andere ist es, der als innere Stimme in der Diskussion, die Epiktet im Anschluß an diesen Text entwirft, in einen Dialog mit dem leitenden Prinzip tritt – doch es ist auch der alles übersteigende Andere, mit dem Marc Aurel in seinen *Ermahnungen an sich selbst* ein Zwiegespräch führt.

Obwohl Marc Aurel diese Unterscheidung nicht ausdrücklich trifft, läßt sich also sagen, daß ein Unterschied besteht zwischen der *Wahlfreiheit* und der *wirklichen Freiheit*. Dank der Wahlfreiheit hat das leitende Prinzip die Möglichkeit, sich selbst gut oder schlecht zu machen, dank der wirklichen Freiheit gelingt es dem leitenden Prinzip, wenn es das moralisch Gute und die Allvernunft wählt, daß seine Urteile wahr, sein Begehren verwirklicht und seine Willensakte wirksam werden. Nur diese letztere verdient im eigentlichen Sinne den Namen »Freiheit«.

Das leitende Prinzip ist also eine unbezwingbare »innere Burg« – unbezwingbar schon als Wahlfreiheit, die man nicht zwingen kann, wenn sie sich weigert, weit mehr jedoch als wirkliche Freiheit, wenn sie sich, dank ihrer selbstgewählten Gleichsetzung mit der Allvernunft, von allem befreit, was ihre Urteile, ihr Begehren und ihren Willen verknechten könnte:

»Bedenke, daß das leitende Prinzip unbezwingbar wird, wenn es, in sich selbst gesammelt, sich damit begnügt, nichts zu tun, was es nicht will, und wenn dieser Widerstand noch so unvernünftig ist. Wie nun, wenn es gar mit vernünftigem Grund umsichtig über etwas urteilt? Aus diesem Grund ist das von Leidenschaften freie Denken der Menschen eine Burg [*akropolis*]. Denn nichts Festeres besitzt der Mensch als diese. Wer sich, Zuflucht suchend in sie zurückzieht, wird fortan unangreifbar sein.« (VIII,48)

Indem es entdeckt, daß es ihm freisteht zu urteilen und den Ereignissen den Wert beizumessen, den es will, daß nichts es dazu zwingen kann, moralisch schlecht zu handeln, verspürt das leitende Prinzip ein Gefühl absoluter Sicherheit; nichts kann ihm mehr etwas anhaben, nichts kann es mehr beunruhigen. Es gleicht dem Felsvorsprung, an dem sich die Wogen unablässig brechen. Doch aufrecht und unbeweglich steht der Fels und um ihn herum legt sich die Brandung (IV,49,1).

In dem oben hinlänglich kommentierten Text von Marc Aurel[25] läßt sich eine vollkommene Äquivalenz von fünf Begriffen feststellen: dem Ich, dem Geist (*nous*), dem Denkvermögen (*dianoia*), dem leitenden Prinzip (*hégemonikon*) und dem inneren *daimôn*. Dies entspricht in jeder Hinsicht der stoischen Tradition – sogar einschließlich des Begriffes des *daimôn*, auf den Chrysippos, wie es scheint, deutlich Bezug nimmt, wenn er sagt, das glückselige Leben bestehe darin, alles »gemäß der Übereinstimmung des *daimôns*, der einem jedem von uns innewohnt, mit dem Willen des Herrschers des Universums zu tun«.[26]

Dem modernen Leser wird es nicht schwerfallen, die Gleichsetzung des Ichs mit dem Geist, dem Denkvermögen oder dem leitenden Prinzip nachzuvollziehen. Der Begriff des *daimôn* jedoch mag ihm dunkel erscheinen. Gewiß, er ist sehr alt: In den homerischen Gedichten läßt der *daimôn* oft an den Begriff eines individuellen Schicksals und, allgemein gesagt, eines unbestimmten göttlichen Prinzips denken. Ohne auf den berühmten, von Platon als innere Stimme dargestellten *daimôn* des Sokrates einzugehen, sei hier daran erinnert, daß Platon selbst am Ende des *Timaios* (90a), wo von der vernünftigen Seele die Rede ist, »die die höchste Seele in uns ist«, sagt, Gott habe sie jedem von uns gleichsam als einen *daimôn* geschenkt, und der Mensch, dem es gelungen sei, die höchste Wahrheit zu berühren, »bringe der Gottheit unablässig seine Verehrung entgegen, indem er den *daimôn*, der in ihm wohne, in gutem Zustand erhalte«. Und für Aristoteles ist der Geist, der in uns ist, etwas Göttliches.[27]

Ist dieser uns innewohnende *daimôn* nicht eine Macht, die das

Ich übersteigt und nicht mit dem Ich gleichgesetzt werden kann? Gleichwohl, für Platon sind *wir* die vernünftige Seele. Nichtsdestoweniger, sagt er, obliegt es uns, diesen *daimôn* in gutem Zustand zu erhalten, so als hätte er das Standbild eines Gottes vor Augen, dem es Verehrung zu bezeugen gelte. Dieselbe Doppeldeutigkeit begegnet uns bei Marc Aurel, spricht er doch zuweilen davon, daß man jene innere Gottheit vor allen Besudelungen bewahren solle, als könne sie besudelt werden (II,13,1; II,17,4; III,12,1; III,16,3), zuweilen jedoch sagt er im Gegenteil, man solle tun, was der uns von Gott gegebene *daimôn* will, als sei er eine Wirklichkeit, die uns übersteigt (III,5,2; V,27).

Tatsächlich meint Marc Aurel bei diesen Aussagen nicht, daß der *daimôn* etwas anderes sei als das Denkvermögen oder der Geist. Vom Denkvermögen (wie vom *daimôn*) sagt er beispielsweise, man soll »zeitlebens darüber wachen«, daß es »vor jeder Verunstaltung bewahrt werde, die einem denkenden Lebewesen, das in Gemeinschaft mit den anderen Menschen lebt, nicht geziemt« (III,7,4).

Ersetzt man aber *daimôn* durch »Vernunft«, so klärt sich alles auf: Einerseits ist die Vernunft – in den Augen der Stoiker – ein Teil der göttlichen Allvernunft, die uns von dieser gegeben worden ist; andererseits aber kann unsere Vernunft entstellt werden, und so gilt es, diese zerbrechliche himmlische Gabe schadlos zu bewahren.

In welchem Verhältnis steht dieser *daimôn* jedoch zum Ich? Scheint er nicht das Ich zu übersteigen? Gewiß entspricht er jener alles transzendierenden Norm, von der bereits die Rede war und die eben die Allvernunft ist, kommt er jenem »Anderen« gleich, den Epiktet erwähnt hatte, einer Art innerer Stimme, die sich uns aufdrängt. Doch gerade darin besteht das Paradoxon des moralischen Lebens. Das Ich identifiziert sich mit einer alles übersteigenden Vernunft, die zugleich über ihm steht und auch es selbst ist: »Jemand, der in mir mehr ich selbst ist, als ich es bin.«[28] Und Plotin wird von dem Geist, durch den wir ein geistiges Leben leben, sagen: »Es ist ein Teil unserer selbst, und wir steigen zu ihm auf.«[29] Doch fällt es dem Ich, das sich dergestalt auf eine übersteigende Ebene erhebt, sehr schwer, sich dort zu behaupten. Die Figur des *daimôn* erlaubt nun Marc Aurel, den absoluten Wert der moralischen Absicht, der Liebe zum moralischen Gut, religiös gefärbt auszudrücken. Kein Wert übersteigt die Tugend und den inneren *daimôn* (III,6,1-2). Alles übrige ist gering und wohlfeil (III,6,3) im Vergleich zu den Mysterien zu Ehren der erhabenen Würde des inneren *daimôn*.

Diese stoische Behauptung der Transzendenz des Bereichs der moralischen Absicht im Verhältnis zu jeder anderen Wirklichkeit ist höchst bemerkenswert und läßt sich mit der Unterscheidung der drei Ordnungen bei Pascal vergleichen: das »Fleisch«, der »Geist« und der »Wille«[30] – und vor allem die »Körper«, der »Geist« und die »Liebe«. Jede Ordnung übersteigt die andere unendlich: »Aus allen Körpern zusammen ließe sich nicht einmal ein kleiner Gedanke hervorbringen: das ist unmöglich, gehört einer anderen Ordnung an. Allen Körpern und jedem Geist ließe sich nicht auch nur eine Bewegung wahrer Liebe entnehmen: das ist unmöglich, gehört einer anderen Ordnung an, ist übernatürlich.«[31] Bei Pascal soll dieser Gedanke zu verstehen geben, daß Jesus Christus weder den Glanz der physischen oder der fleischlichen Größe noch den des geistigen Genies hat. Nichts ist schlichter, nichts verborgener. Seine Größe gehört einer ganz anderen Ordnung an. In gleicher Weise übersteigt den Stoikern zufolge die Ordnung des guten Willens, der moralischen Absicht, bei weitem sowohl die Ordnung des Denkens und der theoretischen Rede als auch die der physischen Größe. Was den Menschen Gott gleich sein läßt, ist die Vernunft, die das moralisch Gute wählt.

»Alles ist eine Frage des Werturteils«

Man könnte meinen, daß sich die Disziplinierung der Zustimmung, die vorschreibt, nur den erfassenden Vorstellungen zuzustimmen (das ist, wie wir gesehen haben,[32] die gelebte und in die

Praxis umgesetzte Logik), lediglich in einem bestimmten und begrenzten Bereich ausübe, dem der inneren Rede, und nicht in den anderen Übungsbereichen, nämlich dem des Begehrens und dem der Handlung. Tatsächlich ist nichts dergleichen der Fall. Denn erstens erstreckt sie sich nicht nur auf die innere, sondern auch auf die äußere Rede. Anders ausgedrückt: Sie besteht darin, sich und die anderen nicht zu belügen.[33] Deshalb nennt Marc Aurel die Tugend, die ihr entspricht, »Wahrheit« (IX,1,2). Vor allem jedoch umfaßt sie gewissermaßen die anderen Disziplinen, die nur unter beständiger Berichtigung unserer inneren Rede, d.h. dessen, was wir zu uns selbst über die Dinge sagen, ausgeübt werden können. Einerseits setzt die Praxis der Disziplinierung der Zustimmung, d.h. die Kritik der Werturteile, voraus, daß man das Handlungsprinzip gelten läßt, welches im Stoizismus von grundlegender Bedeutung ist: Es gibt kein Gut außer dem moralisch Guten, kein Übel außer dem moralisch Schlechten. Andererseits besteht die Praxis der Disziplinierungen des Begehrens und der Handlungen im wesentlichen darin, die Urteile, die wir uns über die Dinge gebildet haben, zu berichtigen, läßt sich doch sagen, daß Begehren und Handlungsantrieb für die Stoiker im allgemeinen – wenn man doktrinelle Verfeinerungen und Streitigkeiten innerhalb der Schule außer acht läßt – im wesentlichen Zustimmungen sind.[34] Diese Begriffe, Begehren und Handlungsantrieb, schließen zwar den Begriff einer »auf etwas hin gerichteten Bewegung« mit ein, aber diese Bewegung ist untrennbar von der inneren Zustimmung zu einem bestimmten Urteil, einer bestimmten Rede, die über die Dinge gehalten wurde.

Mit Marc Aurel läßt sich demnach sagen, daß »alles [...] eine Frage des Werturteils« ist. Keine Spur von Subjektivismus oder Skeptizismus findet sich hier, sondern die schlichte Anwendung dessen, was man den stoischen, vom Sokratismus geerbten »Intellektualismus« nennen könnte, d.h. der Doktrin, der zufolge alle Tugend Wissen[35] und alles Laster Unwissenheit ist. Worin auch immer der genaue Sinn der sokratischen Doktrin bestehen mag, offenkundig ist jedoch, daß es sich nicht um ein abstraktes theoretisches Wissen oder eine abstrakte theoretische Unwissenheit handelt, sondern um ein Wissen oder Nicht-Wissen, das der Einzelne zu verantworten hat. Es handelt sich in der Tat um ein Wissen, welches sich nicht auf die Existenzurteile, sondern auf die Werturteile bezieht, die die ganze Art zu leben in Frage stellen. Der Anglizismus »realisieren« drückt diese Nuance gut aus. Der gewöhnliche Mann, der einen Fehler begeht, »realisiert« nicht, daß seine Handlung schlecht ist; aufgrund eines falschen Werturteils hält er sie für gut. Der sittliche Mensch hingegen »realisiert«, daß das moralisch Gute das einzige Gut ist, d.h. er begreift, zu welcher Art von Leben dieses Werturteil verpflichtet. Diese Doktrin beinhaltet die Idee, daß der Mensch den natürlichen Wunsch hat, dem Guten zu folgen, und daß er darin nur fehlgehen kann, wenn er sich über dessen Natur im Irrtum befindet. Wie R. Schaerer[36] zu Recht angemerkt hat, gründet sich die sokratische und platonische Dialektik auf dieses Postulat: »Es kann zu keinerlei Diskussion kommen, wenn sich die Gegenseite weigert, anzuerkennen, daß das Gute, in welcher Form auch immer, den Vorrang vor dem Übel hat.«

Die Sichtweise dieses »Intellektualismus« ist es, aus der heraus sich sagen läßt: »Niemand tut willentlich Böses«, denn der Böse, der natürlicherweise eigentlich das Gute wünscht, ist von dem Werturteil, daß er sich über die Natur des Guten gebildet hat, fehlgeleitet worden. Und wie Epiktet und Marc Aurel[37] in der Nachfolge Platons sagen: »Jede Seele ist unfreiwillig der Wahrheit beraubt.«

Andernorts drückt Epiktet diese Doktrin kraftvoll aus:

»Jede Verfehlung impliziert einen Widerspruch. Denn da derjenige, der sündigt, nicht fehlen, sondern Erfolg haben will, ist es offensichtlich, daß er nicht tut, was er will. Was will der Dieb in der Tat? Das, was ihm nützlich ist. Folglich, wenn der Diebstahl etwas Schädliches für ihn ist, tut er nicht, was er will. Jede vernünftige Seele verabscheut aber natürlicherweise den Widerspruch. Sofern sie sich nicht bewußt ist, in einen Widerspruch verstrickt zu sein, hindert sie nichts daran, widersprüchliche Dinge zu tun; sobald sie sich jedoch dessen bewußt geworden ist, muß sie sich notwendigerweise vom Widerspruch entfernen und ihn fliehen, genau wie dies auch für den Irrtum gilt: Eine starke Notwendigkeit zwingt den, der eines Irrtums gewahr wird, von diesem abzustehen, aber solange er sich dessen nicht gewahr ist, hängt er ihm als etwas Wahrem an. Derjenige ist zu vernünftiger Überlegung fähig und weiß genausogut zu widerlegen wie zu überzeugen, der fähig ist, jedem den Widerspruch zu zeigen, der die Ursache seiner Verfehlung ist, und ihn klar erkennen zu lassen, wie er nicht tut, was er will, und tut, was er nicht will. Wenn man das tatsächlich einem Menschen zeigen kann, wird er von sich aus zum Rückzug blasen, doch solange man es ihm nicht zeigt, soll man sich nicht wundern, wenn er auf seiner Verfehlung beharrt, denn eben in der Vorstellung, daß es eine gute Handlung sei, tut er, was er tut. Deshalb sagte Sokrates voller Vertrauen in jenes Vermögen: ›Ich pflege keinen anderen Zeugen meiner Worte herbeizurufen, und ich begnüge mich stets mit dem, der mit mir diskutiert: Ich rufe ihn zur Stimmabgabe auf, berufe mich auf sein Zeugnis, und er allein ersetzt alle anderen.‹ Denn er wußte, wodurch die vernünftige Seele ins Wanken gebracht wird: Einer Waage gleich wird sie sich neigen, ob man will oder nicht. Zeig dem vernünftigen leitenden Prinzip den Widerspruch, und es wird davon ablassen. Tust du dies nicht, so klage dich vielmehr selbst an und nicht denjenigen, den du nicht überzeugen kannst.« (II,26)

»Alles ist eine Frage des Werturteils« (II,15; XII,26,2) – ob es um die Disziplinierung der Zustimmung, des Begehrens oder des Handelns geht. Reduzieren sich die beiden letzteren also auf die erste? Die Beschreibungen von Marc Aurel und Epiktet legen den

Gedanken nahe, daß sich die drei Disziplinen je nach den unterschiedlichen Verhältnissen, die wir zur Natur unterhalten, in verschiedenen Bereichen ausüben. Mein Verhältnis zur Allnatur und zum Kosmos ist Gegenstand der Disziplinierung des Begehrens, mein Verhältnis zur menschlichen Natur Gegenstand der Disziplinierung des Handelns und mein Verhältnis zu mir selbst, insofern es die Fähigkeit der Zustimmung beinhaltet, Gegenstand der Disziplinierung der Zustimmung. Trotzdem gilt jedoch für alle drei Disziplinen dieselbe Methode: Stets geht es darum, die Urteile, die ich – ob über die Ereignisse, die mir widerfahren, ob über die Handlung, die ich unternehmen will – fälle, zu prüfen und zu kritisieren. Unter diesem Gesichtspunkt »durchdringt die Logik«, wie E. Bréhier sagte, »das ganze Verhalten.«[38]

VII

Der Stoizismus der *Ermahnungen an sich selbst*.
Die Disziplinierung des Begehrens oder *Amor Fati*

1. Disziplinierung des Begehrens und Disziplinierung des Handelns

Die Alte Stoa unterschied lediglich zwei Hauptfunktionen des leitenden Prinzips (*hégemonikon*): die Zustimmung, die sich auf den Bereich der Vorstellung und der Erkenntnis bezieht, und den Handlungsantrieb (*hormé*), das Wollen, das sich auf die durch die Vorstellungen ausgelösten, auf die Objekte hin gerichteten Bewegungen bezieht.[1] Epiktet und ihm nachfolgend Marc Aurel unterscheiden jedoch *als einzige* nicht mehr zwei, sondern drei Funktionen: die Zustimmung, das Begehren und den Handlungsantrieb, denen die drei Disziplinierungen der Zustimmung, des Begehrens und des Handelns entsprechen.

Interessanterweise finden wir bei Marc Aurel eine systematische Beschreibung der Wirklichkeit, die jenen Gegensatz zwischen Begehren und Antrieb viel präziser rechtfertigt, als es die in den von Arrian überlieferten *Unterredungen* des Epiktet tut.

Begehren und Handlungsantrieb stellen eine Spaltung bzw. Verdoppelung des Willens dar: Das Begehren ist gleichsam ein unwirksamer Wille, der Handlungsantrieb (oder das Streben) dagegen ein Wille, der eine Tat bewirkt. Das Begehren bezieht sich auf die Affektivität, das Streben auf die Bewegung zur Tätigkeit hin. Das erste liegt im Bereich dessen, was wir empfinden, der Lust und des Schmerzes, und dessen, was wir zu empfinden wünschen: es ist dies der Bereich der Leidenschaft zugleich im Sinne eines Seelenzustandes und einer Passivität gegenüber einer äußeren

Kraft, die sich uns aufdrängt. Das zweite dagegen liegt im Bereich dessen, was wir tun oder nicht tun wollen: es ist dies der Bereich der Handlung, der Initiative, mit der Idee einer uns innewohnenden Kraft, die sich betätigen will.

Für Marc Aurel setzt das Begehren oder die Abneigung eine Passivität voraus; sie werden durch die äußeren Ereignisse ausgelöst, die ihrerseits durch eine in bezug auf uns *äußere Ursache* hervorgebracht werden, während das auf das Handeln oder Nichthandeln gerichtete Streben Wirkung der uns *innewohnenden* Ursache ist (IX,31). Diese zwei Ursachen entsprechen in seiner Sicht jeweils der *gemeinsamen Allnatur* und *unserer Natur*:

> »[...] nichts ist von Bedeutung, wenn nicht dies: einerseits so zu handeln, wie *deine Natur* dich leitet, andererseits so zu leiden, wie es die *gemeinsame Natur* mit sich bringt.« (XII,32,3)

Desgleichen:

> »Ich habe nun, was ich nun nach dem Willen der *gemeinsamen Natur* haben soll, und ich tue nun, was ich nun nach dem Willen *meiner Natur* tun soll.« (V,25,2)

Oder aber:

> »Niemand hindert dich daran, nach der Bestimmung *deiner Natur* zu leben; gegen die Bestimmung der *gemeinsamen Natur* wird dir nichts begegnen.« (VI,58)

Indem er die äußere und die innere Ursache, die gemeinsame und die eigene Natur einander entgegensetzt, gibt Marc Aurel der Disziplinierung des Begehrens und der des Handelns eine ontologische Grundlage.

Die erste hat mein Verhältnis mit dem unermeßlichen, unerbittlichen, unerschütterlichen Lauf der Natur, mit dem Fluß der Ereignisse zum Objekt. In jedem Augenblick begegnet mir das Ereignis, das mir vom Schicksal, d.h. schließlich von der einzigen, universellen und allen Dingen gemeinsamen Ursache vorbehalten war. Die Disziplinierung des Begehrens wird also darin bestehen, sich zu weigern, etwas anderes als das zu begehren, was die Allnatur will.

Die zweite, die Disziplinierung des Handlungsantriebes und des Willens, hat die Art und Weise zum Objekt, wie sich meine winzige Ursächlichkeit in die Ursächlichkeit der Welt einfügt. Sie besteht darin, tun zu wollen, was zu tun meine eigene Natur von mir will. Die Disziplinierung der Zustimmung macht gleichsam, wie wir gesehen haben,[2] die Methode aus, die den beiden anderen Disziplinierungen zugrunde liegt, hängen doch das Begehren und das Streben beide von der Zustimmung ab, die man den Vorstellungen gibt oder nicht gibt. Wenn es sich so verhält, läßt sich die Übung in philosophischem Leben in diesen beiden Disziplinierungen zusammenfassen, da die Disziplinierung der Zustimmung in ihnen sozusagen impliziert ist:

»Welches Übel gibt es für dich, wenn du in diesem gegenwärtigen Augenblick selbst *tust*, was *deiner Natur* geziemt, und *willkommen heißt*, was in diesem gegenwärtigen Augenblick der *Natur des Alls* willkommen ist?« (XI,13,4)

Was stellen diese beiden Naturen genaugenommen dar? – »Meine« Natur ist nicht mein individueller besonderer Charakter, sondern meine Menschennatur, meine Vernunft, die ich mit allen Menschen gemeinsam habe. Sie entspricht daher jenem transzendentalen Ich, von dem wir in bezug auf die Disziplinierung der Zustimmung gesprochen haben, jenem göttlichen Prinzip, jenem *daimôn*, der in uns ist:

»[...] man muß sich [...] allein bei folgendem Gedanken ausruhen: Erstens, daß mir nichts widerfahren wird, was der *Allnatur* nicht gemäß wäre; zweitens, daß es mir freisteht, nicht meinem Gott und *daimôn* zuwiderzuhandeln.« (V,10,6)

»Meine« Natur und die gemeinsame Natur stehen nicht im Gegensatz zueinander, sind nicht einander fremd, denn »meine« Natur und »meine« Vernunft sind lediglich die Emanation jeweils der Allnatur und der Allvernunft, die jedem Ding immanent sind. Die beiden Naturen sind also identisch:

»Blicke geradeaus dorthin, wohin die Natur dich führt, d.h. die *Allnatur* durch das, was dir begegnet, und *deine individuelle Natur* durch das, was von dir zu tun ist.« (VII,55,1)

Diese Begriffe gehen im übrigen auf den frühen Stoizismus, zumindest auf Chrysippos[3] zurück. Dieser präzisierte, als er den Endzweck der Moral als Leben gemäß der Natur definierte, daß er unter diesem Wort zugleich die Allnatur und die den Menschen eigene Natur verstand. Desgleichen ist die Identität von »Natur« (*physis*) und Vernunft (*logos*) in der ganzen stoischen Tradition bezeugt.[4] Die Identität dieser beiden Termini bedeutet, daß die Welt und alle Wesen in einem Wachstumsprozeß (dies ist, in gewissem Sinne, die Bedeutung des Wortes *physis*) erzeugt werden, dem eine eigene Methode, ein eigenes vernunftgemäßes Verkettungs- und Organisationsgesetz (dies ist der Sinn des Wortes *logos*) innewohnt. Als vernünftiges Wesen lebt der Mensch nach seiner Natur, wenn er nach seinem inneren Gesetz lebt, das die Vernunft ist. So kommt man immer wieder auf die Grundintuition des Stoizismus zurück: die Kohärenz mit sich selbst, die gleichzeitig das Gesetz ist, das die Wirklichkeit hervorbringt, und das Gesetz, das das Denken und das menschliche Verhalten steuert. Die beiden Disziplinierungen, die des Begehrens und die des Handlungsantriebes, bestehen schließlich darin, in Kohärenz mit sich, d.h. mit dem Ganzen zu bleiben, zu dem wir gehören:

»Ein Flüchtling ist, wer die staatliche Vernunft flieht [...]. Eine Eitergeschwulst des Kosmos ist, wer, unzufrieden mit den Ereignissen, sich von der Vernunft der gemeinsamen Natur ablöst und entfernt [...]. Ein Splitterstück des Staates ist, wer seine individuelle Seele von der der [anderen] vernünftigen Lebewesen abtrennt, da diese eine ist.« (IV,29)

Durch die Disziplinierung des Begehrens sollen wir nur begehren, was dem Ganzen der Welt nützlich ist, denn dies ist von der Allvernunft gewollt; durch die Disziplinierung des Willens und des Handlungsantriebes sollen wir nur wollen, was dem Ganzen der menschlichen Gemeinschaft dient, denn dies ist es, was die aufrechte Vernunft will, die allen Menschen gemeinsam ist.

2. Die Gegenwart begrenzen

Der Leser wird es vielleicht bereits bemerkt haben: Was die Darstellung der drei Übungsthemen bei Marc Aurel im besonderen charakterisiert und sie erheblich von dem unterscheidet, was man in den entsprechenden Ausführungen in den von Arrian niedergeschriebenen *Unterredungen* des Epiktet findet, ist der Nachdruck, mit dem Marc Aurel hervorhebt, daß sich diese Übungen auf die Gegenwart beziehen: auf die *gegenwärtige* Vorstellung betreffs der Disziplinierung der Zustimmung; auf das *gegenwärtige* Ereignis betreffs der Disziplinierung des Begehrens; auf die *gegenwärtige* Handlung betreffs der Disziplinierung des Handlungsantriebs. Die Übung, die dazu bestimmt ist, das Ich abzugrenzen und zu begrenzen, ist, wie wir bereits gesehen haben, gleichzeitig und untrennbar damit verbunden, eine Anstrengung, sich auf die Gegenwart zu konzentrieren.[5]

Dieser Prozeß der Begrenzung der Gegenwart entspricht genau dem, durch den wir uns, bei der objektiven und adäquaten Vorstellung, an die Tatsachen, an die Wirklichkeit halten, indem wir uns weigern, ihr ein Werturteil hinzuzufügen. In einem gewissen Sinn beziehen sich die Werturteile, die uns beunruhigen, tatsächlich stets auf die Vergangenheit oder auf die Zukunft. Wir erregen uns über die Folgen, welche ein gegenwärtiges, aber auch ein vergangenes Ereignis für uns in der Zukunft haben kann, oder fürchten uns vor einem zukünftigen Ereignis. Auf jeden Fall fließt unsere Vorstellung, statt sich streng an das zu halten, was gerade vor sich geht, auf die Vergangenheit und die Zukunft über, d.h. auf etwas, was nicht von uns abhängt, was mithin gleichgültig ist:

»Dem Denkvermögen [*dianoia*] ist alles gleichgültig, was nicht zu seinen Tätigkeiten gehört, doch alles, was zu seinen Tätigkeiten gehört, liegt in seiner Gewalt. Doch selbst in bezug auf die Tätigkeiten beschäftigt es sich nur mit dem Gegenwärtigen, denn seine zukünftigen und vergangenen Tätigkeiten sind ihm ebenfalls im gegenwärtigen Augenblick gleichgültig.« (VI,32,2)

Einzig die Gegenwart liegt in unserer Gewalt, und zwar ganz einfach deshalb, weil wir nur den gegenwärtigen Augenblick leben (III,10,1; XII,26,2; II,14). Und uns der Gegenwart bewußt zu werden, heißt, uns unserer Freiheit bewußt zu werden.

Denn die Gegenwart ist nur wirklich und hat einen Wert, wenn wir uns ihrer bewußt werden, d.h. sie dadurch begrenzen, daß wir das gegenwärtige Ereignis oder die gegenwärtige Handlung von der Vergangenheit und von der Zukunft unterscheiden. Wir müssen daher erkennen, daß sich unser wirkliches Leben auf diesen winzigen Punkt begrenzt, der uns in jedem Augenblick aktiv oder passiv, vermittels des gegenwärtigen Ereignisses oder der gegenwärtigen Handlung, mit der allgemeinen Bewegung des Universums in Berührung bringt. »Das gegenwärtige Erlebnis begrenzen« heißt in der Tat, es sowohl von der Vergangenheit und von der Zukunft zu isolieren, als auch zugleich seine Geringfügigkeit zu erkennen.

Diese Begrenzung der Gegenwart hat zwei Hauptaspekte. Einerseits geht es darum, die Schwierigkeiten und die Prüfungen dadurch erträglicher zu machen, daß wir sie auf eine Abfolge von kurzen Augenblicken reduzieren, andererseits darum, die Aufmerksamkeit auf die Handlung oder die Zustimmung zu den Ereignissen, die auf uns zukommen, zu intensivieren. Diese beiden Aspekte lassen sich im übrigen auf ein und dieselbe Grundhaltung zurückführen, die, wie bereits angedeutet, darin besteht, unsere Art und Weise, die Dinge zu sehen, und unser Verhältnis zur Zeit umzuwandeln.

Der erste Aspekt wird in folgendem Text sehr deutlich:

»Die Vorstellung des ganzen Lebens soll dich nicht erschüttern. Denk nicht auf einmal daran, welche und wie viele schmerzliche Dinge wahrscheinlich noch hinzu kommen werden, sondern frage dich bei jedem, sobald es gegenwärtig ist: ›Was ist an der Sache unerträglich und nicht auszuhalten?‹ Denn das zuzugeben wirst du dich wohl schämen. Erinnere dich des weiteren daran, daß weder das Zukünftige noch das Vergangene dich belastet, sondern stets das Gegenwärtige. Dieses verkleinert sich aber, wenn du es für sich allein genommen definierst und das Denkvermögen zurechtweist, falls es meint, dieser kleinen Sache nicht gewachsen zu sein.« (VIII,36)

Wir finden stets dieselbe Methode der Kritik der Vorstellungen und der Werturteile wieder, die darin besteht, den Dingen ihren falschen Schein zu entreißen, der uns Furcht einflößt, sie adäquat zu definieren, ohne unserer ersten und objektiven Vorstellung von ihnen fremde Vorstellungen beizumischen. Diese Methode haben wir Methode der physikalischen Definition genannt.[6] Nach Marc Aurel besteht sie nicht nur darin, eine Wirklichkeit auf das zu reduzieren, was sie ist, sondern auch darin, sie in ihre Teile zu zerlegen, um zu entdecken, daß sie lediglich eine Ansammlung von jenen Teilen und nichts anderes ist. Kein Objekt kann uns die Selbstbeherrschung verlieren lassen, wenn wir es dieser Methode der Teilung unterziehen:

»Die Reize eines Gesangs, eines Tanzes [...] wirst du wohl verachten, wenn du die Melodie in ihre einzelnen Töne zerlegst und dich bei jedem einzelnen fragst, ob du von diesem überwältigt wirst; denn du wirst beschämt sein. Gleiches gilt, wenn du dies mit einem Tanz machst und ihn in seine einzelnen Bewegungen oder Stellungen zerlegst [...]. Kurzum: Denke, außer bei der Tugend und ihren Wirkungen, bei allem daran, zu den Einzelteilen vorzudringen und durch das Zerlegen in diese dahin zu gelangen, sie gering zu schätzen. Übertrage dasselbe Verfahren auch auf das Leben als Ganzes.« (XI,2)

Hat Anatole France aufgrund der Lektüre von Marc Aurel oder aufgrund seiner psychologischen Erfahrung ähnliches notiert? »Meine Mutter sagte stets, daß die Gesichtszüge von Mme Gance, einzeln betrachtet, nichts Außerordentliches hatten. Jedesmal wenn meine Mutter diese Meinung äußerte, schüttelte mein Vater ungläubig den Kopf. Mein vorzüglicher Vater machte es wahrscheinlich wie ich: Er betrachtete die Züge von Mme Gance nicht einzeln. Und wie die Einzelheit auch ausfallen mochte, das Ganze war bezaubernd.«[7]?

Wie dem auch sei, man wird gewiß die Formel Marc Aurels bemerkt haben: »Übertrage dasselbe Verfahren auch auf das Leben als Ganzes.« Hier finden wir die Methode der Definition und der Begrenzung des gegenwärtigen Augenblicks wieder. So, wie wir die Selbstbeherrschung nicht wegen eines Liedes oder eines Tanzes verlieren dürfen, lassen sie sich doch schließlich auf eine Abfolge von Tönen oder Bewegungen reduzieren, die ebenso viele aufeinander folgende Momente darstellen, so dürfen wir uns ebensowenig durch die globale Vorstellung des ganzen Lebens, d.h. durch die Summe all der Schwierigkeiten und Prüfungen, die auf uns warten, entmutigen lassen. Unser Leben ist wie der Gesang oder der Tanz in Einheiten teilbar, aus denen es sich lediglich zusammensetzt. Es genügt, jede dieser Einheiten nacheinander zu verwirklichen, um einen Gesang oder eine Tanzbewegung zu vollziehen. Ebenso besteht das Leben lediglich aus einer Abfolge von Augenblicken, welche wir nacheinander leben und um so besser beherrschen können, wenn wir sie genau zu definieren und zu isolieren wissen.

Ein weiterer Zweck der Übung in der Definition der Gegenwart besteht darin, die Aufmerksamkeit auf das, was wir gerade tun oder leben, zu intensivieren. Es kommt diesmal nicht darauf an, die Schwierigkeit oder das Leiden zu vermindern, sondern umgekehrt darauf, das Bewußtsein vom Dasein und von der Freiheit zu erhöhen. Zwar entwickelt Marc Aurel dieses Thema nicht, doch der Nachdruck, mit dem er auf die Notwendigkeit zurückkommt, sich auf die *gegenwärtige* Vorstellung, die *gegenwärtige* Handlung und das *gegenwärtige* Ereignis zu konzentrieren, ohne sich um die Vergangenheit oder die Zukunft zu kümmern, läßt dies erahnen:

»All das, zu dem auf Umwegen zu gelangen du dir wünschst, kannst du schon jetzt erhalten, wenn du es dir nicht selber mißgönnst, d.h. wenn du das Vergangene vergangen sein läßt, der Vorsehung das Zukünftige anvertraust und allein das Gegenwärtige auf Frömmigkeit und Gerechtigkeit ausrichtest.« (XII,1,1-2)

Es gilt hier zu präzisieren, daß die Frömmigkeit für Marc Aurel die Disziplinierung des Begehrens darstellt, die uns veranlaßt, dem göttlichen Willen, der sich in den Ereignissen manifestiert, »fromm« zuzustimmen, und daß die Gerechtigkeit für ihn der Disziplinierung des Handelns entspricht, die uns im Dienst der menschlichen Gemeinschaft handeln läßt. Dieselbe Ermahnung findet sich wiederum in XII,3,4:

»[...] und wenn du dich übst, einzig das Leben zu leben, das du lebst, d.h. das gegenwärtige, dann wirst du die bis zum Sterben übrigbleibende Zeit ruhig, wohlgesinnt und heiterstimmt in Bezug auf deinen *daimôn* durchleben.«

Es kommt darauf an, sich mit ganzem Herzen darauf zu konzentrieren, was man gerade im Augenblick tut, ohne sich um die Vergangenheit noch um die Zukunft zu kümmern:

> »Nur an einem freue und erhole dich dabei: Von einer gemeinschaftsfördernden Tat zur nächsten gemeinschaftsfördernden Tat fortzuschreiten im Gedanken an Gott.« (VI,7)

Diese Haltung drückt auch ein Gefühl der Dringlichkeit aus. Der Tod kann sich in jedem Moment einstellen; man soll »jede Handlung so vollbringen, als wäre sie die letzte des Lebens« (II,5,2). Im Hinblick auf den Tod kann man unmöglich auch nur einen einzigen Augenblick des Lebens leichtfertig verstreichen lassen. Wenn man wie Marc Aurel und die Stoiker glaubt, daß das einzige Gut in der moralischen Handlung, in der vollkommen guten, vollkommen reinen Absicht bestehe, muß man augenblicklich die Art und Weise, wie man denkt und handelt, ändern. Jetzt oder nie! Dieser Todesgedanke verleiht jedem gegenwärtigen Augenblick Ernsthaftigkeit, unendlichen Wert und Glanz. »Jede Handlung so vollbringen, als wäre sie die letzte des Lebens« heißt, den gegenwärtigen Augenblick mit einer solchen Intensität und einer solchen Liebe leben, daß ein ganzes Leben gleichsam darin enthalten ist und sich vollendet.

Die meisten Menschen leben nicht, weil sie nicht in der Gegenwart leben, sondern stets außerhalb ihrer selbst sind, entfremdet, von der Vergangenheit zurückgehalten oder von der Zukunft vorangetrieben. Sie wissen nicht, daß die Gegenwart der einzige Punkt ist, in dem sie wirklich sind, was sie sind, nämlich frei – der einzige Punkt ebenfalls, der uns, dank der Handlung und dem Bewußtsein, Zugang zur Welt als ganzer gibt.

Um Marc Aurels Haltung zur Gegenwart gut verstehen zu können, muß man sich an die stoische Definition derselben erinnern, so wie wir sie in einer Zusammenfassung dieser Philosophie finden:

»So wie die Leere ganz und gar unendlich ist, so ist die Zeit in den beiden Richtungen ganz und gar unendlich. Vergangenheit und Zukunft sind unendlich. Er [Chrysippos] sagt sehr klar, daß die Zeit niemals gegenwärtig ist. Denn da sich ins Unendliche teilt, was kontinuierlich ist, ist entsprechend dieser Teilung die gesamte Zeit der Teilung ins Unendliche unterworfen. Daher gibt es eigentlich keine gegenwärtige Zeit. Doch man spricht von der gegenwärtigen Zeit im weiteren Sinn (*kata platos*). Chrysippos sagt in der Tat, daß einzig die Gegenwart [einem Subjekt] ›aktuell zukommt‹ (*hyparchein*), indessen die Vergangenheit und die Zukunft zwar ›wirklich sind‹ (*hyphestanai*), doch [dem Subjekt] keineswegs ›aktuell zukommen‹, so wie man auch sagt, daß nur die Prädikate, die tatsächlich geschehen, ›aktuell zukommen‹; das ›Spazierengehen‹ kommt mir aktuell zu, wenn ich spaziere, nicht aber, wenn ich liege oder sitze [...].«[8]

Wir stoßen hierbei auf zwei einander diametral entgegengesetzte Auffassungen der Gegenwart. Nach der einen wird die Gegenwart als Grenze zwischen Vergangenheit und Zukunft in der kontinuierlichen, mithin ins Unendliche teilbaren Zeit betrachtet. Aus dieser quasi mathematischen Perspektive gesehen existiert die Gegenwart nicht. Nach der anderen Auffassung wird die Gegenwart im Verhältnis zum menschlichen Bewußtsein, von dem sie wahrgenommen wird, und zur Einheit der Absicht und der Aufmerksamkeit, die ich ihr schenke, definiert. Das ist, was ich gerade tue, ausdrücke und aktuell empfinde. Unter diesem Aspekt hat die Gegenwart eine gewisse Dauer, eine gewisse »Dichte«, die mehr oder weniger groß sein kann (*kata platos*). In diesem Sinne gleicht die stoische Definition der Gegenwart ganz und gar der von H. Bergson, der in *Denken und schöpferisches Werden* die Gegenwart als mathematischen Augenblick, die lediglich eine reine Abstraktion ist, der Gegenwart entgegensetzt, die eine gewisse Dichte, eine gewisse Dauer hat, die durch meine Aufmerksamkeit bestimmt und mehr oder weniger begrenzt wird.[9]

Bei der Bemühung, den Gegensatz zu begreifen, den Chrysippos zwischen der Gegenwart einerseits, der Vergangenheit und der Zukunft andererseits einführt, wird der Leser wohl dem zugestimmt haben, daß die Gegenwart mir »zukommt«, doch sich sehr darüber gewundert haben, daß die Vergangenheit und die Zukunft »wirklich sein« sollen.

Ohne auf die technischen Feinheiten bei Chrysippos eingehen zu wollen, die anscheinend bereits den Autoren der Antike übertrieben erschienen, können wir sagen, daß es im eben angeführten Text weniger auf den Gegensatz zwischen den beiden, von Chrysippos verwendeten griechischen Termini ankommt (*hyparchein* und *hyphestanai* oder andernorts *hyphestékenai*), die beide »dasein«, »wirklich sein« bedeuten, als vielmehr auf ihren Zeitunterschied. Das Wort *hyparchein*, auf die Gegenwart bezogen, bedeutet »als aktueller Prozeß wirklich sein«, das Wort *hyphestanai*, auf die Vergangenheit und die Zukunft bezogen, »als etwas Bestimmtes und Endgültiges wirklich sein«. Das erste hat einen inchoativen und durativen Wert, denn es handelt sich um das, was gerade in diesem Moment vor sich geht; das zweite dagegen hat einen definitiven Wert. Der Leser wird gern in dem Punkt zustimmen, daß das Vergangene einen definitiven Wert habe. Doch das Zukünftige? – Tatsächlich muß man sich daran erinnern, daß für die Stoiker das Zukünftige ebenso definitiv war wie das Vergangene.[10] Für das Schicksal gibt es nichts Zukünftiges noch Vergangenes; alles ist definitiv und endgültig.[11] Wenn Chrysippos das Wort *hyparchein* gewählt hat, so deshalb, weil es ein logischer Terminus ist, der gemeinhin von Aristoteles dazu verwendet wird, die Inhärenz eines Attributs oder eines Vorkommnisses in einem Subjekt zu bezeichnen. Dieses Wort macht also das Verhältnis zu einem Subjekt kenntlich. Der Spaziergang ist »gegenwärtig«, d.h. »kommt mir gerade zu«, wenn ich spazierengehe. Dagegen kommen mir das Vergangene und das Zukünftige nicht aktuell zu. Selbst wenn ich daran denke, sind sie unabhängig von meiner Initiative, hängen nicht von mir ab. Die Gegenwart hat also nur Wirklichkeit im Verhältnis zu meinem Bewußtsein, zu meinem Denken, zu meiner Initiative, zu meiner Freiheit, die ihr eine Dichte, eine Dauer verleiht, die an die Sinneinheit der ausgesprochenen Rede, an die Einheit meiner moralischen Absicht, an die Intensität meiner Aufmerksamkeit gebunden ist.

Wenn Marc Aurel von der Gegenwart spricht, handelt es sich stets um diese, eine gewisse Dichte besitzende durative Gegenwart. In eben dieser Gegenwart liegt selbstverständlich die Vorstellung, die ich in diesem Augenblick habe, sowie das Begehren, das ich in diesem Moment hege, und die Handlung, die ich in diesem Augenblick vollziehe. Es ist aber auch diese »dichte« Gegenwart, die ich vermindern kann, um sie besser zu ertragen, indem ich sie beschränke und begrenze. Diese »Verkleinerung« der Gegenwart bedeutet nicht, wie V. Goldschmidt behauptet,[12] daß sich die gelebte Gegenwart in diesem Fall auf einen mathematischen, ins Unendliche teilbaren Augenblick reduzieren ließe, so daß es, wie er ferner meint, zwei Haltungen Marc Aurels gegenüber der Gegenwart gäbe, deren eine darin bestünde, die Unwirklichkeit des gegenwärtigen Augenblicks zu betonen, und die andere darin, der Gegenwart eine Wirklichkeit durch die Initiative des moralisch Handelnden zu verleihen. Wie wir in der Tat gesehen haben, vergleicht Marc Aurel bei der »Verkleinerung« der Gegenwart das Leben mit einem Gesang oder einem Tanz. Gesang und Tanz sind aus Einheiten zusammengesetzt: jeweils aus Tönen und Bewegungen, die eine gewisse, wenn auch noch so geringe Dichte haben. Eine Aufeinanderfolge von unwirklichen Einheiten wird niemals weder einen Tanz noch einen Gesang noch ein Leben ergeben. Mehr noch: Wenn Marc Aurel von der Gegenwart als einem Punkt im Unendlichen spricht, handelt es sich wiederum um eine gelebte Gegenwart, die eine Dichte hat, wie dies aus folgendem Kontext hervorgeht: »Asien, Europa – Winkel der Welt; das ganze Meer – ein Tropfen der Welt; der Berg Athos – ein Erdhäufchen der Welt; jede gegenwärtige Zeit [*to enestôs tou chronos*] – ein Punkt der

Ewigkeit. Sie sind alle klein, wandelbar, verschwindend [in der Unendlichkeit]« (VI,36,1). Marc Aurel bekräftigt hier nicht die Unwirklichkeit weder Asiens noch des Meeres noch des Berges Athos, also genausowenig der Gegenwart, sondern lediglich, sozusagen sehr wissenschaftlich, ihre relative Geringfügigkeit – nicht Unwirklichkeit – in der Unermeßlichkeit des Ganzen.[13] Es handelt sich stets um die Methode »physikalischer« Definition.

3. Die Gegenwart, das Ereignis und das kosmische Bewußtsein

Die Disziplinierung des Begehrens nach Epiktet[14] sollte uns lehren, in unserem Begehren nicht enttäuscht zu werden und nicht in das hineinzugeraten, was wir zu vermeiden suchen. Zu diesem Zweck sollten wir nur begehren, was von uns abhängt, d.h. das moralisch Gute, und nur fliehen, was von uns abhängt, d.h. das moralisch Schlechte. Was nicht von uns abhängt, mithin gleichgültig ist, sollten wir nicht begehren, doch ebensowenig fliehen, liefen wir doch dadurch Gefahr, »in das hineinzugeraten, was wir zu vermeiden suchen«. Epiktet verband diese Haltung mit der Zustimmung zum Schicksal.

Marc Aurel übernimmt diese Doktrin genau so, wie sie sich bei Epiktet darstellt, nur daß die Implikationen und Konsequenzen derselben bei ihm noch expliziter und klarer sichtbar werden: Die Disziplinierung des Begehrens wird sich vor allem auf die Art und Weise beziehen, wie wir die Ereignisse empfangen sollen, die sich aus der allgemeinen Bewegung der Allnatur ergeben und die durch das, was Marc Aurel »äußere Ursache« nennt, hervorgebracht werden:

»Eine vernünftige Natur [d.h. die dem Menschen eigene Natur] folgt dem ihr bestimmten Weg, wenn sie [...] nur die Dinge begehrt und meidet, die von uns abhängen, und alles, was ihr von der Allnatur zugeteilt wird, freudig empfängt.« (VIII,7)

Und das, was ihr zugeteilt wird, sind die Ereignisse, die ihr widerfahren:

»Dem sittlichen Menschen ist es eigen, zu lieben und freudig zu empfangen, was ihm begegnet [*sumbainonta*] und ihm [vom Geschick] zugesponnen ist [*ta sumbainonta kai sunklôthomena autôi*].« (III,16,3)

Wie wir gesehen haben, war für die Stoiker das gegenwärtig, was mir gerade begegnet, d.h. nicht nur meine jetzige Handlung, sondern auch das gegenwärtige Ereignis, mit dem ich konfrontiert wurde. Wie im Fall der Gegenwart ganz allgemein ist es wiederum meine Aufmerksamkeit, mein Denken, das aus dem Fluß der Dinge aufgreift, was einen Sinn für mich hat. Meine innere Rede wird mir sagen, daß ein bestimmtes Ereignis auf mich zukommt. Andererseits bewirkt die von der göttlichen Vernunft in Gang gesetzte und gewollte allgemeine Bewegung des Universums, ob ich mir dessen bewußt werde oder nicht, daß ich seit aller Ewigkeit dazu bestimmt bin, diesem oder jenem Ereignis zu begegnen. Deshalb habe ich das Wort *sumbainon* (etymologisch »was zusammengeht«), welches Marc Aurel gewöhnlich verwendet, um zu bezeichnen, was geschieht, durch die Wendung »das Ereignis, das uns begegnet« übersetzt. Noch genauer sollte man diesen Ausdruck mit »Ereignis, das sich uns anpaßt« übersetzen, doch dieser Ausdruck ist nicht immer brauchbar. Auf jeden Fall ist dies genau der Sinn, den Marc Aurel dem Wort *sumbainon* gibt:

»Wir sagen, daß die Ereignisse sich uns anpassen [*sumbainein*], wie die Maurer von den Quadersteinen in den Mauern oder Pyramiden sagen, daß sie passen, wenn diese sich in einem bestimmten Zusammensetzungsverfahren gut einander anpassen.« (V,8,3)

In das Bild vom Bau des Universums mischt sich das von der Weberei, der Verflechtung von Schuß und Kette – das traditionelle und archaische Bild für die Gestalt der *Moirai*, die schon bei Homer[15] das Schicksal jedes Menschen spinnen. Im orphischen Papyrus aus Derveni,[16] in der Folge bei Platon[17] und den Stoikern erscheinen die drei Parzen Lachesis, Klotho und Atropos als mythische Gestalten des kosmischen Gesetzes, das aus der göttlichen Vernunft hervorgeht, wie das folgende Zeugnis über die stoische Doktrin zeigt:

»Die *Moirai* [die Teile] werden wegen der von ihnen bewirkten Aufteilung [*diamerismos*] Klotho [die Spinnerin], Lachesis [die die Lose verteilt] und Atropos [die Unwandelbare] genannt: Lachesis, weil sie das Los verteilt, das die Individuen nach Maßgabe der Gerechtigkeit empfangen; Atropos, weil die Aufteilung der Teile in all ihren Einzelheiten unabänderlich seit aller Ewigkeit feststeht; Klotho, weil die vom Schicksal bestimmte Verteilung und das Geschehene gemäß dem erfolgt, was sie gesponnen hat.«[18]

Ein anderes Zeugnis beschreibt ungefähr dieselben Vorstellungen:

»Die *Moirai* werden so genannt, weil sie jedem von uns etwas aus- und zuteilen [...]. Chrysippos unterstellt, daß die Anzahl der *Moirai* den drei Zeiten entspricht, in denen alle Dinge sich kreisförmig bewegen und durch die alle Dinge ihre Vollendung finden. Lachesis wird so genannt, weil sie jedem sein Schicksal zuteilt; Atropos wird so genannt wegen des unwandelbaren und unabänderlichen Charakters der Verteilung; Klotho wird so genannt, weil alle Dinge zusammengesponnen und verkettet sind und nur einen einzigen Weg durchlaufen können, der vollkommen geordnet ist.«[19]

Die »Ereignisse, die mir begegnen«, »die sich mir anpassen«, sind von Klotho, der Schicksalsfigur, d.h. der Allvernunft, mit mir verwoben worden:

> »Gib dich freiwillig der Klotho hin und laß sie dich zusammenspinnen, mit welchen Dingen auch immer sie will.« (IV,34)

Marc Aurel erwähnt gern diese Verflechtung:

> »[...] du mußt das dir Begegnende lieben, [...] weil es dir geschah und dir zugeordnet wurde und zu dir in einer gewissen Beziehung stand als etwas, das von oben aus den ältesten Ursachen zusammengesponnen war.« (V,8,12)

> »Ist dir etwas begegnet? – Gut, vom All wurde dir seit allem Anfang zugeteilt und zugesponnen jedes Begegnis.« (IV,26,4)

> »Was auch immer dir begegnet, ist seit Ewigkeit für dich vorgesehen gewesen, und die Verflechtung der Ursachen verkettete seit Urzeiten dein Entstehen und dieses Begebnis.« (X,5)

Dieses von Marc Aurel stark ausgestaltete Motiv fehlt im übrigen auch in den von Arrian überlieferten *Unterredungen* des Epiktet nicht:

> »Wirst du unzufrieden, ungehalten sein über die Verordnungen des Zeus [d.h. der Allvernunft], die er bestimmt und geordnet hat zusammen mit den Moiren [Schicksalsgöttinnen], welche bei deiner Geburt zugegen waren und dein Schicksal gesponnen haben?« (I,12,25)

Das bedeutet, daß jedes Ereignis – und ein Ereignis ist für die Stoiker ein Prädikat (das »Spazierengehen«, das gegenwärtig ist, wenn ich gerade »spaziere«) – durch die universelle Totalität der Ursachen, die den Kosmos ausmachen, hervorgebracht wird. Die Beziehung zwischen diesem Ereignis und mir selbst setzt das ganze Universum und den Willen der Allvernunft voraus. Wir werden später[20] zu untersuchen haben, ob dieser Wille alle Einzelheiten der Ereignisse bestimmt oder sich mit einem ersten Antrieb begnügt. Unterdessen genüge es uns festzuhalten, daß in jedem Ereignis, ob ich erkranke, mein Kind verliere oder einem Unfall zum Opfer falle, der ganze Kosmos impliziert ist.

Diese Verknüpfung, diese Verflechtung, diese Implikation von allem in allem ist eines der Themen, auf die Marc Aurel am meisten Wert legt. Der Kosmos ist für ihn wie für die Stoiker ein einziges Lebewesen, das mit einem einzigen Bewußtsein und einem einzigen Willen begabt ist: »Wie alle Dinge beim Entstehen aller Dinge zusammenwirken, und wie sie zusammengesponnen und -gewoben sind« (IV,40), um eine »heilige Verbindung« (VI, 38; VII,9) zu bilden.

Jeder gegenwärtige Moment, das Ereignis, das mir in ihm begegnet, und meine Begegnung mit diesem Ereignis implizieren also und enthalten virtuell die ganze Bewegung des Universums. Eine solche Vorstellung stimmt mit der stoischen Auffassung der Wirklichkeit als einer totalen Mischung, als einer wechselseitigen Durchdringung aller Dinge überein.[21] Chrysippos sprach vom Tropfen Wein, der sich dem Meer beimischt und über die ganze Welt ausbreitet.[22] Solche Visionen der Welt sind im übrigen nicht verjährt. Hubert Reeves spricht von der Intuition E. Machs, derzufolge »das ganze Universum auf eine geheimnisvolle Art an jedem Ort und in jedem Augenblick der Welt gegenwärtig« ist.[23] Ich meine hier nicht, daß solche Vorstellungen eine wissenschaftliche Grundlage hätten, sondern daß sie auf einer Ur-, Grund- und Daseinserfahrung beruhen, die sich zum Beispiel in den Versen von Francis Thompson in einer poetischen Form ausdrückt:

*Alle Dinge
nah oder fern
sind in verdeckter Weise
miteinander verbunden
durch eine unsterbliche Macht,
so daß ihr keine Blume pflücken könnt,
ohne einen Stern zu stören.*[24]

Auf jeden Fall finden wir hier wiederum jene Grundintuition wieder: die Kohäsion der Wirklichkeit mit sich selbst, die die Stoiker dazu führte, in jeder Bewegung des Lebewesens sowie in der des ganzen Kosmos oder in der Vollkommenheit des Weisen die Übereinstimmung mit sich selbst, die Selbstliebe wahrzunehmen, wie Marc Aurel zu verstehen gibt:

»Es *liebt* die Erde Regen, es *liebt* der hehre Äther, es *liebt* aber die Welt zu schaffen, was entstehen soll. Ich sage also zur Welt: Ich *liebe* mit dir. Sagt man aber nicht auch dies von einer Sache: Sie *liebt*, so zu geschehen?« (X,21)

Die geläufige Sprache, die »lieben« im Sinne von »pflegen« verwendet, trifft hier mit der Mythologie zusammen, die in allegorischer Form zu denken gibt, daß es dem Ganzen eigen ist, sich selbst zu lieben. Tatsächlich spielt Marc Aurel auf das großartige Bild der von Euripides beschriebenen Hierogamie zwischen dem Himmel (Äther) und der Erde an:

»Es liebt die Erde Regen, wenn das Feld ohne Wasser, unfruchtbar von der Trockenheit, der Feuchtigkeit bedarf; es liebt der ehrwürdige Himmel mit Regen gesättigt, kraft Aphroditens, auf die Erde herniederzufallen.«[25]

Dieser Mythos gibt auch zu verstehen, daß diese Selbstliebe keine einsame Eigenliebe des Ganzen zu sich selbst ist, sondern vielmehr, im Schoße des Ganzen, Liebe der Teile zueinander, der Teile zum Ganzen und des Ganzen zu den Teilen. Zwischen den Teilen und dem Ganzen besteht eine »Harmonie«, eine »gemeinsame Atmung«, die sie miteinander übereinstimmen läßt. Alles, was dem Teil geschieht, ist dem Ganzen nützlich; alles, was jedem Teil »verordnet« wird, wird ihm gleichsam ärztlich zur Gesundheit des Ganzen, mithin aller anderen Teile »verordnet« (V,8).

Die Disziplinierung des Begehrens wird daher darin bestehen, jedes Ereignis aus der Perspektive des Ganzen zu betrachten. Deshalb entspricht sie, wie gesagt,[26] dem physikalischen Teil der Philosophie. Jedes Ereignis aus der Perspektive des Ganzen betrachten, heißt nicht nur verstehen, daß es mir deshalb begegnet, mir gegenwärtig ist, weil es mir vom Ganzen bestimmt worden ist, sondern auch, daß das Ganze in ihm gegenwärtig ist. An sich ist dieses Ereignis, da es nicht von mir abhängt, gleichgültig, und man könnte denken, daß der Stoiker es mit Gleichgültigkeit empfangen werde. Gleichgültigkeit meint jedoch nicht Kälte. Ganz im Gegenteil: da dieses Ereignis Ausdruck der Liebe des Ganzen zu sich selbst ist, dem Ganzen nützlich ist, vom Ganzen gewollt ist, muß man es wollen und lieben. Mein Wille wird sich daher dem göttlichen Willen gleichsetzen, der dieses Ereignis gewollt hat. Gleichgültig gegenüber den gleichgültigen Dingen, d.h. gegenüber den Ereignissen sein, die nicht von mir abhängen, heißt in der Tat keinen Unterschied zwischen ihnen machen, heißt also sie gleichermaßen lieben, so wie auch das Ganze, d.h. die Natur, sie mit einer gleichen Liebe erzeugt. Das Ganze ist es, das sich in mir und durch mich selbst liebt, und es hängt von mir ab, die Kohäsion des Ganzen nicht dadurch zu brechen, daß ich mich weigere, dieses oder jenes Ereignis anzunehmen.

Dieses Gefühl liebender Zustimmung zum Willen des Ganzen, diese Selbstgleichsetzung mit dem göttlichen Willen beschreibt Marc Aurel, wenn er sagt, man solle in den Ereignissen, die einem geschehen, »sich gefallen«, sie »freudig empfangen«, »mit Lust hinnehmen«, »lieben«, »wollen«. Auch Epiktet drückte in dem von Arrian niedergeschriebenen *Handbüchlein* (§8) diese Haltung in einer einprägsamen Formel aus, in der die ganze Disziplinierung des Begehrens enthalten ist:

»Verlange nicht, daß das, was geschieht, so geschehe, wie du es willst, sondern wolle, daß das, was geschieht, so geschehe, wie es geschieht, und du wirst glücklich sein.«

All das ist in Marc Aurels Gebet an den Kosmos wunderbar zusammengefaßt:

»Alles, oh Welt, was mit dir in Einklang ist, ist auch mit mir in Einklang. Nichts ist mir zu früh, nichts zu spät, was für dich rechtzeitig ist. Alles ist mir Frucht, was deine Jahreszeiten hervorbringen, oh Natur; aus dir entsteht alles, in dir besteht alles, zu dir kehrt alles zurück.« (IV,23)

Dies führt uns zu dem Thema der Gegenwart zurück. Wenn ein bestimmtes Ereignis für mich vorbestimmt und mit mir in Einklang ist, so nicht nur deshalb, weil es mit dem Kosmos in Einklang ist, sondern vor allem deshalb, weil es in diesem und keinem anderen Moment geschieht, geschieht es doch nach dem *kairos*, im rechten Augenblick, der, wie die Griechen seit jeher wußten, einzig ist. Was mir jetzt geschieht, geschieht also zur rechten Zeit nach dem notwendigen, methodischen und harmonischen Verlauf aller Ereignisse, von denen jedes zu seiner Zeit geschieht, mir gleichsam gereift zufällt.

Und das Ereignis wollen, das in diesem Moment, im gegenwärtigen Augenblick geschieht, heißt das ganze Universum wollen, von dem es hervorgebracht wird.

4. Amor fati

Ich habe dem Titel dieses Kapitels hinzugefügt: *amor fati*. Diese zwei lateinischen Wörter werden von Marc Aurel, der Griechisch schreibt, selbstverständlich nicht verwendet. Überdies ist der fragliche Ausdruck selbst, soviel ich weiß, bei keinem Autor aus der Antike belegt. Die Formel stammt von Nietzsche, und mit der

Anspielung auf die Liebe zum Schicksal, von der er spricht, habe ich versucht, die geistige Haltung, die bei Marc Aurel der Disziplinierung des Begehrens entspricht, mit Hilfe von Ähnlichkeiten und Unterschieden besser verständlich zu machen. So schreibt Nietzsche z.B.:

»Meine Formel für die Größe am Menschen ist *amor fati:* daß man Nichts anderes haben will, vorwärts nicht, rückwärts nicht, in alle Ewigkeit nicht. Das Nothwendige nicht bloß ertragen, noch weniger verhehlen – aller Idealismus ist Verlogenheit vor dem Nothwendigen –, sondern es *lieben* [...].«[27]

»[...] ist alles Nothwendige, aus der Höhe gesehn und im Sinne einer *großen* Ökonomie, auch das Nützliche an sich – man soll es nicht nur tragen, man soll es *lieben* ... Amor fati: Das ist meine innerste Natur.«[28]

Nichts anderes wollen als das, was ist. Marc Aurel hätte diese Formel verwenden, ebenso wie er folgenden Text hätte unterschreiben können:

»Es ist ganz und gar nicht die erste Frage, ob wir mit uns zufrieden sind, sondern ob wir überhaupt irgend womit zufrieden sind. Gesetzt, wir sagen Ja zu einem einzigen Augenblick, so haben wir damit nicht nur zu uns selbst, sondern zu allem Dasein Ja gesagt. Denn es steht nichts für sich, weder in uns selbst noch in den Dingen: Und wenn nur ein einziges Mal unsre Seele wie eine Saite vor Glück gezittert und getönt hat, so waren alle Ewigkeiten nöthig, um dies Eine Geschehen zu bedingen – und alle Ewigkeit war in diesem einzigen Augenblick unseres Jasagens gutgeheißen, erlöst, gerechtfertigt und bejaht.«[29]

Bei Marc Aurel wie auch bei Epiktet ist die liebende Zustimmung zum Ereignis, das uns begegnet, nicht an die stoische Doktrin der ewigen Wiederkehr gebunden, derzufolge die Welt sich ewig wiederhole, weil das Vernunft-Feuer, das sich in der Welt entfalte, einer fortwährenden Bewegung von Diastolen und Systolen unterworfen sei, das eine Abfolge von einander ganz gleichen Perioden erzeuge, während derer dieselben Ereignisse sich in gänzlich gleicher Weise wiederholen. Die Idee der Vorsehung und des Schicksals, die Vorstellung von der gänzlichen wechselseitigen Durchdringung aller Teile der Welt und des liebenden Einklangs des Ganzen mit seinen Teilen genügen für sie, um die Haltung liebender Willfährigkeit gegenüber all dem zu rechtfertigen, was die Natur will – eine Haltung, die die Disziplinierung des Begehrens ausmacht. Nietzsche dagegen bindet die Liebe des Schicksals an den Mythos der ewigen Wiederkehr. Das Schicksal lieben heißt demnach wollen, daß das, was ich in diesem Moment tue, und die Art und Weise, wie ich mein eigenes Leben lebe, sich ewig gleicherweise wiederholen; es heißt, jeden Augenblick so zu leben, daß ich eben diesen Augenblick, den ich lebe, ewig wieder leben will. In dieser Hinsicht nimmt Nietzsches *amor fati* einen ganz besonderen Sinn an:

> »Höchster Zustand, den ein Philosoph erreichen kann: dionysisch zum Dasein stehn -: meine Formel dafür ist *amor fati*.
> Hierzu gehört, die bisher *verneinten* Seiten des Daseins nicht nur als *nothwendig* zu begreifen, sondern als wünschenswerth: und nicht nur als wünschenswerth in Hinsicht auf die bisher bejahten Seiten (etwa als deren Complemente oder Vorbedingungen), sondern um ihrer selbst willen, als der mächtigeren, fruchtbareren, *wahreren* Seiten des Daseins, in denen sich sein Wille deutlicher ausspricht.«[30]

Marc Aurel betrachtete tatsächlich, wie wir noch sehen werden,[31] die abstoßenden Aspekte des Daseins als notwendige Ergänzungen, als unabwendbare Folgen des anfänglichen Willens der Natur. Nietzsche aber geht weit darüber hinaus. Zwischen den Stoikern und Nietzsche tut sich ein Abgrund auf. Während das stoische »Ja« Zustimmung zur Vernunftmäßigkeit der Welt ist, ist die dionysische Bejahung des Daseins, von der Nietzsche spricht, ein »Ja« zur Unvernunftmäßigkeit, zur blinden Grausamkeit des Lebens, zum Willen zur Macht jenseits von Gut und Böse.

Hier finden wir uns also weit entfernt von Marc Aurel. Gleichwohl hat uns diese Abschweifung vielleicht erlaubt, die Zustimmung zum Schicksal, in der die Disziplinierung des Begehrens im wesentlichen besteht, besser zu definieren.

Die Übungen in der Bestimmung des Ichs und in der Konzentration auf die Gegenwart erheben also, in Verbindung mit der Zustimmung zu dem sich in jedem Ereignis manifestierenden Willen der Natur, das Bewußtsein auf eine kosmische Ebene. Indem ich diesem gegenwärtigen Ereignis zustimme, das mir begegnet und in dem die Welt in ihrer Gänze impliziert ist, will ich, was die Allvernunft will, identifiziere ich mich mit ihr in einem Gefühl der Teilnahme und der Zugehörigkeit zu einem Ganzen, das die Grenzen des Individuums übersteigt. Ich empfinde innigste Vertrautheit mit dem Universum, tauche in die Unermeßlichkeit des Kosmos ein. Dies läßt an die Verse von W. Blake denken:

Die Welt in einem Sandkorn sehen,
den Himmel in einer Feldblume,
die Unendlichkeit in der Handfläche,
und die Ewigkeit in einer Stunde.[32]

Das Ich als Wille, als Freiheit, fällt mit dem Willen der Allvernunft, des durch alle Dinge verbreiteten *logos*, zusammen. Das Ich als leitendes Prinzip fällt mit dem leitenden Prinzip des Universums zusammen.

Weit davon entfernt, das Ich wie eine winzige Insel im Universum zu isolieren, öffnet die Bewußtwerdung des Ichs, wenn sie mit der Zustimmung zu den Ereignissen Hand in Hand geht, das Ich auf das ganze kosmische Geschehen hin, und zwar in dem Maße, wie es sich von seiner begrenzten Lage, von seinem eng eingeschränkten individuellen Gesichtspunkt zu einer universellen Perspektive emporhebt. Mein Bewußtsein breitet sich so auf die Dimensionen des kosmischen Bewußtseins aus. In der Gegenwart jedes noch so kleinen und banalen Ereignisses vereinigt sich mein Blick mit dem der universellen Vernunft.

Wenn Marc Aurel sagt (IX,6):»Es genügt die gegenwärtige Einstellung, [...] sofern sie Gefallen an allem findet, was sich durch die äußere Ursache ereignet«, so bedeutet »genügen« zweierlei. Erstens, daß wir – wie wir gesehen haben – in diesem gegenwärtigen Augenblick die ganze Wirklichkeit besitzen. Wie Seneca sagt, können wir in jedem gegenwärtigen Moment mit Gott sagen: »Alles ist mein.«[33] Zweitens ist aber damit gemeint, daß die ganze Dauer eines Lebens und eine ganze Ewigkeit, wenn meine moralische Absicht in diesem gegenwärtigen Moment gut ist, ich mithin glücklich bin, mir nicht mehr Glück bringen können.»Wenn man die Weisheit für einen Augenblick besitzt«, sagt Chrysippos,»wird man an Glück dem nicht nachstehen, der sie ewiglich besitzt.«[34] Wie Seneca weiter sagt:»Das Maß des Guten ist dasselbe trotz des Mißverhältnisses in der Dauer. Ob man einen großen Kreis zeichnet oder einen kleinen, so bezieht sich der Unterschied lediglich auf die Oberfläche, die er umschließt, nicht aber auf die Form.«[35] Ob groß oder klein – ein Kreis ist ein Kreis. Gleicherweise ist das moralisch Gute, im gegenwärtigen Augenblick gelebt, ein Absolutes von unendlichem Wert, einem Wert also, den weder die Dauer noch sonst irgend etwas Äußerliches vergrößern können. Auch hier kann und muß ich die Gegenwart, die ich in diesem Moment lebe, wie den letzten Augenblick meines Lebens leben. Denn selbst wenn kein anderer mehr auf ihn folgt, werde ich aufgrund des absoluten Wertes der moralischen Absicht und der Liebe zum Guten, die ich in diesem Augenblick lebe, in eben diesem Augenblick sagen können: Ich habe mein Leben verwirklicht, alles gehabt, was ich vom Leben erwarten konnte.[36] Ich kann also sterben. Marc Aurel schreibt:

»Die vernünftige Seele erreicht den eigenen Zweck, wo immer die Grenze des Lebens gezogen sein mag. Nicht wie beim Tanz, Schauspiel und dergleichen bleibt die ganze Handlung unvollendet, wenn sie unterbrochen wird, sondern in jedem Teil, wo immer man sie nimmt, verwirklicht sie ihr Vorhaben vollständig und genug, damit sie sagen kann: ›Ich habe meine Aufgabe erfüllt.‹« (XI,1,1)

Während der Tanz oder die Lektüre eines Gedichtes ihr Ziel erst erreichen, wenn sie vollendet worden sind, erreicht die moralische Tätigkeit ihren Zweck in der Ausübung selbst. Sie ist also ganz und gar im gegenwärtigen Augenblick, d.h. in der Einheit der moralischen Absicht, die in eben diesem Moment meine Handlung oder meine Einstellung belebt. Auch hier öffnet mir der gegenwärtige Augenblick unmittelbar die Totalität des Seins und des Werts. Dies läßt an die Formel Wittgensteins denken: »Wenn man unter Ewigkeit nicht unendliche Zeitdauer, sondern Unzeitlichkeit versteht, dann lebt der ewig, der in der Gegenwart lebt.«[37]

5. Vorsehung oder Atome?

Recht rätselhaft sagt Marc Aurel:

»Bist du mit dem dir vom Ganzen Zugeteilten unzufrieden? Rufe dir die disjunktive Aussage ins Gedächtnis zurück: entweder Vorsehung oder Atome.« (IV,3,5)

Im ersten Satz erkennen wir die der Disziplinierung des Begehrens eigene Problematik: Man soll das vom Ganzen Zugeteilte hinnehmen, sogar lieben. Wenn wir im ersten Augenblick mit den Ereignissen unzufrieden sind oder uns darüber ärgern, so müssen wir, sagt Marc Aurel, uns erneut auf die disjunktive Aussage besinnen: entweder die Vorsehung oder die Atome. Damit spielt er auf eine Gedankenabfolge an, von der er nur den ersten Satz »entweder die Vorsehung oder die Atome« zitiert, was genügt, ihn an die ganze Satzfolge zu erinnern. Diese disjunktive Aussage taucht in den *Ermahnungen an sich selbst* mehrere Male auf, begleitet von der Gedankenabfolge – oder Variationen darüber –, die in unserem ersten Zitat impliziert geblieben war.

Bevor wir versuchen, die Bedeutung der fraglichen Gedankenabfolge zu verstehen, müssen wir ein wenig bei jenem ersten Satz verweilen, der der Vorsehung – die andernorts der Natur, den Göttern oder dem Schicksal gleichgesetzt wird – die Atome entgegensetzt. Diese beiden einander entgegengesetzten Auffassungen entsprechen jeweils dem Modell des Universums der stoischen Physik und dem der epikureischen Physik – Modelle, die Marc Aurel andernorts folgendermaßen beschreibt: entweder eine wohlgeordnete Welt oder im Gegenteil ein verworrenes Gemisch; entweder Einheit, Ordnung, Vorsehung oder im Gegenteil formloser Brei, blinder Zusammenstoß von Atomen, Verstreuung (IV,27,1; VI,10,1; IX,39,1).

Marc Aurel setzt zwei Modelle des Universums, das stoische und das epikureische, einander entgegen, um zu zeigen, daß bei allen Hypothesen – selbst wenn man im Bereich der Physik die der stoischen diametral entgegengesetzte Hypothese annehmen würde – in der Moral die stoische Haltung die einzig mögliche ist. Wenn man die physikalische Theorie der Stoa, d.h. die Vernunftmäßigkeit des Universums annimmt, bereitet die moralische Haltung der Stoa, d.h. die Disziplinierung des Begehrens, die Zustimmung zu den von der Allvernunft hervorgebrachten Ereignissen, keine Schwierigkeit. Man muß der Vernunft gemäß leben. Wenn man im Gegenteil die physikalische Theorie des Epikureismus, d.h. das Modell eines durch den Zufall erzeugten Universums ohne Einheit – einen Atomstaub – annimmt, so wird die Größe des Menschen darin bestehen, die Vernunft in dieses Chaos einzuführen:

»Entweder gibt es einen Gott, dann geht alles gut, oder aber der Zufall herrscht, dann handle du nicht auch zufällig.« (IX,28,3)

»[...] freue dich darüber, daß du inmitten eines solchen Wogenschlages einen leitenden Geist in dir selbst hast.« (XII,14,4)

Bei beiden Hypothesen muß man die heitere Gelassenheit bewahren und die Ereignisse so hinnehmen, wie sie geschehen. Es wäre absurd, den Atomen oder den Göttern Vorwürfe zu machen (VIII,17).

Auf jeden Fall gilt es, die heitere Gelassenheit besonders vor dem Tod zu bewahren, ist er doch, ob man nun das stoische oder das epikureische Modell annimmt, ein natürliches Phänomen:

»Alexander von Makedonien und sein Maultiertreiber gerieten nach ihrem Tod in dieselbe Lage: Entweder sind sie in derselben zeugenden Vernunft des Kosmos [*spermatikoi logoi*] aufgegangen, oder sie wurden gleichermaßen in die Atome aufgelöst.« (VI,24)

Das Modell des Universums ändert nichts an der stoischen Grundeinstellung der Zustimmung zu den Ereignissen, die nichts anderes ist als die Disziplinierung des Begehrens (X,7,4). Wenn man die Hypothese der vernunftgemäßen Natur verwürfe und die Verwandlungen der Teile des Universums durch eine Art blinde Spontaneität erklärte, indem man etwa sagte, dem sei eben so, weil dem so sei, wäre es lächerlich, so Marc Aurel, einerseits zu behaupten, daß die Teile des Ganzen sich so spontan verwandeln können, sich andererseits aber über diese Verwandlungen zu wundern und zu ärgern, als wären sie etwas Widernatürliches.

Diese Art der Gedankenabfolge ist selbstverständlich keine Erfindung von Marc Aurel. Als er zum ersten Mal davon spricht (IV,3), spielt er kurz darauf an, so als ob es sich um eine bekannte Schuldoktrin handelte: »Rufe dir die disjunktive Aussage ins Gedächtnis zurück [...]«, ohne sich die Mühe zu geben, die Gedankenabfolge in ihrer Gänze darzustellen.

Bei Epiktet läßt sich nichts finden, was den Formeln Marc Aurels wörtlich entsprechen würde. Bei Seneca gibt es eine Gedankenabfolge derselben Art wie bei Marc Aurel.

Welche Hypothese, ob Gott oder den Zufall, man auch annimmt, sagt Seneca ungefähr, man muß Philosophie betreiben, d.h. sich mit Liebe dem Willen Gottes oder stolz dem Zufall unterwerfen.[38] Bei Marc Aurel bedeutet dieses Dilemma (Vorsehung oder Zufall) ebensowenig wie bei Seneca einen Verzicht auf die physikalischen Theorien der Stoa oder eine eklektische Haltung, die sich nicht zwischen Epikureismus und Stoizismus entscheiden will – wie auch immer gewisse Historiker darüber gedacht haben mögen.[39] Daß Marc Aurel bereits zwischen Epikureismus und Stoizismus gewählt hat, sieht man schon an der Art und Weise, wie er bei seiner Beschreibung des epikureischen Modells pejorative Wörter anhäuft: »Verworrenes Gemisch«, »formloser Brei«. Doch vor allem lehnt er mehrmals explizit die »Atome«, vor allem in IV,27, ab:

»Geordnete Welt oder zusammengemischter, ungeordneter Brei? Offensichtlich eine geordnete Welt.[40] Kann etwa in dir eine Ordnung, im All aber eine Unordnung bestehen, wo doch alles derart voneinander unterschieden, entfaltet und sympathisch miteinander verbunden ist?«

Das gleiche findet sich in XI,18,2, wo Marc Aurel, um sich an seine Pflicht zu erinnern, die anderen Menschen zu lieben, das stoische Prinzip benutzt, das die Kohäsion und die Übereinstimmung der Natur mit sich selbst bekräftigt, deren Teile alle miteinander verwandt sind. Die Hinwendung zu diesem Prinzip erfolgt durch die Verwerfung der anderen Hälfte der disjunktiven Aussage, d.h. des epikureischen Modells:

»Du mußt von oben dich nähernd von dem Grundsatz ausgehen: Wenn es nicht die Atome sind, so ist es die Natur, die alles verwaltet. Wenn dem so ist, dann sind die Geringeren der Höheren wegen da, die Höheren aber füreinander.«

Nicht nur ist die epikureische Physik angesichts der inneren und äußeren Erfahrung unhaltbar, sondern unter dem Aspekt der inneren moralischen Forderung auch die epikureische Moral, die sich aus der epikureischen Physik ergeben könnte. Wenn es nur Atome, Unordnung und Verstreuung gibt: »Warum dann die Beunruhigung? Du sagst zu deinem seelischen Leitprinzip (*hégemonikon*): ›Du bist tot, aufgelöst, zum Tier geworden, du entleerst dich, stehst mit anderen Tieren auf der Weide, nährst dich‹« (IX,39,2). Beißende Ironie: in einer Welt ohne Vernunft wird der Mensch zu einem Tier ohne Vernunft.

Wenn Marc Aurel an anderen Stellen verstehen zu geben scheint, daß die stoische moralische Haltung dieselbe ist, welches Modell des Universums, mithin welche Physik man auch annehme, will er beweisen, daß es bei allen Hypothesen unmöglich ist, nicht Stoiker zu sein. Genauso wie Aristoteles[41] behauptete, daß man selbst dann philosophiere, wenn man sagt, daß man nicht philosophieren solle, argumentieren Marc Aurel und Seneca: Selbst wenn man mit den Epikureern sagt, daß es keine Allvernunft gebe, daß der Stoizismus daher falsch sein muß, muß man schließlich doch stoisch, d.h. der Vernunft gemäß leben. Und wenn alles zufällig vor sich geht, »dann handle du nicht auch zufällig« (IX,28). Das bedeutet keineswegs das Aufgeben der stoischen Physik, die andernorts ohne Abstriche angenommen und als Grundlage für die moralische Wahl anerkannt wird. Es handelt sich vielmehr um eine Art Denkübung, die gerade darin besteht, nicht etwa zwischen Epikureismus und Stoizismus zu schwanken, sondern im Gegenteil darin, die Unmöglichkeit zu beweisen, nicht Stoiker zu sein. Selbst wenn die epikureische Physik wahr wäre, müßte man nicht weniger die epikureische Idee ablehnen, daß der einzige Wert in der Lust liege, und stoisch leben, d.h. den absoluten Wert der Vernunft und folglich den gleichgültigen Charakter der von unserem Willen unabhängigen Ereignisse anerkennen. Man müsse also allemal die Disziplinierung des Begehrens praktizieren, d.h. keinen Unterschied zwischen den gleichgültigen Dingen machen, die nicht von uns abhängen. Immer wieder kommen wir auf dasselbe zentrale Thema zurück: auf den unermeßlichen Wert des durch die Vernunft gewählten moralisch Guten und der wahren Freiheit – ein Wert, im Verhältnis zu dem nichts von Wert ist. Diese Bekräftigung des alles in allem unendlichen Wertes der autonomen moralischen Vernunft hindert den Stoiker, eben weil er diesen Wert der Vernunft anerkennt, wie wir gesehen haben, nicht daran, zu dem Schluß zu kommen, daß es unwahrscheinlich ist, daß, wenn wir, die wir nur ein Teil des Ganzen sind, Vernunft besitzen, das Ganze diese nicht besitzen könnte. Entweder Vorsehung – dann muß man stoisch leben, oder Atome – doch dann muß man ebenso stoisch leben. Aber letztlich beweist die Tatsache, daß man stoisch lebt, daß es keine Atome, sondern die Allnatur gibt. Folglich muß man stets stoisch leben.

Tatsächlich gehörte die erwähnte disjunktive Aussage, die uns zeigte, daß man auf jeden Fall stoisch leben solle, traditionell zu einer umfassenderen und weiter entwickelten Gedankenabfolge, die sich bei Seneca[42] abzeichnet. Sie zieht alle Hypothesen nach den möglichen Modi der Produktion der Ereignisse in Betracht, um zu beweisen, daß die moralische Haltung des stoischen Philosophen bei allen Hypothesen unverändert bleibt. Bevor wir schematisch die allgemeine Tabelle dieser Hypothesen darstellen, wollen wir folgenden, sehr bedeutsamen Text aus den *Ermahnungen an sich selbst* zitieren, in den ich in Klammern Ziffern eingefügt habe, die sich auf die Unterteilungen des Schemas beziehen:

»Entweder übt die Denkkraft des Universums auf einen jeden seinen Antrieb aus [5]. In diesem Fall soll man das von ihm Angetriebene mit Wohlwollen annehmen.
Oder sie hat ein für allemal einen Antrieb gegeben [4] und alles übrige verwirklicht sich als Begleitvorgang [3]. Warum dich also quälen? [...]
Alles in allem: Entweder gibt es einen Gott [2], dann geht alles gut, oder aber der Zufall herrscht [1], dann handle du nicht auch zufällig.« (IX,28,2)

Jede der aufgestellten Hypothesen führt auf die Grundhaltung der Disziplinierung des Begehrens zurück. Das Schema sieht also folgendermaßen aus:

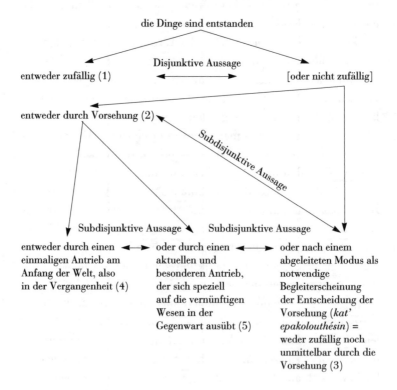

An dieser Tabelle wird einem zuerst auffallen, daß die disjunktive Aussage, der absolute Grundgegensatz, zwischen Bejahung des Zufalls (Epikureismus) und Verneinung desselben (Stoizismus) liegt, die die Bejahung der Vorsehung impliziert. Dagegen vertragen sich alle subdisjunktiven Aussagen mit dem stoischen System. Doch dieses Schema, das die logische Struktur des oben zitierten Textes von Marc Aurel explizit darstellt, führt uns vor Augen, daß die Bejahung einer Vorsehung viele Nuancen enthält und daß die Ereignisse, die sich aus der Wirkung der Vorsehung ergeben, äußerst verschiedene Verhältnisse mit dieser Vorsehung eingehen können. Der erste Gegensatz zwischen Zufall und Nicht-Zufall, d.h. zwischen Zufall und Vorsehung, ist, wie Marc Aurel selbst sagt, eine disjunktive Aussage, d.h. von den beiden Termini des Gegensatzes *schließt der eine den anderen gänzlich aus*. Sie sind miteinander absolut unverträglich.

Die anderen Gegensätze sind keine echten disjunktiven Aussagen. Sie sind das, was die Historiker der stoischen Logik »subdisjunktive Aussagen«[43] nennen. Bei ihnen ist die Ausschließung nicht absolut, sondern relativ. Dies bedeutet für Marc Aurel, daß in derselben Welt *gewisse Dinge* durch eine unmittelbare Wirkung der Vorsehung (Hypothese 2) und andere nur mittelbar und abgeleitet (Hypothese 3) hervorgebracht werden können. Oder man kann sagen, daß gewisse Dinge entweder durch einen anfänglichen und einzigen allgemeinen Antrieb der Vorsehung (Hypothese 4) oder durch einen besonderen Antrieb, der sich auf die vernunftbegabten Wesen bezieht, hervorgebracht werden können (Hypothese 5).

Die Unterscheidung zwischen den Hypothesen 2 und 3 ist aus der Perspektive des Begehrens gesehen von größter Bedeutung:

>»Alles kommt von dorther, sei es von jenem allgemeinen Leitvermögen [*hégemonikon*] angetrieben [2], sei es als Folgeerscheinung [3] [*kat'epakolouthésin*]. Auch der Rachen des Löwen, das Gift und alle Schlechtigkeit, wie Dornen oder Schlamm, sind Nebenwirkungen [*epigennémata*] jener ehrwürdigen und wertvollen Dinge. Stelle dir daher diese Folgeerscheinungen [3] dem nicht als fremd vor, was du verehrst, sondern denke an die Quelle aller Dinge [2].«
> (VI,36,2-4)

Jedes Ding und jedes Ereignis entspringt also der Allvernunft, aber nach zwei verschiedenen Modi: entweder direkt, dem Willen der Allvernunft gemäß, oder indirekt über den Weg der Folgen, die nicht von der Allvernunft gewollt worden sind.

Dieser Gegensatz geht auf Chrysippos selbst zurück:

»In besagtem vierten Buch über die Vorsehung behandelt und prüft derselbe Chrysippos eine Frage, die seiner Meinung nach wert ist, gestellt zu werden, nämlich ob die Krankheiten der Menschen naturgemäß ausbrechen, d.h. ob die Natur der Dinge selbst bzw. die Vorsehung, die das System dieser Welt und die Menschengattung geschaffen hat, auch die Krankheiten, das körperliche Gebrechen und Leiden bei den Menschen geschaffen habe. Er ist nun der Meinung, daß es nicht in der ersten Absicht der Natur gewesen sei, die Menschen den Krankheiten auszusetzen, denn niemals sei eine solche Absicht mit der Natur, der Schöpferin und Mutter aller guten Dinge, vereinbar gewesen. Doch, sagt er, während sie viele große, sehr geeignete und sehr nützliche Dinge erschuf und in die Welt setzte, seien zusätzlich andere Mißlichkeiten hinzugekommen, die an jene großen Dinge gebunden waren, die sie schuf. Er sagt also, daß diese Mißhelligkeiten zwar von der Natur hervorgebracht worden seien, doch als notwendige Folgen, was er *kata parakolouthésin* nennt. So habe der Bau des menschlichen Körpers erfordert, daß der Kopf aus kleinen, sehr dünnen und winzigen Knochen gestaltet wurde. Dem Interesse des Hauptwerkes sei eine Mißlichkeit entsprungen: die Schwäche des Kopfes.«[44]

Für Marc Aurel spielt diese Theorie der zusätzlichen Folgen eine sehr wichtige Rolle in der Disziplinierung des Begehrens, ist sie doch dazu bestimmt, die Liebe zu den Dingen und Ereignissen, die uns schmerzlich oder abstoßend erscheinen, zu rechtfertigen. Wenn die Allvernunft die Gesetze aufgestellt hat, die die Gesundheit und Erhaltung des ganzen Universums sichern, »soll ich freudig begrüßen und liebgewinnen, was sich als Folge daraus [*kat'epakolouthésin*] ereignet« (VI,44,3). Gleichsam zusätzliche und blinde Folge des anfänglichen Willens ist etwa die Tatsache, daß ein bestimmtes Naturphänomen wie eine Pestepidemie oder ein Erdbeben ausgerechnet mich trifft oder auch Naturphänomene wie Löwen, Dornen oder Schlamm mir erschreckend oder abstoßend erscheinen. Man wird also gewahr, daß der Begriff der »zusätzlichen Folge« hier eng an die Subjektivität gebunden ist. Nur weil mir dieser Vorfall zustößt, mir gegenwärtig ist und von mir wahrgenommen wird und ich mir vorstelle, daß er abstoßend und furchterregend sei, glaube ich, daß er unmöglich das Werk einer guten Vorsehung sein kann. Dann lehne ich mich auf, kritisiere die Vernunft, die Allnatur, weigere mich, sie gelten zu lassen.

Die Disziplinierung des Begehrens wird daher darin bestehen, das falsche Urteil zu berichtigen, indem sie aufdeckt, daß jenes Ereignis sich aus dem guten Willen der Natur ergibt, ohne von ihr unmittelbar gewollt zu sein. Das will einerseits sagen, daß der anfängliche Wille der Natur mir nicht hat schaden wollen: »Wenn die Dürre und der Hagel einem Grundbesitzer Schaden tun«, so Cicero, »so hat Jupiter nichts damit zu tun.«[45] Das »Natur«-Phänomen macht keinen Unterschied zwischen den Individuen. Andererseits ist eben damit gemeint, daß der anfängliche Wille der Natur nichts Katastrophales, Gefährliches, Abstoßendes oder Häßliches hat hervorbringen wollen. Alles ist natürlich, aber es ist eine zusätzliche Folge des Willens der Natur, daß bestimmte Naturphänomene, wie der Löwe, das Gift, die Dornen, eventuell eine Gefahr für den Menschen darstellen oder ihm doch zumindest wie eine Bedrohung erscheinen können.

Hier wiederum wird die Disziplinierung des Begehrens sich auf die physikalische Definition stützen, die sich, jedes allzu menschliche Werturteil zurückweisend, an die objektive und adäquate Vorstellung des Objekts hält und die Wirklichkeit gleichsam so sieht, als wäre der Mensch nicht da.

Die stoische Vorsehung ist eben deshalb nicht allmächtig, weil sie vernunftgemäß ist. Chrysippos sagt uns, daß sie beim Aufbau des Körpers gezwungen worden sei, den Schädelknochen eine gefährliche Dünne zu geben. Die stoische Natur handelt wie die aristotelische, einem guten Intendanten oder einem guten Handwerker gleich, der den größtmöglichen Vorteil aus den ihm zur Verfügung stehenden Materialien oder Situationen zieht. Es handelt sich weniger um eine Fehlerhaftigkeit der Materie als um die Natur der Vernunft selbst. Diese verlangt nach einem bestimmten, mithin endlichen Objekt. Die Möglichkeiten, die sich ihr bieten, sind begrenzt. Sie muß unter je bestimmten, einander entgegengesetzten Lösungen wählen, die ihre Vor- und Nachteile haben. Daraus ergibt sich ein bestimmtes Universum, das nicht anders sein kann, als es ist (hierin besteht ein anderer Aspekt in der Lehre vom Schicksal) – ein »solches«[46] Universum, das eine »solche« Entwicklung vom Anfang bis zum Ende durchläuft und sich ewig wiederholt.

Bei der Hervorbringung der Welt hat die Allvernunft bestimmte Gesetze ins Werden der Dinge eingeschrieben, wie z.B., daß die Elemente sich einerseits fortwährend verwandeln, andererseits die durch die Verwandlung der Elemente entstandenen Wesen danach streben, sich zu erhalten. Aus diesen Grundgesetzen ergeben sich jedoch Phänomene, die uns subjektiv gesehen erschreckend, gefährlich oder abstoßend erscheinen: Aus dem Gesetz der fortwährenden Metamorphose der Elemente ergeben sich z.B. der Tod, der Staub, der Schlamm, aus dem Gesetz der Erhaltung jene Abwehrelemente wie die Dornen der Rose oder die Zähne des Löwen. Es sind dies zusätzliche Folgen der anfänglichen Entscheidung der Natur.

Dieser Begriff notwendiger und zusätzlicher Folgen ist also innigst mit der Idee einer Vorsehung verbunden, die einen einzigen ursprünglichen Antrieb gibt (Hypothese 4), so daß sich alles daraufhin durch eine notwendige Verkettung (*kat'epakolouthésin*) hervorbringt, deren leidige Auswirkungen auf den Menschen nicht vom ursprünglichen Antrieb gewollt sind (Hypothese 3). Diese beiden Begriffe – der ursprüngliche Antrieb und die Verkettung über den Weg der Folgen – implizieren einander.

Im Ursprung von allem ist also ein einziger und allgemeiner Antrieb, der das Werk der Natur-Vernunft ist. Man darf sich diesen Antrieb nicht – um Pascals Ausdruck wiederaufzunehmen[47] – wie ein »Fingerschnippen« vorstellen, mit dem sich Gott bei Descartes begnügt hätte, um das Universum in Bewegung zu setzen.

Es handelt sich in der Tat nicht um einen Antrieb, der von außen von einem von der Welt verschiedenen Wesen stammt, das sie dann wie eine Murmel von selbst rollen ließe. Der Antrieb, von dem Marc Aurel spricht, stammt von einer der Welt innewohnenden Kraft, d.h. von der Seele oder vom Geist der Welt, und man darf ihn sich nicht nach einem mechanischen, sondern organischen Modell vorstellen. Denn die Stoiker stellen sich die Entwicklung des Universums wie die eines Lebewesens vor, das sich von einem Samen oder Keim ausgehend entfaltet. Der Samen hat einen doppelten Aspekt: er enthält einerseits einen Antrieb, eine treibende Kraft, andererseits sind alle Entwicklungsphasen des Lebewesens in ihm programmiert. Dieses Programm, das methodisch verfährt, ist »vernunftgemäß«. Daher nennen die Stoiker die Kräfte, durch die die Lebewesen erzeugt werden, »Keimkräfte der Vernunft«. Gott, d.h. die Natur, die Quelle aller Wesen, ist selbst eine vernünftige Keimkraft, die alle vernünftigen Keimkräfte in sich enthält.[48] Deshalb spricht Marc Aurel vom

> »uranfänglichen Antrieb der Vorsehung, mit dem sie von einem gewissen Anfang an auf diese bestimmte Weltordnung hin trieb, nachdem sie gewisse zeugende Grundformen des Zukünftigen in sich aufgenommen und die bestimmte Entstehungen, Wandlungen und Abfolgen erzeugenden Kräfte festgesetzt hat.« (IX,1,10)

Man muß sich den ursprünglichen Antrieb als Wirkung einer Kraft vorstellen, die den Entfaltungs- und Ausdehnungsprozeß des Universums von innen in Gang setzt. Genauer ist es eine Entspannungs- und Ausdehnungsbewegung, die die ursprüngliche Energie gleichsam explodieren läßt. Dieses Universum hat also seine vernunftgemäßen Entwicklungs- und Organisationsgesetze in sich selbst. In diesem Evolutionsprozeß wirkt wie beim Wachstum des Lebewesens alles zum Wohl des ganzen Organismus zusammen, und alles entsteht als notwendige Folge (*kat'epakolouthésin*) aus dem ersten Anstoß und dem vernunftgemäßen

Programm, das er in Kraft setzt. Dabei mögen diese notwendigen Folgen als Übel für diesen oder jenen Teil des Ganzen erscheinen, ohne daß sie vom Entwicklungsgesetz als solche »gewollt« worden wären. Diese Theorie des ursprünglichen Antriebs entspricht der Idee einer unpersönlichen, immanenten, der Entwicklung des Universums selbst innewohnenden Vorsehung. Daß die Welt vernunftgemäß sei, bedeutet nicht, daß sie der Überlegung, der Wahl oder der Berechnung eines Handwerkers entspränge, die außerhalb seines Werkes läge, sondern lediglich, daß sie ihr inneres Gesetz hat.

Dieser Vorstellung einer unpersönlichen Vorsehung (Hypothese 4) scheint sich die einer individuellen Vorsehung, die für die Menschengattung und vor allem für gewisse Menschen sorgen würde (Hypothese 5), ganz und gar entgegenzusetzen. Das physikalische Modell eines unpersönlichen Naturgesetzes, das die Individuen zu zerdrücken droht, wird durch das Bild von Göttern ersetzt, die für den Menschen sorgen, zu denen man beten könnte, die fähig zum Erbarmen wären und sich um die geringsten Einzelheiten des Lebens kümmern würden.

Allem Anschein nach besteht eine absolute Unverträglichkeit zwischen diesen beiden Vorstellungen, und man könnte meinen, daß Marc Aurel die Idee der zum Erbarmen fähigen Vorsehung in genau der gleichen Weise erwähnt wie die Atome in der disjunktiven Aussage »Vorsehung oder Atome«, um zu zeigen, daß man bei allen Hypothesen dieselbe stoische Haltung bewahren solle:

»*Entweder* Notwendigkeit eines Schicksals und unüberschreitbare Ordnung *oder* gnädige Vorsehung *oder* zufälliges Durcheinander ohne Führung.
Warum leistest du Widerstand, wenn es eine unüberschreitbare Notwendigkeit ist?
Wenn es eine Vorsehung ist, die sich günstig stimmen läßt, dann erweise dich der Hilfe Gottes als würdig. Wenn es aber ein führungsloses Durcheinander ist, so freue dich

darüber, daß du inmitten eines solch heftigen Wogenschlages einen leitenden Geist in dir selbst hast.« (XII,14)

Die Idee einer zum Erbarmen fähigen Vorsehung scheint nicht einmal mit den Prinzipien des Stoizismus verträglich zu sein, insofern sie impliziert, daß die universelle Vernunft von ihrer anfänglichen Bewegung abweichen könnte. Seneca unterstreicht dies ausdrücklich: »Es wäre eine Herabsetzung der göttlichen Majestät und Geständnis eines Irrtums, wenn sie etwas getan hätte, was sie verändern müßte.«[49] Selbst Gott vermag den Lauf des Schicksals nicht zu ändern, weil es die Notwendigkeit ist und das Gesetz, das er sich selbst auferlegt hat: er ist sich selbst seine eigene Notwendigkeit.[50]

Dennoch ist der Gegensatz zwischen erstem und einzigem Antrieb und individueller Vorsehung nicht so radikal, wie es auf den ersten Blick scheinen mag. Man muß nur die Religiosität und die mythische Sprache, von der sie begleitet wird, in Betracht ziehen, um den wahren Sinn dieses Gegensatzes zu entdecken.

Gewiß entspricht die Theorie einer individuellen Vorsehung dem Bedürfnis, das Verhältnis zur Welt bzw. Natur zu personalisieren, die Gegenwart, die Güte, die Väterlichkeit Gottes zu spüren. Dieses Bedürfnis war schon seit den Ursprüngen der Stoa spürbar. Die berühmte Hymne des Stoikers Kleanthes auf Zeus legt ein schlagendes Zeugnis davon ab, indem sie den Gott um geistigen Beistand anfleht: »Oh Zeus, aller Güter Geber [...] rette die Menschen aus der traurigen Unwissenheit. Verjage sie, Vater, weit von unseren Herzen [...]«[51] Die Gestalt des Zeus gibt, allgemein gesagt, der unpersönlichen Kraft des *logos*, der Natur oder der ersten Ursache gleichsam ein Gesicht. Diese Gleichsetzung erscheint klar bei Seneca: »Die Alten haben nicht geglaubt, daß Jupiter [Zeus], der von uns im Kapitol und in den anderen Tempeln verehrt wird, den Blitz eigenhändig schleudert.«[52] Sie verehrten in Jupiter hingegen die Seele und den Geist der Welt.

»Alle Namen passen auf ihn.
Du willst ihn *Schicksal* nennen? Du irrst dich nicht, denn er ist derjenige, von dem alles abhängt, die Ursache aller Ursachen.
Vorsehung? Du irrst dich nicht, denn er ist es, auf dessen Rat hin die Bedürfnisse dieser Welt befriedigt werden, damit sie ungehindert ihren Ablauf nimmt und all ihre Tätigkeiten entfalte.
Natur? Du wirst nicht irregehen, denn er ist es, aus dem alles dank des Hauches, von dem wir leben, geboren wird.
Welt? Du wirst dich nicht täuschen, denn er ist alles, was du siehst, in all seinen Teilen gegenwärtig und sich selbst und seine Teile erhaltend.«[53]

Im selben Text wird auch die Theorie des einzigen ursprünglichen Antriebs auf Zeus-Jupiter angewendet:

»Der Blitz wird zwar nicht von Jupiter geschleudert, doch alle Dinge sind von ihm so geordnet worden, daß selbst solche, die nicht durch ihn entstanden, nicht ohne die Vernunft entstanden sind, die die seine ist. Selbst wenn Jupiter diese Dinge jetzt nicht selbst hervorbringt, so hat er doch bewirkt, daß sie hervorgebracht werden.«[54]

Für die Stoiker entsprachen die Gestalten der anderen Götter allegorisch den Elementen, die die Welt ausmachen und Phasen der allgemeinen Bewegung des Universums darstellen: Hera z.B. entsprach der Luft. Epiktet (III,13,4-8) setzt Zeus, d.h. die Vernunft oder die Natur, in dem Moment mythisch in Szene, in dem das Universum nach einer Ausdehnungsphase, der Diastole, und einer anschließenden Konzentrationsphase, der Systole, in der allgemeinen Feuersbrunst auf seinen Keimzustand, d.h. auf den Zeitpunkt zurückkehrt, in dem die Vernunft allein mit sich selbst ist. Wird Zeus dann sagen: »Wie unglücklich bin ich doch! Ich habe weder Hera noch Athene noch Apollo bei mir [...]«? »Nein«, sagt

Epiktet, »Zeus lebt dann für sich selbst, ruht in sich selbst [...], unterhält sich mit Gedanken, die seiner würdig sind.«
All das entspricht also einem religiösen Bedürfnis, dem Bedürfnis, jene Macht zu personalisieren, deren Willen man, der Disziplinierung des Begehrens zufolge, gern zustimmen soll. Um diese zustimmende Haltung zu beschreiben, verwendet Marc Aurel, wie auch Epiktet, oft den Ausdruck »den Göttern folgen« oder »den Göttern gehorchen«.[55]
Marc Aurel verspürt auch das Bedürfnis, die Aufmerksamkeit wahrzunehmen, welche die Götter ihm schenken. Im ersten Buch der *Ermahnungen an sich selbst* (I,17) dankt er ihnen, indem er alle Wohltaten aufzählt, die ihm von ihnen gewährt worden sind, besonders die seine Gesundheit betreffenden Träume oder die Mitteilungen, die Unterstützungen, die Eingebungen, die er von ihnen in seinem philosophischen Leben empfangen hat. All das entspricht in etwa dem, was die christliche Theologie als *gratia actualis*, d.h. die im gegenwärtigen Augenblick verliehene Gnade, bezeichnet. So begnügen sich die Götter nicht damit, den Menschen bei der Verwirklichung ihres moralischen Lebens zu helfen, sondern machen sich auch die Mühe, ihnen zum Besitz der gleichgültigen Dinge (Gesundheit, Reichtum, Ruhm) zu verhelfen, welche die Menschen sich wünschen (IX,11,2 und 27,3).

Ich habe von religiösem Bedürfnis gesprochen. Ebensosehr handelt es sich jedoch auch um ein soziales und politisches Problem: Das ganze Alltagsleben des antiken Menschen ist durch religiöse Zeremonien gekennzeichnet. Und Gebete und Opfer hätten keinen Sinn, gäbe es keine *gratia actualis* und individuelle Vorsehung:

»[...] wenn sie [die Götter] sich aber in der Tat über nichts beraten (was zu glauben nicht fromm wäre), dann wollen wir auch nicht opfern noch beten, noch schwören, noch die anderen Dinge tun, die wir tun, weil wir glauben, daß die Götter gegenwärtig sind und mit uns zusammenleben [...].« (VI,44,4)

Dieses religiöse Bedürfnis entspricht also dem Wunsch, ein persönliches Verhältnis zu einem Wesen zu haben, das quasi einen Dialog mit den Menschen führen kann. Diesem Bedürfnis kommt auch die Vorstellung des *daimôn* entgegen, die nur einen speziellen Aspekt der allgemeinen Theorie von der Vorsehung darstellt.[56] In dieser Hinsicht sind die folgenden Worte Epiktets bedeutsam:

»Gott hat jedem Menschen einen individuellen *daimôn* als Wächter beigegeben und ihn seinem Schutz anvertraut [...]. Wenn ihr eure Türen schließt [...], sollt ihr euch daran erinnern, daß ihr niemals sagen sollt, ihr seid allein [...]. Gott ist in euch selbst.« (I,14,12)

Tatsächlich ändern all diese Vorstellungen von den unter den Menschen weilenden Göttern und dem inneren *daimôn* die rationalen Forderungen der Stoa nicht von Grund aus. Damit meine ich, daß die Gestalten der Götter, die sich über das Los des Individuums beraten, oder die Gestalt des *daimôn* lediglich mythische und bildhafte Ausdrücke sind, dazu bestimmt, die stoischen Vorstellungen der Vernunft und des Schicksals lebendiger und persönlicher zu machen.

Wir können dieses Phänomen z.B. im folgenden Text von Marc Aurel beobachten:

»Mit den Göttern lebt, wer ihnen ununterbrochen seine Seele zeigt, wie sie mit dem ihr Zugeteilten zufrieden ist und tut, was der *daimôn* will, den Zeus als ein Bruchstück seiner selbst jedem als Beschützer und Leiter beigegeben hat. Es ist dies eines jeden Geist und Vernunft.« (V,27)

Der *daimôn* ist hier ganz einfach mit der dem Menschen innewohnenden Vernunft, der dem Menschen eigenen Natur,[57] die ein Teil der Allvernunft und Allnatur ist, identisch.

Von ihrer mythischen Formulierung gelöst, läßt sich die Hypothese der speziellen und individuellen Vorsehung daher vollkommen ins allgemeine Schema der stoischen Theorie der Vorsehung integrieren. Die Stoiker dachten in der Tat nicht nur, daß die Allvernunft durch ihren anfänglichen Antrieb ein Entwicklungsgesetz des Universums in Gang gesetzt habe, das auf das Wohl des Ganzen abzielt, sondern sie nahmen auch an, daß dieses Grundgesetz des Universums vor allem auf das Wohl der vernunftbegabten Wesen abziele: »Die niederen Wesen [sind] der Höheren wegen da, die Höheren aber wegen einander« (V,16,5). Die Vorsehung wirkt sich also unmittelbar, in erster Linie und besonders auf die vernunftbegabten Wesen aus und in der Folge auf die anderen Wesen:

> »Die Allnatur hat den Antrieb zur Erschaffung des Kosmos gegeben [Hypothese 4], doch nun geschieht alles, was geschieht, entweder als Begleitvorgang [*kat'epakolouthésin*] [Hypothese 3], oder aber sehr wenige Dinge – und zwar die wichtigsten – unterliegen dem speziellen Willen des leitenden Prinzips des Kosmos.« (VII,75)

Diese »sehr wenigen Dinge, die die wichtigsten sind«, sind die vernunftbegabten Wesen. Es gibt also einerseits eine allgemeine Vorsehung für das ganze Universum, die dem »ersten Antrieb« entspricht und auf die Marc Aurel hier wiederum zurückkommt, andererseits eine spezielle Vorsehung für die vernunftbegabten Wesen, einen besonderen Willen, der »seinen Antrieb auf jedes Individuum ausübt«, wie es andernorts hieß (IX,28,2). Aber die beiden Begriffe schließen einander nicht aus, denn das allgemeine Gesetz, das dem Universum innewohnt und dem ursprünglichen Antrieb entspringt, will, daß das vernünftige Leben der Zweck sei, der das Universum rechtfertigt. Origenes bezieht diese Doktrin ausdrücklich auf die Stoiker:

> »Die Vorsehung hat alle Dinge zum Wohl der vernunftbegabten Wesen geschaffen. Die vernunftbegabten Wesen spielen, weil sie die wichtigsten sind, die Rolle der in die

Welt gesetzten Kinder; die Wesen ohne Vernunft oder ohne
Seele dagegen die des Mutterkuchens, der gleichzeitig mit
dem Kind entsteht [...]. Die Vorsehung sorgt hauptsächlich
für das Wohl der vernunftbegabten Wesen, aber als Begleitvorgang profitieren die Wesen ohne Vernunft auch von
dem, was für die Menschen geschaffen ist.«[58]

Diesem Text soll man nicht den von Cicero entgegenhalten, der
besagt, daß Jupiter sich nicht um die durch den Hagel im Garten
dieses oder jenes Landbesitzers verursachten Schäden kümmere.
Denn gerade aus der stoischen Perspektive kommt es nicht auf
solch moralisch gleichgültige Dinge wie die Ernten an; das einzige, was zählt, ist die moralische Erhöhung der Menschen, ihre Suche nach der Weisheit. Die gottähnliche Vorsehung, Schöpferin
und Ernährerin für die niederen Wesen, wird für die Menschen
Erzieherin. Bergson nannte die Welt eine Maschine zur Hervorbringung von Göttern.[59] Die Stoiker hätten wohl nichts dagegen
gehabt, sie eine Maschine zur Hervorbringung von Weisen zu nennen.

Die Weisen erscheinen in der Tat als das privilegierte Objekt
jener individuellen Vorsehung. Man beachte folgendes Wort Epiktets:

> »Würde Gott derartig seine Meisterwerke, seine Diener, seine Zeugen vernachlässigen, derer er sich einzig als Beispiel
> für die Menschen ohne moralische Ausbildung bedient?«
> (III,26,28)

Oder den folgenden Text von Cicero:

> »Die Götter lieben nicht nur das Menschengeschlecht, sondern besonders die Menschen, die ohne göttliche Hilfe
> nicht zu dem hätten werden können, was sie waren.«[60]

Das Interesse dieser Theorie der verschiedenen Wirkungsweisen der Vorsehung, die wir eben beschrieben haben, liegt in den Augen Marc Aurels schließlich darin, daß sie die Art und Weise präzisiert, wie wir die Disziplinierung des Begehrens in die Praxis umsetzen sollen. Tatsächlich lassen sich die Ereignisse, je nachdem, ob man die Perspektive des ursprünglichen Antriebs oder der individuellen Vorsehung einnimmt, auf zwei verschiedene, doch konvergierende Weisen betrachten.

Aus der Perspektive der Allnatur und der allgemeinen Vorsehung einerseits werden die Dinge, die dem Menschen abstoßend, unangenehm, häßlich, erschreckend erscheinen mögen, wie die Dornen der Rose, das Maul eines wilden Tieres, der Schlamm oder ein Erdbeben, als Naturphänomene erscheinen, die zwar nicht direkt vom ursprünglichen Antrieb programmiert sind, doch zusätzliche und notwendige Folgen desselben sind. Wenn solche unabwendbaren Folgen der Weltordnung den Weinbauern treffen, von dem Cicero spricht,[61] und jener das als ein Unglück für sich betrachtet, bedeutet dies nicht, daß »Jupiter« gewollt hätte, daß er das für ein Unglück halte. Dem Weinbauern steht es frei, sich die Ereignisse vorzustellen, wie er will, doch jene Ereignisse sind tatsächlich nur zusätzliche Folgen der physikalischen Gesetze, die dem ursprünglichen Antrieb entspringen. Wenn er Stoiker ist, wird der Weinbauer des Cicero »ja« zu dieser universellen Ordnung, »ja« zur Welt sagen, wird alles lieben, was geschieht, in Anbetracht dessen, daß der Verlust seiner Güter moralisch weder gut noch schlecht ist, sondern zu den gleichgültigen Dingen gehört. Solch gleichgültige Dinge haben nichts mit Jupiter zu tun, haben keinen Sinn in der universellen Perspektive, sondern entsprechen lediglich dem subjektiven und parteiischen Gesichtspunkt.

Aus der Perspektive der individuellen Vorsehung sind die Ereignisse, die mir zustoßen, gleichwohl besonders für mich bestimmt. Klotho,[62] d.h. der Lauf des Universums, der vom ursprünglichen Antrieb herrührt, hat sie seit dem Ursprung der Welt mit mir zusammengewoben (IV,34; V,8,12; IV,26; X,5). Alles, was mir geschieht, ist für mich bestimmt, damit ich die Gelegenheit erhalte, dem zuzustimmen, was Gott für mich in diesem präzisen

Moment und in dieser bestimmten Form will, »mein« eigenes Schicksal, das mir vom ganzen Universum speziell vorbehalten worden ist, anzunehmen:

> »Ein Satz wie ›Asklepius hat ihm Reiten, kalte Bäder oder Barfußlaufen verordnet‹ entspricht dem folgenden: ›Die Allnatur hat ihm Krankheit, körperliche Behinderung, Verlust oder etwas anderes dieser Art verordnet.‹ Denn im ersteren bedeutet ›verordnet‹ soviel wie: ›Er hat es ihm seinem Gesundheitszustand entsprechend verordnet‹, und im letzteren, daß das Ereignis, was einem jeden begegnet, ihm seinem Schicksal entsprechend zugeordnet wurde. [...] Nimm also die Dinge so entgegen, wie solche, die Asklepius verordnet.« (V,8)

Einerseits, präzisiert Marc Aurel, hat dieses Ereignis speziell für dich stattgefunden, ist dir »verordnet« worden, stand im Verhältnis zu dir, ist durch die ältesten Ursachen mit dir verwoben. Andererseits aber bedingte das, was dir so »verordnet« war, den guten Verlauf und das Bestehen des Universums.[63]

Die beiden Gesichtspunkte schließen einander nicht aus, denn jedes Ereignis entspringt zugleich dem allgemeinen Gesetz des Universums, sowohl für sich genommen, als auch insofern es sich mit dem Wohl der vernunftbegabten Wesen befaßt.

Die Praxis der Disziplinierung des Begehrens mag jedoch je nachdem, ob man sich die eine oder die andere Perspektive zu eigen macht, zwei verschiedene Tonalitäten annehmen. Die eine wird eher unpersönlich ausfallen, gleichsam jede Subjektivität in der bewundernden Betrachtung der unabwendbaren Gesetze einer majestätischen und gegen die Menschen gleichgültigen Natur ausschalten (IX,1). Die andere wird eher persönlich ausfallen, da sie dem Individuum das Gefühl vermitteln wird, am allgemeinen Wohl des Ganzen dadurch mitzuarbeiten, daß es die Aufgabe, die Rolle bzw. das Schicksal erfüllt, wofür die Natur es auserwählt hat:

»Alle wirken wir gemeinsam auf ein Endergebnis hin, die einen wissentlich und mit vollem Bewußtsein, die anderen unwissend, wie auch die Schlafenden, von denen Heraklit, glaube ich, sagt, daß sie Arbeiter und Mitarbeiter der Ereignisse im Kosmos seien. [...] Denn derjenige, der das Ganze verwaltet, wird sich deiner bestimmt gut bedienen und dich in irgendeinem Teil als Mitarbeiter und Helfer aufnehmen.«[64] (VI,42)

6. Pessimismus?

»Tiefer Pessimismus durchdringt seine freud- und illusionslosen *Selbstbetrachtungen* [...], ein authentisches Dokument der Einsamkeit eines einzelnen Intellektuellen.«[65] Dieser Auszug aus dem Katalog einer Marc Aurel gewidmeten Ausstellung von 1988 faßt gut zusammen, wie sich die meisten Historiker seit Renan[66] den Kaiser-Philosophen vorgestellt haben. Gewiß fehlt es das ganze Buch hindurch nicht an pessimistisch anmutenden Aussagen:

»Wie dir das Baden vorkommt: Öl, Schweiß, Schmutz, klebriges Wasser, alles ekelhafte Dinge – genauso ist jeder Teil und jeder Gegenstand des Lebens.« (VIII,24)

Desgleichen:

»Die Verwesung der Materie, die jedem Ding zugrunde liegt: Wasser, Staub, Knochen, Gestank.«
(IX,36)

Diesem Ekel scheint sich ein Überdruß hinzuzufügen, der sich bis zur Übelkeit steigern kann:

»Wie dir, was im Amphitheater und an ähnlichen Orten sich abspielt, zuwider ist – immer siehst du ja dasselbe –

und die Gleichförmigkeit das Zuschauen verleidet, dies auch im ganzen Leben empfinden. Denn alles ist auf und ab dasselbe. Wie lange also noch?« (VI,46)

Wie bereits gesagt, darf man nicht voreilig meinen, daß Marc Aurel uns dabei seine persönlichen Eindrücke verrate, seine heillose Traurigkeit zum Ausdruck bringe, wissen wir doch, daß er sich an ganz bestimmte Grundmodelle zu halten hat, daß seine *Ermahnungen an sich selbst* praktische Übungen sind, die nach einer vorgegebenen Methode und bereits vorhandenen Modellen ausgeführt werden. Vor allem muß man versuchen, die wahre Bedeutung, die wahre Tragweite jener Formeln zu begreifen.

Zunächst gilt es festzustellen, daß sich in vielen dieser Aussagen die bereits besprochene[67] Methode physikalischer Definition wiedererkennen läßt, die – indem sie sich an die objektive Vorstellung hält – bemüht ist, sich der konventionellen falschen Werturteile zu entledigen, welche die Menschen über die Objekte aussprechen. Man soll die Methode, laut Marc Aurel (III,11,2), auf alle Objekte anwenden, denen man im Leben begegnet, um »alles, was sich im Leben ereignet, genau und aus der Perspektive der Natur zu sehen« (X,31,5). Diese Methode physikalischer Definition soll erlauben, die Dinge zu »entblößen« (VI,13,3 und III,11,1), »auf ihre Billigkeit herabzuschauen, ihnen den schönen Augenschein zu entreißen, mit dem sie prahlen« (VI,13,3). Und in bezug auf die Methode der Definition der Dinge durch Reduktion auf die Teile derselben rät Marc Aurel: »Denke, außer bei der Tugend und ihren Wirkungen, bei allem daran, zu den Einzelteilen vorzudringen und durch das Zerlegen in diese dahin zu gelangen, sie gering zu schätzen. Übertrage dasselbe Verfahren auch auf das Leben als Ganzes« (XI,2,2).

Es geht also darum, die falschen Werte vor Gericht zu stellen, die Dinge in ihrer nackten, »physikalischen« Wirklichkeit zu sehen. Die ausgefallenen Speisen sind nur Tierkadaver, der Purpursaum nur Schafwolle, der Beischlaf nur ein Reiben im Unterleib (VI,13,1), der Krieg, den Marc Aurel führt, der Jagd der Spinne auf die Fliege gleich (X,10,1), das soziale und politische Leben eine Geringfügigkeit:

»Die im Leben hochgeschätzten Dinge sind leer, verdorben, geringfügig. Sie gleichen Hündchen, die einander beißen, und kleinen Kindern, die sich streiten, die lachen und gleich darauf weinen.« (V,33,2)

Dieselbe Methode läßt sich auf die angeblich wichtigen Leute anwenden:

»Sich vorstellen, wie sie essen, schlafen, sich paaren, sich entleeren usw.! Und dann, wie sie sind, wenn sie sich wie große Männer gebärden, sich stolz gebärden, sich ärgern und von hoher Warte aus die anderen abkanzeln.« (X,19)

Es geht stets darum, die »physikalische« Wirklichkeit zu sehen; dasselbe wird für den Ruf, den Namen, den man der Nachwelt hinterläßt, gelten: »[...] ist doch der Name nur Schall und Widerhall« (V,33). Und gleicherweise, durch die Methode der Zerlegung einer Gesamtheit in ihre Teile, kann man dem Leben seinen falschen Schein entreißen, indem man es auf eines seiner Momente reduziert:

»Wie dir das Baden vorkommt: Öl, Schweiß, Schmutz, klebriges Wasser, alles ekelhafte Dinge – genauso ist jeder Teil und jeder Gegenstand des Lebens.« (VIII,24)

»Auf das Menschliche stets als etwas Vergängliches und Wertloses herabschauen: gestern ein bißchen Schleim, morgen Mumie oder Asche.« (IV,48,3)

Und in einer Reihe von »physikalischen« Definitionen enthüllt diejenige über den Tod noch einmal den geringen Wert unseres physischen Daseins:

»Die Verwesung der Materie, die jedem Ding zugrunde liegt: Wasser, Staub, Knochen, Gestank. Oder umgekehrt sind die Marmorblöcke Verdichtungen der Erde, Gold und Silber Ablagerungen derselben; das Gewand besteht aus Haaren, der Purpur aus Blut und alles andere dergleichen.« (IX,36)

Wir ertappen Marc Aurel hier bei der Übung, physikalische Definitionen der verschiedensten Objekte zu geben, und wir dürfen annehmen, daß die Definition der Verwesung der Materie nicht mit mehr Gefühl und persönlichem Interesse besetzt ist als die des Marmors oder des Goldes. Es handelt sich um eine etwas künstliche Übung zu dem Zweck, einprägsame Formeln zu finden. Doch die Aufgabe der Disziplinierung des Begehrens besteht genau darin, die falschen Werte vor Gericht zu stellen.

Manche Historiker[68] haben geglaubt, in jenen Texten eine wahre Abscheu Marc Aurels vor der Materie und physischen Objekten aufdecken zu können. Er hätte so die stoische Doktrin der Immanenz der Vernunft in der Materie aufgegeben, und man würde bei ihm nicht mehr die Bewunderung finden, die Chrysippos für die sinnliche Welt hegte. So könnte man die Tendenz feststellen, die Transzendenz einer außerhalb der sinnlichen Welt existierenden Gottheit zu behaupten. Das erscheint mir jedoch als ganz und gar falsch. Zunächst gilt es festzuhalten, daß, wenn Marc Aurel von der »Verwesung der Materie« spricht, er nicht meint, daß die Materie selbst Fäulnis sei, sondern daß die Verwandlung der Materie, die dem Tod entspricht, ein natürlicher Vorgang ist, der notwendigerweise von Verwesungsphänomenen begleitet wird, die uns vielleicht abstoßend erscheinen, die jedoch das Objekt einer genauen physikalischen Definition ausmachen sollen. Marc Aurel gibt die stoische Doktrin der Immanenz der Vernunft in der Materie keineswegs auf. Er spricht von der Vernunft, die die Substanz (*ousia*), d.h. die fügsame Materie, regiert (VI,1), von der Vernunft, die sich durch die ganze Substanz oder Materie hindurch ausbreitet (V,32) und die die Wesen und Dinge mit Hilfe der Substanz formt (VII,23), von der konstruktiven Kraft, die in den von der Natur zusammengehaltenen Dingen ist (VI,40) und die es zu verehren gilt. Gewiß spricht er auch von der »Schwäche der Materie« (XII,7), doch diese ist nichts anderes als jener »flüssige« Charakter, jene ständige Möglichkeit passiver Verwandlung, jene für die stoische Materie charakteristische Unfähigkeit, selbst zu handeln.

Ebenso entspricht es den Tatsachen, daß Marc Aurel manchmal vom Körper wie von einer Leiche spricht (IX,24; X,33,6), jedoch sagt er uns selbst, er habe das von Epiktet gelernt: »Ein Seelchen bist du, das einen Leichnam trägt, wie Epiktet sagte« (IV,41). Tatsächlich findet sich dieser Ausdruck in den von Arrian überlieferten *Unterredungen* des Epiktet mehrmals wieder (II,19,27; III,10,15 und 22,41), namentlich dort, wo er sich fragt (IV,7,31), ob der Leichnam »Ich« sei, wobei er manchmal, genau wie Marc Aurel, hinzufügt, daß der Körper nur aus Erde bestehe (III,22,41). Diese pejorativen Ausdrücke stellen also nicht eine Eigentümlichkeit Marc Aurels dar.

Und wenn dieser das Leben mit dem schmutzigen und öligen Badewasser vergleicht, so praktiziert er hier wiederum die Methode physikalischer Definition, von der wir gesprochen haben. Wenn man die Dinge so sehen will, wie sie sind, ist man auch gezwungen, ebenfalls die Wirklichkeiten, die unauflöslich mit dem Alltagsleben verbunden sind, so zu sehen, wie sie sind, d.h. die physikalischen und physiologischen Aspekte der Funktionsweise unseres Körpers und der ständigen Verwandlung der Dinge in und um uns, als da sind: Staub, Schmutz, schlechter Geruch, Gestank. Dieser realistische Blick wird uns erlauben, dem Leben, wie es ist, zu begegnen. Wir müssen an die Worte Senecas denken:

> »An dergleichen Anstoß zu nehmen, ist nicht minder lächerlich als darüber zu klagen, daß du im Badehaus mit Wasser besprizt, an einem öffentlichen Ort belästigt oder mit Kot beschmutzt wirst. Im Leben passiert eben genau,

was im Badehaus, inmitten einer Menge, auf einem Weg passiert. [...] Das Leben ist nichts für Verwöhnte.«[69]

Diese gnadenlose Sichtweise wird die Objekte des Lebens aller falschen Werte berauben, mit denen unsere Urteile sie verkleiden. Der wahre Grund jenes angeblichen Pessimismus liegt darin, daß für Marc Aurel alles gemein, kleinlich, wertlos ist, wenn man es mit jenem einzigen Wert, nämlich mit der Reinheit der moralischen Absicht, mit dem Glanz der Tugend vergleicht. Aus dieser Perspektive gesehen ist das Leben »Schmutz« (VII,47). Aber gleichzeitig fordert uns dieser Blick auf das Leben dazu auf, über den relativen und subjektiven Charakter des Begriffs von Schmutz und Abstoßendem nachzudenken. Wirklich abstoßend sind nicht gewisse Aspekte der Materie, sondern die Leidenschaften, die Laster.

In der Tat: Wenn wir gewisse Aspekte der physischen Wirklichkeit als abstoßend betrachten, so weil und insofern wir Opfer eines Vorurteils sind und sie nicht aus der weiten Perspektive der Allnatur zu betrachten wissen. All diese Aspekte sind nichts anderes als notwendige, aber zusätzliche Folgen des ursprünglichen, am Anfang aller Dinge einmal von der Natur gegebenen Antriebs:

»Auch der Rachen des Löwen, das Gift und alle Schlechtigkeit, wie Dornen oder Schlamm, sind Nebenwirkungen (*epigennémata*) jener ehrwürdigen und wertvollen Dinge. Stelle dir daher diese Folgeerscheinungen dem nicht als fremd vor, was du verehrst, sondern denke an die Quelle aller Dinge.« (VI,36,3)

Schlamm, Staub, Badewasser, Phänomene, die wir für abstoßend halten, sind innigst mit dem Vorgang, mit dem Lauf, dem Abrollen der Welt verbunden, das auf die Allvernunft zurückgeht. Marc Aurel geht noch weiter:

»Man muß zudem darauf achten, daß die zusätzlichen Folgen der Naturerscheinungen etwas Anmutiges und Anziehendes haben. Wenn z.B. Brot gebacken wird, so brechen einige Teile auf, und diese Risse, die gewissermaßen im Widerspruch zum Vorhaben der Bäckerkunst stehen, stechen irgendwie hervor und regen auf eine besondere Weise den Appetit an. Auch die Feigen platzen auf, wenn sie überreif sind, und bei den überreifen Oliven fügt eben der Übergang zur Fäulnis der Frucht eine besondere Schönheit zu. Und die sich nach unten neigenden Ähren, die runzelige Stirn des Löwen, der Schaum, der aus dem Maul des Ebers fließt und vieles andere, was, für sich allein betrachtet, bei weitem nicht schön ist, trägt doch zur Schönheit bei und erfreut das Herz, weil es die Naturvorgänge begleitet, so daß, hat jemand eine Empfindung und eine tiefere Einsicht in das Geschehen im Weltganzen, er den Eindruck gewinnen wird, daß fast alle zusätzlichen Folgen sich irgendwie lustvoll darbieten. Ein solcher Mensch wird auch die Rachen wilder Tiere in ihrer nackten Wirklichkeit nicht weniger lustvoll anschauen als die, welche die Maler und Bildhauer nachahmend darstellen. Er wird auch gewissermaßen die Reife und die Blüte einer alten Frau und eines alten Mannes und den Liebreiz von Kindern mit seinen reinen Augen sehen können. Vieles dergleichen wird nicht jedem zugänglich sein, sondern nur dem, der mit der Natur und ihren Werken im vollsten Sinne vertraut ist.« (III,2)

Diese Zeilen verdienen es, mit Aristoteles' Vorwort zu *Über die Teile der Tiere* (644 b 31) verglichen zu werden:

»Gewisse Dinge hier unten bieten wahrhaft keinen angenehmen Anblick. Die Natur, die sie hervorgebracht hat, gewährt indes dem, der sie anschaut, einen wunderbaren Genuß, wenn er fähig ist, die Prinzipien der Naturphänomene zu erkennen und wenn er von Natur aus Philosoph ist. Es wäre im übrigen unlogisch und ungereimt, daß wir Vergnügen daran haben, die Bildnisse jener Dinge anzuschauen, bewundern wir doch, indem wir sie anschauen, gleichzeitig die Begabung des Künstlers, Malers oder Bildhauers, und daß wir nicht noch größere Freude daran empfinden sollten, die von der Natur selbst hergestellten Dinge selbst anzuschauen, zumindest wenn es uns gelingt, ihre Prinzipien zu durchschauen. Aus diesem Grund soll man, wenn man weniger edle Lebewesen untersucht, sich nicht von einer kindischen Abscheu überwältigen lassen. Denn es wohnt allem Natürlichen etwas Wunderbares inne.«

Aristoteles interessiert sich für die Wesen und Dinge selbst, die auf eine natürliche Art entstehen: Selbst wenn sie einen erschreckenden oder abstoßenden Aspekt haben, soll der Philosoph in dem Maße, wie er in diesen natürlichen Dingen die schöpferische Macht der Natur wiedererkennt, ihre Schönheit entdecken können. Bei Marc Aurel dagegen handelt es sich um notwendige und zusätzliche Folgen der natürlichen Phänomene, die aus der anfänglichen Entscheidung hervorgehen, doch den Menschen erscheinen, als entsprängen sie den Absichten der Natur: Schlangengift, Dornen der Rosen. Gleichwohl erkennt auch Marc Aurel in diesen Folgen schließlich die schöpferische Macht der Natur.

Diese Folgen, die nicht dem klassischen Kanon der Schönheit entsprechen, haben in dem Maße, in dem sie eben Folgen der Naturphänomene sind, »etwas Anmutiges und Fesselndes«.

Der Bäcker hätte dem Brot gern eine vollkommen regelmäßige Form gegeben. Doch es nimmt beim Backen unvorhersehbare Formen an und bekommt unerwarteterweise Risse. Auf eben diese Weise sollte die allgemeine Bewegung des Universums gänzlich vernunftgemäß sein. Indessen entstehen bei dieser Bewegung begleitende, zusätzliche Phänomene, die der Absicht der Natur, dem Antrieb, den sie im Ursprung gegeben hat, entgehen. Wie im Falle des Brotes sind es gerade solche Anomalien, Unregelmäßigkeiten, jene Risse in der Kruste, die uns ahnen lassen, daß das Brot knusprig ist, und den Appetit anregen.

Nach Aristoteles kann einzig der Philosoph die Schönheit der Naturerzeugnisse wahrnehmen, weil er den Plan der Natur und die Kraft entdeckt, die das Wachstum der Wesen und Dinge von innen sichert. Auch für Marc Aurel kann einzig der Philosoph bzw. der Weise, der die Erfahrung und das tiefe Verständnis der Vorgänge des Universums besitzt, die Schönheit und Anmut der Phänomene empfinden, die die Naturvorgänge begleiten, und zwar eben deshalb, weil er die Verbindung zwischen den Naturvorgängen und ihren notwendigen Begleiterscheinungen wahrnimmt.

Die idealistische Ästhetik, die nur die Manifestation der idealen Form, des Kanons der Proportion als schön gelten ließ, wird sowohl bei Aristoteles als auch bei Marc Aurel und während der ganzen hellenistischen Epoche durch eine realistische Ästhetik ersetzt, der zufolge die lebendige Wirklichkeit in ihrer Nacktheit, vielleicht sogar in ihrem Schrecken schöner ist als die schönsten Nachahmungen. »Ein häßlicher Mann, der lebt«, sagt Plotin, »ist schöner als ein schöner, der in einem Standbild dargestellt ist.«[70]

Hier verwandelt sich die Perspektive vollständig. Die Dinge, die abstoßend, ekelhaft, erschreckend erschienen, werden schön in den Augen dessen, der mit der Natur vertraut ist, weil sie eben da sind, natürlich sind, einen Teil der Naturvorgänge darstellen, indirekt der Absicht der Natur entspringen.

Ebensowenig wie die Natur (IX,1,9) darf man zwischen gleichgültigen Dingen unterscheiden, die nicht von uns, sondern eben von der Allnatur abhängen. Der Schmutz, der Schlamm, die Dornen, das Gift entspringen ein und derselben Quelle und sind genauso natürlich wie die Rose, das Meer oder der Frühling. In den Augen der Natur und des Menschen, der mit der Natur vertraut ist, besteht kein Unterschied zwischen dem Badewasser und dem Rest des Lebens: alles ist gleichermaßen »natürlich«. Das ist nicht sehr weit von Nietzsche entfernt: »[...] ist alles Notwendige, aus der Höhe gesehn und im Sinne einer *großen* Ökonomie, auch das Nützliche an sich – man soll es nicht nur tragen, man soll es *lieben*.«[71]

Die Vertrautheit mit der Natur ist eine der Grundhaltungen dessen, der die Disziplinierung des Begehrens praktiziert. Mit der Natur vertraut sein heißt, die Dinge und die Ereignisse als vertraute wiedererkennen, wissen, daß sie zur selben Welt gehören wie wir, daß sie derselben Quelle entspringen. Genau dies heißt also »Physik betreiben«, sich der Einheit der Natur und der Übereinstimmung derselben mit sich selbst bewußt werden. Wer mit der Natur vertraut ist, schließt sich dieser Übereinstimmung der Natur mit sich selbst an; er ist »nicht länger Fremder im Vaterland«, wohl aber »ein Mensch, des Kosmos würdig, der ihn gezeugt« (XII,1,5).

Aus einer kosmischen Perspektive betrachtet, können die Dinge des Lebens zugleich schön, weil sie da sind, und dennoch wertlos erscheinen, weil sie nicht zur Sphäre der Freiheit und der Moralität Zutritt haben, sondern rasch ins Unendliche der Zeit und des Raumes und im ununterbrochenen Fluß des Werdens verschwinden: »Was von alledem, was diesen Fluß entlangtreibt, sollte man hochschätzen, wo man doch bei keinem verharren kann?« (VI,15,2)

Marc Aurel wird nicht müde, die großen Gesetze der Natur zu betrachten. Vor allem die ständige Metamorphose aller Dinge fasziniert ihn. Ohne Unterlaß will er sich ihrer Betrachtung widmen:

> »Wie alles sich ineinander wandelt: Dies zu betrachten, erwirb dir ein Verfahren. Achte ohne Unterlaß darauf und übe dich auf diesem Gebiet.« (X,11)

> »Auf jeden der Gegenstände achten und überdenken, wie er sich schon auflöst und in Wandlung und gleichsam in Fäulnis oder Zerfall begriffen ist [...].« (X,18)

Marc Aurel bemüht sich, den Auflösungsvorgang wahrzunehmen, der bei den Gegenständen und Menschen, die ihn umgeben, immer schon am Werke ist. Er hätte der Prinzessin Bibesco zugestimmt, die sich, um über den Tod zu meditieren, damit begnügte, einen Strauß Veilchen zu betrachten.[72] Er stellt sich die Kaiserhöfe der Vergangenheit wie den des Augustus vor Augen, um sich besser bewußt zu werden, daß all die Personen, die in seiner Erinnerung einen Augenblick wiederauferstanden sind, schon längst tot sind. Dies zeugt von nicht mehr Todessehnsucht oder krankhafter Beschäftigung mit dem Tod, als wenn der Literaturlehrer, den Robin Williams in dem Film *Der Club der toten Dichter* darstellt, seinen Schülern den Wert des Lebens begreiflich zu machen sucht, indem er sie aufmerksam das Bild einer Gruppe von früheren Schulabgängern betrachten läßt, damit sie sich im Bewußtsein, daß all diese scheinbar so lebendigen Jungen tot sind, entdecken, was das Leben Kostbares hat. *Carpe diem*, nutze den Tag! Der einzige Unterschied liegt darin, daß der ausschließliche Wert für Marc Aurel nicht im Leben schlechthin, sondern im moralischen Leben besteht.

Die Vision der allumfassenden Metamorphose lehrt, den Tod nicht zu fürchten, der nur ein Sonderfall davon ist (II,12,3), den vergänglichen Dingen keinen Wert zuzubilligen (IX,28,5). Sie versetzt die Seele aber auch in die Betrachtung des großartigen Schauspiels der Natur, die ohne Unterlaß die Dinge verwandelt, »damit der Kosmos immer wieder neu sei« (VII,25).

Inmitten dieser Unermeßlichkeit des Universums, der Unendlichkeit von Zeit und Raum, versenkt sich Marc Aurel in eine Art Schwindel und Rausch, wie übrigens so viele andere vor ihm.[73]

Diese Vision der Substanz und der Zeit in ihrer Gänze wird durch den Blick von oben,[74] durch den über alle Dinge sich erhebenden Seelenflug in der Unermeßlichkeit des Universums gewonnen: »Du wirst dir Weiträumigkeit schon jetzt dadurch verschaffen, daß du die ganze Welt in deinem Geist umfaßt hältst und die unendliche Ewigkeit überdenkst und den raschen Wechsel jedes der Einzeldinge bedenkst [...]« (IX,32). Marc Aurel läßt sich von den Himmelskörpern in ihre Kreisbewegungen, in den Strom der Metamorphose der Elemente hineinziehen: »Die diesbezüglichen Vorstellungen reinigen vom Schmutz des irdischen Lebens« (VII,47).

Das Universum, in das Marc Aurel gedanklich eintaucht, ist gemäß dem stoischen Modell ein endliches Universum inmitten der Unermeßlichkeit der Leere, ein Universum, das sich endlos im Unendlichen der Zeit wiederholt: »Die vernünftige Seele [...] umwandelt den ganzen Kosmos und die Leere um ihn herum und seine äußere Gestalt, und sie dehnt sich bis in die Unendlichkeit der Ewigkeit aus und umfaßt und umdenkt die periodische Wiedergeburt des Alls [...]« (XI,1,3).
Der Mensch ist für das Unendliche gemacht; sein wahres Vaterland, sein wahrer Staat ist die Unermeßlichkeit der Welt. Wie Seneca sagt:

»Wie natürlich ist es dem Menschen, seinen Geist auf die ganze Unermeßlichkeit auszudehnen [...]. Die menschliche Seele läßt sich keine Grenzen setzen außer denen, die sie auch mit Gott gemeinsam hat. Vaterland ist ihr, was der Himmel und das All mit seinem Umfang umfaßt.«[75]

Zu dem, was dem Menschen eigen ist, was ihn mit Freude erfüllt, gehört, so Marc Aurel, die Betrachtung der Natur des Alls und alles dessen, was ihrem Willen gemäß geschieht (VIII,26).
Diese geistige Übung des Blicks von oben oder des kosmischen Seelenflugs hat zum ersten Ergebnis, dem Menschen den Glanz des Universums und des Geistes zu offenbaren, liefert aber auch machtvolle Motive für die Praxis der Disziplinierung des Begehrens. Von oben betrachtet scheinen die menschlichen Angelegenheiten recht klein und kleinlich und verdienen es nicht, daß man sie sich wünsche, und der Tod erscheint nicht länger als etwas, was man fürchten müsse.
Eben aus dieser Perspektive sind Asien und Europa nur kleine Winkel der Welt, das Meer ein Tropfen Wasser, der Berg Athos ein Häufchen Erde, der gegenwärtige Augenblick ein Punkt (VI,36). Der Platz, den der Mensch einnimmt, der Teil, der ihm zukommt, ist winzig in der Unermeßlichkeit (XII,32). Und ebenso winzig sind die Menschen, die auf der Erde herumkriechen!

»Menschenmengen, Heere, Landarbeiten, Hochzeitsfeste, Scheidungen, Geburten, Todesfälle, Gezeter vor Gerichten, Einöden, bunte Sitten der Barbarenvölker, Festfreuden, Totenklagen, Märkte – das Durcheinander und letztlich harmonisch Zusammengefügte.« (VII,48)

Diese Anstrengung, von oben herabzublicken, erlaubt also, das Gesamtschauspiel der menschlichen Wirklichkeit unter all seinen sozialen, geographischen, gefühlsmäßigen Aspekten zu beobachten und sie in die kosmische Unermeßlichkeit und ins namenlose Gewimmel der Menschengattung auf der Erde zurückzuverlegen. Aus der Perspektive der Allnatur gesehen werden die Dinge, die nicht von uns abhängen, die die Stoiker gleichgültig nennen, die Gesundheit, der Ruhm, der Reichtum, der Tod, auf ihre wahren Proportionen zurückgeführt.

Das Thema des Blicks von oben scheint, wenn es die besondere Form der Beobachtung der Menschen auf der Erde annimmt, speziell zur kynischen Tradition zu gehören. Tatsächlich finden wir es sehr wirkungsvoll in Szene gesetzt bei einem Zeitgenossen Marc Aurels, dem Satiriker Lukian, der in der Tat stark von der kynischen Lehre beeinflußt worden ist. In Lukians Dialog *Ikaromenippos oder die Luftreise*[76] erzählt der Kyniker Menipp einem Freund, wie er, durch die Widersprüche der Philosophen über die letzten Prinzipien des Weltalls entmutigt, sich entschlossen habe, im Himmel selbst nachzusehen, wie es damit stehe. Er hat sich also Flügel angepaßt, den rechten von einem Adler, den linken von einem Geier, und sich in die Lüfte geschwungen in Richtung auf den Mond. Dort angekommen, sieht er von oben die ganze Erde und, wie Zeus bei Homer, so sagt er, beobachtet er bald das Land der Thraker, bald das Land der Mysier, sogar, wenn er will, Griechenland, Persien und Indien, was ihn mit einem mannigfaltigen Vergnügen erfüllt. Und er beobachtet natürlich auch die Menschen: Er konnte, sagt er, »nicht nur Völker und Städte genau erkennen, sondern sogar sehen, wie die einen auf dem Meer dahinsegelten, andere Krieg führten, noch andere ihr Feld bebauten und wieder andere zu Gericht saßen.« Und er beobachtet auch nicht nur, was sich im Freien abspielt, sondern auch das, was in den Häusern vor sich geht, wo die Menschen sich unbeobachtet fühlen. Das ist, nebenbei bemerkt, das Thema des berühmten Romans *Le Diable boiteux* (»Der hinkende Teufel«) von Lesage aus dem 18. Jahrhundert. Nach einer langen Aufzählung von Verbrechen und Ehebrüchen, die er in den Häusern geschehen sieht, faßt Menipp seine Eindrücke zusammen als Mischmasch, Mißklang und lächerliches Schauspiel. Doch am lächerlichsten findet er die Leute, die über die Grenzen ihres Landes streiten, denn die Erde erscheint ihm winzig klein. Die Reichen sind stolz auf ganz unbedeutende Dinge. Ihre Ländereien, sagt er, sind nicht größer als eines der Atome Epikurs, und die Ansammlungen der Menschen gleichen dem Gewimmel von Ameisen. Nachdem er den Mond verlassen hat, reist Menipp durch die Sternenwelt, um zu Zeus zu gelangen, und er amüsiert sich über die lächerlichen und widersprüchlichen Gebete, die die Menschen an Zeus richten. In dem Dialog mit dem Titel *Charon oder die Überwacher* ist es Charon, der Fährmann der Toten, der um einen Tag Urlaub bittet, um einmal an die Erdoberfläche emporzusteigen und zu sehen, was es mit dem Leben wohl auf sich hat, das die Menschen so sehr vermissen, wenn sie in der Unterwelt ankommen. Zusammen mit Hermes türmt er mehrere Berge aufeinander, um die Menschen besser beobachten zu können. Anschließend finden wir dieselbe Art von Beschreibung wie im *Ikaromenippos* und bei Marc Aurel: Schiffahrten, Heere im Krieg, Prozesse, Ackerbauern, verschiedene Tätigkeiten, doch allemal ein leidvolles Leben. »Wenn die Menschen«, so sagt Charon, »sich von Anfang an klarmachen würden, daß sie sterben müssen, daß sie nach einem kurzen Aufenthalt im Leben aus diesem wie aus einem Traum sich entfernen und alles auf der Erde zurücklassen müssen, würden sie weiser leben und mit weniger Bedauern sterben.« Aber die Menschen sind leichtsinnig. Sie sind wie die von einem Wasserfall erzeugten Blasen, die ebenso schnell zerplatzen, wie sie geformt werden.

Dieser Blick von oben auf das irdische Leben der Menschen ist, wie gesagt, eine typische Erscheinungsform des Kynismus. Ein Beweis hierfür liegt u.a. darin, daß der fragliche Dialog den Titel *Charon ê Episkopountes*, »Charon oder die Überwacher«, trägt. Der kynische Philosoph betrachtet es nämlich als seine Aufgabe, die Handlungen der Menschen zu überwachen, also eine Art Spion zu sein, der den Verfehlungen der Menschen auflauert und sie anzeigt. Das sagt Lukian selbst.[77] Der Kyniker hat den Auftrag, andere Menschen zu überwachen, er ist ihr Zensor, beobachtet ihr Verhalten wie von der Höhe eines Beobachtungsturms. Und die Worte *episkopos* bzw. *kataskopos*, also »Spion«, »Inspektor«, »Aufseher«, »Überwacher«, sind als Bezeichnungen für die Kyniker in der antiken Tradition belegt.[78] Dieser Blick von oben ist nach ihrer Ansicht dafür bestimmt, die unvernünftige Lebensweise der Menschen anzuzeigen. Es ist nicht gleichgültig, daß es in einem der Dialoge Lukians gerade Charon ist, der Fährmann der Toten, der die menschlichen Dinge von oben betrachtet. Von oben herabzublicken heißt auch, auf die menschlichen Dinge aus der Perspektive des Todes herabzublicken. Eben diese Perspektive gewährt die Loslösung, die Erhebung und den Abstand, die unentbehrlich sind, um die Dinge so zu sehen, wie sie sind. Der Kyniker zeigt den Wahn der Menschen auf, die, den Tod vergessend, leidenschaftlich Dingen wie Luxus und Macht anhängen, die zurückzulassen sie unerbittlich gezwungen werden. Deshalb ruft der Kyniker dazu auf, überflüssige Begierden, gesellschaftliche Konventionen und die künstliche Zivilisation zu verwerfen, die für die Menschen eine Quelle von Unruhe, Sorgen und Leiden sind, und fordert sie dazu auf, zu einem einfachen und rein natürlichen Leben zurückzukehren.

So treffen sich der Kaiser-Philosoph und Lukian, jener Voltaire der Antike, bei dieser Übung der Imagination, diesem Blick von oben, der auch ein Blick aus der Perspektive des Todes ist, ein gnadenloser Blick, der die Dinge ihrer falschen Werte entblößt.

Zu den falschen Werten gehört die Berühmtheit. Marc Aurel wußte die einprägsamsten Formeln zu finden, mit denen unser

Wunsch, unseren Zeitgenossen oder unserer Nachwelt bekannt zu sein, vor Gericht gestellt wird:

»Winzig ist also die Zeit, die jeder lebt, winzig das Fleckchen Erde, worauf er lebt; winzig auch der weitreichendste Nachruhm, und dieser beruht auf der Überlieferung durch Menschen, die sehr bald sterben werden und nicht einmal sich selber kennen, geschweige denn den vor Zeiten Gestorbenen.« (III,10,2)

»Beschäftigt dich indes das bißchen Ruhm? Schau hin auf die Schnelligkeit, mit der alle Dinge in Vergessenheit geraten, auf den Abgrund der nach beiden Seiten unendlichen Ewigkeit, auf die Nutzlosigkeit des Nachruhms, auf die Wandelbarkeit und Urteilslosigkeit derer, die dich zu rühmen scheinen, und auf die Enge des Raumes, auf den der Ruhm begrenzt ist. Denn die ganze Erde ist ein Punkt, und ein wie kleiner Winkel davon ist dieses besiedelte Gebiet? Und wie viele und was für Leute sind es da, die dich lobpreisen werden?« (V,3,7-8)

»Nah ist die Zeit, daß du alle vergissest, nah die Zeit, daß alle dich vergessen.« (VII,21)

»Daß du nach nicht langer Zeit niemand und nirgends sein wirst [...].« (XII,21)

Wenn der Blick von oben offenbart, daß die menschlichen Dinge lediglich einen unendlich kleinen Punkt in der Unermeßlichkeit der Wirklichkeit ausmachen, so läßt er uns auch das entdecken, was Marc Aurel *homoeides* nennt und was man zugleich als Identität und Homogenität der Dinge bezeichnen könnte. Dieser Begriff ist zweideutig und kann meinen, daß in den Augen dessen, der in die kosmische Unendlichkeit eintaucht, alles in allem sei, alles miteinander zusammenhänge, das ganze Universum in jedem Moment der Zeit und in jedem Teil der Wirklichkeit gegenwärtig ist:

»Wer sieht, was jetzt ist, hat alles gesehen, was seit Ewigkeit geschah und was ins Unendliche sein wird, denn alles ist gleichartig und gleichförmig.« (VI,37)

Der Tod wird mir also nichts nehmen, habe ich doch alles in jedem Augenblick gehabt. Die Seele erreicht ihren Endzweck, in welchem Moment auch immer sie die Grenze ihres Lebens erreichen mag. In jedem gegenwärtigen Augenblick habe ich alles, was ich vom Leben erwarten kann, nämlich die Gegenwart des ganzen Universums und die der Allvernunft, die lediglich ein und dieselbe Gegenwart sind. In jedem Augenblick habe ich das ganze Sein im geringsten Ding. Wenn man sich aber zu sterben fürchtet, weil man weiterhin vom Leben, von den Ehren, von den Vergnügungen, von den falschen menschlichen Werten profitieren möchte, nimmt das *homoeides*, d.h. die Gleichartigkeit, einen ganz anderen Sinn an. Für denjenigen, der den wahren Wert entdeckt hat, die Vernunft, die in ihm und im Universum regiert, sind diese Dinge des Lebens, die ihre Kleinlichkeit und Banalität unablässig wiederholen, genauso abstoßend wie die Zirkusspiele (VI,46).

Der Blick von oben auf die menschlichen Dinge herab erlaubt, sich die Vergangenheit und die Zukunft vorzustellen, und offenbart, daß dieselben Szenen, selbst wenn die Individuen verschwinden, sich durch die Jahrhunderte hindurch wiederholen. Die Seele, die sich auf die Unermeßlichkeit des Raumes und der Zeit ausdehnt, »sieht, daß die, die nach uns kommen, nichts Neues sehen werden und die, die vor uns waren, um nichts mehr gesehen haben als wir, daß aber in gewisser Weise der Vierzigjährige, wenn er nur ein wenig Geist besitzt, alles gesehen hat, was sich je ereignet hat und je sein wird, aufgrund der Gleichartigkeit aller Dinge« (XI,1,3). Marc Aurel kommt oft und nachdrücklich auf diese Idee zurück: »[...] jedesmal, wenn du dich emporhebst, wirst du dasselbe, das Gleichartige, das Kurzfristige sehen. Dazu die Aufgeblasenheit!« (XII,24,3) Er stellt sich die Kaiserhöfe seiner Vorgänger, den von Hadrian, den des Antoninus Pius, und die älteren von Philipp, Alexander und Kroisus vor: »Und [...] all die immergleichen Dramen und Szenen, die du aus deiner Erfahrung und aus der alten Geschichte kennst [...]. Denn sie waren alle eben dieselben, nur mit anderen Schauspielern« (X,27,1-2).

Für die Alten wiederholt sich die Geschichte immer wieder. Darin liegt auch der Grund, weshalb die Historiker von damals Geschichte betrieben: »All denen, die das Vergangene klar erkennen wollen und auch das Zukünftige, das aufgrund des menschlichen Charakters Gleichheit oder Ähnlichkeit aufweisen wird«, sagt Thukydides zu Beginn seiner *Geschichte* (I,22,4), »wird die Darstellung der Tatsachen nützlich sein, und das soll genügen.« Und man muß sagen, daß sein Werk unter diesem Aspekt einen außerordentlichen Erfolg darstellt. Seine Beschreibung der Hypokrisie der Großen und Mächtigen ist von einer entmutigenden Aktualität.

Marc Aurel für seinen Teil hätte wahrscheinlich den folgenden Zeilen von Schopenhauer über die Geschichte zugestimmt:

> »[...] während sie [die Geschichte] vom Anfang bis zum Ende, stets nur das Selbe wiederholt unter andern Namen und in anderm Gewande. [...] Dies Identische und unter allem Wechsel Beharrende besteht in den Grundeigenschaften des menschlichen Herzens und Kopfes – vielen schlechten, wenigen guten. Die Devise der Geschichte überhaupt müßte lauten: ›eadem, sed aliter‹. Hat Einer den Herodot gelesen, so hat er, in philosophischer Absicht, schon genug Geschichte studirt. Denn da steht schon Alles, was die folgende Weltgeschichte ausmacht [...].«[79]

Mit der Erwähnung dieser Gleichförmigkeit denkt Marc Aurel aber gar nicht daran, eine Geschichtsphilosophie zu erarbeiten, sondern der Blick, den er von oben auf die menschlichen Dinge wirft, führt ihn dazu, sie richtig einzuschätzen, d.h. ihren falschen

Stellenwert, vor allem aus der Perspektive des Todes, vor Gericht zu stellen.

Die Szenen, die sich durch das Leben und die Zeitalter hindurch wiederholen, sind fast immer menschliche Bosheit, Hypokrisie und Nichtigkeit. Ob man ihnen vierzig Jahre oder zehn Jahrtausende lang zuschaut, macht keinen Unterschied (VII, 49,2). Der Tod wird uns von diesem Schauspiel, das genauso ermüdend ist wie die Zirkusspiele (VI,46), befreien, oder zumindest verlieren wir nichts durch ihn, ist es doch unmöglich, daß etwas Neues geschähe.

Bereits Lukrez, der Epikureer, legte der Natur bei ihrer Bemühung, den Menschen über die Notwendigkeit des Todes hinwegzutrösten, ein Argument dieser Art in den Mund: »Denn dazu, daß ich dir ferner künstlich herbeischaffe und erfinde, was dir gefällt, ist kein Grund, ist doch alles immer wieder dasselbe [*eadem sunt omnia semper*]. [...] dasselbe bleibt alles [...], auch wenn du niemals sterben solltest.«[80]

Wir sehen hier einmal mehr, daß die von den modernen Historikern als pessimistisch bezeichneten Aussagen aus den *Ermahnungen an sich selbst* nicht den Eindrücken oder Erfahrungen Marc Aurels entsprechen – die einzige persönliche Erfahrung, die in seinem Werk zum Ausdruck zu kommen scheint, ist die der Enttäuschung über seine Umgebung, doch darauf werden wir noch zurückkommen.[81] Wenn er sagt, daß die menschlichen Dinge nichts sind in der Unermeßlichkeit, daß sie gemein und kleinlich seien, sich bis zum Überdruß wiederholten, drückt er keine negative Erfahrung aus, die er erlebt hätte, sondern übt sich geistig und literarisch. Manche seiner wunderbar prägnanten Formeln, die lediglich traditionelle Themen der antiken Philosophie wieder aufgreifen, wirken sogar etwas künstlich. Doch das, was letztendlich alles inspiriert, ist die Liebe, die von Marc Aurel tiefempfundene Faszination gegenüber dem einzigen Wert, dem einzig Notwendigen. Gibt es etwas Vorzüglicheres im menschlichen Leben als »die Gerechtigkeit, die Wahrheit, die Mäßigung und die Tapferkeit« (III,6,1)? Und dieses Gut, das alles übersteigt, ist jener Zustand innerer Freude, der sich verwirklicht, wenn das leitende Prinzip, das Denken »sich (bei den Dingen, bei denen es möglich ist, gemäß der aufrechten Vernunft zu *handeln,*) seiner selbst genügt und sich (bei den Dingen, die uns unabhängig von unserem Willen *zugeteilt* werden,) mit seinem Schicksal begnügt«. »Wähle [...] das Vorzüglichere und halte daran fest« (III,6,6). Dieses Vorzüglichere ist schließlich der innere Gott, den man »allem vorziehen« (III,7,2), den man verehren soll, weil er aus derselben Substanz ist wie das leitende Prinzip, das die Welt regiert (V,21). »Nur an einem freue und erhole dich dabei: Von einer gemeinschaftsfördernden Tat zur nächsten gemeinschaftsfördernden Tat fortzuschreiten im Gedanken an Gott« (VI,7). Dieser einzige Wert ist es, der Freude, Ruhe und heitere Gelassenheit in die Seele Marc Aurels bringt.

Im Angesicht dieses einzigen und alles übersteigenden Wertes sind die menschlichen Dinge klein, nur ein Punkt in der Unermeßlichkeit des Universums. Und angesichts dieses letzteren ist das einzige, was groß ist, die Reinheit der moralischen Absicht. Das moralisch Gute übersteigt die physische Größe unendlich – wie bei Pascal.

Schon für den, der die Unermeßlichkeit des Universums betrachtet, erscheinen die menschlichen Dinge, denen wir soviel Wert und Gewicht beimessen, kleinlich und uninteressant; sie gleichen Kinderspielen. »Alles ist«, wiederholt Marc Aurel, »gemein und kleinlich.« Da aber gerade die menschlichen Dinge sich fast immer außerhalb des moralisch Guten befinden, da sie von den Leidenschaften, dem Haß und der Hypokrisie beherrscht werden, erscheinen sie nicht nur gemein, klein und kleinlich, sondern auch abstoßend wegen ihrer eintönigen Niedrigkeit. Die einzige Größe, aber auch die einzige Freude im irdischen Leben besteht also in der Reinheit der moralischen Absicht.

7. Die Ebenen des kosmischen Bewußtseins

Wir haben weiter oben[82] die Etappen des Bewußtseins vom Ich als Macht der Freiheit und der moralischen Wahl betrachtet. Wenn wir nun auf dieses Thema zurückkommen, können wir feststellen, daß die verschiedenen Niveaus des Bewußtseins vom Ich den verschiedenen Ebenen des kosmischen Bewußtseins entsprechen.

Wenn sich das Ich seiner Macht der Freiheit noch nicht bewußt geworden ist, nicht die Begrenzung, die Umschreibung dieser Macht der Freiheit, worin das leitende Prinzip besteht, vollzogen hat, glaubt es sich autonom und von der Welt unabhängig. Tatsächlich ist es, wie Marc Aurel sagt, ein »Fremdes in der Welt« (IV,29) und wird wider Willen vom Schicksal fortgetragen. In der Bewegung, durch die das Ich sich bewußt wird, daß es weder mit dem Körper noch mit dem Lebensatem, noch mit den unwillkürlichen Gefühlen identisch ist, entdeckt es, daß es bis dahin unbewußt und passiv vom Schicksal bestimmt war, nur ein kleiner Punkt in der Unermeßlichkeit, eine kleine Woge in den unermeßlichen Fluten der Zeit. In demselben Moment, in dem die Freiheit sich ihrer selbst bewußt wird, wird sie sich in der Tat auch bewußt, daß das vom Schicksal bestimmte Ich nur ein verschwindend kleiner Teil der Welt ist:

> »Was für ein kleiner Teil der grenzenlosen und aufklaffenden Unendlichkeit der Zeit ist einem jeden zuteil geworden? Gar schleunigst verschwindet er doch in der Ewigkeit. Was für ein kleiner Teil des ganzen Seins? Was für ein kleiner Teil der ganzen Seele? Auf was für einer kleinen Scholle der ganzen Erde kriechst du herum!« (XII,32)

Die Perspektive verändert sich erneut, wenn das Ich als Prinzip der Freiheit, d.h. der moralischen Wahl, erkennt, daß es nichts Großes außer im moralisch Guten gibt, und somit hinnimmt, was vom Schicksal, d.h. von der Allvernunft, gewollt worden ist. Wenn es sich selbst als Prinzip der Freiheit und der Wahl hinnimmt,

nimmt es auch den ihm vom Schicksal zugedachten Anteil hin, eben das vom Schicksal bestimmte Ich. Es nimmt hin, wie die Stoiker sagen, die Rolle zu spielen, die der göttliche Regisseur für es in dem Drama des Universums vorgesehen hat,[83] für Marc Aurel z.B. die Rolle eines Kaisers. Durch diese Hinnahme verwandelt das Ich sich indes selbst. Denn das befreite Ich will nunmehr das ganze Schicksal, die ganze Geschichte der Welt, die ganze Welt so, als wäre es selbst die Allvernunft, die der Urgrund der Welt ist, als wäre es selbst die Allnatur. Dann fällt das Ich als Wille, als Freiheit mit dem Willen der Allvernunft und des durch alle Dinge verbreiteten *logos* zusammen.

Wenn die Bewußtwerdung des Ichs als identisch seiend mit der Allvernunft von der Zustimmung zu diesem Willen begleitet wird, öffnet sie – weit davon entfernt, das Ich wie eine winzige Insel inmitten des Universums zu isolieren – es im Gegenteil auf das ganze kosmische Werden in dem Maße, wie das Ich sich eben von seiner begrenzten Lage, von seinem eng eingeschränkten und individuellen Gesichtspunkt zu einer universellen und kosmischen Perspektive erhebt. Das Bewußtsein des Ichs wird zum Bewußtsein der Welt, dem Bewußtsein der göttlichen Vernunft, von der die Welt gelenkt wird. Schließlich läßt sich sagen, daß das Ich in diesem Bewußtwerdungsprozeß sowohl die Begrenzung seiner Individualität in der Unermeßlichkeit des Universums entdeckt (dies ist eines der Themen, die in den *Ermahnungen an sich selbst* oft wiederkehren: Ich bin nur etwas Unwichtiges im Schlund der Zeit und des Raumes) als es auch gleichzeitig die Transzendenz des Ichs als moralisches Bewußtsein entdeckt, das einen gleichsam unendlichen Wert im Verhältnis zur rein physischen Ordnung hat.

Dieser Gegensatz zwischen dem Ich, das im Gewebe des Universums und des Schicksals gefangen ist, und dem Ich, das sich der Allvernunft gleichsetzt, findet sich bereits bei Epiktet:

»Weißt du nicht, welch winzigen Teil du im Verhältnis zum Ganzen darstellst? Ich meine damit deinen Körper. Denn durch deine Vernunft bist du den Göttern nicht unterlegen, und du bist nicht geringer als sie; die Größe der Vernunft mißt sich nicht an der Länge oder der Höhe, sondern am Wert des Urteils [*dogma*] [oder der Handlungsprinzipien].« (I,12,25-26)

Es sei mir gestattet, einen Gegensatz derselben Art zwischen der Geringfügigkeit des in der Unermeßlichkeit des Universums eingetauchten empirischen Ichs und der unvergleichlichen Größe des moralischen Ichs als gesetzgebender Gewalt der Vernunft in Erinnerung zu rufen, der sich am Schluß von Kants *Kritik der praktischen Vernunft* findet:

»Zwei Dinge erfüllen das Gemüt mit immer neuer und zunehmender Bewunderung und Ehrfurcht, je öfter und anhaltender sich das Nachdenken damit beschäftigt: Der bestirnte Himmel über mir und das moralische Gesetz in mir. Beide darf ich nicht als in Dunkelheiten verhüllt oder im Überschwenglichen außer meinem Gesichtskreise suchen und bloß vermuten; ich sehe sie vor mir und verknüpfe sie unmittelbar mit dem Bewußtsein meiner Existenz. Das erste fängt von dem Platze an, den *ich in der äußeren Sinnenwelt einnehme*, und erweitert die Verknüpfung, darin ich stehe, ins unabsehlich Große mit Welten über Welten und Systemen von Systemen, überdem noch in grenzlose Zeiten ihrer periodischen Bewegung, deren Anfang und Fortdauer. Das zweite fängt von meinem unsichtbaren Selbst, meiner *Persönlichkeit*, an, und stellt mich in einer Welt dar, die wahre Unendlichkeit hat, aber nur dem Verstande spürbar ist, und mit welcher (dadurch aber auch zugleich mit allen jenen sichtbaren Welten) ich mich nicht wie dort in bloß zufälliger, sondern allgemeiner und notwendiger Verknüpfung erkenne. Der erstere Anblick einer zahllosen Weltenmenge *vernichtet* gleichsam meine Wichtigkeit als eines *tierischen Geschöpfs*, das die Materie, daraus es ward, dem Planeten (einem bloßen Punkt im Weltall) wieder zurückgeben muß, nachdem es eine kurze Zeit (man weiß nicht wie) mit Lebenskraft versehen gewesen. Der zweite *erhebt* dagegen *meinen Wert* als einer Intelligenz *unendlich* durch meine Persönlichkeit, in welcher das moralische Gesetz mir ein von der Tierheit und selbst von der ganzen Sinnenwelt unabhängiges Leben offenbart.«[84]

Selbstverständlich hätte Marc Aurel diese kantische Unterscheidung zwischen einer sinnlichen und einer intelligiblen Welt nicht zugelassen. Für ihn wie für die Stoiker gibt es nur eine einzige Welt, so wie es, sagt er, ein einziges Gesetz gibt, das die allen geistigen Wesen gemeinsame Vernunft ist (VII,9). Für ihn wie für die Stoiker ist es die Bewußtwerdung des Ichs durch sich selbst, die es verwandelt, die es nacheinander von der Ordnung der Notwendigkeit in die der Freiheit und von dieser wiederum in die der Moralität übergehen läßt, und so das Ich, einen verschwindend kleinen Punkt in der Unermeßlichkeit, in ein der Allvernunft Ebenbürtiges umwandelt.

VIII

Der Stoizismus der *Ermahnungen an sich selbst*. Die Disziplinierung des Handelns oder die Handlung im Dienst der Menschen

1. Die Disziplinierung des Handelns

Die Disziplinierung des Begehrens hatte zum Ergebnis, dem Menschen die innere heitere Gelassenheit, die Seelenruhe zu bringen, bestand sie doch darin, freudig allem zuzustimmen, was aufgrund der Allnatur und der Allvernunft auf uns zukommt. Der *amor fati*, die Liebe zum Schicksal, führte so dazu, das zu wollen, was der Kosmos will, das zu wollen, was geschieht und *auf uns* zukommt.

Diese schöne heitere Gelassenheit läuft Gefahr, durch die Disziplinierung des Handlungsantriebs und der Handlung getrübt zu werden, da es nun darum geht, zu handeln und nicht mehr zu akzeptieren, unsere Verantwortung wahrzunehmen und nicht mehr zuzustimmen, mit unseren Mitmenschen in Beziehung zu treten, die unsere Leidenschaften um so mehr hervorrufen, als sie uns gleichen, als sie Wesen sind, die wir lieben müssen, obwohl sie oft hassenswert sind.

Hier wiederum wird sich die Norm in der Übereinstimmung mit der Natur finden lassen, diesmal aber nicht mit der Allnatur, von der wir im großen und ganzen wissen, daß sie vernünftig ist, sondern mit einem spezifischeren, bestimmteren Aspekt derselben, nämlich mit der menschlichen Natur, der Natur der Menschengattung, mit der allen Menschen gemeinsamen Vernunft. Dies ist eine besondere Norm, die präzise Verpflichtungen begründet: als Teil der Menschengattung im Dienste des Ganzen, mit Rücksicht auf die Hierarchie der Werte zu handeln, die sich innerhalb der verschiedenen Handlungstypen etablieren kann, und alle Menschen zu lieben, da wir Glieder ein und desselben Körpers sind. Der Mensch wird gleichsam durch die Gesetze von vier Naturen regiert. Zunächst wird er regiert als Teil des Ganzen durch die Allnatur: er soll den großen Gesetzen dieser Natur, d.h. dem Schicksal und den von jener Allnatur gewollten Ereignissen zustimmen. Für die Stoiker aber, die eine vollständige Theorie der der Natur innewohnenden Seinsstufen entwickelt haben, bedeutet das Wort *physis*, das wir mir »Natur« übersetzen, wenn man es ohne weitere Bestimmung verwendet, auch die dem Organismus eigene Wachstumskraft. Die Pflanzen besitzen in der Tat nur diese Wachstumskraft, und auch der Mensch besitzt, neben anderen Kräften, diese Wachstumskraft, die ihn zum Beispiel zwingt, sich zu ernähren und fortzupflanzen. Auch die Anforderungen dieses Gesetzes der »vegetativen Natur« soll der Mensch, sagt Marc Aurel (X,2), berücksichtigen: Er hat z.B. die »Pflicht« (auf diesen Terminus werden wir noch zurückkommen), sich selbst zu erhalten, indem er sich ernährt, unter der Bedingung, daß die Befriedigung dieser Forderung keine unheilvolle Wirkung auf seine anderen inneren Kräfte ausübt. Denn der Mensch ist nicht nur »Wachstumskraft« (*physis*), sondern auch »Wahrnehmungskraft«: Dies ist eine höhere Ebene, eine andere Komponente der Natur des Menschen, die Marc Aurel die animalische »Kraft« bzw. »Natur« nennt (X,2). Dieses Gesetz der Animalität hat beim Menschen ebenfalls seine eigenen Forderungen: Die Selbsterhaltung funktioniert diesmal dank der Wachsamkeit der Sinne. Hier wiederum hat der Mensch die Pflicht, seine Funktion als eines mit Wahrnehmung begabten Tieres unter der Bedingung auszuüben, daß die höheren inneren Kräfte keine unheilvolle Einwirkung daraus erleiden. Die Rolle der Wahrnehmung überschätzen hieße, das Funktionieren der Natur, der über der Wahrnehmung liegenden Kraft, d.h. der Vernunft, zu beeinträchtigen. All das entspricht also der Disziplinierung des Handelns, die alle Bewegungen und

Taten impliziert, die den Forderungen der integralen Natur des Menschen als Wachstums-, Wahrnehmungs- und Vernunftsvermögen in einem entsprechen. Marc Aurel fügt sofort hinzu: »Das Vernunftsvermögen ist gleichzeitig Fähigkeit zum gesellschaftlichen Leben« (X,2); das Gesetz der menschlichen und gesellschaftlichen Vernunft fordert also, daß man sich ganz und gar in den Dienst der menschlichen Gemeinschaft stelle.

In zahlreichen *Ermahnungen an sich selbst* betont Marc Aurel zu Recht den symmetrischen Gegensatz zwischen der Disziplinierung des Handelns und der Disziplinierung des Begehrens – so z.B.:

»Stelle dir nichts als wichtig vor als so zu handeln, wie *deine eigene Natur* dich leitet, andererseits so zu leiden, wie es die *gemeinsame Natur* mit sich bringt.« (XII,32,3)

»Tue ich etwas? Ich tue es, indem ich es als Beitrag zum Wohl der Menschen verrichte. Widerfährt mir etwas? Ich nehme es an als Gabe von den Göttern und der Quelle aller Dinge, von der die Verknüpfung aller Ereignisse ausgeht.« (VIII,23)

»*Leidenschaftslosigkeit* [*ataraxia*] gegenüber den Ereignissen, die dir aufgrund einer äußeren Ursache begegnen; *Gerechtigkeit* [*dikaiotés*] in den Handlungen, die entsprechend der in dir liegenden Ursache vollzogen werden; das will besagen: Dein Antrieb zum Handeln und dein Tun erreichen ihr Ziel im solidarischen Handeln, da dies deiner Natur entspricht.« (IX,31)

»Er hat sich einerseits ganz der *Gerechtigkeit* in den eigenen *Handlungen* und andererseits hinsichtlich allem, was ihm widerfährt, der *Allnatur* überlassen.« (X,11,2)

Bei Marc Aurel wie bei Epiktet soll unsere Handlung also auf das Wohl der menschlichen Gemeinschaft abzielen, und die Disziplinierung des Handelns hat daher die Beziehungen zu den Mitmenschen zum Gegenstand, die durch die von der menschlichen Natur und Vernunft auferlegten Gesetze und Pflichten geregelt werden, wobei menschliche Natur und Vernunft durchaus mit der Allnatur und Allvernunft identisch sind.

2. Der Ernst der Handlung

Wie die anderen Disziplinierungen jeweils in ihrem Bereich, so beginnt auch die des Handelns damit, der menschlichen Handlung die Norm der Vernunft und der Reflexion aufzuerlegen:

»Erstens: nichts zufällig, nichts ohne Berufung auf ein Ziel. Zweitens: seine Handlungen wegen nichts anderem ausführen als zu dem Zweck, der menschlichen Gemeinschaft zu dienen.« (XII,20)

»Die menschliche Seele entwürdigt sich selbst am meisten dann, wenn sie ihre Handlung und ihren Handlungsantrieb nicht auf ein Ziel hin richtet, sondern zufällig und unfolgerichtig erfolgen läßt, wo doch auch das geringste unter Bezug auf das Ziel geschehen soll. Das Ziel aber der vernunftbegabten Lebewesen ist es, der Vernunft und dem Gesetz der ehrwürdigsten Stadt und des ehrwürdigsten Staatswesens zu gehorchen.« (II,16,6)

»Drei Dinge muß man griffbereit haben. Erstens: bei dem, was du tust, ob es weder planlos geschieht noch anders, als es die Gerechtigkeit selbst getan hätte [...]« (XII,24,1)

Das Laster, das sich der Disziplinierung des Handelns entgegensetzt, ist also die Leichtfertigkeit (*eikaiotés*). Sie stellt sich dem Ernst, der Würde entgegen, die jede Handlung auszeichnen sollen. Diese Leichtfertigkeit, diese Unüberlegtheit des Menschen, der sich nicht der Disziplinierung des Handelns zu unterwerfen weiß, ist wie das Zappeln einer Gliederpuppe, einer Marionette, eines Kreisels.

»Laß nicht länger zu, daß es [dein leitendes Prinzip] wie eine Marionette an den Fäden eines egoistischen Antriebs hin- und hergezogen werde.« (II,2,4)

»Setze dem Zappeln der Marionette ein Ende.« (VII,29,2)

»Aufhören, sich wie ein Kreisel zu drehen, sondern bei jedem Handlungsantrieb das Gerechte hervorbringen und sich bei jeder Vorstellung genau an die Wirklichkeit halten.« (IV,22)

Ernsthaft handeln heißt zunächst, von ganzem Herzen, mit ganzer Seele zu handeln (XII,29,2). »Mit ganzer Seele tun, was recht ist.« Marc Aurel spielt hier auf Epiktet an, der den Philosophieschülern vorwarf, sich nicht ernsthaft dem philosophischen Leben hinzugeben: Wie ein Kind »bist du Athlet, dann Gladiator, dann Philosoph, dann Redner, doch nichts mit ganzer Seele [...]. Denn du hast nicht gehandelt, nachdem du die Sache geprüft, von allen Seiten betrachtet und an den Prüfstein gehalten hast, sondern du hast dich leichtfertig und ohne feuriges Begehren hingegeben« (III,15,6). Das Feuer des Herzens wollte Marc Aurel sowohl in die Zustimmung zum Willen der Allnatur (III,4,4) als auch in die Liebe zum Guten (III,6,1) oder in die Ausübung der Gerechtigkeit (XII,29,2) tragen.

Ernsthaft handeln heißt auch, wie wir gesehen haben, jede Handlung auf ein Ziel, genauer auf das der vernünftigen Natur eigene Ziel beziehen. Dies war bereits die Lehre Epiktets: Man muß genau wissen, auf welches Ziel sich unsere Handlungen richten, und man muß sie auf ein Ziel hin ausrichten, das eines vernunftbegabten Wesens würdig ist (III,23,2 und IV,4,39). In der Tat kommt es darauf an, uns der wahren Absicht unserer Handlungen bewußt zu werden und sie von aller egoistischen Erwägung zu säubern. Unsere Handlungen sollen nur den Dienst an der menschlichen Gemeinschaft zum Ziel haben.

Ernsthaft handeln heißt ferner, sich angesichts der möglichen Nähe des Todes des unendlichen Wertes jedes Augenblickes bewußt zu werden: »[...] wenn du jede Handlung, als sei sie die letzte deines Lebens, frei von jeder Leichtfertigkeit ins Werk setzt« (II,5,2). Und: »Die Vollendung deiner Lebensweise liegt darin, jeden Tag, als sei er der letzte, zu verbringen, ohne sich zu erregen noch zu betäuben, noch zu verstellen« (VII,69). Die Idee des Todes entreißt die Handlung der Banalität, der Routine des Alltagslebens. Aus dieser Perspektive ist es unmöglich, auch nur die geringste Handlung ohne Bedacht und Aufmerksamkeit zu vollziehen. Der Mensch soll sich ganz und gar dem hingeben, was vielleicht die letzte Gelegenheit für ihn sein wird, sich auszudrücken. Nicht länger darf er damit warten, es auf morgen hinausschieben, seine Absicht zu reinigen, »mit ganzer Seele« zu handeln. Und selbst wenn es dazu kommen sollte, daß unsere Handlung durch den Tod unterbrochen wird, wäre sie deshalb, wie wir noch sehen werden,[1] nicht unvollendet, denn ihre Vollendung erhält sie gerade durch die moralische Absicht, durch die sie geleitet wird, nicht durch die Materie, in der sie zur Ausübung kommt.

Ernsthaft handeln heißt schließlich, sich nicht in fieberhaftem Tätigkeitsdrang zu verzetteln. Unter diesem Gesichtspunkt zitiert Marc Aurel einen Aphorismus von Demokrit: »Beschäftige dich mit wenigen Sachen, wenn du heitere Gelassenheit erlangen möchtest«,[2] den er anschließend folgendermaßen berichtigt:

> »Täte man nicht besser daran, sich mit den notwendigen Sachen zu beschäftigen und mit denen, welche die Vernunft des von Natur aus auf die Gemeinschaft gerichteten Lebewesens vorschreibt, und sie so auszuführen, wie sie es vorschreibt? Denn dies bringt die heitere Gelassenheit mit sich, nicht nur, weil man dann gut handelt, sondern auch, weil man wenig handelt. Wenn man die meisten Dinge, die

wir sagen und tun, streicht, weil sie unnötig sind, wird man mehr Muße und innere Ruhe haben. Daher soll man sich bei jeder einzelnen Handlung daran erinnern: gehört sie wohl zu den notwendigen Dingen? Man soll aber nicht nur die unnötigen Dinge streichen, sondern auch die überflüssigen Vorstellungen, denn so werden auch keine überflüssigen Handlungen nachfolgen.« (IV,24)

Nicht die Tatsache als solche, daß man die Zahl der eigenen Handlungen reduziert und sich mit wenigen Sachen beschäftigt, verschafft einem heitere Gelassenheit, wie Demokrit anscheinend meint, sondern die Tatsache, daß man die Tätigkeit auf das beschränkt, was dem Gemeinwohl dient. Darin besteht jenes einzig Notwendige, das einem Freude macht, indessen alles übrige lediglich Betrübnis und Besorgnis verursacht. Indem er jedoch hinzufügt, daß ein solches Handlungsprinzip einen Muße finden lasse, bedenkt Marc Aurel seine eigene Erfahrung nicht. Fronto, sein Rhetoriklehrer und Freund, ermahnt ihn, sich ein wenig in Alsium am Meeresufer auszuruhen, und verweist auf die Tage und Nächte, die Marc Aurel ununterbrochen der Ausübung seines Richteramtes widmet, und auf die Bedenken, die ihn quälen: »Wenn du jemanden verurteilst, sagst du: ›Vielleicht hat man ihm nicht genug Garantien gegeben.‹«[3] Wir werden auf die Sorge und die Ungewißheit, die zur Handlung gehören, noch zurückkommen müssen. Wie dem auch sei, Marc Aurel wiederholt in den *Ermahnungen an sich selbst* oft, daß man viel Zeit gewinnt, wenn man sich nicht mit Belanglosigkeiten aufhält, beispielsweise, wenn man zu wissen trachtet, was die anderen gesagt, getan oder gedacht haben (IV,18), und daß man »sich nicht mehr als nötig mit Geringfügigkeiten abgeben soll« (IV,32,5).

In einem bestimmten Sinne entspricht das Bewußtsein des Ernstes, mit dem man jede Handlung angehen soll, der Bewußtwerdung des unendlichen Wertes jedes Augenblickes aus der Perspektive des Todes:

»Frage dich bei jeder Handlung: In welchem Verhältnis steht diese zu mir? Werde ich sie nicht bereuen? Bald schon werde ich gestorben und alles verschwunden sein. Was suche ich mehr, wenn ich im gegenwärtigen Augenblick als intelligentes Wesen handle, welches sich in den Dienst der menschlichen Gemeinschaft stellt und Gott gleichgestellt ist?« (VIII,2)

Wie könnte man, wenn man sich des Wertes des geringsten Augenblickes bewußt wird und die gegenwärtige Handlung als die letzte des Lebens betrachtet, die Zeit mit unnützen und nichtigen Handlungen verlieren?

3. Die »angemessenen Handlungen« *(kathékonta)*

Oft genug wiederholt Epiktet, daß das Übungsthema, das die Handlungsantriebe und die Handlungen zum Objekt hat, dem Bereich entspricht, den die Stoiker *kathékonta* nannten – ein Wort, das gewöhnlich mit »Pflichten« übersetzt wird. Marc Aurel präzisiert dies zwar nicht, doch wenn er, in Zusammenhang mit diesem Übungsthema, von den Handlungen »im Dienst der menschlichen Gemeinschaft« (IX,6; XI,37) spricht, übernimmt er Epiktets Termini und zeigt dadurch, daß er dessen Doktrin kennt. Im stoischen System gehören außerdem die menschlichen Handlungen notwendigerweise in diesen Bereich der *kathékonta*.

Besinnen wir uns für einen Moment auf den Stellenwert, der diesem Begriff in der stoischen Lehre insgesamt zukommt. Wie bereits mehrfach erwähnt, besagt deren Grundprinzip, daß es kein Gut gibt außer dem moralischen. Wodurch aber ist ein Gut ein moralisches Gut? – Zunächst dadurch, daß es im Menschen liegt, d.h. in den Dingen, die von uns abhängen: dem Denken, dem Handlungsantrieb oder dem Begehren. Sodann dadurch, daß wir unser Denken, unseren Handlungsantrieb, unser Begehren dem Gesetz der Vernunft anpassen wollen. Alles übrige ist also *gleichgültig*, d.h. ohne innewohnenden Wert. Zu den gleichgültigen Dingen zählen die Stoiker das Leben, die Gesundheit, die Lust, die Schönheit, die körperliche Stärke, den Reichtum, den Ruhm, die edle Geburt sowie ihre Gegenteile, also den Tod, die Krankheit, den Schmerz, die Häßlichkeit, die körperliche Schwäche, die Armut, die Namenlosigkeit, die niedere Geburt. All diese Dinge hängen in letzter Analyse nicht von einem selbst, sondern vom Schicksal ab und gewähren weder Glück noch Unglück, da das Glück lediglich in der moralischen Absicht liegt. Hier stellt sich jedoch ein doppeltes Problem. Einerseits genügt es nicht, Gutes tun zu wollen, sondern man muß auch wissen, was man konkret tun soll. Andererseits stellt sich die Frage, wie man leben, sich im Leben orientieren soll, wenn alles, was nicht von einem abhängt, weder gut noch schlecht ist. Gerade an dieser Stelle greift die Theorie der »Pflichten«, der »angemessenen«[4] oder »zukommenden[5] Handlungen« (*kathékonta*) ein, die dazu bestimmt ist, dem rechten Willen einen Übungsstoff zu bieten und einen Kodex praktischen Verhaltens bereitzustellen, der schließlich erlauben soll, Unterschiede unter den gleichgültigen Dingen auszumachen und den im Prinzip wertfreien Dingen einen relativen Wert zu verleihen.

Hier zeigen sich die »physikalischen« Wurzeln der stoischen Moral. Bei der Bestimmung dessen, was man konkret tun soll, gehen die Stoiker vom Grundtrieb der Tiere aus, der den Willen der Natur ausdrückt. Dank eines natürlichen Antriebs, der sie dazu bewegt, sich selbst zu lieben und den anderen vorzuziehen, streben sie dazu, sich selbst zu erhalten und zurückzuweisen, was ihre Unversehrtheit bedroht. So offenbart sich dem natürlichen Trieb, was der Natur »angemessen« ist. Mit dem Auftreten der Vernunft beim Menschen wird der natürliche Trieb wohlbedachte Wahl.[6] Man wird *auf vernünftige Weise* die Dinge erkennen, die einen »Wert« haben, weil und insofern sie dem angeborenen Streben entsprechen, welches die Natur in uns gesetzt hat. So ist es »natürlich«, daß man das Leben liebt, daß die Eltern ihre Kinder lieben, daß die Menschen wie die Ameisen und die Bienen einen

Trieb zur Geselligkeit haben, daß sie von Natur dazu geschaffen sind, Gruppen, Versammlungen, Städte und Staaten zu bilden. Sich zu verheiraten, sich politisch zu betätigen, dem Vaterland zu dienen, all diese Handlungen werden also der menschlichen Natur »angemessen« sein und einen Wert haben. Gleichwohl ist all das, unter dem Gesichtspunkt der Grundprinzipien der Stoa, gleichgültig, weder gut noch schlecht, weil es nicht ganz von uns abhängt.

Man sieht, worin in stoischer Sicht eine (der Natur) »angemessene Handlung« bzw. »Pflicht« (*kathékon*) besteht. Es ist eine Handlung, also etwas, was von uns abhängt, was eine gute oder böse Absicht voraussetzt, und daher etwas, was nicht gleichgültig vollzogen werden kann. Es ist eine Handlung, die sich auf einen im Prinzip gleichgültigen Stoff bezieht, die nicht nur von uns, sondern auch von den anderen Menschen, Umständen, äußeren Ereignissen, schließlich vom Schicksal abhängt. Dieser gleichgültige Stoff kann aber vernünftigerweise und der Wahrscheinlichkeit nach als mit dem Willen der Natur übereinstimmend betrachtet werden. Damit erhält er einen Wert sowohl aufgrund seines Inhalts als auch aufgrund der Umstände.

Diese »angemessenen Handlungen« sind auch »Pflichten« oder, genauer, politische und soziale Verpflichtungen, die mit dem Leben des Menschen im Staat verbunden sind: Pflicht, nichts zu tun, was nicht den menschlichen Gruppen, sei es dem Staat oder der Familie, dient, Pflicht, die Götter, die Beschützer des Staates, zu verehren, Pflicht, sich politisch zu betätigen, der Steuerpflicht nachzukommen, das Vaterland zu verteidigen, Kinder zu zeugen und aufzuziehen, das Band der Ehe zu achten. Epiktet zählt einen Teil dieser »Pflichten« auf, wenn er die Handlungen Revue passieren läßt, die den wahren Philosophen erkennen lassen:

> »Der Baumeister wird wohl nicht zu euch sagen: ›Hört mir zu, wie ich die Baukunst erörtere‹, sondern er schließt seinen Vertrag über ein Haus, baut es und zeigt dadurch, daß er Baumeister ist. Tue auch du ebenso: Iß wie ein Mensch,

trink wie ein Mensch, kleide dich, heirate, zeuge Kinder, führe das Leben eines Bürgers, halte die Schmähungen aus, ertrage einen unvernünftigen Bruder, einen Vater, einen Sohn, einen Nachbarn, einen Weggefährten. Zeige uns das, damit wir wissen, ob du wahrhaftig etwas von den Philosophen gelernt hast.« (III,21,4-6)

4. Die Ungewißheit und die Sorge

Mit diesen »Pflichten«, »angemessenen Handlungen« oder dem »Schicklichen« in jener Disziplin des Handelns drohen Ungewißheit und Sorge sich wieder in die Seele des Philosophen einzuschleichen. Zu allererst gilt es festzuhalten, daß das Ergebnis jener Handlungen, im Gegensatz zur Initiative dazu, nicht von uns abhängt und daher alles andere als gesichert ist. Auf die Frage, ob man jemandem, der sich vielleicht undankbar zeigen wird, eine Wohltat erweisen solle, antwortet Seneca:

»Wir können niemals mit dem Handeln warten, bis wir die Lage mit absoluter Gewißheit begriffen haben. Wir nehmen nur den Weg, auf den uns die Wahrscheinlichkeit führt. Jede ›Pflicht‹ [*officium*] muß diesen Weg begehen: So säen wir, fahren wir zur See, führen Krieg, verheiraten uns, zeugen Kinder. Bei alledem ist das Ergebnis ungewiß, doch wir entschließen uns nichtsdestoweniger, Handlungen zu unternehmen, auf die sich, wie wir meinen, einige begründete Hoffnung setzen läßt. [...] Wir gehen dorthin, wohin uns gute Gründe, und nicht die sichere Wahrheit, führen.«[7]

Desgleichen Epiktet:

»Sehr zu Recht sagte Chrysippos: ›Solange mir die Folgen verborgen bleiben, halte ich mich an die Dinge, die mir am angemessensten erscheinen, das zu erreichen, was der Natur gemäß ist.‹ Denn Gott selbst hat mir die Macht gegeben, unter den Dingen dieser Art zu wählen. Doch wenn ich wirklich wüßte, daß das Schicksal mir die Krankheit als meinen Anteil vorgesehen hat, würde ich auf sie zueilen, so wie der Fuß, wenn er Verstand hätte, auf den Schlamm zueilen würde.« (II,6,9)

Der Stoiker sagt also nicht nur: »Ich weiß nicht, ob meine Handlung gelingen wird«, sondern auch: »Ohne im voraus um das Ergebnis meiner Handlung zu wissen oder darum, was das Schicksal mir vorbehält, habe ich mich entscheiden müssen, und zwar nach der Wahrscheinlichkeit, nach einer vernunftgemäßen Einschätzung, nicht in der absoluten Gewißheit darüber, daß ich gut wähle und gut handle.« Eine der dramatischsten Wahlen, vor die sich ein Stoiker gestellt sehen konnte, betraf den Selbstmord, der ihrer Meinung nach unter bestimmten Umständen und aus guten Gründen, also nach Maßgabe einer auf vernünftigen Überlegungen beruhenden Wahrscheinlichkeit, von einem Philosophen beschlossen werden konnte: Obwohl das Leben anscheinend der Natur angemessener ist, können die Umstände einen dazu bringen, den Tod zu wählen. Ebenfalls sagte Chrysippos, wie wir eben gesehen haben, daß der Weise die Krankheit der Gesundheit vorziehen würde, wenn er mit Gewißheit wüßte, daß dies der Wille des Schicksals sei.

Auf diesem Gebiet der vernunftgemäßen Wahl und der Wahrscheinlichkeit bemühten sich die Stoiker zu definieren, was man in den verschiedenen Lagen tun solle. Ihre Abhandlungen »Über die Pflichten« waren zum Teil kasuistische Handbücher, und man sieht gerade an den auseinandergehenden Bewertungen besonderer Fälle unter den verschiedenen Meistern der Schule, daß die »durch vernünftige Überlegungen gerechtfertigten« Wahlen nur auf Wahrscheinlichkeiten beruhen konnten. An dieser Stelle seien einige Beispiele der in der Schule erörterten Fälle und der auseinandergehenden Antworten wiedergegeben, die Cicero in seiner Abhandlung *Vom rechten Handeln* (*De officiis*)[8] festgehalten hat:

Ist einer, der ein Haus verkauft, dazu angehalten, seinem eventuellen Käufer die Fehler dieses Hauses zu offenbaren? – Ja, antwortet Antipater aus Tarsos; nein, sagt Diogenes von Seleukeia. Während einer Hungersnot bringt ein Geschäftsmann Weizen, den er in Alexandria eingekauft hat, per Schiff nach Rhodos. Er weiß, daß andere Schiffe dem seinen folgen werden und der Weizenpreis fallen wird. Soll er das seinem Kunden sagen? – Ja, sagt Antipater; nein, sagt Diogenes. Offensichtlich ist der Standpunkt des Antipater den Grundprinzipien des Stoizismus näher, und um seinen Standpunkt zu rechtfertigen, verwendet er dieselben Argumente, wie Marc Aurel sie gebraucht, um die Disziplinierung des Handelns zu begründen:

»Du sollst über das Heil aller Menschen wachen und der menschlichen Gemeinschaft dienen. Die Natur hat dir als Prinzip auferlegt, daß deine individuelle Nützlichkeit die gemeinsame Nützlichkeit und die gemeinsame Nützlichkeit umgekehrt die individuelle Nützlichkeit sei. [...] Du sollst bedenken, daß es unter den Menschen eine Gemeinschaft gibt, deren Band von der Natur selbst geknüpft worden ist.«[9]

Allem Anschein nach sah sich Epiktet (mithin wahrscheinlich in seiner Nachfolge auch Marc Aurel) in der orthodoxen Tradition, die, ausgehend von Chrysippos, über Archedemos und Antipater aus Tarsos verläuft.[10] Wie dem auch sein mag: Allein die Tatsache, daß die Stoiker, den Grundprinzipien der Schule treu, in den erwähnten Gewissensfragen ganz verschiedene Wahlmöglichkeiten vorgeschlagen haben, zeigt, daß eine Unsicherheit bestand betreffs des Verhältnisses zwischen dem moralischen Ziel – über das Einhelligkeit herrschte – und den »angemessenen Handlungen«, die man vollziehen muß, um es zu erreichen.

Man stellt sich den Stoizismus oft wie eine Philosophie der Gewißheit und des intellektuellen Selbstvertrauens vor. Tatsächlich aber räumen die Stoiker nur dem Weisen die Unmöglichkeit ein, sich zu täuschen, und die vollkommene Sicherheit in seinen Zustimmungen. Dieser kommt aber äußerst selten vor und ist für sie eher ein unerreichbares Ideal als konkrete Wirklichkeit. Die gemeinen Sterblichen, zu denen die Philosophen gehören (die in ihren eigenen Augen gerade keine Weisen sind), müssen sich mühsam in der Ungewißheit des Alltagslebens zurechtfinden, indem sie Wahlen treffen, die vernünftigerweise, d.h. nach der Wahrscheinlichkeit, gerechtfertigt erscheinen.[11]

5. Die moralische Absicht oder das Feuer, das jeder Stoff nährt

Mit der Handlung drohen die Sorge und die Ungewißheit sich ins Leben des Stoikers einzuschleichen, und zwar genau in dem Maße, in dem er versucht, gut zu handeln, und in dem er die Absicht hat, Gutes zu tun. Durch eine bemerkenswerte Umkehrung findet er indessen eben dadurch, daß er sich des alles übersteigenden Wertes dieser Absicht, gut zu handeln, bewußt wird, den Frieden und die heitere Gelassenheit wieder, die ihm erlauben werden, wirksam zu handeln. Darin ist nichts Verwunderliches, liegt doch für ihn das Gut gerade im moralisch Guten, d.h. in der Absicht, gut zu handeln.

Für den Stoiker wohnt der Absicht in der Tat ein Wert inne, der alle Objekte, alle »Stoffe« unendlich übersteigt, auf die sie sich bezieht – Objekte und Stoffe, die an sich gleichgültig sind und nur insofern einen Wert annehmen, als sie der Absicht erlauben, sich auf sie zu beziehen, sich zu konkretisieren. Alles in allem: Es gibt nur einen einzigen tiefen, beständigen und unerschütterlichen Willen, der sich durch die verschiedensten Handlungen und anläßlich der verschiedensten Objekte manifestiert und dabei im Verhältnis zu den Stoffen, auf die er sich richtet, frei und transzendent bleibt.

Das Vokabular der Disziplinierung des Handelns enthält bei Marc Aurel sowie bei Epiktet und Seneca[12] den Fachausdruck

»unter einer Vorbehaltsklausel« handeln (*hypexairesis* auf griechisch, *exceptio* auf lateinisch), der jene Transzendenz der Absicht im Verhältnis zu ihren Objekten impliziert. Dieser Begriff der »Vorbehaltsklausel« erinnert uns daran, daß – den Stoikern zufolge – die Absicht zu handeln und die Handlung selbst auf einer inneren Rede beruhen, die gleichsam das Vorhaben des Handelnden ausspricht. Laut Seneca[13] unternimmt der Weise alles nur »unter einer Vorbehaltsklausel«, insofern er zu sich selbst sagt: »Ich will dieses unter der Bedingung tun, daß nichts geschieht, was meine Handlung behindert.« »Ich werde das Meer überqueren, unter der Bedingung, daß mich nichts daran hindert.« Diese Formulierung mag banal und nutzlos erscheinen, ist aber, aus der stoischen Perspektive, bedeutsam. Zunächst offenbart sie uns den Ernst der »Absicht« im stoischen Sinne. Sicherlich ließe sich Senecas Formel auch kürzer fassen: »Ich will dieses tun, wenn ich kann«; dann wäre es ein leichtes, sich ironisch über jene »gute Absicht« lustig zu machen, die bei der erstbesten Schwierigkeit auf das Ziel verzichtet. Tatsächlich ist die Absicht im stoischen Sinne keine »gute Absicht«, sondern eine »edle Absicht«, d.h. ganz im Gegenteil eine feste und bestimmte, dazu entschlossen, alle Hindernisse zu überwinden. Eben weil er sich weigert, auf seine Entscheidung leicht zu verzichten, formuliert der Stoiker explizit, gleichsam in einer juristischen Form, jene Vorbehaltsklausel. Wie Seneca sagt:

> »Der Weise ändert seine Entscheidung nicht, wenn die Lage gänzlich bleibt, wie sie war, als er sie getroffen hat. [...] Andererseits aber unternimmt er alles nur ›unter einer Vorbehaltsklausel‹, [...] bei seinem festen Vorhaben berücksichtigt er ungewisse Ereignisse.«[14]

Nach langer Erwägung steht die Absicht, dies oder jenes zu tun, also fest. Dies ist übrigens eines der Beispiele, die Marc Aurel von seinem Adoptivvater, Kaiser Antoninus Pius, in Erinnerung behalten hat: »[...] das unerschütterliche Festhalten an den nach reiflicher Erwägung getroffenen Entscheidungen« (I,16,1). Die »Vorbehaltsklausel« bedeutet, daß diese feste Entscheidung bzw. Absicht stets unangetastet bleibt, selbst wenn ein Hindernis auftaucht und sich ihrer Verwirklichung in den Weg stellt. Dieses Hindernis gehört zur Voraussicht des Weisen und hindert ihn nicht daran, zu wollen, was er tun will. Wie Seneca sagt: »Alles gelingt ihm, und nichts geschieht wider seine Erwartung, denn er sieht voraus, daß etwas dazwischenkommen und verhindern kann, was zu verwirklichen er sich vorgenommen hat.«[15] Diese stoische Haltung mahnt an den Spruch der Volksweisheit: »Fais ce que dois, advienne que pourra«, d.h. »Tue, was du sollst, und komme dann, was kommen mag«. Man soll unternehmen, was man für richtig hält, selbst wenn man das Scheitern der Unternehmung voraussieht, denn man soll allemal tun, was man soll. Im Stoizismus gibt es aber auch die Idee, daß die Handlung kein Selbstzweck ist.

Hier offenbart sich eine Hauptunterscheidung, nämlich der Gegensatz zwischen dem Zielpunkt (*skopos*) und dem Ziel (*telos*). Wer die moralische Absicht zu einer bestimmten Handlung fest gefaßt hat, gleicht einem Schützen, der auf eine Zielscheibe (*skopos*) zielt. Es hängt nicht gänzlich von ihm ab, ob er diese trifft. Er kann also den »Zielpunkt« (*skopos*) nur unter einer »Vorbehaltsklausel« wollen, nämlich: unter der Bedingung, daß das Schicksal es auch will. Wie Cicero sagt:

»Wenn nämlich jemand sich vorgenommen hat, mit einem Wurfspieß oder Pfeil einen bestimmten Zielpunkt zu erreichen, so muß er alles tun, was in seinen Kräften steht, um auch wirklich zu treffen. Genauso verhält es sich mit uns, wenn wir das Sittlichgute als unser höchstes Ziel bezeichnen. Jener muß, um bei diesem Beispiel zu bleiben, alles tun, um zu treffen. Indem er aber alles tut, um seinen Zielpunkt zu erreichen, ist doch für ihn das Zielen am wichtigsten. Das bezeichnen wir im Leben als das höchste Gut. Das Treffen sollen wir gleichsam wählen, aber nicht um seiner selbst erstreben.«[16]

Dasselbe Grundprinzip begegnet uns immer wieder: Der einzige absolute Wert liegt in der moralischen Absicht. Sie allein hängt ganz und gar von uns ab. Was zählt, ist nicht das Ergebnis, das nicht von uns, sondern vom Schicksal abhängt, was zählt, ist die moralische Absicht, mit der man dieses Ergebnis zu erzielen sucht. Das Thema findet sich bereits bei Epiktet:

> »Zeigt mir einen Menschen, der sich darum sorgt, zu wissen, wie er handelt, der sich nicht um das zu erzielende Ergebnis, sondern um die Tat selbst kümmert [...], der beim Erwägen die Erwägung selbst bedenkt, nicht, ob er das erziele, was er erwägt.« (II,16,15)

Wenn unsere Tätigkeit von der vollkommen reinen Absicht beseelt ist, nur das Gute zu wollen, erreicht sie in jedem Augenblick ihr Ziel, ist sie in der Gegenwart ganz und gar gegenwärtig, muß sie ihre Vollendung und ihr Ergebnis nicht von der Zukunft erwarten. In dem Maße, in dem die Ausübung der Handlung selbst ihr eigenes Ziel ist, ließe sich die moralische Handlung mit dem Tanz vergleichen. Die Handlung bleibt jedoch beim Tanz unvollendet, wenn sie unterbrochen wird. Dagegen ist die moralische Handlung in jedem Augenblick vollkommen und vollendet, wie Marc Aurel anmerkt:

> »Die vernünftige Seele [...] erreicht ihr spezifisches Ziel, wo auch immer die Grenze des Lebens gezogen sein mag. Es ist bei ihr nicht wie beim Tanz oder Schauspiel und dergleichen, daß die ganze Handlung unvollendet bleibt, wenn sie unterbrochen wird, sondern in jedem Teil, wo immer man sie faßt, verwirklicht sie ihr Vorhaben vollständig und ohne jeden Mangel, so daß sie sagen kann: ›Ich habe meine Aufgabe erfüllt.‹« (XI,1,1-2)

Desgleichen:

»Du mußt das Leben aus lauter Einzelhandlungen geordnet zusammensetzen und dich damit begnügen, wenn jede einzelne, soweit dies möglich ist, in sich ihre Vollendung erreicht; denn daran, daß sie in sich ihre Vollendung erreicht, kann dich keiner hindern.« (VIII,32)

Hier wird die Grundhaltung des Stoikers quasi greifbar. Zunächst »setzt« er sein Leben geordnet »zusammen«, indem er seine Handlungen eine nach der anderen vollzieht, d.h. indem er sich auf den gegenwärtigen Augenblick konzentriert, auf die Handlung, die er gerade in diesem Moment vollzieht, ohne sich durch die Vergangenheit oder die Zukunft beunruhigen zu lassen: »Denn«, so Marc Aurel, »stets ist mir das Gegenwärtige der Stoff für die Verwirklichung einer vernünftigen und gemeinschaftsfördernden Tugend« (VII,68,3).

Zweitens bringt diese Konzentration auf die gegenwärtige Handlung Ordnung ins Leben, erlaubt sie, die Probleme aufzureihen, sich nicht »durch die Vorstellung des ganzen Lebens« und durch die Schwierigkeiten, die einem begegnen werden, beunruhigen zu lassen (VIII,36,1). Sie gibt dem Leben eine harmonische Form in dem Maße, in dem man, wie bei einer Tanzbewegung, von einer anmutigen Stellung zu einer anderen anmutigen Stellung übergeht:

»Nur an einem freue dich und erhole dich dabei: Von einer gemeinschaftsfördernden Tat zur nächsten gemeinschaftsfördernden Tat fortzuschreiten im Gedanken an Gott.« (VI,7)

Drittens: Jede dieser Handlungen, auf die sich die edle Absicht, der edle Wille konzentriert, findet ihre Vollendung und ihre Erfüllung in sich selbst, und niemand kann uns daran hindern, sie zu vollenden und ihr einen guten Ausgang zu geben. Dies ist das von Seneca[17] erwähnte Paradoxon, demzufolge der Weise, selbst wenn er scheitert, Erfolg hat und das Marc Aurel wiederaufnimmt,

wenn er sagt, daß niemand mich daran hindern kann, meine
Handlung zur Vollendung und Erfüllung zu bringen:

> »[...] daran, daß sie in sich ihre Vollendung erreicht, kann
> dich keiner hindern. – Aber es wird von außen etwas hindernd in den Weg treten! – Nichts kann mich jedenfalls
> daran hindern, gerecht, besonnen und vernünftig zu handeln! – Aber vielleicht wird eine andere Folge der Handlung verhindert. – Vielleicht, aber wenn du dich diesem
> Hindernis gegenüber gleichmütig zeigst und umsichtig
> zum Verstatteten übergehst, so wird sofort eine andere
> Handlung an die Stelle treten, die sich stimmig in die Ordnung einfügen wird, von der die Rede ist.« (VIII,32)

Niemand – keine Macht der Welt – kann uns daran hindern, gerecht und besonnen handeln zu wollen, also die Tugend zu praktizieren, die wir praktizieren wollen, wenn wir uns für diese oder jene Handlung entscheiden. Aber, sagt Marc Aurel zu sich selbst, die Handlung, die wir vollziehen wollten, wird das Ergebnis nicht zeitigen, sie wird scheitern. Wohlan, antwortet die Vernunft: Das wird die Gelegenheit sein, eine andere Tugend, nämlich die der Zustimmung zum Schicksal zu praktizieren, und vielleicht auch eine neue, der Lage besser angepaßte Handlung zu wählen. Diese neue Handlung wird sich in die geordnete Reihe der Handlungen einfügen, die unserem Leben seine Schönheit verleihen.

Mit der eben erwähnten heiter gelassenen Zustimmung zum Schicksal kommen wir auf die Disziplinierung des Begehrens zurück: Wenn wir nicht länger so handeln können, wie wir wollten, dürfen wir uns nicht durch das eitle Begehren, etwas Unmögliches zu tun, betrüben lassen, sondern bereitwillig den Willen des Schicksals annehmen. Wir müssen auf die Handlung, auf die Disziplinierung des Handelns, zurückkommen und die neuen Gegebenheiten mit aller Vorsicht berücksichtigen. Kurz und gut: Die Handlung des sittlichen Menschen findet stets ihre Vollendung und ihre Erfüllung, selbst wenn sie durch eine äußere Ursache unterbrochen oder gehemmt wird, da sie in jedem Augenblick, in ihrer Ausübung selbst, vollkommen ist. Und aus dem Hindernis selbst macht sie einen neuen Übungsstoff. Dies nennt Marc Aurel »Umkehrung des Hindernisses«:

> »Von diesen [gleichgültigen Dingen] mag meine Handlung zwar verhindert werden, doch meinem Antrieb zum Handeln [*hormé*] und meiner inneren Einstellung werden sie, dank der ›Vorbehaltsklausel‹ und der ›Umkehrung‹, nicht hinderlich. Denn das Denkvermögen [*dianoia*] kehrt jedes Hemmnis um und verwandelt es in etwas Vorzuziehendes [*to proêgoumenon*], so daß dem Werk nun dient, was dieses aufhält, und dem Weg förderlich ist, was diesen versperrt.« (V,20,2)

Mit »Umkehrung des Hindernisses« meint Marc Aurel, daß wenn irgend etwas eintritt, was zu einem Hindernis für meine augenblickliche Tätigkeit wird und damit auch für die Tugend, mit deren Ausübung ich mich gerade befaßte, dann kann ich gerade in diesem Hindernis eine Gelegenheit finden, eine andere Tugend auszuüben. Angenommen, einer, der sich einer Handlung im Dienste der menschlichen Gemeinschaft und somit der Ausübung der Gerechtigkeit widmet, wird durch eine plötzliche Erkrankung an der weiteren Ausübung dieser Tugend gehindert, so wird ihm die Krankheit die Gelegenheit bieten, dem Willen des Schicksals zuzustimmen. In jedem Augenblick versucht der sittliche Mensch zu tun, was ihm gemäß dem, was die Vernunft will, vernünftig erscheint, doch wenn das Schicksal seinen Willen offenbart, nimmt er ihn bereitwillig an:

> »Versuche zwar, sie zu überreden, handle aber auch wider ihren Willen, wenn der Geist der Gerechtigkeit es fordert. Wenn sich jedoch jemand gewaltsam in den Weg stellt, so gehe über zu Gelassenheit und Unbekümmertheit und bediene dich des Hindernisses mit zur Verwirklichung einer

anderen Tugend und bedenke, daß dein Handlungsantrieb unter der ›Vorbehaltsklausel‹ gelten sollte und daß du nach Unmöglichem nicht strebtest. Wonach also strebst du? Nach einem Handlungsantrieb dieser Art. Diesen aber hast du erhalten.« (VI,50)

So kommen wir also stets auf jenen Grundwillen und auf jene Grundabsicht zurück, sich der Vernunft anzupassen. Durch diese besitzen wir eine volle innere Freiheit gegenüber den Objekten unserer Handlung. Das Scheitern dieser oder jener Handlung trübt unsere heitere Gelassenheit nicht, hindert es doch die Handlung nicht daran, in ihrem Wesen, in ihrer Absicht vollkommen zu sein, und es gibt uns die Gelegenheit, eine neue, besser angepaßte Handlung zu unternehmen oder unser Begehren zu disziplinieren, indem wir den Willen des Schicksals annehmen. Der Grundwille und die Grundabsicht finden so einen neuen Übungsstoff:

»Das im Innern Herrschende (*hégemonikon*) steht, wenn es sich naturgemäß verhält, so zu den Begegnissen, daß es sich stets auf das Mögliche und das Gegebene umstellen kann. Es liebt keinen bestimmten Stoff, sondern strebt zwar – unter der Vorbehaltsklausel – die bevorzugten Dinge an, macht sich aber das, was sich entgegenstellt, zu einem Stoff, so wie das Feuer, wenn es sich dessen bemächtigt, was hineinfällt und wovon eine kleine Flamme erstickt worden wäre; das heftige Feuer jedoch eignet sich schleunigst das Herangetragene an, verzehrt es und hebt sich jedesmal um so höher empor.« (IV,1)

Das Paradoxon des Feuers, das um so größer wird, je mehr Objekte man ihm zuführt, die es ersticken oder doch zumindest behindern könnten, ist das Paradoxon des edlen Willens, der sich nicht mit einem einzigen Übungsstoff begnügt, sondern sich alle Objekte, die verschiedensten Ziele einverleibt und dabei allen Handlungen, die er unternimmt, und allen Ereignissen, denen er zustimmt, seinen Adel und seine Vollkommenheit mitteilt. Das Feuer und der edle Wille sind also ganz und gar frei gegenüber den Stoffen, von denen sie Gebrauch machen; diese Stoffe sind ihnen gleichgültig; die Hindernisse, die man ihnen entgegensetzt, nähren sie nur noch – anders gesagt: Nichts kann ihnen im Wege stehen:

»Vor was für einem Stoff, was für einer Aufgabe fliehst du? Denn was ist denn dies alles anderes als eine Übung für die Vernunft, die mit Präzision und genauer Kenntnis der Natur alles im Leben betrachtet hat? Bleib also fest, bis du dir auch dies einverleibt hast, wie der kräftige Magen alles verdaut und wie ein heftiges Feuer, das Flamme und Licht aus allem macht, was du auch hineinwirfst.« (X,31,5)

Mit einer anderen Metapher hatte bereits Seneca gesagt: »Der sittliche Mensch färbt auf die Ereignisse ab.« »Was auch immer auf ihn zukommt, er wendet es in ein Gut für sich um.«[18]

Jenes Paradoxon des Feuers ist auch das der göttlichen Vernunft, der Allnatur, welche die Stoiker ausdrücklich als ein geistiges Feuer auffaßten:

»So wie die Natur des Ganzen jedem der vernünftigen Lebewesen die anderen Fähigkeiten gewährt hat, haben wir auch diese von ihr erhalten: Wie jene nämlich alles, was sich in den Weg stellt und Widerstand leistet, umwendet, es in das Schicksal einordnet und es zu einem Teil von sich selber macht, so vermag auch das vernünftige Lebewesen jedes Hindernis zu seinem eigenen Stoff zu machen und es zu einem Zweck zu gebrauchen, was es auch immer angestrebt haben sollte.« (VIII,35)

Von diesem Vergleich zwischen göttlicher Handlung und Handlung des Weisen halten wir vor allem die Vorstellung einer einzigen Absicht fest, die über alle Stoffe hinausführt, auf die sie sich bezieht. Die am Anfang der Welt stehende Absicht Gottes will einzig das Wohl des Ganzen und speziell das jenes Gipfelpunktes des Ganzen, der von den vernunftbegabten Wesen gebildet wird. Zu diesem Zweck kehrt die gute Absicht Gottes alles, selbst die Hindernisse und Widerstände, ins Gute um. Die Absicht des Weisen setzt sich dadurch jener göttlichen Absicht gleich, daß sie ausschließlich will, was die göttliche Güte will, und zwar ganz speziell das Wohl der anderen vernunftbegabten Wesen. Auch sie verwandelt jedes Hindernis, das sich der Verwirklichung dieser oder jener Handlung, dieses oder jenes besonderen Zieles entgegensetzt, in dem Maße in ein Gut, wie sie es dazu verwendet, dem Willen Gottes und der Allnatur zuzustimmen. Dergestalt ist für den edlen Willen alles gut.

6. Die innere Freiheit gegenüber den Handlungen: Reinheit und Einfachheit der Absicht

Die antike Philosophie hatte seit langem darüber nachgedacht, wie man einem anderen Gutes tun könne, und ganz besonders über das psychologische Problem, das aus der Beziehung zwischen dem Wohltäter und dem von ihm zu Dank Verpflichteten entsteht. Traditionell erzählte man die Anekdote des akademischen Philosophen Arkesilaos, der einem Freund, der seine Armut zu verbergen suchte, eines Tages, als dieser krank war, heimlich einen kleinen Geldbeutel unter das Kopfkissen gesteckt hatte, damit er für seine Bedürfnisse aufkommen könne.[19] Für die Stoiker gehörte die Wohltat zu den »Pflichten«, zu den unserer menschlichen Natur »angemessenen Handlungen«. Seneca hatte unter Bezugnahme auf ein Werk des Stoikers Hekaton eine Abhandlung mit dem Titel *Über die Wohltaten* verfaßt, in der er mehrfach darauf hinwies, daß der Wohltäter den Empfänger der Wohltat nicht als seinen Schuldner betrachten dürfe.[20]

Auch Marc Aurel kommt wiederholt auf dieses Thema zurück. Für ihn aber ist das die Gelegenheit, die Reinheit der Absicht, die die Handlungen inspirieren soll, nachdrücklich zu betonen:

»Wenn du dich als wohltätig erwiesen hast und du andererseits dadurch selbst Gutes erfahren hast, was suchst du dann wie die Narren noch ein drittes über diese beiden Dinge hinaus, d.h. als Wohltäter zu gelten oder gar eine Gegenleistung zu bekommen?« (VII,73)

»Niemand ist überdrüssig des Nutzens, dessen er teilhaftig wird. Nutzen ist eine naturgemäße Handlung; so werde nicht überdrüssig des Nutzens, dessen du teilhaftig wirst, dadurch daß du nützt.« (VII,74)

»Ich habe etwas im Dienste der menschlichen Gemeinschaft getan, folglich mir selbst genützt.« (XI,4)

Der erste Grund, weshalb man einem anderen Gutes tun soll, ohne eine Gegenleistung zu fordern, liegt darin, daß – gemäß dem Prinzip »Was dem Ganzen nützt, ist auch dem Teil nützlich« – den anderen Gutes tun bedeutet, sich selbst Gutes zu tun.

Dem läßt sich hinzufügen, daß eine solche Handlung einem selbst Freude bereitet – Freude über die erfüllte Pflicht, doch auch und vor allem die Freude zu fühlen, daß die Menschen nicht nur Teile ein und desselben Ganzen, sondern Glieder ein und desselben Körpers sind. Wenn du nicht verstanden hast, daß du ein Glied des aus den vernunftbegabten Wesen gebildeten Körpers bist, sagt Marc Aurel:

»[...] dann liebst du die Menschen noch nicht von Herzen, freust dich ebensowenig darüber, einfach nur Gutes zu tun, dann tust du es nur, weil es sich so gehört, aber noch nicht, weil du dir selbst damit Gutes tust.« (VII,13,3)

Bis jetzt wird man zu Recht meinen können, daß die Motivation der im Dienste der Gemeinschaft vollzogenen Handlung noch nicht ganz rein ist, erwartet man doch in der Tat einen Vorteil für sich, ein noch so selbstloses Glück. Man erkennt hierin das edle stoische Prinzip wieder, das Spinoza übernehmen wird: »Die Tugend ist sich selbst ihr eigener Lohn.«[21] Doch immer noch ist von »Lohn« die Rede, man ist sich also bewußt, Gutes zu tun, und läuft so Gefahr, sich dabei zu beobachten.

Marc Aurel geht noch weiter in der Forderung der Reinheit, wenn er, um die Selbstlosigkeit der Wohltat zu begründen, den Begriff der natürlichen Funktion einführt:

> »Was willst du denn mehr, wenn du einem Menschen Gutes getan hast? Genügt es dir nicht, daß du etwas deiner eigenen Natur Gemäßes getan hast, sondern suchst du nach Lohn dafür? Es wäre, als würde das Auge eine Gegenleistung dafür fordern, daß es sieht, oder die Füße dafür, daß sie gehen.« (IX,42,12)

Es gibt, sagt Marc Aurel andernorts, drei Typen von Wohltätern: den, der den Empfänger seiner Wohltat offen als Schuldner betrachtet; den, der sich damit begnügt, das zu denken, und auf jeden Fall weiß, was er für den anderen getan hat; schließlich den, der nicht weiß, was er getan hat:

> »Der dritte [...] gleicht einer Weinrebe, die Trauben getragen hat und nach nichts anderem darüber hinaus sucht, als einmal ihre eigene Frucht getragen zu haben, wie ein Pferd, das galoppiert, ein Hund, der einer Spur folgt, eine Biene, die Honig sammelt. Ein Mensch, der Gutes getan hat, weiß dies nicht,[22] sondern geht zu etwas anderem über wie die Weinrebe, die zu ihrer Zeit wieder Trauben tragen wird. Man soll zu denen gehören, die das Gute tun, ohne sich dessen bewußt zu sein.« (V,6,3-4)

Hier nimmt der stoische Begriff der »Handlung gemäß der Natur« eine neue Bedeutung an. Jede Art hat einen angeborenen Instinkt, der ihr von der Natur gegeben ist und sie dazu treibt, nach ihrer Struktur bzw. Verfassung zu handeln: die Weinrebe dazu, Trauben zu tragen, das Pferd dazu, zu galoppieren, die Biene dazu, Honig zu sammeln. Die Art handelt also nach ihrer Natur. Bei der Menschengattung entspricht dem Instinkt der Handlungsantrieb (*hormé*), die Absicht, der Wille, nach der Vernunft zu handeln, denn sie definiert die Verfassung des Menschen. Nach der Vernunft handeln heißt, dem eigenen Interesse das gemeinsame der Menschheit vorzuziehen, heißt also, gemäß der Natur zu handeln. So wie die Weinrebe oder die Biene das ihnen eigene Werk tun, soll der Mensch das seine tun. Doch gerade weil Gutes tun natürlich handeln heißt, soll die Wohltat spontan, schlicht und einfach, fast unbewußt vollzogen werden. Wie der tierische Instinkt gleichsam als eine Kraft, die sich nicht in ihren Manifestationen erschöpft, alle Handlungen übersteigt, die er vollzieht, indem er spontan von einer Handlung zur anderen übergeht und dabei die letzte Handlung vergißt, um sich ganz auf die nächste zu konzentrieren, ohne bei dieser oder jener zu verweilen und sich darin zu gefallen, genauso übersteigt die moralische Absicht alle Handlungen, die sie inspiriert, »schreitet von einer Handlung zur anderen voran«,[23] ohne diese Taten als Selbstzwecke zu betrachten, ohne sie als Eigentum zu beanspruchen oder Vorteile daraus ziehen zu wollen. Sie bleibt also ganz frei gegenüber ihren Handlungen und vollzieht sie natürlich, d.h. spontan und gleichsam unbewußt. Jesus hatte bereits gesagt: »Wenn du Almosen gibst, soll deine linke Hand nicht wissen, was die rechte tut.«[24]

»Ebensowenig«, wird Plotin sagen, »muß der Tapfere wissen, daß er tapfer ist und der Tugend der Tapferkeit gemäß handelt [...]; man könnte sogar sagen, daß das Bewußtsein die Handlungen, derer es gewahr wird, zu trüben und zu schwächen droht: Erst wenn die Handlungen nicht vom Bewußtsein begleitet sind, sind sie rein und im höchsten Grade intensiv und lebendig.«[25] Marc Aurels Gedankengang führt bereits in diese Richtung. Die wahre Wohltat soll wie der tierische Instinkt spontan und unreflektiert sein. Sie soll ohne Anstrengung aus dem bloßen Sein kommen, denn das Bewußtsein trübt die Reinheit der Tat; sich bewußt sein, Gutes zu tun, heißt zugleich, sich künstlich eine

Haltung zuzulegen,[26] sich in diesem gekünstelten Wesen zu gefallen und der Handlung selbst nicht die ganze Tatkraft zu widmen. Diese Kritik am Bewußtsein, Gutes zu tun, beinhaltet eine tiefgreifende Idee: Die Güte kann nichts anderes sein als reine Generosität ohne Selbstbespiegelung und Selbstgefälligkeit, ganz den anderen zugewandt. Sie ist vollkommen selbstlos, innerlich vollkommen frei, ohne daß sie dem, was sie vollzieht, verhaftet bleibt.

Marc Aurel weiß indes sehr wohl, daß eine solche Haltung der Grundeinstellung des Stoikers zuwiderzulaufen scheint, die gerade in der Aufmerksamkeit auf sich, im geschärften Bewußtsein davon liegt, was man gerade tut. So führt er einen Gegenredner ein, der ihn daran mahnt: »Es ist eine Eigentümlichkeit des zur Gemeinschaft Bestimmten, wahrzunehmen, daß er für die Gemeinschaft handelt, und zu wollen, daß auch der Mitmensch es wahrnehme« (V,6,6). Er sucht den Widerspruch im übrigen nicht zu lösen. Das ist wahr, antwortet er, aber du verstehst nicht, »was ich sagen will«. Was Marc Aurel »sagen will«, ist sehr wahrscheinlich, daß das moralische Leben die Kunst ist, einander entgegengesetzte Haltungen wie einerseits die Aufmerksamkeit auf sich und das Pflichtbewußtsein, andererseits die Spontaneität und die völlige Selbstlosigkeit miteinander zu versöhnen.

Diese Freiheit der moralischen Absicht gegenüber den Handlungen, die sie unternimmt, manifestiert sich auch bei einem anderen Problem, das sich in der Disziplinierung des Handelns stellt. Tatsächlich haben wir gesehen, daß diese fordert, die Entscheidung müsse reiflich bedacht sein, so daß denjenigen, der sie getroffen hat, im Prinzip nichts dazu bringen kann, es sich anders zu überlegen. Gleichwohl soll der Handelnde hierbei nicht blindlings seiner Entscheidung für eine bestimmte Handlung folgen, sondern muß seine Meinung ändern können, wenn jemand ihm triftige Gründe dafür vorlegt:

»Denke daran, daß es genauso ein Zeichen innerer Freiheit ist, es sich anders zu überlegen, wie dem zu folgen, der dich berichtigt. Denn es ist noch deine eigene Tat, da sie sich gemäß deinem Handlungsantrieb, deinem Urteil und also auch gemäß deinem Sinn vollzieht.« (VIII,16)

Es kommt, wie wiederholt gesagt, nicht darauf an, diese oder jene Handlung zu vollziehen und sie uns als unsere anzueignen, sondern darauf, unsere Absicht in Einklang mit der Vernunft, mit der vernünftigen Natur zu bringen. Das gilt also auch, wenn wir auf einen Berater hören, dessen Meinung uns begründet erscheint (IV,12,2). Desgleichen, wenn es uns nicht gelingen will, eine Handlung allein zu vollziehen:

»Was ich, ob aus eigener Kraft oder mit einem anderen zusammen, auch immer schaffe, muß auf das eine ausgerichtet sein, nämlich darauf, der menschlichen Gemeinschaft dienlich und in Einklang mit ihr zu sein.« (VII,5,3)

7. Die »Vorbehaltsklausel« und die Übungen zur Vorbereitung darauf, Schwierigkeiten zu begegnen

In bezug auf die Disziplinierung des Handelns nennt Marc Aurel, wie gesagt, mehrmals den Begriff der »Vorbehaltsklausel«, insbesondere, wenn er in Buch XI,37 folgenden Text von Epiktet zitiert, in dem die drei Übungsthemen definiert werden:

»Beim Übungsthema über die Handlungsantriebe gilt es, aufmerksam darauf zu achten, daß sie von einer Vorbehaltsklausel begleitet werden, im Dienste der Gemeinschaft stehen und dem Wert [der Dinge] angemessen sind.«

Die »Vorbehaltsklausel«[27] entspricht der Formel: »Wenn keine Verhinderung eintritt.« Was nun die Handlung daran hindern kann, sich zu verwirklichen, ist das Schicksal, also der Wille der

Allnatur und der Allvernunft, der Wille Gottes oder der Götter: Das Übungsthema, das sich auf die Handlungsantriebe und -absichten bezieht, verschmilzt so mit jenem, welches sich auf die Begierden bezieht, weil wir, wenn sich der Handlung ein Hindernis in den Weg stellt, nicht mehr handeln, sondern nur noch – vergeblich – begehren können, daß die Handlung trotzdem gelinge. Wir sollen dann nichts anderes begehren als das, was das Ganze, die Allnatur will. Diese freudige Zustimmung jedoch, die Marc Aurel von uns fordert, ist nicht leicht zu geben. Wir müssen uns darin üben, uns darauf vorbereiten, die Schwierigkeiten und Rückschläge voraussehen, denen wir begegnen werden.

»Unter einer Vorbehaltsklausel« handeln heißt, sich bereits darauf vorzubereiten. Wie Seneca sagt:

»Alles gelingt ihm [dem Weisen], und nichts geschieht wider seine Erwartung, denn er sieht voraus, daß etwas eintreten könne, was sein Vorhaben verhindert.« – »Ihm widerfährt alles so, nicht wie er es gewollt, sondern wie er es gedacht hat. In erster Linie aber hat er daran gedacht, daß seinem Vorhaben sich etwas entgegensetzen könne. Notwendigerweise aber fällt der Schmerz über eine enttäuschte Begierde demjenigen leichter, der sich nicht unbedingt einen Erfolg versprochen hat.«[28]

Dieser letzte Satz zeigt uns, daß sich in der Übung, die der Vorbereitung auf die Begegnung mit den Schwierigkeiten dient, in erster Linie ein psychologischer Aspekt erkennen läßt: Der nicht unerwartete, vorhergesehene Schlag trifft und verwundet weniger als der unerwartete. Die griechische Weisheit hatte dies seit langem erkannt.[29] Die Stoiker hatten es in ihr System integriert und wahrscheinlich klingt dieses stoische Thema auch in folgendem Text von Philon aus Alexandria nach:

»Sie beugen sich nicht unter den Schicksalsschlägen, weil sie im voraus mit ihren Angriffen gerechnet haben, denn unter den Dingen, die geschehen, ohne daß man es will, werden selbst die schmerzlichsten durch die Voraussicht erleichtert, wenn dem Denken nichts Unerwartetes mehr in den Ereignissen begegnet, sondern die Wahrnehmung abstumpft, als handelte es sich um alte und verbrauchte Dinge.«[30]

In seinem 91. Brief an Lucilius malt sich Seneca etwas übertrieben die Kriege, die Erdbeben, die Brände, die Erdrutsche, die Flutwellen, die Vulkanausbrüche – mit einem Wort – alle Katastrophen aus, die eintreten können. Doch abgesehen von dieser Rhetorik meint Seneca im wesentlichen, daß man sich stets auf alles gefaßt machen soll.

Bei Marc Aurel wird man zwar keine langen Beschreibungen aller möglichen Verheerungen finden, doch er ruft sich unablässig das große Gesetz der Natur ins Gedächtnis zurück: die Metamorphose aller Dinge, den raschen Lauf des Flusses der Dinge, und übt sich darin, die Menschen und die Dinge konkret in ihrer fortwährenden Bewegung, in ihrer fortwährenden Verwandlung zu sehen. An einer Stelle ruft er die untergegangenen Städte in Erinnerung: Helike, Pompeji, Herculaneum. Vor allem aber versucht er, sich in jene Grundeinstellung fortwährender Wachsamkeit des Stoikers zu versetzen, der auf alles gefaßt ist:

»Wenn man sein Kind liebkost, sagt Epiktet, soll man sich innerlich sagen: ›Morgen bist du vielleicht schon tot.‹«
(XI,34)

Doch muß man zugeben, daß Übungen dieser Art nicht leicht zu praktizieren sind. Läuft man, wenn man sich alles ausmalt, was geschehen kann, nicht erst recht Gefahr, sich beunruhigen, bedrücken, entmutigen zu lassen? Und ist nicht eine Kritik an dieser Übung in folgendem Gedanken enthalten?

»Die Vorstellung des ganzen Lebens soll dich nicht erschüttern. Denke nicht auf einmal daran, welche und wie viele schmerzliche Dinge wahrscheinlich hinzukommen werden [...].« (VIII,36)

Das Mittel hierzu, fährt Marc Aurel fort, besteht darin, sich auf die Gegenwart, auf die gegenwärtige Handlung sowie auf die gegenwärtige Schwierigkeit zu konzentrieren, die um so leichter zu ertragen ist, wenn man sie isoliert. Bestünde somit nicht ein Widerspruch zwischen der Übung in der Konzentration auf die Gegenwart, wovon Marc Aurel hier spricht, und der Übung in der Vorstellung zukünftiger Schwierigkeiten?

Tatsächlich kritisiert Marc Aurel hier, wie übrigens auch Seneca in mehreren seiner Briefe, die »von der Zukunft geängstigte Vorstellung«,[31] die der Kontrolle durch die Vernunft entgeht. »Elend«, sagt Seneca, »ist die sich vor der Zukunft ängstigende Seele, unglücklich vor dem Unglück.«[32]

Doch gerade die Übung in der Vorbereitung auf die Prüfungen hat zum Ziel, uns nicht nur im Unglück davor zu bewahren, unglücklich zu sein, sondern auch davor, »vor dem Unglück unglücklich« zu sein, und dies auf zwei Arten: zunächst, indem sie uns zu verstehen gibt, daß künftige und lediglich mögliche Übel keine Übel *für uns* sind; sodann, indem sie uns daran mahnt, daß nach den stoischen Prinzipien das Übel (das vielleicht kommen wird) selbst nicht wirklich ein Übel ist.

Künftige Übel sind keine Übel. Wenn Marc Aurel schreibt: »Die Vorstellung des ganzen Lebens soll dich nicht erschüttern«, übt er sich nicht nur in der Konzentration auf die Gegenwart, sondern auch in der Voraussicht der Übel. Wohl denkt er an die künftigen Übel, doch nicht ohne sofort hinzuzufügen, daß es nichts nützt, sich im voraus davon erschüttern zu lassen, was impliziert, daß künftige Übel gar keine Übel sind: »Erinnere dich [...] daran, daß weder das Zukünftige noch das Vergangene dich belastet, sondern stets nur das Gegenwärtige« (VIII,36). Und andererseits weiß er, daß, wenn man sich auf die Gegenwart konzentriert, wenn man die Prüfung auf den Moment reduziert, in dem sie stattfindet, es viel leichter ist, sie im jeweiligen Augenblick zu ertragen. Die Übung in der Konzentration auf die Gegenwart und die Übung in der Vorbereitung auf die Übel sind also eng miteinander verbunden und ergänzen einander.

Und die Übel, die wir fürchten, sind keine »Übel« im stoischen Sinn. Jene Übung in der Vorbereitung auf die Schwierigkeiten und Prüfungen besteht im wesentlichen darin, sich beim Gedanken an die Zukunft die Grundprinzipien des Stoizismus wieder ins Gedächtnis zu rufen, wie zunächst das folgende: Was wir für Übel halten, ist ein vom Schicksal gewolltes Ereignis; es muß in die allgemeine Bewegung des Ganzen zurückversetzt werden und die »physikalische« Definition erhalten, von der wir gesprochen haben, d.h. es darf nicht anthropomorphisch, sondern muß als ein Naturphänomen betrachtet werden.

Aus dieser Perspektive läßt sich jener schon erwähnte, von Marc Aurel zitierte Text Epiktets, »Wenn man sein Kind liebkost, soll man sich innerlich sagen: ›Morgen bist du vielleicht schon tot‹«, als eine Übung in der Voraussicht der Übel interpretieren. Der fragliche Text setzt sich tatsächlich in einem imaginären Dialog fort:

»›Das sind Worte von schlimmer Vorbedeutung.‹ – ›Nichts hat eine schlimme Vorbedeutung‹, sagte er, ›was einen natürlichen Vorgang anzeigt. Oder ist es auch von schlimmer Vorbedeutung, wenn man sagt, daß die Ähren abgemäht werden?‹« (*Unterredungen*, III,24,86-87; *Ermahnungen an sich selbst*, XI,34)

Marc Aurel selbst kommt oft auf dieses Thema zurück und bekräftigt, wie wir gesehen haben,[33] daß die Dinge, die uns unangenehm und schmerzlich erscheinen, lediglich notwendige Folgen der Naturgesetze sind.

Die Vorbereitungsübung besteht schließlich darin, sich das stoische Dogma wieder in Erinnerung zu rufen, das uns zu verstehen gibt, daß diese und jene Schwierigkeiten, Hindernisse, Prüfungen, Leiden, die auf uns zukommen mögen, keine Übel sind, weil sie nicht von uns abhängen und sich nicht auf der Ebene der Moral befinden.

Diese erneute Erinnerung an die Prinzipien gilt nicht nur für die dramatischen Umstände, sondern auch für die Schwierigkeiten des Alltagslebens:

»Bei Tagesanbruch zu sich selbst sagen: ›Es wird mir ein Neugieriger, ein Undankbarer, ein Unverschämter, ein Falscher, ein Mißgünstiger, ein Ungeselliger begegnen. All diese Eigenschaften ergeben sich für diese aus der Unkenntnis dessen, was gut und was schlecht ist.‹« (II,1)

Und dann erinnert Marc Aurel an die Prinzipien, die das Gute und das Übel, aber auch die menschliche Gemeinschaft definieren. Da die Menschen am selben Verstand teilhaben, zur selben göttlichen Rasse gehören, kann ich, so Marc Aurel, keinen Schaden von ihnen erleiden und ihnen ebensowenig zürnen.

Man sieht hier, daß die Übung in der Vorbereitung auf die Schwierigkeiten, diese Art von antizipierter Gewissensprüfung, nicht nur zur Disziplinierung des Begehrens, zur Hinnahme des Willens des Schicksals gehört, sondern einen wesentlichen Bestandteil der Disziplinierung des Willens und des Handelns bildet. Hier dient sie dazu, zu einer bestimmten Verhaltensweise gegenüber den anderen Menschen anzuregen. Mehrmals kommt Marc Aurel in den *Ermahnungen an sich selbst* auf diese Übung zurück, die einerseits darin besteht, sich auf den Widerstand und den bösen Willen derer, die mit ihm zusammenarbeiten und die er befehligt, gefaßt zu machen, andererseits sich auf eine feste, aber auch wohlwollende, nachgiebige, sogar liebevolle Haltung gegenüber denen vorzubereiten, die sich ihm entgegensetzen.

Diese Übung in einer auf rationellen Überlegungen beruhenden Voraussicht wird uns nicht nur vor der Gefahr bewahren, »vor dem Unglück unglücklich« zu sein, einer falschen Vorstellung von den künftigen Übeln zum Opfer zu fallen, sondern sie erlaubt uns ebenfalls, im Unglück nicht unglücklich zu sein, und zwar durch eine doppelte psychologische Vorbereitung. Einerseits wird man sich darin üben, gedanklich den Prüfungen, die auf uns zukommen mögen, zu begegnen, damit sie uns nicht überraschen. Andererseits wird man sich im Alltagsleben daran gewöhnen, die innere Freiheit gegenüber dem zu bewahren, was uns entgehen mag. »Fang mit den Kleinigkeiten an«, rät Epiktet, »einem Tongefäß, einem Trinkbecher und fahre so fort bis zu einer Tunika, [...], bis zu einem Stück Ackerland; dann geh zu dir selber über, zu deinem Körper, zu den Gliedern deines Körpers, zu deinen Kindern, deiner Frau, deinen Brüdern [...]. Reinige deine Urteile und siehe zu, daß sich nichts, was dir nicht gehört, dir anhafte und mit dir so zusammenwachse, daß du nicht darunter leidest, wenn man es dir entreißt. [...] Das ist eben die wahre Freiheit.« (IV,1,111-112)

8. Verzicht?

Wenn die Handlung auf ein Hindernis stößt oder gar scheitert, scheint der Stoiker – der Stoiker Marc Aurel – sich zu sagen: Ich hatte die Absicht, Gutes zu tun, und das ist die Hauptsache. Das Schicksal hat es anders gewollt. Ich muß seinen Willen hinnehmen, mich damit abfinden, nicht länger die Tugend der Gerechtigkeit, sondern die der Zustimmung zu praktizieren. Ich muß von der Übung der Disziplinierung des Handelns zu der der Disziplinierung des Begehrens übergehen.

Hierin bestand in der Tat ein Problem für die Stoiker. Marc Aurel stellt es zwar nicht explizit dar, aber es war für ihn sehr real: Es war das Drama seines Lebens.

Wie kann ich vermeiden, daß die Zustimmung zum Willen der Allnatur, der meine Handlung an ihrem Gelingen hindert, sich in fatalistischen Verzicht oder Sorglosigkeit verwandle? Wie mich nicht von der Sorge und sogar vom Zorn übermannen lassen, wenn die, die mit mir zusammenarbeiten, meine Handlung hemmen, oder wenn das Schicksal meine Bemühungen, für das Wohl des Imperiums zu sorgen, durch die Pest, durch Krieg, Erdbeben, Überschwemmungen vereitelt? Und vor allem: Was konkret tun, wie mich verhalten, wenn Hindernisse, Widrigkeiten und vom Schicksal gewollte Prüfungen auftauchen?

Epiktet hatte diesem Problem eine seiner Unterredungen gewidmet: »Wie lassen sich Seelengröße und sorgfältiges Bemühen miteinander vereinbaren?« (II,5) Unter Seelengröße verstand er die heitere Gelassenheit; unter »sorgfältiges Bemühen« die Sorge darum, gut zu handeln. Das ist gerade das Problem, das uns beschäftigt. Zur Beantwortung der Frage gebraucht Epiktet das Gleichnis des Würfelspiels. Es hängt nicht von mir ab, wie der Würfel fällt. Ebensowenig hängt es von mir, wohl aber vom Schicksal ab, daß ich mich in dieser oder jener Lage befinde, daß die Umstände meine Handlung behindern. Ich muß diese Lage mit *heiterer Gelassenheit* hinnehmen und ihr zustimmen. Gleichwohl hängt es beim Würfelspiel von mir ab, mit sorgfältigem Bemühen, Aufmerksamkeit und Geschicklichkeit den gefallenen Würfel auszuspielen. Ebenso hängt es im Leben von mir ab, mit *sorgfältigem Bemühen*, Aufmerksamkeit und Geschicklichkeit die Umstände meiner Handlung, wie sie vom Schicksal gewollt sind, auszunutzen.

Bei Marc Aurel läßt sich diese Vorstellung von der Handlung implizit in einem Text wiederfinden, der die verschiedenen Lagen gut zusammenfaßt, in denen sich der Stoiker befinden kann, wenn er eine Handlung zu verwirklichen sucht:

> »Was bedarf es einer Vermutung, wo es doch möglich ist, danach auszuschauen, was getan werden muß, und, wenn du es überblickst, *mit Wohlwollen* und *ohne umzukehren* daran heranzugehen [...]?« (X,12)

Diese energische, feste, unwiderrufliche Entscheidung soll die wohlwollenden Einstellungen, wie Marc Aurel betont, nicht behindern:

»Tu das, was die Natur des Menschen fordert, tu dies, *ohne* auf dem Weg, den du eingeschlagen hast, *umzukehren*, so wie es dir am gerechtesten erscheint, nur *wohlwollend*, *zurückhaltend und unverstellt*.« (VIII,5,2)

Es mögen aber Zweifel darüber aufkommen, was man tun soll:

>»[(...) ist es doch möglich, (...)] wenn du nicht überblickst [was zu tun ist], innezuhalten und dich der besten Berater zu bedienen«

Vom Schicksal gewollte Hindernisse können auftauchen, doch:

>»wenn sich aber anderes dem in den Weg stellt, dann im Blick auf die vorhandenen Möglichkeiten wohlüberlegt voranzuschreiten und an dem festzuhalten, was dir gerecht erscheint.« (X,12,1)

Die »Möglichkeiten«, die man in der jeweiligen Lage finden kann, sind die Spielmöglichkeiten, die man beim Würfelspiel auszunutzen wissen muß. Man muß sie vernunftmäßig und wohlbedacht ausnutzen. So lassen sich die heitere Gelassenheit des Weisen und das sorgfältige Bemühen des tätigen Menschen miteinander versöhnen: die heitere Gelassenheit dessen, der sich nicht durch die dramatische Lage beunruhigen läßt, sondern die Wirklichkeit hinnimmt, wie sie ist, und das sorgfältige Bemühen dessen, der – den Hindernissen und den Schwierigkeiten zum Trotz – seine einmal angefangene Handlung fortsetzt, indem er sie den Umständen anpaßt und dabei sein Ziel, die Gerechtigkeit und den Dienst an der menschlichen Gemeinschaft, stets im Auge behält. Und ist nicht die sicherste Gewähr für die Wirksamkeit in der Handlung eben die innere Ruhe?

9. Der Altruismus

Wie wir gesehen haben, besteht die Disziplinierung des Handelns im wesentlichen darin, zum Wohl der Gemeinschaft zu handeln. Auch hierin steht die göttliche Handlung der menschlichen Modell:

»Der Geist des Ganzen ist auf das Gemeinwohl bedacht [*koinônikos*]. Daher hat er die niedrigeren Wesen wegen der höheren geschaffen und letztere harmonisch einander zugeordnet. Du siehst, wie er unterordnete, zuordnete und jedem den seinem Wert gemäßen Anteil hat zukommen lassen und die Besten zur Eintracht miteinander zusammengeführt hat.« (V,30)

Der Geist des Ganzen erscheint hier wie ein guter König, der über das Wohl des Staates wacht, d.h. für das Wohl seiner Untertanen – der anderen vernunftbegabten Wesen – sorgt, indem er die niedrigeren Dinge, d.h. Tiere, Pflanzen und unbelebte Dinge, in ihren Dienst stellt und Gemeinschaft, Eintracht und Einhelligkeit unter den vernunftbegabten Wesen stiftet und die Güter gerecht verteilt. Diese anthropomorphe und »politische« Darstellung des Weltstaates darf uns jedoch nicht vergessen machen, daß das Verhältnis zwischen dem Geist und den geistigen Wesen in der Natur selbst begründet ist. Der Weltstaat ist vor allem der Staat aller vernunftbegabten Wesen, Götter und Menschen, der durch das diesen Wesen gemeinsame und zugleich jedem von ihnen eigene Gesetz regiert wird, welches zugleich die Vernunft und die Natur ist, da ihre Natur eben vernünftig ist. Und genau so lautet auch die Definition des Menschen: »vernunftbegabtes Lebewesen« (VII,11). – »Beim vernunftbegabten Lebewesen ist die naturgemäße Handlung gleichzeitig vernunftgemäß.« »Das Ziel der vernunftbegabten Lebewesen ist es, der Vernunft und dem Gesetz der ehrwürdigsten Stadt und des ehrwürdigsten Staatswesens zu gehorchen« (II,16,6).

Dieser altehrwürdigste Staat ist der kosmische Staat, dessen Bürger der Mensch ist und »dessen übrige Staaten nur Häuser sind« (III,11,2). »Was ist der Mensch?«, hatte sich Epiktet gefragt und geantwortet: »Ein Teil eines Staates, zuerst einmal des ersten Staates, der aus den Göttern und den Menschen besteht, dann ein Teil des Staates, der so genannt wird, weil er ihm am nächsten kommt, und der ein kleines Bild des universellen Staates ist« (II,5,26). Einer solchen Doktrin mußte der Kaiser Marc Aurel seine Aufmerksamkeit schenken, stellte sie doch sein ganzes Leben in Frage, wie aus folgendem Gedanken hervorgeht, mit dem er gewissermaßen seine Lebensregel, seinen Wahlspruch formuliert:

»Staat und Vaterland ist für mich als Antoninus Rom. Staat und Vaterland ist für mich als Mensch der Kosmos. Einzig und allein das, was diesen Staaten dienlich ist, ist gut für mich.« (VI,44,6)

Vom Weltstaat, dem kosmischen Staat aller vernunftbegabten Wesen, empfangen wir, so Marc Aurel (IV,4,2), den Intellekt, die Vernunft und das Gesetz. Diese Gleichsetzung ist bedeutsam. Der Intellekt und die Vernunft sind den vernunftbegabten Wesen gemeinsam, also allgemeingültig. Deshalb gelten sie als gemeinsames, allgemeingültiges und allen vernunftbegabten Wesen innewohnendes Gesetz. Denn durch ihre Allgemeingültigkeit, die die Individuen übersteigt, erlauben sie, vom egoistischen Gesichtspunkt des Individuums zur universellen Perspektive des Ganzen überzugehen. Deshalb neigen der Intellekt und die Vernunft von Natur aus dazu, das Wohl des Ganzen, die Interessen des Ganzen ins Auge zu fassen: *logikon* (»vernunftbegabt«) und *koinônikon* (»auf das Gemeinwohl bedacht«) sind voneinander untrennbar:

»Es muß jeder das tun, was seiner Verfassung gemäß ist. Die anderen Wesen sind ihrer Verfassung nach für die vernunftbegabten geschaffen [...], diese aber füreinander. Das Führende in der Verfassung des Menschen ist also der Gemeinschaftssinn [*koinônikon*].« (VII,55,2-3)

Man hat oft gemeint, daß die Philosophie der Stoa grundsätzlich eine Philosophie der Selbstliebe sei, da sie sowohl in der Physik als auch in der Moral von dem Streben ausgeht, sich selbst zu erhalten, in Kohäsion und Kohärenz mit sich selbst zu bleiben. Tatsächlich aber liegt der Grundton der Stoa vielmehr in der Liebe zum Ganzen, weil die Selbsterhaltung und die Kohärenz mit sich selbst nur durch die völlige Zustimmung zum Ganzen, zu dem man gehört, möglich sind. Stoisch sein heißt, sich dessen bewußt zu werden, daß niemand allein ist, sondern daß wir zu einem Ganzen, nämlich zur Gesamtheit des Kosmos und zur Gesamtheit aller vernunftbegabten Wesen gehören.

Wenn der göttliche Geist auf das Gemeinwohl des Ganzen bedacht ist, so weil er sich selbst in diesem Ganzen entfaltet. Er ist zugleich er selbst und, dank seiner dynamischen Identität, alle Dinge. Wenn er die Wesen, die an ihm teilnehmen, in Einklang miteinander gebracht hat, so gerade deshalb, weil sie alle zu ihm gehören und über ihn miteinander in Verbindung stehen. Seine Absicht, das Gemeinwohl des Ganzen zu verwirklichen, teilt er allen Wesen in dem Maße mit, wie er in ihnen gegenwärtig ist. Wie er sind alle vernunftbegabten Wesen *koinônikoi*; sie neigen von Natur dazu, sich in den Dienst am Ganzen zu stellen, die Einheit des Ganzen zu sichern.

In einem sehr schönen Abschnitt seiner *Ermahnungen an sich selbst* beschwört Marc Aurel die großen »Einheiten« herauf, die uns die Grundeinheit aller Dinge offenbaren (XII,30): »Es gibt nur *ein* Sonnenlicht«, auch wenn Mauern es behindern. »Es gibt nur *eine* gemeinsame Substanz«, selbst wenn sie in Tausende von Körpern mit individuellen Qualitäten aufgeteilt ist. »Es gibt nur *eine* denkende Seele«, auch wenn sie sich zu zerteilen scheint. Wenn in allen Dingen eine einigende, aber unbewußte Kraft besteht, so gibt es dazu im Gegensatz in der Einheit der denkenden

Seele, d.h. aller denkenden Seelen, die an ihr teilhaben und eins mit ihr sind, das besondere Vorrecht, bewußt danach zu streben, »sich mit dem, was ihr verwandt ist, zu vereinen«. »Und diese Leidenschaft zur Gemeinschaft«, so Marc Aurel ferner im gleichen Abschnitt der *Ermahnungen an sich selbst*, »wird nicht zertrennt.« Hier läßt sich jenseits der vereinenden Kräfte, die die Körper zusammenhalten, ein Universum von Durchsichtigkeit und Innerlichkeit erkennen, in dem die Geister in wechselseitiger Übereinstimmung und wechselseitiger Innerlichkeit aufeinander zustreben. Die vernunftbegabten Wesen sind tatsächlich in dem Maße miteinander vereint, wie ihre Absicht, genauso wie die des göttlichen Geistes, das Wohl des Ganzen will, in dem Maße also, wie ihre Absicht mit dem vom göttlichen Geist gewollten Ziel zusammenfällt. Dergestalt ist dieses geistige Universum ein Universum von miteinander übereinstimmenden Willenskräften. Aus dieser Perspektive wird die moralische Absicht zu einem absoluten Wert, einem Selbstzweck, der alle besonderen Ziele übersteigt, auf die sie sich beziehen kann; und jedes vernunftbegabte Wesen wird seinerseits, insofern es ihm freisteht, diese Absicht zu hegen, zu einem Selbstzweck für sich und die anderen. Marc Aurel wiederholt es unablässig (z.B. IX,1): »Denn von der Allnatur sind die vernunftbegabten Lebewesen füreinander geschaffen.« Diese Gemeinschaft der vernunftbegabten Wesen, welche der göttliche Geist um sich versammelt, nimmt gewissermaßen das Reich der Zwecke vorweg, von dem Kant sprechen wird. Dieses »Reich der Zwecke« entspricht nach Kant der Gemeinschaft der vernunftbegabten Wesen in dem Maße, wie diese durch das Gesetz gebunden ist, das von jedem selbst erlassen und angenommen wird, das Gesetz, das ausdrücklich vorschreibt, daß jedes vernunftbegabte Wesen kraft der moralischen Freiheit in ihm Selbstzweck für sich und die anderen sei.[34] Gerade weil das vernunftbegabte Wesen sich selbst den moralischen Zweck als ein Gesetz setzt, ist es selbst ein Selbstzweck, der allem vorgezogen werden soll, wie Marc Aurel sagt:

»Einer vernünftigen Seele ist es eigentümlich, auch die Nächsten zu lieben [...], und nichts sich selbst vorzuziehen, *was auch eine Eigentümlichkeit des Gesetzes ist.*« (XI,1,4)

Die meisten Menschen wissen jedoch nicht um diesen Welt- und Vernunftstaat. Sie leben im Egoismus, der genauso schädlich für den Weltstaat ist wie für jeden Staat:

»Jede deiner Handlungen, die weder einen nahen noch einen fernen Bezug zu einem gemeinschaftsfördernden Ziel hat, zerreißt das Leben und läßt es nicht eins sein, ist also aufrührerisch wie einer im Volke, der sich für seinen Teil aus einem solchen Zusammenhang entfernt.« (IX,23,2)

Ist der Egoismus schädlich für den Staat, so ist er es auch für das Individuum selbst. Der Egoismus isoliert es, und, wie Epiktet bereits sagte: »Isoliert gesehen ist der Fuß so wenig ein Fuß wie der Mensch ein Mensch ist. Was ist der Mensch in der Tat? Ein Teil des Staates [...]«(II,5,26). Marc Aurel nimmt die Metapher wieder auf:

»Wenn du je eine abgehauene Hand, einen Fuß oder einen abgeschnittenen Kopf getrennt von dem übrigen Körper irgendwo liegen gesehen hast: Zu einem solchen macht sich, soweit es an ihm liegt, derjenige, der nicht will, was ihm widerfährt, und der sich vom Ganzen absondert, oder einer, der etwas wider die Gemeinschaft tut. Da hast du dich irgendwie von der natürlichen Einheit losgerissen, als deren Teil du doch geschaffen worden bist; nun hast du dich selbst abgetrennt.« (VIII,34)

Hier sind die beiden Disziplinierungen angesprochen: die des Begehrens, die alles hinnehmen heißt, was geschieht, und die des Handelns, die für das Gemeinwohl handeln heißt. Hierbei wird deutlich, daß sie ein und derselben Haltung entsprechen, nämlich dem Bewußtsein davon, daß man lediglich Teil des Ganzen ist und durch und für dasselbe lebt. Was die anderen Wesen »von Natur aus« tun, soll der Mensch »vernunftgemäß«, d.h. schließlich auch seinerseits »von Natur aus« tun, da seine Natur in der Vernunft und in der Freiheit besteht. Der Mensch hat also das befremdliche Vermögen (VIII,34,3-5), sich durch seine Absicht, Freiheit und Vernunft vom Ganzen zu trennen, indem er die Zustimmung zu dem, was geschieht, verweigert und egoistisch handelt. Er hat also die befremdliche Macht, sich gleichsam geistig zu vernichten. Doch durch eine noch wunderbarere Macht, fährt Marc Aurel fort, vermag der Mensch ins Ganze zurückzukehren, nachdem er sich von ihm abgetrennt hat. Er vermag, sich zu bekehren und zu verwandeln, indem er vom Egoismus zum Altruismus übergeht.

10. Handlung und Wert, Gerechtigkeit und Unparteilichkeit

In seiner von Marc Aurel (XI,37) zitierten Definition der Disziplinierung des Handelns zählt Epiktet drei Charakteristika auf, die die guten Handlungsantriebe (*hormai*) auszeichnen: Erstens müssen sie von einer »Vorbehaltsklausel« begleitet sein, zweitens den Dienst am Gemeinwohl zum Ziel haben. Von diesen beiden haben wir bereits gesprochen. Sie müssen darüber hinaus, Epiktet zufolge, dem Wert gemäß (*kat'axian*) sein. Diese Formulierung scheint recht vage und unpräzis: Handelt es sich um die Werte der Objekte, auf die sich die Handlung richtet, oder aber um die Personen, auf die sie abzielt? Marc Aurel nimmt diesen Begriff häufig wieder auf. Tatsächlich handelt es sich um einen Fachausdruck, der in der stoischen Schule seinerzeit gebräuchlich war und dessen Sinn den Eingeweihten selbstverständlich gewesen sein mag. Wir sind jedoch gezwungen, eine Erklärung zu versuchen.

Bereits seit langem hatten die Stoiker eine recht ausgearbeitete Theorie des »Wertes«[35] entwickelt. Wenn man diese Doktrin etwas vereinfachend zusammenfaßt, könnte man sagen, daß sie drei Stufen von Werten unterschieden. Zunächst kamen die Dinge, die das »Leben in Einklang mit der Natur«, d.h. die Tugend ausmachen und zur Praxis des moralischen Lebens beitragen. Diese Dinge, wie die Übungen in der Gewissensprüfung, in der Aufmerksamkeit auf sich selbst, hatten einen absoluten Wert. An zweiter Stelle standen Dinge, die mittelbar zur Praxis der Tugend verhelfen können. Diesmal handelte es sich um solche Dinge, die an sich weder gut noch schlecht, also gleichgültig im Verhältnis zum moralisch Guten sind, deren Besitz oder Übung jedoch dazu beiträgt, ein tugendhaftes Leben zu führen, als da sind: die Gesundheit, die die Erfüllung der Pflichten ermöglicht, der Reichtum, wenn er erlaubt, dem Nächsten aus der Not zu helfen. Diese Werte zweiten Ranges haben keinen absoluten Wert – dieser gehört einzig und allein dem moralisch Guten –, sondern werden je nach ihrem mehr oder weniger engen Verhältnis zum moralisch Guten hierarchisch geordnet. An letzter Stelle kamen die Dinge, die der Tugend unter bestimmten Umständen nützlich sein können, die also an sich keinen Wert haben, die man aber gleichsam gegen ein Gut austauschen kann.

Den genauen Wert eines Dinges zu erkennen, stellt daher eine sehr wichtige Übung dar, die zur Disziplinierung des Urteils gehört. Man muß nicht nur versuchen, so Marc Aurel (III,11,1-2), jedes Ding, das sich darbietet, in seiner Nacktheit und Wirklichkeit zu sehen, sondern man muß sich seines Platzes im Universum und des »Wertes bewußt werden, den es im Verhältnis zum Ganzen und zum Menschen hat, insofern der Mensch Bürger des obersten (d.h. kosmischen) Staates ist, dessen Häuser gleichsam die übrigen Staaten sind«.

Diese Disziplinierung des Urteils ist eng mit der des Handelns verbunden. Wenn man so den Wert der Dinge eingesehen hat, muß man danach handeln: »Indem ich alle Dinge so sehe, wie sie sind, gebrauche ich jedes gemäß seinem Wert [*kat'axian*]« (VIII,29). Damit meint Marc Aurel, daß er sich bei jedem Ereignis und in jeder Lage bemüht, den Nutzen, den er daraus für sein moralisches Leben ziehen kann, zu erkennen und den bestmöglichen Gebrauch davon zu machen:

»Den einen freut dies, den anderen das. Mich aber, wenn ich das leitende Prinzip gesund erhalte, daß es sich weder von einem Menschen noch von dem, was Menschen geschieht, abwendet, sondern alles mit wohlwollenden Augen anschaut, empfängt und gemäß seinem Wert gebraucht.« (VIII,43)

Die Disziplinierung des Handelns fordert also von einem, den Wert der Objekte zu erkennen und die Intensität der eigenen Handlung ins rechte Verhältnis zu ihm zu setzen. Seneca hatte die Disziplinierung des Handelns folgendermaßen definiert: zuerst den Wert der in Frage stehenden Sache beurteilen, dann den Handlungsantrieb ins rechte Verhältnis zu diesem Wert setzen, schließlich den Handlungsantrieb mit der Handlung in Einklang bringen, um stets in Einklang mit sich selbst zu bleiben.[36] Dies ist also der erste Sinn, den man der Formel des Epiktet, *kat'axian* zu handeln, verleihen kann.

Die Betrachtung des Wertes liegt indes nicht nur auf der Ebene des individuellen Verhaltens, sondern ebenfalls auf der des gesellschaftlichen Lebens. Und hier stellt sich ein schwerwiegendes Problem für den Stoiker, unterscheidet sich doch seine Wertskala von der der anderen Menschen. Diese messen Dingen einen absoluten Wert bei, die den Stoikern zufolge gleichgültig sind, d.h. nur einen relativen Wert haben. Umgekehrt mißt der Stoiker dem moralisch Guten, das den meisten Menschen gleichgültig ist, einen absoluten Wert bei. Marc Aurel spielt offenbar auf diesen Konflikt an, wenn er über die Hilfe, die man den Mitmenschen leistet, schreibt:

»Sich nicht völlig von der Vorstellung hinreißen lassen, sondern gemäß den eigenen Möglichkeiten und dem Wert der fraglichen Sachen helfen, auch wenn sie nur einen Verlust im Bereich der gleichgültigen Dinge erleiden, sich aber dennoch nicht vorstellen, daß das ein Schaden sei, ist dies doch eine schlechte Angewohnheit.« (V,36)

Es geht darum, den anderen zu Hilfe zu kommen, und zwar auch im Bereich der gleichgültigen Dinge, die ihnen so wichtig zu sein scheinen, doch im Bewußtsein des Wertes der Dinge, d.h. ihrer moralischen Zweckmäßigkeit, und ohne das Urteil der anderen über den Wert der Dinge zu teilen: Man soll sie nicht bemitleiden, als wäre es ein wahres Übel, was ihnen widerfährt. Dies ist genau das Problem, das sich Marc Aurel als Kaiser stellt: Er hat für das Glück seiner Untertanen im Bereich der gleichgültigen Dinge zu sorgen, die in seinen Augen keinen Wert haben. Hierbei wird er dem göttlichen Beispiel folgen:

»Auch die Götter verhelfen ihnen in mannigfaltiger Weise, durch Träume, Orakel, allerdings auch zu den Dingen, auf die es den Menschen ankommt.« (IX,27,3)

»Auch die Götter sind wohlwollend solchen Menschen gegenüber; zu einigem leisten sie auch Beihilfe wie zu Gesundheit, Reichtum und Ansehen; so gütig sind sie.« (IX, 11,2)

Die Götter selbst lassen sich somit zum Standpunkt der Menschen herab und gewähren ihnen, was an sich nur einen sehr relativen Wert hat. Das soll also auch für den Kaiser gelten. So definiert er seine Haltung gegenüber dem Menschen, der, wie er sagt, sein Verwandter, sein Partner ist, selbst wenn dieser die Tugend nicht praktiziert, wie folgt:

»Daher gehe ich mit ihm um, wie es dem Naturgesetz der Gemeinschaft entspricht, wohlwollend und gerecht. Gleichzeitig berücksichtige ich mit ihm das, was in den gleichgültigen Dingen von Wert ist.« (III,11,5)

Zu den inneren Einstellungen des Wohlwollens kommt hier die konkrete Handlung hinzu, die den Kaiser veranlaßt, sich mit Dingen zu beschäftigen, die von den Menschen als Werte betrachtet werden und im übrigen tatsächlich auch in seinen Augen einen bestimmten Wert haben können, insofern sie eventuell einen moralischen Fortschritt erlauben werden. Dies ist der zweite Sinn der Berufung auf die *axia*, den »Wert« in der epiktetischen Definition der Disziplinierung des Handelns.

Es gibt jedoch noch einen anderen Sinn des Wortes »Wert«. Es bezeichnet dann nicht länger den Wert des Objekts, sondern den der Person, d.h. ihr Verdienst. Für Marc Aurel wie für die Stoiker besteht die Gerechtigkeit in der Tat darin, jedem zu geben, was seinem Wert, seinem Verdienst gebührt.[37] Es läßt sich jedoch nicht mit Sicherheit sagen, daß die Berücksichtigung des Wertes in diesem Sinne zur epiktetischen Definition der Disziplinierung des Handelns gehört.[38] Denn merkwürdigerweise lassen sich in den von Arrian überlieferten Worten Epiktets nur sehr wenige Anspielungen auf die Tugend der Gerechtigkeit und keine Definition derselben finden. Bei Marc Aurel hingegen ist diese so wichtig, daß sie manchmal allein zur Definition der Disziplinierung des Handelns genügt, wenn es etwa heißt: »[...] dich gerecht gegenüber den Menschen zu verhalten, die zugegen sind« (VII,54).

Verleiht Marc Aurel der Gerechtigkeit deshalb so viel Gewicht, weil er sich seiner Verantwortung als Kaiser bewußt ist? Auf jeden Fall spielt er auf die Definition dieser Tugend an, wenn er von seinem Adoptivvater, dem Kaiser Antoninus Pius, berichtet, daß dieser »sich nicht davon abbringen ließ, jedem das zuzuteilen, was ihm gemäß seinem Wert gebührte« (I,16,5). Gemeint ist damit vor allem, daß er den einzelnen ohne Begünstigung Ämter und Verantwortungen anvertraute und dabei einzig und allein nach ihren Verdiensten und ihrem Wert entschied sowie nach ihrer Fähigkeit, die fraglichen Aufgaben zu erfüllen. Damit ist bestimmt auch gemeint, daß er unparteiisch Recht sprach.

Im übrigen meint Wert bzw. Verdienst hier nicht notwendigerweise den moralischen Wert der Stoiker, sondern entweder die Fähigkeit, eine bestimmte Aufgabe zu erfüllen, oder aber, im Rechtsbereich, Schuld oder Unschuld. Dem Historiker Cassius Dio zufolge forderte Marc Aurel keine Vollkommenheit von denen, die er mit einer Aufgabe beauftragte: »Wenn jemand etwas Gutes tat, lobte er ihn und setzte ihn für eine Aufgabe ein, bei der dieser sich besonders auszeichnete, ohne sein sonstiges Verhalten in Erwägung zu ziehen: Er sagte, es sei unmöglich, die Menschen so zu schaffen, wie man sie haben möchte, sondern es gezieme sich, die Menschen, wie sie sind, für Aufgaben einzusetzen, bei denen sie nützlich sind.«[39]

Von Wert sind also die Menschen, die die »Pflichten« gewissenhaft erfüllen, d.h. im Bereich des politischen und alltäglichen Lebens, mithin der gleichgültigen Dinge, tun, was zu tun ist, selbst wenn sie es nicht in einem stoischen Geist tun, der nur das moralisch Gute als absoluten Wert betrachtet.

Diese Gerechtigkeit, die die Güter nach dem persönlichen Verdienst ohne Begünstigung und in aller Unparteilichkeit verteilt, hat das göttliche Wirken zum Modell. Das ist nicht erstaunlich, da gerade die moralische Handlung des Menschen von seiner vernünftigen Natur herrührt, die ein Teil – eine Emanation – der göttlichen vernünftigen Natur, d.h. einer Natur ist, für die, wie Marc Aurel sagt,

»es kein Hindernis gibt, die geistig und gerecht ist, insofern sie nämlich jedem einzelnen den gleichen und seinem Verdienst angemessenen Anteil an Zeit, Substanz, Ursache, Tätigkeit und Begebnissen zukommen läßt.« (VIII,7,2)

Man mag zwar meinen, daß ein »gleicher Anteil« nicht einem »seinem Verdienst angemessenen Anteil« entsprechen könne, doch man braucht sich nur daran zu erinnern, daß die politische Gleichheit seit Platon und Aristoteles[40] eine geometrische Gleichheit ist, d.h. eine Proportion, dergemäß dem höheren Verdienst ein höheres Gut und dem geringeren Verdienst ein geringeres Gut zugeteilt werden muß. Die Verteilung erfolgt im rechten Verhältnis zur *areté*, welcher Begriff einst Adel bedeutete und alsdann für die Stoiker den Sinn von Seelenadel, Tugend annehmen sollte. Die stoische Gerechtigkeit wird also nicht in dem Sinne eine adlige sein, daß sie der Adelsklasse Reichtum und Macht, gleichgültige Dinge, gewährt, sondern insofern sie das Verdienst und die moralische Verantwortlichkeit bei allen Entscheidungen im politischen und privaten Leben berücksichtigt. Der Historiker Herodian erzählt, daß Marc Aurel für seine Töchter weder reiche Patrizier noch reiche Persönlichkeiten, sondern tugendhafte Männer gewählt habe. Denn der Reichtum der Seele war in seinen Augen, so Herodian weiter, der einzig wahre und unveräußerliche Reichtum.[41]

Das göttliche Wirken ist »ohne Hindernis« und »gerecht«, weil es im höchsten Grade vernünftig ist, d.h. sich selbst eine Ordnung auferlegt. Diese Ordnung unterwirft zunächst die besonderen Ziele einem einzigen Ziel, nämlich der Absicht, das Wohl des Ganzen zu sichern. Deshalb ist das göttliche Wirken, wie wir bereits gesehen haben,[42] ohne Hindernis, weil es durch alle besonderen Ziele hindurch auf ein einziges abzielt und alle Hindernisse, die sich ihm entgegenzusetzen scheinen, auf dieses einzige Ziel hin mitarbeiten zu lassen weiß. Aber das göttliche Wirken führt auch eine Ordnung, eine Rangordnung der Werte unter den besonderen Zielen, die es sich setzt, ein. Die niederen Wesen, Mineralien, Pflanzen und Tiere, stehen im Dienst der vernunftbegabten Wesen, und diese sind Zwecke füreinander. Aus der Perspektive dieser Rangordnung der Werte verteilt das göttliche Wirken die Zeit, die Substanz, die Ursache gemäß dem Wert jedes Dings. Deshalb ist sie gerecht.

Diese Gerechtigkeit der vernünftigen Natur ist identisch mit der des Geistes des Ganzen (V,30), der in das Ganze die »Unter- und Zuordnung« eingeführt hat und »jedem den seinem Wert gemäßen Anteil hat zukommen lassen«; es ist die Gerechtigkeit der Allnatur (IX,1,1), »die die vernunftbegabten Wesen füreinander geschaffen hat, damit sie gemäß ihrem Verdienst einander behilflich sind«.

Vielleicht könnte die Alltagserfahrung an dieser göttlichen Gerechtigkeit zweifeln lassen, scheint es doch in der Tat, als teile sie

»an die Schlechten und die Tugendhaften etwas entgegen ihrem Verdienst [*par'axian*] aus, da die Schlechten häufig in Wollust leben und über die dazu nötigen Mittel verfügen, wohingegen die Tugendhaften dem Schmerz und seinen Ursachen begegnen.« (IX,1,6)

Dies ist jedoch das Urteil derer, die die Lüste für Güter halten und nicht verstehen, daß das Leben und der Tod, die Lust und der Schmerz, der Ruhm und der Mangel an Ruhm weder Güter noch Übel sind, wenn man das moralisch Gute erstrebt. Im Gegenteil, sagt Marc Aurel:

»Alles, was geschieht, geschieht zu Recht. Wenn du dies aufmerksam beobachtest, wirst du es bestätigt finden. Ich sage nicht nur, daß es folgerichtig geschieht, sondern auch gerecht, und wie wenn es durch jemanden geschähe, der es nach Verdienst zuteilt.« (IV,10)

Wir haben bei der Disziplinierung des Begehrens das Problem gestreift, das sich bezüglich der Wirkungsweise der Natur oder der Allvernunft stellte.[43] Löste sie mit einem einzigen anfänglichen Antrieb den kosmischen Prozeß aus, so daß alles »folgerichtig« geschieht? Oder aber war sie auf jedes Individuum bedacht und ließ ihm zuteil werden, was ihm »seinem Verdienst entsprechend« gebührt (IV,10)? Wir haben gesehen, daß die beiden Hypothesen schließlich einander nicht ausschließen, weist doch das allgemeine Gesetz des Universums einem jeden gleichsam die Rolle zu, die er im Universum zu spielen hat. Das göttliche Wirken ist ein einziges Wirken, das sich wunderbar jedem besonderen Fall anzupassen scheint. Alles geschieht so, »wie wenn es durch jemanden geschähe, der es nach Verdienst zuteilt« (IV,10). Das trifft auf die niederen Wesen zu, die, wie Marc Aurel sagte, ihren Anteil an Zeit, Substanz und Ursache nach ihrem Wert in der Rangordnung der Wesen empfangen (VIII,7,2). Auf die vernunftbegabten Wesen trifft dies jedoch um so mehr zu. Das Schicksal teilt jedem zu, was seinem Sein und Wert entspricht. Jedes Ereignis paßt vollkommen zu dem, dem es geschieht:

»Nur das lieben, was auf einen zukommt und vom Schicksal mit einem zusammengesponnen ist. Denn was ziemt sich besser?« (VII,57)

»[...] du mußt das dir Begegnende lieben, [...] weil es dir geschah und dir zugeordnet wurde und zu dir in einer gewissen Beziehung stand als etwas, das von oben aus den ältesten Ursachen mit dir zusammengesponnen war.« (V,8, 12)

»Ist dir etwas begegnet? – Gut, vom All wurde dir seit allem Anfang zugeteilt und zugesponnen jedes Begegnis.« (IV,26,4)

»Was auch immer dir begegnet, ist seit Ewigkeit für dich vorgesehen gewesen, und die Verflechtung der Ursachen verkettete seit Urzeiten dein Entstehen und dieses Begebnis.« (X,5)

Alles, was geschieht, geschieht zu Recht, weil es uns bringt, was uns gehört, uns zusteht oder, anders ausgedrückt, was unserem persönlichen Wert entspricht und so zu unserem moralischen Fortschritt beiträgt. Die göttliche Gerechtigkeit ist erzieherisch. Das Ziel, das sie im Auge hat, besteht in dem durch die Weisheit der vernunftbegabten Wesen gesicherten Wohl des Ganzen.
Der Stoiker Diogenes von Seleukeia sagte, daß in der Definition der Tugend der Gerechtigkeit, die jedem seinen Anteil seinem Verdienst gemäß zuteilt, das Wort »Verdienst« oder »Wert« (*axia*) den Anteil bedeute, der jedem zufällt (*to epiballon*).[44] Hinter diesen Nuancen des Vokabulars scheint das Mysterium der göttlichen Gerechtigkeit durch. Marc Aurel spricht in der Tat (X,25) vom »Verwalter aller Dinge«, der »das Gesetz [*nomos*] ist, das jedem

zuteilt [*nemôn*], was ihm zukommt [*to epiballon*].«»Denn was den Gesetzen gemäß zugeteilt wird, ist für jeden gleich« (XII,36,1). Wenn das göttliche Gesetz also jedem den Teil zukommen läßt, der seinem Wert entspricht, so ist dieser Teil zugleich das, was ihm nach seinem Verdienst zusteht, d.h. nach dem, was er ist, und das, was ihm zufällt, was ihm als Los vom Schicksal gewählt wird. Es ist also zugleich das, was zu sein der *Mensch* durch seine moralische Entscheidung *wählt*, und das, was das *Gesetz* durch seine anfängliche Entscheidung wählt, das er sein soll. Gleicherweise wird der *daimôn* (d.h. das individuelle Schicksal), der jeder Seele beigegeben ist, ihr durch das Los zugewiesen und dennoch von ihr gewählt.[45]

So stellte sich also das Ideal der göttlichen Gerechtigkeit dar, das der stoische Glaube Marc Aurel nahelegte und das er sicherlich, wenn er nur gekonnt hätte, auf Erden hätte verwirklichen wollen: eine Gerechtigkeit, die nichts anderes als den moralischen Wert in Betracht ziehen, auf nichts anderes als den moralischen Fortschritt der Menschen abzielen würde und für die die »gleichgültigen« Dinge nur von Wert wären, insofern sie den moralischen Fortschritt unterstützen könnten. Wie wir sehen werden,[46] machte sich Marc Aurel keine Illusionen über die Möglichkeit einer »Verwirklichung von Platons Staat«, wie er es ironisch nannte.

Ein solches Ideal der Gerechtigkeit aber konnte einen zu einer allgemeinen inneren Einstellung führen, die der Unparteilichkeit der Allvernunft, die allen dasselbe Gesetz auferlegt, und zugleich der aufmerksamen Fürsorge der Vorsehung nachzueifern sucht, die sich jedem besonderen Fall anzupassen und für jedes Individuum in Anbetracht seiner Stärken und Schwächen Sorge zu tragen scheint.

Man könnte vielleicht, um eine solche Haltung zu beschreiben, folgende Zeilen von L. Lavelle zitieren, in denen er, ohne eine stoische Doktrin wiedergeben zu wollen, recht genau den stoischen Geist der Gerechtigkeit ausdrückt:

»Es gibt eine heilige Gleichgültigkeit, die darin besteht, unter denen, die uns begegnen, niemanden vorzuziehen, ihnen allen unsere ganze Gegenwart zu geben, auf ihren Anruf mit gleichbleibender Treue zu antworten. Dies ist die positive Gleichgültigkeit, die das Gegenteil der negativen Gleichgültigkeit ist, mit der man sie oft verwechselt: sie fordert von uns lediglich, allen denselben strahlenden Empfang zu bereiten. Wir müssen sie genau in der Waage halten: es darf in uns weder ein Vorurteil noch eine Vorliebe geben, wodurch sie sich auf die eine Seite neigt. Unter diesen Bedingungen werden wir dazu befähigt, in unserem Umgang mit ihnen sehr subtile Differenzen einzuführen, aber indem wir jedem das geben, was er erwartet, was er verlangt und was ihm zukommt. Die vollkommenste Gerechtigkeit kommt hier der reinsten Liebe gleich, von der man nicht sagen kann, ob sie jede Wahl abschaffe oder ob sie überall die gleiche auswählende Liebe ist.

Wir wissen wohl, daß ›keinen Unterschied zu machen‹ dasselbe ist wie: gerecht zu sein; es geht also darum, dieselbe Regel auf alle anzuwenden, ohne Ausnahme oder Begünstigung in unsere Urteile einzuführen. Dies heißt, sich den Gesichtspunkt Gottes zu eigen zu machen, der alle Wesen in der Einfachheit ein und desselben Blickes umfaßt. Aber dieser Blick ist gerade das Gegenteil eines unempfindsamen Blickes, es ist aber ein liebevoller Blick, der bei jedem individuellen Wesen genau das sieht, was er braucht, die Worte, die es berühren, und die Behandlung, die ihm gebührt.«[47]

11. Mitleid, Sanftmut und Wohlwollen

Wie wir bei der Disziplinierung des Urteils gesehen haben,[48] gerät der Großteil der Menschheit, den Stoikern zufolge, wider Willen ins Übel, weil er einfach nicht weiß, was wahrhaftig gut und was wahrhaftig schlecht ist. Dies steht in der großen sokratischen Tradition, die sich so über Platon und den Platonismus bis zum Stoizismus erstreckt. »Keiner ist willentlich schlecht.«[49] Diese platonischen Aussagen beruhen auf der sokratischen Idee, der zufolge die Tugend eine »Wissenschaft« ist, d.h. wesentlich darin besteht, zu wissen, doch mit der ganzen Seele zu wissen, worin das wahrhaftig Gute liegt und besteht. Tatsächlich wünscht sich die menschliche Seele natürlich das Gute und strebt spontan dem entgegen, was ihr ein Gut zu sein scheint. Wenn sie schlecht zu werden scheint, so deshalb, weil sie sich vom scheinbar Guten täuschen läßt, doch wünscht sie sich niemals das Übel um des Übels willen. Die Stoiker werden diese Doktrin um so leichter übernehmen, als für sie alles eine »Frage des Urteils« ist – so auch die Leidenschaften selbst. Der Arzt Galen formuliert dieses stoische Axiom sehr gut in seiner Abhandlung *De peccatorum dignotione:* »Der Ursprung vieler Verfehlungen liegt im falschen Urteil über das Ziel, das man dem eigenen Leben stecken muß.«[50]

Die große sokratische Tradition, die über den Platonismus und den Stoizismus bis in den Neoplatonismus reicht, besitzt ihre Einheit im Glauben an die hohe Würde der menschlichen Natur, die im natürlichen und unbewußten Begehren jedes Menschen nach dem Guten begründet ist.

Auch Epiktet reiht sich in diese Tradition ein, indem er sich explizit auf Platon beruft: »Wenn man dem Irrtum zustimmt, so sollst du wissen, daß man es nicht tun wollte, denn ›jede Seele ist wider Willen der Wahrheit beraubt‹, wie Platon sagt, sondern man hat den Irrtum für die Wahrheit genommen« (I,28,4-9). Was der Wahrheit und dem Irrtum im Bereich der Handlung entspricht, so Epiktet weiter, ist die Pflicht und ihr Gegenteil, der Vorteil und sein Gegenteil. Was man für die Pflicht hält, was man für vorteilhaft hält, kann man nicht umhin zu wählen. Die Verfehlung ist also ein Irrtum, und die Seele kann, solange man ihr ihren Irrtum nicht gezeigt hat, nicht anders. Wozu sich also darüber ärgern? »Sollst du nicht vielmehr Mitleid mit denen haben, deren wesentliche Vermögen verblendet und verstümmelt sind, wie wir Mitleid mit den Blinden und den Lahmen haben?« Dies erlaubt Epiktet, die ideale Haltung zu beschreiben, die der Stoiker gegenüber seinem Nächsten einnehmen soll:

> »Gegenüber denen, die ihm [durch ihre Lebensprinzipien] unähnlich sind, wird er geduldig, sanft, nachsichtig und nachgiebig wie gegen einen sein, der in Unwissenheit ist und das Ziel in den wichtigsten Sachen verfehlt. Er wird gegen niemanden hart sein, denn er wird vollkommen das Wort Platons verstehen: ›Jede Seele ist wider Willen der Wahrheit beraubt.‹« (II,22,36)

Auch Marc Aurel wird im Gefolge des Epiktet eine große Achtung vor jenem unbewußten Begehren nach dem Wahren und dem Guten empfinden, das der tiefste Drang der vernünftigen Natur des Menschen ist, und die kranken Seelen bemitleiden, die wider Willen dessen beraubt sind, was sie dunkel begehren:

> »Jede Seele, sagt er [Platon], ist wider Willen der Wahrheit beraubt. Doch ebenso auch der Gerechtigkeit, der Mäßigung, des Wohlwollens und alles derartigen. Es ist daher absolut notwendig, sich fortgesetzt daran zu erinnern; so wirst du sanfter gegenüber allen sein.« (VII,63)

> »Wenn sie es aber nicht richtig tun, so offensichtlich wider ihren Willen und aus Unwissenheit. Denn so wie jede Seele wider Willen der Wahrheit beraubt ist, so auch der Möglichkeit, mit jedem einzelnen seinem Verdienst gemäß umzugehen.« (XI,18,4-5)

Marc Aurel erweist sich hier als treuer Schüler Epiktets. Denn das von ihm wiedergegebene Zitat Platons entspricht nicht dem Original, sondern genau der Form, in der es sich bei Epiktet findet. Vor allem auch zieht er dieselben moralischen Folgerungen daraus.

Diese Unwissenheit über die wahren Werte, in der die Menschen tief versunken sind, ist, so Marc Aurel, »in gewisser Hinsicht bemitleidenswert« (II,13,3). Und dieses Gefühl wird man empfinden, wenn man versucht, das ihrem Irrtum zugrunde liegende Fehlurteil zu verstehen (VII,26,1). »*In gewisser Hinsicht bemitleidenswert*«: Diese Wendung spielt auf die traditionelle Kritik des Mitleids bei den Stoikern an, die es als eine Leidenschaft betrachteten. »Das Mitleid«, sagt Seneca, »ist eine durch den Anblick fremden Elends hervorgerufene Krankheit der Seele oder eine Trauer, die man sich aus fremden Übeln zuzieht. [...] Einem weisen Mann aber widerfährt keine Krankheit; sein Geist ist heiter und gelassen [...].«[51] Dagegen bleiben Marc Aurel und Epiktet gewissermaßen der stoischen Doktrin in dem Maße treu, in dem das »Mitleid« für sie weder Leidenschaft noch Krankheit der Seele ist, sondern sich vielmehr negativ durch die Abwesenheit von Zorn und Haß gegenüber denen definiert, die nicht um die wahren Werte wissen. Es genügt jedoch nicht, Mitleid und Nachsicht für die Menschen zu hegen. Vor allem soll man ihnen dadurch zu helfen suchen, daß man sie auf ihre Irrtümer aufmerksam macht, sie über die wahren Werte belehrt:

»Im allgemeinen ist es dir möglich, den Verirrten eines Besseren zu belehren, verfehlt doch jeder, der einen Fehler begeht, sein Vorhaben und verirrt sich.« (IX,42,6)

Man soll also versuchen, den Verirrten zur Vernunft zu bringen (V,28,3; VI,27,3; VI,50,1; IX,11). Wenn man bei dieser Bemühung scheitert, wird es angebracht sein, sich in Geduld, Nachsicht und Wohlwollen zu üben. Marc Aurel stellt diese Pflicht gegenüber dem Nächsten gern in Form einer Alternative dar:

»Die Menschen sind füreinander geboren worden. Belehre sie also oder aber ertrage sie.« (VIII,59)

»Wenn er strauchelt, ihn wohlwollend belehren und ihm zeigen, was er übersieht. Wenn es dir nicht gelingt, klage dich selbst an oder nicht einmal dich.« (X,4)

Epiktet (II,12,4 und II,26,7) hatte gesagt, daß man wie ein guter Wegweiser den Verirrten auf den rechten Weg zurückführen solle, ohne ihn zu verspotten oder zu beleidigen; wenn einem dies nicht gelingt, solle man den Verirrten nicht verspotten, sondern sich vielmehr der eigenen Unfähigkeit bewußt werden und die Schuld bei sich selbst suchen als bei dem, den zu überzeugen es einem nicht gelingt. Marc Aurel fügt, wie wir eben gerade gesehen haben, hinzu, daß man es schließlich nicht einmal sich selbst übelnehmen solle, denn es kommt vor, daß bestimmte Leute unverbesserlich sind, und »es ist notwendig, daß es dergleichen in dieser Welt gibt« (IX,42,2).

Wie dem auch sei: Man soll sich bemühen, diejenigen, die sich verirren, die nicht um die wahren Werte wissen, zu bekehren. Aber vor allem soll man dies tun, ohne sich zu ärgern (VI,27,3; V,28,3); mehr noch, mit einer unendlichen Feinfühligkeit. Offenbar war Marc Aurel sehr empfänglich für Taktgefühl und Sanftmut, womit man die Seelen behandeln und versuchen soll, ihre Art und Weise, die Welt und die Dinge wahrzunehmen, zu verändern. Ich muß, schreibt er, mich an den anderen richten,

»ohne ihn zu demütigen, ohne ihm das Gefühl zu geben, daß ich ihn ertrage, wohl aber mit Offenheit und Güte« (XI,13,2),

»ohne Ironie [...], ohne Schmähung, wohl aber mit Sanftmut, und ohne in der Seele verwundet zu sein; auch nicht mit dem erhobenen Zeigefinger eines Schulmeisters, ebensowenig, damit andere Anwesende dich bewundern, sondern ihm allein zugewandt, auch wenn andere um ihn herum sind.« (XI,18,18)

In all diesen Bemerkungen steckt ein großer Reichtum an psychologischer Beobachtung sowie ein bemerkenswerter Sinn für die Reinheit der Absicht. Das Paradoxon der Sanftmut besteht darin, daß sie aufhört, Sanftmut zu sein, sobald man sanft sein will: durch jegliche Künstlichkeit, jegliches Zur-Schau-Tragen oder jegliches Überlegenheitsgefühl wird sie zerstört. Die Sanftmut wirkt nur in dem Maße, wie sie nicht zu wirken sucht, in einer unendlichen Rücksicht auf die anderen, ohne einen Schatten von Gewalt, nicht einmal geistiger. Und man soll sich vor allem nicht selbst zur Sanftmut zwingen, da sie doch einer fast physiologischen Spontaneität und Aufrichtigkeit bedarf. Marc Aurel sagt dies sehr treffend (XI,15), wenn er sich über die Leute lustig macht, die von vornherein versichern: »Ich habe mir vorgenommen, offen mit dir zu sein.« Wozu diese Worte, fährt Marc Aurel fort, wenn du aufrichtig bist?

> »Es wird unvermittelt sichtbar werden: Es muß auf der Stirn geschrieben stehen, die Stimme muß von vornherein einen entsprechenden Klang haben, es muß aus den Augen hervortreten, wie der Geliebte im Blick des Liebhabers alles sofort erkennt. [...] Der Gute, Offene und Wohlwollende hat all das in den Augen, und das bleibt keinem verborgen.«

Und, um auf noch schlagendere Weise zu sprechen, sagt Marc Aurel, daß man das Wohlwollen förmlich rieche, wenn man sich einem guten Menschen nähere, so wie man unmittelbar, ob man will oder nicht, den schlechten Geruch von jemandem wahrnehme, der schlecht rieche. Diese reine Sanftmut, diese Feinfühligkeit haben die Macht umzustimmen, zu bekehren und denjenigen, die sie nicht kennen, die wahren Werte aufzuzeigen:

> »Das Wohlwollen ist unbesiegbar, wenn es echt und nicht aufgesetzt, keine Heuchelei ist.« (XI,18,15)

Es ist alles andere als eine Schwäche, es ist eine Stärke:

»Nicht der Zornesausbruch ist mannhaft, sondern die Sanftmut und das Feingefühl, die, in dem Maße, wie sie menschlicher sind, auch männlicher sind und Stärke, Spannkraft und Tapferkeit enthalten, was dem Ärger und der Unzufriedenheit fehlt.« (XI,18,21)

Die Stärke der Sanftmut liegt darin begründet, daß die Sanftmut Ausdruck eines aus den Tiefen der menschlichen Natur kommenden Elans ist, der die Harmonie unter den Menschen sucht; hinzu kommt, daß sie der Herrschaft der Vernunft entspricht, wohingegen der Zorn und der Mißmut lediglich Krankheiten der Seele sind.
»Die Sanftmut ist so weit von der Schwäche entfernt«, hat L. Lavelle geschrieben, »daß nur sie im Gegenteil eine wahre Stärke besitzt. [...] Jeder Wille spannt sich an, wenn man ihn zu besiegen oder zu brechen sucht, aber die Sanftmut überzeugt ihn. Nur sie kann ohne Gefecht siegen und den Gegner in einen Freund verwandeln.«[52] Nur sie – so läßt sich sagen – vermag den Menschen das Gute zu offenbaren, um das sie nicht wissen, obwohl sie es mit ihrem ganzen Sein begehren. Sie wirkt zugleich durch ihre Überzeugungskraft und durch die unerwartete Erfahrung, die die Begegnung mit ihr den Menschen bringt, welche nur den Egoismus und die Gewalt kennen. Sie bewirkt eine totale Umwertung, denn sie zeigt den Menschen, die sie erfahren, ihre eigene Würde, da sie sich zutiefst geachtet fühlen, als Wesen, die ihren Zweck in sich selbst haben. Und sie offenbart ihnen die Existenz einer selbstlosen Liebe des Guten, die die Sanftmut einflößt, die sich an sie richtet. Gleichwohl soll die Sanftmut gegenüber den Mitmenschen die Festigkeit nicht ausschließen:

»Versuche zwar, sie zu überreden, handle aber auch wider ihren Willen, wenn die Vernunftordnung der Gerechtigkeit es so fordert.« (VI,50,1)

Hierin entdecken wir schließlich einen Aspekt der Disziplinierung des Handelns: die Pflicht, dem Mitmenschen geistig zu helfen, ihm die wahren Werte zu offenbaren, ihn auf seine Fehler aufmerksam zu machen, seine falschen Meinungen zu berichtigen. Inwiefern Marc Aurel tatsächlich diese Rolle gespielt hat, wissen wir nicht. Auf jeden Fall kann man annehmen, daß er sich bemüht hat, eine stoische Vision des Lebens und der Welt in seiner Umgebung zu verbreiten. Spielt er nicht in jener Ermahnung an sich selbst, auf die wir noch genauer eingehen werden,[53] darauf an, wenn er sich gewissermaßen vorstellt, was bei seinem Tod passieren wird, wie einer sagen wird: »Endlich werden wir aufatmen, von diesem Schulmeister befreit zu sein. Gewiß war er mit keinem von uns zu streng, doch wir spürten, daß er uns insgeheim verurteilte« (X,36,2)?

Bislang haben wir nur das erste Glied der von Marc Aurel formulierten Alternative betrachtet: »Belehre sie«, dem wir nun sinngemäß hinzufügen können: »Belehre sie mit und durch Sanftmut.« Doch wir können die Alternative nunmehr auch um das zweite Glied ergänzen, das lautet: »Ertrage sie mit Sanftmut«, denn die Sanftmut soll nicht denen vorbehalten bleiben, die man zu belehren wünscht, sondern auch denen gelten, die umzustimmen es einem nicht gelungen ist:

»Belehre sie, wenn du kannst, eines Besseren; wenn nicht, erinnere dich daran, daß dir für diesen Fall das Wohlwollen gegeben worden ist. Auch die Götter sind gegenüber solchen Menschen wohlwollend.« (IX,11,1-2)

»Eins ist hier von großem Wert, sein Leben mit Wahrhaftigkeit und Gerechtigkeit und zugleich wohlwollend gegenüber den Lügnern und Ungerechten zu verbringen.« (VI,47,6)

»Diejenigen, die sich dir in den Weg stellen, während du nach der aufrechten Vernunft voranschreitest, sollen dich ebensowenig, wie sie dich von der gesunden Handlung abbringen können, vom Wohlwollen ihnen gegenüber abbringen.« (XI,9,1)

Die Lügner, die Ungerechten, all jene, die in ihrem Irrtum beharren, behalten in sich, zumindest in ihrem Wesen, auch weiterhin die vernunftbegabte Natur und das unbewußte Begehren nach dem Guten, das in sie eingeschrieben ist. Man muß sie also mit Rücksicht und Sanftmut behandeln:

»Ich kann meinem Verwandten nicht zürnen noch ihn hassen, sind wir doch zur Zusammenarbeit geboren worden.« (II,1,3)

»[...] wenn dir bewußt wird, daß auch sie mit dir verwandt sind und aus Unwissenheit und wider Willen Fehler begehen.« (VII,22,2)

»Denn es ist genauso eine Schwäche, ihnen böse zu sein, wie die Handlung aufzugeben [...], verlassen doch beide ihren Posten, derjenige, der sich abschrecken läßt, sowie der, der sich gegenüber dem von Natur Verwandten und Freund entfremdete.« (XI,9,2)

Eine solche Haltung, die auf der Idee der Gemeinschaft der vernunftbegabten Wesen beruht, führt schließlich, wie wir noch sehen werden, zur Doktrin einer Nächstenliebe, die sich sogar auf diejenigen erstrecken wird, die sich eines Vergehens an uns schuldig machen.

12. Die Liebe zum Mitmenschen

»Dem Menschen ist es eigen, auch die zu lieben, die fehlgehen. Dies geschieht, wenn es dir mit in den Sinn kommt, daß sie mit dir verwandt sind und aus Unwissenheit und wider Willen Fehler begehen.« (VII,22,1-2)

Dieses Hinausgehen über die Gerechtigkeit, nicht nur im Mitleid oder in der Nachsichtigkeit, sondern auch in der Liebe, ließ sich bereits in den Argumenten erahnen, die den Stoiker dazu einluden, einerseits über den Elan nachzudenken, der alle Menschen zum Guten drängt, andererseits über die Verwandtschaft, die alle vernunftbegabten Wesen miteinander vereint. Die Disziplinierung des Handelns erreicht somit ihren Höhepunkt in der Nächstenliebe. Die ganze Logik der menschlichen Handlung läuft darauf hinaus zu zeigen, daß der tiefe Beweggrund unserer Tätigkeit in der Liebe zu den anderen Menschen liegen muß, weil diese Liebe sich auf einen aus den Tiefen kommenden Elan der menschlichen Natur gründet:

»Einer vernünftigen Seele ist es eigentümlich, auch die Nächsten zu lieben, was auch eine Eigentümlichkeit des Gesetzes ist.« (XI,1,4)

Denn der Mensch wird sich, wenn er gemäß der Vernunft lebt, seiner Zugehörigkeit zu einem aus allen vernunftbegabten Lebewesen bestehenden großen Körper voll bewußt werden. In dem Maße, in dem er Teil dieses Ganzen ist, *ist* er genauso die anderen wie er selbst:

»So wie in den organischen Körpern die Glieder sich zum Körper verhalten, so verhalten sich auch die in getrennten Körpern sich aufhaltenden vernunftbegabten Wesen, die auf ein einheitliches Zusammenwirken hin angelegt sind. Doch du wirst das besser verstehen, wenn du oftmals zu dir sagst: ›Ich bin ein Glied [*melos*] des aus vernunftbegabten Wesen bestehenden Organismus [*sustéma*].‹ Aber wenn du dich mittels des Buchstabens *rhô* [r] einen Teil [*meros*] nennst, dann liebst du die Menschen noch nicht von Herzen, freust dich ebensowenig darüber, einfach nur Gutes zu tun, dann tust du es nur, weil es sich so gehört, aber noch nicht, weil du dir selbst damit Gutes tust.« (VII,13)

Dieses Gefühl der Zugehörigkeit zu bzw. der Identifizierung mit einer Art »corpus mysticum« mit dem, was Kant das »Reich der Zwecke«[54] nennen wird, vereint sich mit dem fast mystischen Gefühl, zum kosmischen Ganzen zu gehören, dessen Einheit, wie die des »aus vernunftbegabten Wesen bestehenden Körpers«, durch die Allgegenwart der Allvernunft, d.h. Gottes gesichert ist.

Die Grundhaltung des Stoikers wird daher in der Liebe zu den Wirklichkeiten bestehen, mit denen ihn das Ganze in jedem Moment konfrontiert und die innigst mit ihm verbunden sind, mit denen er sich gewissermaßen gleichsetzt:

> »Bring dich mit den Dingen in Einklang, mit denen du durch das Schicksal verbunden bist, und liebe die Menschen, mit denen du durch das Schicksal verbunden bist, aber wahrhaftig.« (VI,39)

Denn der Grund der Wirklichkeit liegt in der Liebe. Um diese Idee auszudrücken, beruft sich Marc Aurel, wie gesagt,[55] auf das großartige mythische Bild der Vermählung von Himmel und Erde:

> »Es liebt die Erde Regen, es liebt der hehre Äther; es liebt aber die Welt zu schaffen, was entstehen soll. Ich sage also zur Welt: Ich liebe mit dir. Sagt man aber nicht auch dies von einer Sache: Sie liebt so zu geschehen?« (X,21)

Marc Aurel wird hier von dem mythischen Bild fasziniert, welches bedeutet, daß die Naturvorgänge schließlich Vereinigungs- und Liebesvorgänge sind. Und er merkt an, daß die Sprache selbst diese Vision auszudrücken scheint, da man auf griechisch von etwas, was zu geschehen pflegt, was dazu neigt zu geschehen, sagt, es »liebt« zu geschehen. Wenn die Dinge es lieben, zu geschehen, müssen wir auch lieben, daß sie geschehen.

So läßt die antike Vorstellung der Hierogamie auf eine mythische Art und Weise die großartige Perspektive der universellen Liebe durchscheinen, welche die Teile des Ganzen zueinander empfinden, die kosmische Vision einer universellen Anziehung, die um so intensiver wird, je höher man auf der Stufenleiter der Seienden steigt und je mehr Bewußtsein diese entwickeln (IX,9). Je mehr die Menschen sich dem Zustand der Weisheit, d.h. Gott annähern, desto tiefer und hellsichtiger wird die Liebe, die sie zueinander, zu allen anderen Menschen und auch zu allen Wesen, selbst den geringsten, empfinden.

Man kann daher nicht behaupten, daß es eine spezifisch christliche Erfindung sei, »seinen Nächsten zu lieben wie sich selbst«, sondern die stoische und die christliche Liebe entspringen im Gegenteil eher ein und demselben Beweggrund. Die eine wie die andere erkennt in jedem Menschen den *logos*, die im Menschen gegenwärtige Vernunft. Dem Stoizismus fehlt nicht einmal die Liebe zu den Feinden: »Der geschlagene Kyniker [für Epiktet[56] ist der Kyniker eine Art heroischer Stoiker] soll die lieben, die ihn schlagen.« Es sei, sagte doch Marc Aurel, dem Menschen eigen, also wesentlich, diejenigen zu lieben, die fehlgehen. Die christliche Liebe schlägt jedoch einen persönlicheren Ton an, da sie auf dem Wort Christi beruht: »Was ihr für einen meiner geringsten Brüder getan habt, das habt ihr mir getan.«[57] In den Augen der Christen ist der *logos* in Jesus Fleisch geworden, und Jesus ist es, den der Christ in seinem Nächsten erblickt. Wahrscheinlich hat diese Berufung auf Jesus der christlichen Liebe ihre Kraft und ihre Ausweitung verliehen. Nichtsdestoweniger aber ist auch der Stoizismus eine Doktrin der Liebe gewesen. Wie Seneca bereits sagte: »Aber keine Schule ist wohlwollender und milder, keine liebt die Menschen mehr und ist mehr auf das Gemeinwohl bedacht. Sie weist uns an, nützlich und hilfreich zu sein, nicht nur für sich, sondern für die Allgemeinheit und für jeden einzelnen Sorge zu tragen.«[58]

IX

Der Stoizismus der *Ermahnungen an sich selbst*.
Die Tugenden und die Freude

1. Die drei Tugenden und die drei Disziplinierungen

Den *Ermahnungen an sich selbst* liegt eine dreiteilige Struktur zugrunde, ein – so läßt sich sagen – dreiteiliges System, das vermutlich von Epiktet konzipiert und entwickelt worden ist. Dieses System, diese dreiteilige Struktur, hat eine innere Notwendigkeit in dem Sinn, daß es weder mehr noch weniger als drei philosophische Übungsthemen geben kann, da es weder mehr noch weniger als drei Tätigkeiten der Seele geben kann und die Übungsthemen, die ihnen entsprechen, sich auf die drei Formen der Wirklichkeit beziehen: das Schicksal, die Gemeinschaft der vernunftbegabten Wesen und das Urteils- und Zustimmungsvermögen des Individuums – drei Formen, deren Anzahl ebensowenig größer oder kleiner sein kann und die jeweils Objekt der drei Teile des Systems sind, aus dem die Philosophie besteht: Physik, Ethik und Logik.

Es ist überaus bemerkenswert, daß bei Marc Aurel unter dem Einfluß der Struktur dieses Systems auch eine andere Struktur, die, zumindest seit Platon, traditionellerweise die der vier Tugenden – Besonnenheit, Gerechtigkeit, Tapferkeit und Mäßigung – war, eine dreiteilige Form annimmt, denn Marc Aurel läßt die Tugenden jeweils den besagten Disziplinierungen entsprechen.

Besagtes Schema der vier Tugenden reicht in der Tat sehr weit zurück. Erinnert sei in diesem Zusammenhang auch daran, daß das griechische Wort *areté*, welches wir mit »Tugend« übersetzen, ursprünglich eine vollkommen andere Bedeutung hatte als unser

Wort »Tugend«. Dieses Wort geht auf die aristokratische Ethik des archaischen Griechenlands zurück und bedeutete keineswegs eine gute Gewohnheit oder ein Prinzip, welches uns zum guten Handeln führt, sondern vielmehr den Adel selbst, die Vorzüglichkeit, den Wert, die Vornehmheit. Es ist anzunehmen, daß diese Idee von Vorzüglichkeit und Wert den Philosophen im Geiste stets gegenwärtig geblieben ist. Für die Stoiker meint *areté* den absoluten Wert, der sich nicht länger auf den Kriegeradel, sondern jenen Adel der Seele gründet, den die Reinheit der Absicht aufweist.

In sehr früher Zeit hat es offenbar ein Modell, einen Kanon der vier Grundvorzüglichkeiten gegeben. So zählt Aischylos im 5. Jahrhundert v. Chr. in seiner Tragödie *Sieben gegen Theben* (V. 610) in bezug auf den göttlichen Amphiaraos vier Grundwerte auf: er ist besonnen (*sôphrôn*), gerecht (*dikaios*), tapfer (*agathos*) und gottesfürchtig (*eusebés*). Die Besonnenheit besteht darin, mit Ehrgefühl (*aidôs*) seinen Platz in der Gesellschaft und der Welt einzunehmen, einen Sinn für die dem Menschen gesetzten Grenzen zu haben. Die Gerechtigkeit zeigt sich im guten Verhalten im sozialen Bereich; Tapferkeit heißt, wie sich versteht, bei Schwierigkeiten und vor allem im Kampf, Mut zu beweisen; die Gottesfürchtigkeit entspricht im Falle von Amphiaraos, der ein Seher ist, der Kenntnis sowohl der göttlichen wie der menschlichen Dinge.

Im vierten Buch von Platons *Staat* (427e ff.) ist eine Systematisierung, eine Rechtfertigung jener Aufzählung der vier Tugenden zu erkennen. Er unterscheidet drei Teile der Seele: die »Vernunft«, den »Zorn« (*thumoeides*), d.h. den Teil, der zum Kampf treibt, und das »Begehren« (*epithumia*). Diesen drei Teilen der Seele entsprechen drei Tugenden: der Vernunft die Besonnenheit oder Weisheit, dem Zorn der Mut und dem Begehren die Mäßigung. Und die Gerechtigkeit wird dafür Sorge tragen, daß jeder Teil der Seele seine Funktion erfüllt, daß die Vernunft besonnen, der Zorn mutig und das Begehren maßvoll sei. Im übrigen entsprechen diese drei Teile der Seele den drei Gesellschaftsklassen im *Staat*: Die Vernunft eignet den Philosophen, der Zorn den Wächtern und das Begehren den Handarbeitern. Demnach wird im Staat wie im Individuum die Gerechtigkeit dann verwirklicht, wenn jede Klasse oder jeder Teil der Seele seine ihm zukommende Funktion vollkommen erfüllt. Diese Systematisierung, die in Verbindung mit dem politischen Modell die Gerechtigkeit zu der Tugend erhebt, die die drei anderen umfaßt, läßt sich sonst in keinem der anderen Dialoge Platons finden, in denen die vier Tugenden in verschiedenen Kontexten ohne besondere Theoretisierung aufgezählt werden.[1]

In ihrer Beschreibung des moralischen Lebens weisen auch die Stoiker auf die vier Tugenden hin,[2] die indes einander nicht über- und untergeordnet werden, sondern sich alle auf gleicher Ebene befinden: Sie implizieren sich wechselseitig genauso wie die Teile der Philosophie. Es genügt, eine auszuüben, um sie alle auszuüben. Jedoch läßt sich in den Zusammenfassungen der stoischen Doktrin der wahre Grund nur schwer erkennen, weshalb es notwendigerweise nur vier Grundtugenden geben soll. Die Definitionen der Tugenden fallen recht verschieden aus. Von diesen können wir die folgenden festhalten: Die Besonnenheit ist die Wissenschaft davon, was man tun oder nicht tun soll; der Mut die Wissenschaft davon, was man ertragen oder nicht ertragen soll; die Mäßigung die Wissenschaft davon, was man wählen oder nicht wählen soll, und die Gerechtigkeit ist die Wissenschaft davon, was man verteilen oder nicht verteilen soll. Und diese vier Tugenden scheinen nicht, wie bei Platon, an Teile der Seele gebunden zu sein.

Aus dieser Perspektive ist es äußerst interessant, die Umgestaltungen zu beobachten, welche die Klassifizierung der Tugenden in Marc Aurels *Ermahnungen an sich selbst* durch das System der drei Disziplinierungen erfährt. Zunächst einmal gilt es festzuhalten, daß der Kaiser-Philosoph mehrmals diese drei Disziplinierungen, der Zustimmung, des Begehrens und des Handlungsantriebes, zusammenfaßt, indem er ihnen die Tugenden entsprechen läßt. Dergestalt erhält die Disziplinierung der Zustimmung den Namen der Tugend »Wahrheit«, die des Begehrens den der Tugend »Mäßigung« und die des Handelns den der Tugend »Gerechtigkeit«. Die Tatsache, daß »Besonnenheit« hier durch »Wahrheit« ersetzt wird, ist an sich nicht weiter verwunderlich, nennt doch bereits Platon einmal die vier Tugenden »Wahrheit«, »Gerechtigkeit«, »Mut« und »Mäßigung« (*Staat*, 487a5).

Aus der Sicht Marc Aurels jedoch wird diese Ersetzung der »Besonnenheit« durch »Wahrheit« vollends gerechtfertigt, wie aus dem folgenden längeren Text (IX,1) ersichtlich wird – einem Text, den es deshalb zu zitieren gilt, da er die Entsprechungen, die jeweils zwischen der Disziplinierung des Handelns und der Gerechtigkeit, der der Zustimmung und der Wahrheit und der des Begehrens und der Mäßigung bestehen, genau aufzuzeigen vermag und darüber hinaus auch eine bewundernswerte Zusammenfassung davon bietet, was wir über die drei Übungsthemen gesagt haben:

Die Gerechtigkeit und die Disziplinierung des Handelns

»Wer eine *Ungerechtigkeit* begeht, handelt unfromm, denn von der *Allnatur* sind die vernunftbegabten Lebewesen füreinander geschaffen worden, damit sie gemäß ihrem Wert einander behilflich sind und sich in keiner Weise schaden, und so handelt derjenige, der den Willen dieser Natur übertritt, offensichtlich unfromm gegen die altehrwürdigste der Gottheiten.«

Die Wahrheit und die Disziplinierung der Zustimmung

»Doch auch wer *lügt*, handelt unfromm gegen dieselbe Gottheit. Denn die *Allnatur* ist die Natur aller Seienden, und die Seienden stehen mit den wahren Attributen [*ta hyparchonta*] in verwandtschaftlichem Verhältnis [d.h. zu dem, was man über sie an Wahrem sagt]. Überdies wird sie auch *Wahrheit* genannt und ist die erste Ursache alles Wahren. Wer willentlich lügt, handelt also unfromm, insofern er durch Täuschung Unrecht tut; aber auch, wer unwillentlich lügt, handelt unfromm, insofern er mit der Allnatur nicht übereinstimmt und die Ordnung stört und mit der Natur des Kosmos inkompatibel ist. Denn inkompatibel ist derjenige, der sich von sich aus zu dem Wahren Entgegengesetzten hinbewegt. Denn er hatte von der Natur die Anlagen mitbekommen, die er aber vernachlässigt hat und nun dadurch nicht mehr imstande ist, das Wahre vom Falschen zu unterscheiden.«

Die Mäßigung und die Disziplinierung des Begehrens

»Und auch wer den Lüsten nachgeht, als seien sie *Güter*, und die Leiden flieht, als seien sie *Übel*, handelt unfromm. Denn es ist unvermeidlich, daß ein solcher Mensch der *Allnatur* häufig vorwerfen muß, sie teile an die Schlechten und die Tugendhaften gegen ihr Verdienst [*par'axian*] aus, da die Schlechten häufig in Wollust leben und über die dazu nötigen Mittel verfügen, wohingegen die Tugendhaften in Leid und das, was dieses verursacht, hineingeraten. Überdies wird derjenige, der die Leiden fürchtet, eines Tages auch etwas fürchten, was später in der Welt geschehen wird. Das ist bereits unfromm. Und derjenige, der den Lüsten nachgeht, wird sich nicht davon abhalten lassen, ungerecht zu handeln, was offensichtlich unfromm ist. Gegenüber den Dingen jedoch, zu denen sich die Allnatur in gleicher Weise verhält (sie würde nämlich nicht beides schaffen, verhielte sie sich nicht beidem gegenüber in gleicher Weise), solchen Dingen gegenüber müssen auch diejenigen, die der Natur in Übereinstimmung mit ihr folgen wollen, in gleicher Weise eingestellt sein. Wer sich aber gegenüber Leiden und Lüsten, Tod und Leben oder Ruhm und Ruhmlosigkeit, von denen die Allnatur in gleicher Weise Gebrauch macht, selbst nicht in gleicher Weise verhält, handelt offensichtlich unfromm.«

Deutlich sind die drei Disziplinierungen hier erkennbar: die des Handelns, die die Menschen anweist, einander zu helfen; die der Zustimmung, die darin besteht, das Wahre vom Falschen zu unterscheiden; die des Begehrens, die darin besteht, das anzunehmen, was uns von der Allnatur zugewiesen worden ist. Bei der Disziplinierung des Handelns kommt es darauf an, die Rangordnung der Werte der Menschen und der Objekte zu beachten, also nach der *Gerechtigkeit* zu handeln. Dank der Disziplinierung in der Zustimmung soll die Rede wahr sein, und die ihr eigene Tugend ist die *Wahrheit*. Wer wissentlich lügt, begeht eine Verfehlung sowohl im Bereich der Zustimmung, da seine Rede nicht wahr ist, als auch in dem der Handlung, da er seinem Nächsten gegenüber ungerecht ist. Und was den betrifft, der unwillentlich lügt, d.h. sich selbst täuscht, dieser ist nicht mehr fähig, das Wahre vom Falschen zu unterscheiden, weil er weder seine Urteile zu kritisieren noch seine Zustimmung zu kontrollieren wußte. Bei der Disziplinierung des Begehrens soll man nur begehren, was die Allnatur will, also weder die Lüste herbeisehnen noch die Leiden fliehen. Die *Mäßigung* ist es, die diese Disziplinierung kennzeichnet.

Die Natur erscheint hier unter drei Aspekten. Sie ist das Prinzip der Anziehung, die die Menschen dazu bewegt, einander zu helfen und die Gerechtigkeit zu praktizieren, und bildet also die Grundlage der *Gerechtigkeit*. Sie ist jedoch auch die Grundlage der *Wahrheit*, d.h. des Prinzips, das die Ordnung der Rede, das notwendige Verhältnis begründet, welches zwischen den Seienden und den wahren Attributen, die man über sie ausspricht, bestehen soll. Falsch zu reden – ob willentlich oder unwillentlich –, bedeutet also, sich mit der Ordnung der Welt nicht in Übereinstimmung zu befinden. Die Allnatur schließlich, die gleichgültig gegenüber den gleichgültigen Dingen ist, stellt die Grundlage der *Mäßigung* dar, d.h. der Tugend, die danach strebt, dem Willen der Allnatur zuzustimmen, statt die Lust zu begehren.

Marc Aurel stellt hier die Allnatur als Göttin dar, als die älteste und ehrwürdigste aller Göttinnen, so daß jede Verfehlung gegen die Tugenden Gerechtigkeit, Wahrheit und Mäßigung, deren

Modell und Prinzip diese Göttin darstellt, eine Unfrömmigkeit ist. Die Gleichsetzung von Gott, der Natur, der Wahrheit, dem Schicksal und Zeus besaß bei den Stoikern Tradition.[3] Und zur Zeit Marc Aurels existierten Hymnen, die die Natur als die älteste aller Göttinnen darstellten, so eine Orphische Hymne, die sie mit folgenden Worten anruft: »Göttin, Mutter aller Dinge ..., himmlische Mutter, uralte [presbeira] Mutter«,[4] oder die ebenfalls in das 2. Jahrhundert n. Chr. zu datierende Hymne des Mesomedes, eines von Hadrian freigelassenen Sklaven, welche folgendermaßen beginnt: »Anfang und Ursprung von Allem / Uralte [presbista] Mutter der Welt / Nacht, Licht und Schweigen«.[5]

Man wird in diesem langen Zitat eine gewisse Neigung bemerkt haben, der Gerechtigkeit den Vorrang vor den anderen Tugenden zu geben. Denn die Unfrömmigkeit gegen die Natur besteht in der Ungerechtigkeit, nicht nur, wenn man sich weigert, gegenüber den anderen Menschen gerecht zu sein, sondern auch, wenn man sie anlügt, und selbst wenn man unwillentlich das Wahre vom Falschen nicht zu unterscheiden weiß, bricht man doch so die Ordnung der Natur und stellt einen Mißton in der allumfassenden Harmonie dar. Und auch, wenn man die Natur bezichtigt, ihre Lose ungerecht unter die Bösen und die Tugendhaften auszuteilen, begeht man eine Ungerechtigkeit. Eine ähnliche Idee läßt sich in Buch XI (10,4) wiederfinden:

> »Die Gerechtigkeit wird nicht bewahrt, wenn wir Unterschiede zwischen gleichgültigen Dingen machen oder uns beim Betrachten der Dinge leicht täuschen lassen oder überstürzt oder unstet urteilen.«

Den gleichgültigen Dingen eine Bedeutung beizumessen heißt, die Disziplinierung des Begehrens nicht auszuüben, also an der Mäßigkeit zu sündigen; sich leicht täuschen zu lassen, überstürzt oder unstet zu urteilen heißt, die Disziplinierung in der Zustimmung nicht zu praktizieren, somit also eine Sünde an der Wahrheit zu begehen.

Wahrheit, Gerechtigkeit und Mäßigung verkörpern also die drei Disziplinierungen, wie auch der folgende Text verdeutlicht:

> »Leuchtet doch die Öllampe, ohne ihre Helligkeit zu verlieren, bis sie erschöpft ist, die Wahrheit aber, die Gerechtigkeit und die Mäßigung, die in dir sind, sollen diese vorzeitig erlöschen?« (XII,15)

Und in XII,3,3 heißt es, das leitende Prinzip der Seele

> »tut das, was gerecht ist, es will alles, was geschieht, und spricht die Wahrheit«,

wenn es sich von allem befreit, was ihm fremd ist.

Nichts kann uns daran hindern, »gerecht, gemäßigt und besonnen zu handeln« (VIII,32,2).

Auch wenn sich manchmal – wie in dem letzten und dem folgenden Beispiel – die Namen der Tugenden ändern, bleibt das dreiteilige Schema doch erhalten: »Unüberstürztheit [beim Urteil], das Gefühl der Verwandtschaft gegenüber den Menschen, Gehorsamkeit gegenüber den Göttern« (III,9,2).

Neben dieser Triade der Tugenden findet sich auch die traditionelle Vierergruppe, wenn auch in einer der dreiteiligen Struktur angepaßten und auf sie abgestimmten Form:

> »Wenn du im menschlichen Leben etwas Vorzüglicheres findest als die Gerechtigkeit, die Wahrheit, die Mäßigung und die Tapferkeit [...].« (III,6,1)

Denn im Verlauf des Textes werden diese vier Tugenden tatsächlich auf die Disziplinierung des Begehrens und des Handelns reduziert, bestehen sie doch offenbar

> »in der Fähigkeit des Leitvermögens, sich (bei den Dingen, bei denen es möglich ist, gemäß der aufrechten Vernunft zu

handeln) seiner selbst zu genügen und sich (bei den Dingen, die uns unabhängig von unserem Willen zugeteilt werden) mit seinem Schicksal zu begnügen.« (III,6,1)

Die Tugenden sind demnach an die Funktionen der Seele gebunden: die Wahrheit und die geistigen Tugenden an die Vernunft, die Gerechtigkeit an den Handlungsantrieb, die Mäßigung an das Begehren. Wo also ist die Tapferkeit einzuordnen? Anscheinend wird sie auf die Mäßigung und die Gerechtigkeit verteilt: auf erstere, insofern die Tapferkeit eine Stärke in Widrigkeiten und Leiden ist, und auf die Gerechtigkeit, insofern sie eine Stärke im Handeln darstellt.

In den von Arrian zusammengetragenen *Unterredungen* des Epiktet findet sich keinerlei Hinweis auf diese Theorie der Tugenden, was indes nicht beweist, daß sie in der Lehre dieses Philosophen nicht vorhanden gewesen sei, denn, wie gesagt, Arrian kann uns unmöglich die ganze Lehre Epiktets überliefert haben. Zudem entsprechen die Unterredungen, die er festgehalten hat, nicht einer systematischen Darlegung der ganzen Philosophie.

Wie dem auch sei, es läßt sich ein erster Entwurf dieser Doktrin bereits lange vor Epiktet ausmachen. In Ciceros Abhandlung *Vom rechten Handeln (De officiis)*,[6] deren erstes Buch die Lehre des Panaitios wiedergibt, wird die alte Tugend der Besonnenheit zur »Erkenntnis der Wahrheit«; die Gerechtigkeit beruht auf den gesellschaftlichen Banden zwischen den Menschen; die Tapferkeit verwandelt sich in die Seelengröße, die einen die Dinge, die nicht von uns abhängen, verachten läßt, und die Mäßigung unterstellt die Begierden der Vernunft. Dergestalt entsprechen Tapferkeit und Mäßigung bei Panaitios gewissermaßen der Disziplinierung des Begehrens bei Marc Aurel. Diese wenn auch spärlichen Annäherungen lassen eine Entwicklung in der stoischen Doktrin der Tugenden erkennbar werden, die zu der Synthese gelangen sollte, die bei Marc Aurel belegt ist.

2. Die Freude

In den Augen Marc Aurels vermögen diese drei Disziplinierungen der Seele die einzig wahre Freude auf der Welt zu geben, versetzen sie sie doch in den Besitz des einzig Notwendigen, des einzig absoluten Wertes.

Das Lebewesen empfindet in der Tat Freude, wenn es die Funktion erfüllt, für die es geschaffen worden ist, wenn es seiner Natur gemäß handelt. Der Mensch erfüllt seine Funktion als Mensch, er folgt seiner Natur und der Allnatur, indem er – wie wir gesehen haben – in die vom Schicksal bestimmte Ordnung des Universums einwilligt, ebenso in die Ordnung des Staates, der Welt und der Menschen, die auf der wechselseitigen Anziehung der vernunftbegabten Wesen, d.h. der eigenen Natur des Menschen, beruht, und schließlich in die Ordnung der Rede, die die von der Natur aufgestellte Beziehung zwischen Substanzen und Attributen, vor allem aber zwischen den Ereignissen in ihrer notwendigen Verkettung wiedergibt. Indem er die drei Disziplinierungen praktiziert, folgt der Mensch der Natur und findet seine Freude:

»Denke aber daran, daß die Philosophie einzig Dinge will, die deine Natur will. Du aber wolltest etwas anderes, nicht die naturgemäßen Dinge. Denn was ist anziehender als diese? Bringt denn nicht die Lust eben hierdurch die Menschen zu Fall? Doch schau, ob nicht die Seelengröße, die Freiheit, die Schlichtheit, der Edelmut, die Frömmigkeit anziehender sind [als die Lust]? Was könnte anziehender sein als die Weisheit?« (V,9,3-5)

»Denn du mußt alles als einen Genuß ansehen, was dir in Übereinstimmung mit deiner spezifischen Natur zu tun erlaubt ist.« (X,33,2)

Für denjenigen, der sich in jedem Augenblick bemüht, gemäß seiner eigenen vernünftigen Natur und der Allnatur zu leben, zu handeln, zu wollen und zu begehren, ist das Leben ein beständig erneuertes Glück. Schon Seneca hatte gesagt: »Die Wirkung der Weisheit besteht im Gleichmaß der Freuden [...], sich freuen kann nur der Tapfere, der Gerechte, der Maßvolle.«[7] Marc Aurel greift dieses Thema häufig wieder auf:

»Mit ganzer Seele tun, was gerecht ist, und sagen, was wahr ist? Was bleibt also übrig, als das Leben zu genießen, ein Gutes immer wieder mit einem anderen verknüpfend, ohne auch nur den geringsten Zwischenraum zu lassen?« (XII,29,3)

»Nur an einem freue und erhole dich dabei: Von einer gemeinschaftsfördernden Tat zur nächsten gemeinschaftsfördernden Tat fortzuschreiten im Gedanken an Gott.« (VI,7)

»Die Freude des Menschen besteht darin, das dem Menschen Eigentümliche zu tun. Dem Menschen eigentümlich ist aber das Wohlwollen gegenüber den anderen, den Artverwandten, die Verachtung sinnlicher Regungen, die kritische Unterscheidung scheinbar wahrer Vorstellungen, die Betrachtung der Allnatur und all dessen, was in Übereinstimmung mit dieser geschieht.« (VIII,26)

Die Freude ist demnach das Zeichen für die Vollkommenheit der Handlung. Nur wenn man den Menschen aus dem Grunde seines Herzens heraus und nicht aus Pflicht zugetan ist, stimmt es einen froh, ihnen Gutes zu tun (VII,13,3), gerade weil man das Gefühl hat, am selben lebenden Organismus teilzuhaben, ein Glied des aus vernunftbegabten Wesen bestehenden Körpers zu sein.

Die stoische Freude ist nicht wie die epikureische Lust Motiv und Zweck der moralischen Handlung, ist doch die Tugend selbst ihr eigener Lohn. Sie strebt nichts außerhalb ihrer selbst an. Den

Stoikern zufolge fügt sich die Freude wie die aristotelische Lust als ein Mehr, als ein Darüber-hinaus der naturgemäßen Handlung hinzu, so »wie die Schönheit denen, die in der Blüte ihrer Jugend stehen«.[8] Wie Seneca sagt: »Die Lust ist weder Lohn noch Ursache der Tugend, sondern eine Zugabe, und man findet die Tugend gut nicht deshalb, weil sie erfreut, sondern wenn man sie gut findet, erfreut sie auch.«[9] »Die Freude, die aus der Tugend entsteht, ist, obwohl sie ein Gut ist, dennoch kein Teil des absoluten Guten.«[10] Zudem ist diese Freude keine unvernunftmäßige Leidenschaft, denn sie befindet sich in Übereinstimmung mit der Vernunft. Sie ist für die Stoiker ein »Wohlgefühl«, eine »gute Leidenschaft« (*eupatheia*).[11]

Diese Freude, die die naturgemäße Handlung gewährt, läßt teilhaben an der Liebe der Natur zum Ganzen, das sie hervorbringt, und an der wechselseitigen Liebe der Teile dieses Ganzen.

Glücklich zu sein heißt für den Menschen, das Gefühl zu haben, Teil einer unvermeidlichen Bewegung zu sein, die vom Antrieb ausgeht, welcher dem Ganzen von der Urvernunft verliehen wurde, damit es sein Wohl verwirkliche. Das von uns mit »Natur« übersetzte griechische Wort *physis* vermittelte den Griechen die Idee einer Bewegung des Wachstums, von Entfaltung und »Aufgeblasensein«[12] (*emphusésis*), wie die Stoiker sagten. Glücklich sein heißt, eins zu werden mit dieser sich nach außen hin ausdehnenden Bewegung, heißt also, sich im gleichen Sinn wie die Natur zu bewegen, gleichsam die Freude nachzufühlen, die die Natur selbst bei ihrer schöpferischen Bewegung verspürt.

Darum beschreibt Marc Aurel die Freude in Bildern, die auf das Voranschreiten auf dem guten Weg, in die richtige Richtung, auf die Übereinstimmung der Begierden, Willen und Gedanken mit dem Weg der Natur anspielen. Dann »geht die vernünftige Natur wohl ihres Weges« (VIII,7,1). Die Stoiker definierten das Glück als *euroia biou*, als »angenehmes Dahinfließen des Lebens«,[13] und Marc Aurel verbindet dieses Bild (II,5,3; V,9,5; X,6,6) gern mit dem des »Voranschreitens in der guten Richtung«, d.h. in der Richtung der Natur (V,34,1). Während sich die materiellen Elemente auf und ab und im Kreis bewegen, ähnelt »die Bewegung der Tugenden aber keiner dieser natürlichen Bewegungen, sondern ist etwas Göttlicheres, und indem sie auf einem schwer zu begreifenden Weg voranschreitet, geht sie den guten Weg« (VI,17).

Der gute Weg, der Weg, der die »gerade Linie« darstellt, der »rechte Weg«, ist derjenige der Natur selbst, die stets einen rechten (X,11,4), kurzen und direkten (IV,51) Weg einschlägt:

»*Gehe den geraden Weg zu Ende*, indem du deiner eigenen und der Allnatur folgst, denn beide haben nur einen Weg.« (V,3,2)

Marc Aurel greift hier das antike, von Platon heraufbeschworene Bild wieder auf: »Gott, der, wie es die antike Tradition will, den Anfang, das Ende und die Mitte aller Seienden in seinen Händen hält, *geht den geraden Weg*, nach der Ordnung der Natur, *zu Ende*.«[14] Bereits bei Platon erscheint die Ordnung der Natur dergestalt als eine siegreiche Bewegung, die ihren Endzweck erreicht, ohne sich jemals von der Richtigkeit ihrer Entscheidung und ihrer Absicht abbringen zu lassen. Auch die Bewegung des leitenden Teils der Seele (*hégemonikon*), die Bewegung des Verstandes, erfolgt, nach Marc Aurel, geradlinig, so wie die Sonne, die beleuchtet, was ihre Bahn behindert, und es sich gleichsam ähnlich macht (VIII,57). Denn den Stoikern zufolge erreicht jede moralische Handlung geradenwegs ihr Ziel, insofern sie ihr eigenes Ziel ist und ihre Vollendung in ihrer Tätigkeit selbst findet. Und so erinnert Marc Aurel in diesem Zusammenhang an den stoischen Terminus *katorthôseis*, mit dem man in jener Schule solche Handlungen bezeichnete, die, wörtlich, »einem geraden Weg folgen« (V,14).

Die Freude wurzelt in der tiefen Neigung des Lebewesens zu lieben, was es zum Sein bringt, d.h. nicht nur seine eigene Struktur und Einheit, sondern das Ganze, ohne das es nicht sein könnte und dessen winziger Bestandteil es ist, sowie die Natur und ihre unwiderstehliche Bewegung, von der es nur ein winziges Moment bildet, doch mit deren Totalität es sich durch den moralischen Willen gleichsetzt. Letztendlich und vor allem gründet die Freude jedoch in der Anerkennung des einzigen Wertes, des einzig Notwendigen, das es in der menschlichen Welt geben kann: der Reinheit der moralischen Absicht. »Im Menschenleben« läßt sich »kein vortrefflicheres Gut als die Gerechtigkeit, die Wahrheit, die Mäßigung und die Tapferkeit« (III,6,1) finden, deshalb gilt es, sich dieses Gutes zu erfreuen:

»Eins ist hier von großem Wert, sein Leben mit Wahrhaftigkeit und Gerechtigkeit und zugleich wohlwollend gegenüber den Lügnern und Ungerechten zu verbringen.« (VI,47,6)

X

Marc Aurel in seinen *Ermahnungen an sich selbst*

1. Der Autor und sein Werk

Bei der Interpretation von Schriften aus der Antike – und insbesondere der *Ermahnungen an sich selbst* Marc Aurels – gilt es, sich vor zwei, einander diametral entgegengesetzten, jedoch gleicherweise anachronistischen Irrtümern zu hüten: Der erste – ein bis in unsere Tage hinein lebendiges Erbe der Romantik – besteht in dem Glauben, der Autor drücke sich gänzlich und angemessen in seinem Werk aus, welches selbst voll und ganz nach dem Vorbild seines Schöpfers gestaltet worden, ihm vollkommen ähnlich ist; der zweite, sehr im Trend der heutigen Zeit liegende Irrtum ist die Ansicht, daß dem Autor selbst keine Bedeutung mehr zukomme, daß das Werk eigenständig sei, sein eigenes Leben habe und daß man es erklären könne, ohne sich zu fragen, was der Autor habe tun oder sagen wollen.

In der Tat muß sich der antike Autor an strenge Regeln halten, die er nicht gewählt hat. Von denen beziehen sich die einen auf die Weise, in der er zu schreiben hat: Dies sind die Regeln der von der Rhetorik definierten Literaturgattungen, die von vornherein den Rahmen der Darstellung, den Stil und die zu verwendenden verschiedenen gedank- oder sprachlichen Figuren vorschreiben. Die anderen bestimmen den Stoff selbst, über den man schreibt, d.h. die Themen, die der Autor zu behandeln hat und die ihm im Falle des Theaters z.B. von der mythischen oder geschichtlichen Tradition geliefert werden. Auch die Philosophen stehen in der Tradition einer Schule, die ihnen eine Liste von Fragen und Problemen auferlegt, die sie in einer bestimmten Reihenfolge abzuhandeln haben, eine Argumentationsmethode, die es peinlich genau anzuwenden gilt und bestimmte Grundprinzipien, die zu befolgen sind.

In dem speziellen Fall Marc Aurels sind, wie wir gesehen haben, dem Kaiser die geistigen Übungen, die er in schriftlicher Form durchführt, von der Tradition der Stoa und insbesondere durch die von Epiktet definierte Form des Stoizismus vorgeschrieben, Plan, Themen, Argumente und Bilder also vorgegeben. Worauf es Marc Aurel vor allem ankommt, ist nicht, etwas Neues zu schöpfen oder zu gestalten, sondern einen Einfluß auf sich selbst auszuüben, in sich selbst eine Wirkung zu erzeugen. Diese wird im gegebenen Moment zwar wirksam sein, jedoch rasch an Kraft verlieren, so daß eine neuerliche Durchführung der Übung notwendig ist, damit die Gewißheit, die man aus den einprägsamen Formulierungen der Prinzipien und Regeln schöpft, stets von neuem auflebt.

Diese Situation zwingt uns, die Versuche derjenigen in Frage zu stellen, die die Psychologie in unbesonnener Weise auf die Geschichte anwenden, und die anhand des Textes der *Ermahnungen an sich selbst* den »Fall Marc Aurel« zu diagnostizieren vorgeben, Rückschlüsse auf die Magenbeschwerden des Kaisers ziehen oder ihm Opiumsucht unterstellen.

Dies soll indes nicht heißen, daß Marc Aurel in seinen *Ermahnungen an sich selbst* vollkommen abwesend ist und jeder andere Stoiker in seiner Situation mehr oder weniger dasselbe geschrieben hätte. Wenn die *Ermahnungen an sich selbst* auch gewissermaßen darauf abzielen, den Standpunkt der Individualität auszuschalten, um sich zur Ebene der unpersönlichen Allvernunft zu erheben, so bleibt das Individuum Marc Aurel doch in dieser immer wieder erneuerten und ihr Ziel niemals vollkommen erreichenden Anstrengung, sich die Prinzipien der Vernunft anzueignen, d.h. sie auf seinen speziellen Fall anzuwenden, nichtsdestoweniger erkennbar. Letztendlich ist dieses anscheinend unpersönliche Werk von der Persönlichkeit des Autors tief geprägt. Marc Aurel hat seinen eigenen Stil, seine Lieblingsthemen, mitunter quälende Gedanken und nagende Sorgen, die seinem Amt als Kaiser entspringen. Ebenso wissen wir sehr wohl, was er mit der Niederschrift dieses Werkes erreichen wollte, nämlich auf sich selbst einzuwirken, sich in einen bestimmten Geisteszustand zu versetzen, eine Antwort auf die konkreten Probleme zu finden, die ihm die verschiedenen Situationen des Alltags stellten.

2. Die Grenzen der psychologischen Geschichtsschreibung

Der Fall Marc Aurel

Was wir über den »unpersönlichen« Charakter der antiken Werke im allgemeinen und der geistigen Übungen Marc Aurels im besonderen gesagt haben, soll uns zur größten Vorsicht veranlassen, wenn wir versucht sind, die Psychologie des Kaiser-Philosophen zu rekonstruieren. Meines Wissens war es Ernest Renan, der als erster versucht hat, ein Porträt Marc Aurels zu entwerfen. Das von ihm gezeichnete Bild ist im übrigen recht inkohärent. Einerseits betont er die von Ernüchterung zeugende Gelassenheit des Kaisers:

> »Die dauerhafteste Güte ist die, die auf der vollkommenen Langeweile, auf der klaren Einsicht beruht, daß die ganze Welt frivol und ohne wirkliche Tiefe ist. [...] Die Güte des Skeptikers ist die am besten gesicherteste, und der fromme Kaiser war mehr als skeptisch. Das Leben bewegte diese Seele fast so sanft wie die leisen Geräusche der intimen Atmosphäre eines Sarges. Er hatte das Nirwana Buddhas, den Frieden Christi erreicht. Wie Jesus, Shakyamuni, Sokrates, Franz von Assisi und drei oder vier andere Weise hatte er den Tod vollkommen besiegt. Er konnte über ihn lächeln, hatte er doch für ihn wirklich keine Bedeutung mehr.«[1]

Andererseits hingegen entdeckt er in ihm eine gequälte Seele:

»Die verzweifelte Anstrengung, die das Wesen seiner Philosophie ausmacht, und jener zuweilen bis zum Sophismus getriebene Wahn, Verzicht zu üben, verbergen im Grunde eine grenzenlos tiefe Wunde. Wie oft muß man Abschied vom Glück genommen haben, um solcher Exzesse fähig zu sein. Niemals werden wir verstehen, was jenes arme, gezeichnete Herz erleiden mußte, was jene stets ruhige, fast lächelnde Stirn an Bitterkeit verborgen hielt.«[2]

An anderer Stelle scheint Renans Marc Aurel, weit davon entfernt, das Nirwana Buddhas oder den Frieden Christi erlangt zu haben, von einem inneren Übel »zernagt«:

»Dieses befremdliche Übel, diese ruhelose Beschäftigung mit sich selbst, dieser Dämon der Bedenken, diese fieberhafte Sorge um die Vollkommenheit sind Zeichen einer weniger starken als vornehmen Natur.«[3] – »Was ihm fehlte, war der Kuß einer guten Fee bei seiner Geburt, etwas auf seine Art sehr Philosophisches – ich meine, die Kunst, der Natur nachzugeben, die Fröhlichkeit, die einen lehrt, daß *abstine et sustine* nicht alles ist und daß das Leben auch mit ›lächeln und genießen‹ umschrieben werden kann.«[4]

Renans Porträt des Marc Aurel hat den, wie man wohl sagen kann, hartnäckigen Mythos entstehen lassen, der aus dem Kaiser einen pessimistischen und ernüchterten Menschen macht. In unserem Jahrhundert, dem Zeitalter der Psychologie, der Psychoanalyse und des Argwohns, hat die Renansche Darstellung des Kaiser-Philosophen ein breites Echo gefunden. P. Wendland[5] beschwört die »düstere Resignation« Marc Aurels herauf; Ende der sechziger Jahre spricht J. Rist[6] von dem »extremen Skeptizismus« des Kaisers, von seiner »Neigung zum Zweifel«, und Paul Petit[7] betont die »recht negativistische Verzweiflung«. Unsere obigen

Ausführungen hinsichtlich des angeblichen Pessimismus der *Ermahnungen an sich selbst* dürften ausreichen, um derartige Behauptungen zu widerlegen.

E.R. Dodds[8] nun ist der Meinung, der Kaiser erachte das Treiben der Menschen nicht nur als vollkommen bedeutungslos, sondern auch als beinahe unwirklich. Eine solche Haltung scheint sich indes nur schwer mit dem in Einklang bringen zu lassen, was Marc Aurel über die Disziplinierung des Handelns sagt. Dodds unterstreicht die beständige Selbstkritik, die der Kaiser übt, sein Bedürfnis, ein »anderer« zu sein. Für ihn besteht eine Verbindung zwischen diesen Tendenzen und einem Traum, den Marc Aurel – dem Geschichtsschreiber Cassius Dio und der *Historia Augusta* zufolge – im Alter von siebzehn Jahren in der Nacht seiner Adoption durch Kaiser Antoninus gehabt haben soll: Er habe geträumt, seine Schultern seien aus Elfenbein. All dies, so Dodds, lege nahe, daß Marc Aurel akut unter dem gelitten habe, was die modernen Psychologen Identitätskrise nennen. Hierbei handelt es sich um ein Musterbeispiel für die Gefahren, in die man gerät, wenn man die Geschichte in unbesonnener Weise psychologisch interpretiert. Dodds gibt in der Tat eine schlechte Definition dessen, was »das Begehren, ein anderer zu sein, als er ist«, bedeutet. Wie uns die *Ermahnungen an sich selbst* mitteilen, besteht kein Zweifel an der Tatsache, daß Marc Aurel bestrebt war, ein anderer Mensch zu werden, ein anderes Leben zu beginnen (X,8,3). Damit meint er jedoch – wie aus dem Kontext hervorgeht –, daß er die Wahrheit, die Lebensweisheit, den Seelenadel zu erlangen begehrt (X,8,1). Doch ist es nicht das Begehren eines jeden normalen Menschen, in diesem Sinne ein anderer zu sein? Befindet sich, wenn dies der Beweis einer Identitätskrise sein sollte, nicht jeder normale Mensch im Zustand dieser Krise? Ich kann nicht nachvollziehen, inwiefern jene »Besorgnisse« einen – wie Dodds[9] meint – »krankhaften Aspekt« darstellen sollen. In diesem Zusammenhang schreibt er dem Kaiser im übrigen die Formel zu: »Es fällt einem Menschen schwer, sich selbst zu ertragen« – ein Satz, der sowohl die Annahme zuließe, Marc Aurel habe nur sich selbst nicht ertragen können, oder aber, daß ganz allgemein die menschliche Natur für sich selbst genommen sich nicht ertragen kann. Tatsächlich jedoch entstellt Dodds ganz und gar den Sinn des Textes von Marc Aurel, der sich im fünften Buch (10,4 und nicht 10,1, wie Dodds in der Anmerkung fälschlicherweise behauptet) findet und dessen Wortlaut der folgende ist:

»Und dann gehe zu der Lebensweise deiner Mitmenschen über, von denen kaum der Liebenswürdigste zu ertragen ist, um nicht zu sagen, daß er kaum sich selbst erträgt.«

Es handelt sich hier also nicht um das Verhältnis von Marc Aurel zu sich selbst, sondern um ein ganz anderes Problem, auf welches wir noch zurückkommen werden. Ebensowenig spricht Marc Aurel von einer persönlichen Erfahrung, sondern er gibt eine nicht nur in der Schule der Stoa traditionell übliche Beschreibung des Elends des Menschen, der nicht als Philosoph lebt, sich nicht dem einzigen Wert des moralisch Guten widmet und sich mithin im Widerspruch,[10] im Krieg mit sich selbst befindet. Philosophisch, also »gemäß der Natur« zu leben, heißt, sich in Kohärenz mit sich selbst zu befinden. Und daraus läßt sich beim besten Willen nicht ableiten, Marc Aurel habe sich in einer Identitätskrise befunden. Außerdem gibt Dodds, was den Traum des Marc Aurel betrifft, die antiken Geschichtsschreiber nur unvollständig wieder. So berichtet die *Historia Augusta* nicht nur, daß dem jungen Mann träumte, seine Schultern seien aus Elfenbein, sondern auch, daß er sich dabei gefragt habe, ob sie fähig wären, eine Bürde zu tragen, sich jedoch von ihrer außergewöhnlichen Stärke überzeugt habe.[11] Cassius Dio, welcher kurz nach dem Tod des Kaiser-Philosophen schrieb, präzisiert, daß sich Marc Aurel in jenem Traum seiner Elfenbeinschultern genausogut habe bedienen können wie seiner anderen Glieder.[12] Das tatsächliche Problem besteht jedoch nicht darin, was ein solcher Traum dem modernen Menschen zu verstehen geben kann, sondern in der Frage, welche Bedeutung er für den Menschen der Antike wohl gehabt haben mag. Der Irrtum einer gewissen psychologischen Geschichtsschreibung liegt demnach darin, die Vorstellungen von uns modernen Menschen, für die »andere« Schultern einen »anderen« Menschen zu symbolisieren haben, in die Vergangenheit hineinzuprojizieren. Es gilt also zu verstehen, was die Traumbilder für die kollektive Mentalität der Menschen in der Antike bedeuteten. Wie P. Grimal[13] zu Recht aufzeigte, waren Schultern aus Elfenbein für den Menschen der damaligen Zeit unmittelbar mit der Geschichte des Pelops verbunden, dessen Körper, von seinem Vater Tantalos zerstückelt, den Göttern vorgesetzt worden war. Doch einzig die in Trauer um ihre Tochter versunkene Demeter bemerkte nicht, woraus die Opfergabe bestand, und aß das Schulterstück. Die Schickalsgöttin Klotho ersetzte es durch eine Schulter aus Elfenbein und ließ das Kind wiederauferstehen. In seinem Werk *Die Bilder (»Eikones«)* erzählt Philostratos, der einige Jahrzehnte nach dem Tode Marc Aurels schrieb, diese Schulter habe Poseidon so betört, daß er sich in Pelops verliebte. »Nachdem die Nacht die Erde bedeckt hat, erstrahlt der junge Mann im Licht der Schulter, die wie der Abendstern inmitten der Finsternis leuchtet.«[14] Schultern aus Elfenbein zu haben, bedeutet also, ein Gegenstand göttlicher Fürsorge und Gnade zu sein, heißt, von dem durch Klotho personifizierten Schicksal beschützt zu werden. In dieser Situation, der durch die Adoption gestiegenen Verantwortlichkeit, kündigen die elfenbeinernen Schultern die Hilfe der Götter und des Schicksals an, die Marc Aurel stärken und befähigen wird, seine Aufgabe auf sich zu nehmen. Dies ist – für einen Menschen der Antike – der eigentliche Sinn von Marc Aurels Traum.

Der Psychosomatiker Dr. R. Dailly und H. van Effenterre versuchten, in einer gemeinsamen Studie eine Diagnose darüber zu erstellen, was sie den »Fall Marc Aurel«[15] nennen, genauer gesagt über den Grund, weshalb sich der Kaiser, entgegen seinen Prinzipien, mit sehr kritikablen Persönlichkeiten umgab. So teilte er sich z.B. die Kaiserwürde mit seinem Adoptivbruder Lucius Verus, vertraute Avidius Cassius, jenem General, der sich gegen ihn erheben sollte, den Oberbefehl über den gesamten Orient an, und er ernannte seinen Sohn Commodus, dessen Tyrannei eines Nero würdig werden sollte, zu seinem Nachfolger.»Drei schöne Mannsbilder«, so die Autoren des Artikels,»deren Einfluß auf die Massen nicht bezweifelt werden kann, und es stellt sich die Frage, ob sie nicht eine unbewußte Faszination auf Marc Aurel ausgeübt haben.« Schon zu Beginn des Artikels wird also die These aufgestellt, die die Autoren verteidigen wollen: Der Kaiser-Philosoph war ein schwacher Mensch, dem die Männlichkeit fehlte, der das Bedürfnis verspürte, seine Zweifel und sein Zögern dadurch zu kompensieren, daß er sich mit starken und selbstsicheren Männern umgab. Hier zeigt sich der Mechanismus psychologischer Erklärungen dieser Art. Man glaubt, ein sehr charakteristisches Symptom aufzudecken, welches aber gar nichts besagt, da es nicht einmal ein Symptom ist. Denn es läßt sich durch nichts beweisen, daß Marc Aurel diese drei Personen wegen der Anziehung durch ihre Manneskraft ausgewählt hat. Komplexe politische Gründe waren es – wie die Historiker überzeugend analysiert haben –, die seine Wahl jeweils auf Lucius Verus, Avidius Cassius und Commodus haben fallen lassen. Und ebensowenig gibt es eindeutige Beweise dafür, daß diese drei »schönen Mannsbilder« (waren sie wirklich so »schön«?) dermaßen selbstsicher gewesen wären. Da sich die vorliegende Arbeit jedoch mit den *Ermahnungen an sich selbst* des Marc Aurel beschäftigt, wollen wir an dieser Stelle nicht weiter in den Bereich der Geschichte vordringen, sondern uns damit begnügen, mit Entschiedenheit festzuhalten, daß weder die Zweckbestimmung noch der Inhalt der *Ermahnungen an sich selbst* es erlauben, Rückschlüsse gleich welcher Art darüber zu ziehen, daß der Kaiser ein Schwächling gewesen sei, es ihm an Männlichkeit gemangelt habe, oder daß er – wie die Autoren behaupten – unter einem Magengeschwür gelitten habe. So lautet jedenfalls ihre Diagnose, deren Rechtfertigung sich auf einen Text des Geschichtsschreibers Cassius Dio stützt:

»Er war [während des Donaufeldzuges] körperlich so geschwächt, daß er anfangs die Kälte nicht ertragen konnte und sich, nachdem sich die Soldaten auf sein Geheiß hin versammelt hatten, zurückziehen mußte, noch ehe er zu ihnen gesprochen hatte. Er aß sehr wenig und auch nur abends. Tatsächlich pflegte er tagsüber nichts zu sich zu nehmen, höchstens ein Arzneimittel namens Theriak. Er nahm dies nicht als Vorsichtsmaßnahme, sondern weil sich sein Magen und seine Brust in keinem guten Zustand befanden. Und man sagt, daß er dank dieser Arznei auch anderen Krankheiten habe widerstehen können.«[16]

In diesem Text ist keine Rede von einer chronischen Krankheit des Kaisers, sondern nur von seinem Gesundheitszustand während des Donaufeldzuges. An anderer Stelle bezeugt Cassius Dio die Tatsache, daß Marc Aurel in seiner Jugend kräftig war und anstrengende Sportarten wie die Jagd betrieb.[17] Nach diesem Geschichtsschreiber waren es die Bürden des Kaiseramtes und seine asketische Lebensweise, die seinen Körper schwächten. Wie dem auch sei: Unsere beiden Autoren gehen jedenfalls, nachdem sie dem Kaiser ein Magengeschwür diagnostiziert haben, dazu über, die psychologischen Wechselbeziehungen zu dieser Krankheit zu erläutern: »Der an einem Magengeschwür Leidende [...] ist ein Mensch, der sich im wesentlichen in sich selbst zurückzieht, ein unruhiger, sorgenvoller Mensch [...]. Eine Art Hypertrophie des Ich verstellt ihm den wahren Blick auf seine Nächsten: Im Grunde sucht er bei den anderen nur sich selbst. [...] Gewissenhaft bis ins Letzte interessiert er sich mehr für die technische Vollkommenheit der Verwaltung als für die zwischenmenschlichen Beziehungen, deren Summe sie lediglich sein sollte. Wenn er ein Denker ist, so wird er dazu neigen, nach Rechtfertigungen zu suchen, überlegene Persönlichkeiten zu entwerfen, und eine stoische oder pharisäische Haltung einnehmen. Auf der moralischen Ebene wird er tugendhaft durch Anstrengung, gut durch Fleiß und gläubig durch den Willen sein.«[18]

Wir sind nicht qualifiziert, den wissenschaftlichen Wert dieses psychologischen Porträts zu diskutieren, welches unsere Autoren von jenen »Magenleidenden« zeichnen; es wäre durchaus interessant, letztere zu fragen, ob sie sich in jenem düsteren Bild selbst wiedererkennen. Was wir jedoch bestreiten wollen, ist die Möglichkeit, daß sich in den *Ermahnungen an sich selbst* auch nur das geringste Indiz auffinden läßt, welches jene Beschreibung der Psychologie Marc Aurels bestätigen oder entkräften könnte. Die Autoren gehen in ihrer Einschätzung des Werkes vollkommen fehl, wenn sie – zur Untermauerung ihrer Diagnose – behaupten, daß die *Ermahnungen an sich selbst* einem Bedürfnis ihres Autors nachkämen, »sich vor sich selbst zu rechtfertigen«, und in dem Werk »eine lange Abfolge von Ermahnungen ausmachen, auf dem im voraus gewählten Weg zu bleiben«. Wie wir gesehen haben, stellen Marc Aurels *Ermahnungen an sich selbst* keine Ausnahmeerscheinung dar, sondern diese Form der schriftlichen Meditation wird von den stoischen Lehrern sehr empfohlen und im übrigen noch heute von Menschen praktiziert, die nicht an einem Magengeschwür leiden, sondern lediglich versuchen, etwas menschlicher zu leben. Hierbei handelt es sich also nicht um das Bemühen, sich vor sich selbst zu rechtfertigen, sondern vielmehr darum, an sich selbst Kritik zu üben und sich zu wandeln. Diese Variationen über die von Epiktet gelieferten Themen sind wohl kaum geeignet, uns Auskunft über das Magengeschwür des Kaisers zu geben, ebensowenig teilen sie uns etwas Entscheidendes über den »Fall Marc Aurel« mit. Wir haben es hier also mit einem anschaulichen Beispiel für die Gefahren der auf antike Texte angewandten psychologischen Interpretation zu tun. Bevor man sich an die Interpretation eines Textes macht, sollte man zunächst versuchen zu unterscheiden, einerseits zwischen den traditionellen, gleichsam vorgefertigten Elementen, derer sich der Autor bedient, und andererseits dem, was er daraus machen möchte. Andernfalls wird man Formeln und Haltungen für symptomatisch halten, auf die diese Bezeichnung gar nicht zutrifft, da sie nicht der Persönlichkeit des Autors entstammen, sondern ihm von der Tradition auferlegt worden sind. Zwar gilt es zu untersuchen, was der Autor sagen will, doch auch, was er, aufgrund der Traditionen und

Umstände, die ihm auferlegt sind, sagen oder nicht sagen kann, sagen soll oder nicht sagen soll.

Marc Aurel, ein Opiumsüchtiger?

Eine solche Untersuchung hätte T.W. Africa durchführen müssen, bevor er behauptete, die Symptome für eine vermeintliche Opiumsucht Marc Aurels in den *Ermahnungen an sich selbst* entdeckt zu haben.
Um seine These zu untermauern, zieht Africa drei Zeugnisse heran. Zum einen nimmt er den bereits besprochenen Text von Cassius Dio[19] wieder auf, der in Zusammenhang mit der Beschreibung des Gesundheitszustands des Kaisers während der Winterfeldzüge an der Donau berichtet, Marc Aurel habe abgesehen von dem Theriak genannten Mittel, welches als Antidot eingesetzt wurde, tagsüber nichts zu sich genommen, und zwar nicht, weil er sich vor einer Vergiftung fürchtete, sondern um seinen Magen und seine Brust zu beruhigen. Andererseits beruft sich Africa auf Galens Abhandlung *Über die Gegengifte*, in welcher der Arzt die verschiedenen Methoden, Theriak herzustellen, erläutert sowie die Nützlichkeit dieser Medizin und die Art und Weise, in der Marc Aurel sie benutzte. Und schließlich glaubt er, in den *Ermahnungen an sich selbst* Visionen und Seelenzustände zu entdecken, die auf Opiummißbrauch zurückzuführen seien.
Galens Zeugnis über Marc Aurels Verbrauch an Theriak faßt er folgendermaßen zusammen:

»Als er bemerkte, daß er bei der Erfüllung seiner Amtspflichten schläfrig wurde, ließ er [in der Mischung] den Mohnsaft beiseite. Doch nun konnte er des Nachts nicht mehr schlafen. [...] So sah er sich gezwungen, wieder auf die Mohnsaft enthaltende Mischung zurückzugreifen, weil er inzwischen daran gewöhnt war.«[20]

Liest man den Text Galens jedoch zu Ende, so stellt man fest, daß der berühmte Arzt genau das Gegenteil von dem sagt, was T.W. Africa ihm in den Mund legt.[21] Galen präzisiert nämlich zwei Dinge im weiteren Verlauf des Textes. Erstens erzählt er, daß Demetrios, der Leibarzt des Kaisers, als letzterer auf die Mischung mit Mohnsaft zurückgriff, darauf geachtet habe, daß gealterter Mohnsaft beigegeben wurde, der nicht mehr die gleiche einschläfernde Wirkung zeitigte. Und zweitens wurde Galen selbst nach dem Tode des Demetrios damit beauftragt, Theriak für den Kaiser zuzubereiten, und mit großem Stolz berichtet er, daß Marc Aurel mit der Art und Weise, wie er dieses Gegengift nach dem traditionellen Rezept der kaiserlichen Leibärzte mischte, vollauf zufrieden gewesen sei. Laut Galen stellte die Schläfrigkeit des Kaisers also lediglich einen vorübergehenden Zustand dar, der während der Donaufeldzüge auftrat und sich nach der Benutzung des gealterten Mohnsaftes, vor allem jedoch, nachdem Galen die Mischung übernommen hatte, nicht mehr wiederholte. Dies ist der genaue Inhalt dieses Textes.

Tatsächlich ist die Frage äußerst komplex, und wir verfügen über kein Mittel, die genaue Quantität und Qualität des opiumhaltigen Saftes zu bestimmen, der dem vom Kaiser gebrauchten Theriak beigegeben wurde. Einerseits achteten die Ärzte darauf, daß der Opiumsaft abgelagert und somit von schwächerer Wirkung war. Andererseits spricht Galen in seiner Abhandlung von drei Arten von Antidoten, die er für Marc Aurel gemischt hatte: dem Galenikum (Gegengift nach dem Rezept des Andromachos), welches aus vierundsechzig verschiedenen Zutaten bestand, unter denen sich auch Mohnsaft befand; dem Theriak des Heras, der keinerlei Mohnsaft, sondern bituminösen Klee, rundwurzelige Osterluzei, wilde Raute und gemahlene Wicke zu je gleichen Teilen enthielt; und schließlich ein Antidot, dessen Rezeptur einhundert verschiedene Bestandteile umfaßte und nur sehr wenig Mohnsaft enthielt. Die der Mischung beigegebene Menge dieses Saftes konnte also stark variieren.[22]
Galen jedenfalls erblickte in dieser Praxis Marc Aurels einen Beweis seiner Weisheit:

»Manch einer verwendet diese Arznei alle Tage zum Wohl des Körpers, wie wir dies persönlich von dem göttlichen Marc Aurel wissen, der einst in der Achtung vor den Gesetzen herrschte und der, dank des Bewußtseins seiner selbst, sehr aufmerksam das Temperament seines Körpers beobachtete; er bediente sich dieser Arznei wie eines Nahrungsmittels in großer Menge. Durch ihn begann der Theriak berühmt und dessen mächtige Wirksamkeit den Menschen deutlich zu werden. In der Tat: Gerade weil sich der Gesundheitszustand des Kaisers durch dieses Mittel verbessert hatte, wuchs das Vertrauen in die Nützlichkeit dieser Arznei beträchtlich.«[23]

Es dürfte deutlich geworden sein, daß diese Zeugnisse von Cassius Dio und Galen in keiner Weise auf das Vorhandensein einer Opiumsucht bei Marc Aurel schließen lassen.

Dies ist auch die Schlußfolgerung, zu der T.W. Africa selbst in einer Anmerkung zu seinem Artikel gelangt: »Zugegebenermaßen konnte die Opiummenge variieren und, wenn man das Gegengift von Andromachos dem Jüngeren zugrundelegt, so hätte der Kyamos [ein Kleinstmaß], die tägliche Dosis des Marc Aurel, ungefähr 33 mg Opium enthalten – eine Menge, die kaum süchtig machen dürfte.«[24]

Läßt sich dann trotzdem von Opiumsucht sprechen? Ja, meint Africa, denn Marc Aurel zeigt zwei Symptome: »seine befremdliche Gleichgültigkeit gegenüber den Alltagsbegebenheiten« und die »bizarren Visionen«, denen man in den *Ermahnungen an sich selbst* begegnet. Ersteres bezieht sich wahrscheinlich – denn Africa äußert sich nicht näher dazu – auf das, was die Historiker dem Kaiser immer wieder vorgeworfen haben, nämlich seine anscheinende Gleichgültigkeit gegenüber der Untreue seiner Frau Faustina und den Ausschweifungen seines Amtsgenossen Lucius Verus, die unglückliche Wahl seines Sohnes zum Nachfolger. In bezug auf seinen Adoptivbruder und Commodus ist die Frage, wie bereits angedeutet, äußerst komplex, und wahrscheinlich haben politische Gründe einen großen Einfluß auf die Haltung Marc Aurels ausgeübt. Und was Faustina betrifft, die ihm dreizehn Kinder schenkte und an die er sich, wenn auch nur kurz, doch sehr gefühlvoll im ersten Buch der *Ermahnungen an sich selbst* erinnert, so deutet alles darauf hin, daß sie dem üblen Geschwätz der Höflinge zum Opfer gefallen ist. Die gleiche Haltung Marc Aurels wird also einmal als Symptom einer Opiumsucht, ein andermal als Symptom für ein Magengeschwür ausgelegt (Dailly – van Effenterre). Die Verschiedenheit der Diagnose beweist schon ihre Unglaubwürdigkeit.

Bleiben also noch die »bizarren Visionen« – und hier erreicht die schlechte psychologische Interpretation einen Höhepunkt, wird zum Prachtstück einer Anthologie. Zitieren wir T.W. Africa:

»Die Vision der Zeit als eines reißenden Flusses, der alles mit sich fortträgt, um es in den Abgrund der Zukunft hinabzuziehen, stellte keine klassische, im Stoizismus übliche Doktrin des Lebens dar, sondern einen Versuch, die erweiterte Perspektive von Raum und Zeit auszudrücken, die das Opium ihm eröffnet hatte. Die zeitlichen und räumlichen Dimensionen beschleunigten sich, bis Europa nur mehr ein winziger Fleck, die Gegenwart nichts als ein Punkt war und die Menschen zu Insekten wurden, die auf einem Erdklumpen herumkrochen. Die Geschichte stand nicht länger in Beziehung zur Vergangenheit, denn diese Vergangenheit spielte sich gegenwärtig ab. Marc Aurel teilte diese aufgereizten Empfindungen mit seinem Genossen bei der Opiumsucht, Thomas De Quincey, der schrieb: ›Der Raumsinn und, am Ende, der Zeitsinn wurden beide stark verändert. Gebäude, Landschaften etc. [...] wurden in so übergroßen Proportionen wiedergegeben, wie sie das körperliche Auge nicht befähigt war wahrzunehmen. Der Raum schwoll an und nahm das Ausmaß einer unbeschreiblichen, sich selbst vervielfachenden Unendlichkeit an. Dies beunruhigte mich jedoch weit weniger als die gewaltige Ausdehnung der Zeit. Manchmal schien es mir, als hätte ich in einer einzigen Nacht siebzig oder hundert Jahre meines Lebens gelebt; ach, was sage ich, mitunter hatte ich Gefühle, die einer Zeitspanne entsprachen, die die Grenze dessen, was ein Mensch erfahren kann, bei weitem überstieg.‹ [25] «[26]

Lesen wir nun die Texte von Marc Aurel, auf die Africa in der Anmerkung hinweist:

»Ein Fluß aller Ereignisse, ein gewaltiger Strom ist die Ewigkeit: Kaum ist etwas erschienen, wird es bereits davongetragen, etwas anderes taucht auf und wird ebenfalls fortgespült werden.« (IV,43)

»Denke oft an die Geschwindigkeit, mit der alles, was ist und sich ereignet, vorüberzieht und verschwindet, denn das Sein gleicht einem in beständigem Fluß befindlichen Strom, die Tätigkeiten sind in ständiger Verwandlung, die Ursachen in tausendfachem Wechsel begriffen, und nahezu nichts steht still, auch das, was nahe ist. Denke auch an die gähnende Unendlichkeit des Vergangenen und des Zukünftigen, worin alles verschwindet.« (V,23,1-2)

T.W. Africa zum Trotz ist dieses Thema sehr wohl in der Schule der Stoa bezeugt – so z.B. in folgendem Text von Seneca:

»Stelle dir den bodenlosen Schlund der Zeit vor [*propone*] und umfaß das Weltall, dann vergleiche das, was wir das Menschenleben nennen, mit jenem Unendlichen.« – »Die Zeit vergeht mit unendlicher Geschwindigkeit. [...] Alles stürzt in denselben bodenlosen Abgrund. Unser Dasein ist ein Punkt und sogar noch weniger; doch indem sie dieses winzige Ding teilte, hat die Natur ihm den Schein einer längeren Dauer verliehen.«[27]

Das hier beschriebene Bild ist im übrigen sehr alt, es taucht schon in den schönen Versen des Leonidas von Tarent auf: »Unendlich, ach Mensch, ist die Zeit, die verflossen ist, bevor du das Licht der Welt erblickt hast; unendlich die, die dich beim Hades erwartet. Welcher Teil von Dasein bleibt denn noch, wenn nicht noch gerade von der Größe eines Punktes und weniger noch?«[28] Der Fluß des Marc Aurel ist wahrscheinlich der Fluß der stoischen Substanz, »die unablässig fließt«[29] und letzlich der Fluß des Heraklit, von dem Platon sagte, er vergleiche die Dinge mit dem Fließen eines Flusses;[30] dieser Fluß ist aber auch der der Platoniker, von dem Plutarch spricht: »Alles erscheint und verschwindet in ein und demselben Augenblick, ob es sich um Handlungen, Worte oder Gefühle handelt: Wie ein Fluß trägt die Zeit alles davon«,[31] und derselbe findet sich auch bei Ovid wieder: »Ebenso gleitet die Zeit in unaufhörlicher Bewegung dahin, nicht anders als ein Fluß.«[32] Indem Seneca den Ausdruck *propone* verwendet, d.h. »stelle dir vor«, »stelle dir den bodenlosen Schlund der Zeit vor Augen«, unterstreicht er, daß es sich um eine Übung in Einbildungskraft handelt, die der Stoiker praktizieren soll – eine Übung derselben Art, wie wir sie auch in den *Ermahnungen an sich selbst* finden, wo Marc Aurel versucht, die Dimensionen des Weltalls durch die Einbildungskraft zu erfassen, die irdischen Dinge von oben herab zu sehen, um sie auf ihren richtigen Wert zurückzuführen:

»Denke an die ganze Substanz, an der du nur zu einem winzig kleinen Teil teilnimmst, und auch an die ganze Ewigkeit, von der dir eine kurze und winzige Zeitspanne zugedacht worden ist, sowie an das Schicksal, dessen Teil du bist, doch was für ein winziger.« (V,24)

»Wenn du, plötzlich in die Lüfte emporgehoben, die menschlichen Dinge und ihre Vielfalt von oben betrachtetest, würdest du sie geringschätzen, denn du sähest gleichzeitig, wie zahlreich ringsum die Bewohner der Lüfte und des Äthers sind.« (XII,24,3)

»Du kannst viele Dinge als wahrlich überflüssig abtun, die dich aufregen und die sich einzig auf dein Werturteil stützen, und du wirst dir Weiträumigkeit schon jetzt dadurch verschaffen, daß du die ganze Welt in deinem Geist umfaßt hältst und die unendliche Ewigkeit überdenkst und den raschen Wechsel jedes der Einzeldinge bedenkst, wie kurz der Zeitraum von der Geburt bis zur Auflösung ist, gähnend derjenige vor der Geburt, wie auch derjenige nach der Auflösung ebenso unendlich ist.« (IX,32)

»Die vernünftige Seele umwandelt den ganzen Kosmos und die Leere um ihn herum und seine äußere Gestalt, und sie dehnt sich in die Unendlichkeit der Ewigkeit aus und umfaßt und umdenkt die periodische Wiedergeburt des Alls.« (XI,1,3)

»Asien, Europa – Winkel der Welt; das ganze Meer – ein Tropfen der Welt; der Berg Athos – ein Erdhäufchen der Welt; jede gegenwärtige Zeit – ein Punkt der Ewigkeit. Sie sind alle klein, wandelbar, verschwindend [in der Unendlichkeit].« (VI,36,1)

Der Unterschied zwischen diesen Texten und dem von Thomas De Quincey ist offensichtlich. Während bei letzterem die Ausdehnung der Dauer und des Raumes ein Eindruck ist, der sich dem Opiumsüchtigen aufdrängt und dessen passives Opfer er wird, ist bei Marc Aurel die Betrachtung der Unendlichkeit von Zeit und Raum ein aktives Vorgehen, wie die wiederholten Empfehlungen, sich die Totalität »vorzustellen«, über sie »nachzudenken«, deutlich werden lassen. Wiederum handelt es sich hier um eine traditionelle geistige Übung, die von der Einbildungskraft Gebrauch macht. Andererseits spricht Thomas De Quincey von einer maßlose Proportionen annehmenden Ausdehnung des Augenblicks. Marc Aurel spricht jedoch im Gegenteil von einer Anstrengung, sich die Unendlichkeit und die Totalität vorzustellen, um dann zu sehen, wie sich der Augenblick oder der Ort zu unendlich kleinen Proportionen reduzieren. Diese willentliche Übung der Einbildungskraft setzt bei Marc Aurel die klassische Vorstellung des stoischen Universums voraus: Der Kosmos liegt in einer unendlichen Leere, seine Dauer in einer unendlichen Zeit, in der die periodischen Wiedergeburten des Kosmos sich ewig wiederholen. Diese Übung soll eine Vision der menschlichen Dinge gewähren, die letztere wieder in die Perspektive der Allnatur stellt. Das Wesen der Philosophie besteht gerade in einem solchen Vorgehen, und deshalb läßt es sich in allen philosophischen Schulen der Antike wiederfinden, wenn auch mit anderen Worten, so doch an sich identisch. Platon definiert die philosophische Natur durch die Fähigkeit, die Totalität der Zeit und des Seins zu betrachten und auf diese Weise die menschlichen Dinge zu verachten.[33] Dieses Thema findet sich in der Folge bei Platonikern wie Philon von Alexandreia[34] oder Maximus von Tyros,[35] im Neopythagoreismus,[36] bei den Stoikern[37] und sogar bei den Epikureern wieder, wie folgende Sentenz des Metrodoros bezeugt: »Denke daran, daß du, als Sterblicher und zu einem begrenzten Leben geboren, gleichwohl durch die Diskussionen über die Natur bis zur Ewigkeit und zur Unendlichkeit der Dinge aufgestiegen, auch die Zukunft und die Vergangenheit gesehen hast.«[38] Und wer kennt nicht den berühmten *Traum des Scipio*,[39] in dem der Enkel des Scipio Africanus die Welt von der Höhe der Milchstraße aus betrachtet und die Erde sich für ihn so klein ausnimmt, daß ihm das Römische Reich als nicht wahrnehmbar, die bewohnte Welt als eine kleine Insel inmitten des Ozeans und das Leben winziger als ein Punkt erscheint. Dieses Thema sollte in der abendländischen Tradition stets lebendig bleiben, wie sich an Pascals »zwei Unendlichkeiten«, die uns allen gut im Gedächtnis sind, zeigt: »Die Erde soll ihm [dem Menschen] wie ein Punkt im Verhältnis zum weiten Umkreis erscheinen, den jener Himmelskörper [die Sonne] beschreibt.«[40] War also auch Pascal opiumsüchtig?

Marc Aurel überträgt diesen Blick von oben gern auch auf die Vergangenheit:

»Ständig daran denken, wie sich alles dieses so, wie es sich nun ereignet, auch früher ereignet hat. Und daran, daß es sich wieder ereignen wird. Und all die immergleichen Dramen und Szenen, die du aus deiner Erfahrung und aus der alten Geschichte kennst, dir vor Augen führen, wie etwa den ganzen Hof des Hadrian, des Antoninus, den ganzen Hof Philipps, Alexanders und den des Kroisus. Denn sie waren alle eben dieselben, nur mit anderen Schauspielern.« (X,27)

T.W. Africa hat De Quincey gelesen und ist auf die schönen Zeilen aufmerksam geworden, in welchen dieser die Träumereien schildert, wo in einem leuchtenden Schauspiel die Damen am Hofe Karls I. erscheinen oder Aemilius Paullus, der von Centurionen umgeben vor den römischen Legionen einherschreitet. Africa glaubt, bei Marc Aurel einem entsprechenden Phänomen zu begegnen.[41] Doch auch hier genügt es, die *Ermahnungen an sich selbst* aufmerksam zu lesen, um den Unterschied zu erkennen. De Quinceys Beschreibung ist rein traumhafter Natur: Der Traum wird für sich selbst als ein befremdliches und wundersames Schauspiel erzählt. Bei Marc Aurel jedoch handelt es sich nicht um einen Traum, sondern der Kaiser fordert sich selbst eine Anstrengung der Einbildungskraft ab und stellt sich die Höfe der vergangenen Zeiten vor. Dieses Vorgehen wird, wie Paul Rabbow[42] sehr schön aufgezeigt hat, nach den Regeln ausgeführt, die die Rhetorik für den Fall vorschrieb, in dem es eine Szene oder einen Umstand ausdrucksvoll zu gestalten galt. Das Gemälde wird nicht um seinetwillen entworfen, sondern einzig und allein, um in der Seele dessen, der die Übung praktiziert, die nüchterne Überzeugung hervorzurufen, daß die menschlichen Dinge banal und kurzlebig sind:

»Das Vergangene betrachten: so viele Wechsel der Herrschaften. Es ist möglich, auch die Dinge vorauszusehen, die sein werden. Denn sie werden vollkommen gleicher Art sein, und es ist nicht möglich, aus dem Rhythmus der jetzigen Ereignisse herauszutreten. Daher ist es gleich, ob man vierzig Jahre lang das Menschenleben erforscht oder zehntausend Jahre oder mehr. Was wirst du anderes sehen?« (VII,49)

Damit dürften wir die Mechanismen einer gewissen psychologischen Geschichtsschreibung ausreichend demontiert haben, die im allgemeinen auf der Unkenntnis der Denk- und Ausdrucksweise der antiken Autoren beruht und auf anachronistische Weise moderne Vorstellungen in die Texte hineinprojiziert. Es wäre auch recht interessant, gewisse Vertreter dieser Art von Geschichtsschreibung psychologisch zu untersuchen, ließen sich bei ihnen doch, so glaube ich, zwei Tendenzen aufdecken: zum einen die einer Bilderstürmerei, die Freude daran empfindet, die von guten Seelen naiv geachteten Gestalten anzugreifen, wie z.B. Marc Aurel oder Plotin, zum anderen die der Herabminderung, die davon ausgeht, daß jede Erhebung der Seele oder des Denkens, jeder moralische Heroismus und jeder grandiose Blick auf das Universum, nur krankhaft oder abnorm sein können. Alles muß durch Sex oder Drogen erklärt werden.

3. Das stilistische Bemühen

Aus allem, was wir bisher gesagt haben, darf man nicht den Schluß ziehen, Marc Aurel wäre in seinen *Ermahnungen an sich selbst* abwesend. Er ist im Gegenteil auf vielfache Weise anwesend, und dieses Werk besitzt, wenn auch in begrenzter Form, einen echt autobiographischen Wert.

Zunächst einmal äußert sich die Präsenz Marc Aurels in seinem stilistischen Bemühen. Wir haben bereits durchblicken lassen, daß der Kaiser, obwohl er für sich selbst schreibt, sich fast immer Mühe gibt, mit äußerster Sorgfalt zu formulieren – denn er weiß um die psychologische Macht einer gut geprägten Sentenz.

J. Dalfen,[43] Monique Alexandre[44] und R.B. Rutherford[45] haben bemerkenswerte Analysen der von Marc Aurel angewandten Verfahrensweisen vorgelegt und seine gelungene Ausdrucksweise herausgestellt. Hier erweist er sich – wie Monique Alexandre sehr schön gezeigt hat – als Schüler Frontos, denn dieser hatte ihm aufgegeben, jeden Tag eine Sentenz (*gnômé*) abzufassen und, vor allem, sie auf verschiedene Arten zu formulieren. »Jedesmal wenn dir ein paradoxer Gedanke kommt«, schreibt Fronto, »drehe und wende ihn, variiere ihn mit verschiedenen Stilfiguren und Nuancen, stelle Versuche an und kleide ihn in prächtige Worte.«[46] Wir haben im Laufe dieses Buches bewundern können, mit welcher Kunst Marc Aurel mannigfaltige Variationen über ein gegebenes Thema ausführt. Fronto riet seinem Schüler ebenfalls, sich für den eigenen Gebrauch eine Sammlung von Sentenzen anzulegen.[47]

Den genannten bemerkenswerten Studien über den Stil von Marc Aurel läßt sich nur schwer etwas Neues hinzufügen. Ich glaube jedoch, daß es nützlich sein könnte, einige Beispiele seiner stilistischen Bemühungen anzuführen, die in manchen seiner Texte deutlich zum Ausdruck kommen.

Sein Bemühen um Kürze verleiht seinen Worten oft eine bemerkenswerte Kraft und in gewisser Hinsicht einen rätselhaften Charakter:

»Aufrecht, nicht aufgerichtet.« (VII,12)

»Dem gleichen Stamm entwachsen [wie die anderen], doch nicht [mit ihnen] übereinstimmen.« (XI,8,6: der Gegensatz zwischen *homothamnein* und *homodogmatein*)

»Weder Tragöde noch Hure.« (V,28,4)

»Für den in die Luft geworfenen Stein ist es weder schlimm, herabzufallen, noch gut, emporzusteigen.« (IX, 17)

»Bescheiden annehmen, bereitwillig fahren lassen.« (VIII, 33)

»Die Menschen sind füreinander geboren worden. Belehre sie also oder aber ertrage sie.« (VIII,59)

»Die Verfehlung eines anderen ist dort zu lassen, wo sie ist.« (IX,20)

»Eine bittere Gurke? Wirf sie weg. Dornen auf dem Weg? Umgehe sie.« (VIII,50)

Mehrmals sind uns auch die schonungslosen, durchschlagenden Formeln begegnet, die die Häßlichkeit eines Lebens ohne Moral beschreiben:

»Posse [*mimos*], Krieg [*polemos*], Aufruhr [*ptoia*] und Betäubung [*narka*], Sklaverei [*douleia*] jeden Tag!« (X,9)

In diesem Text dürften einem die Assonanzen, die von dem literarischen Bemühen zeugen, nicht entgangen sein.

»Bald Asche oder Skelett, ein Name nur oder nicht mal das. Der Name ist aber nur Schall und Widerhall. Die im Leben hochgeschätzten Dinge sind leer, verdorben, geringfügig. Sie gleichen Hündchen, die einander beißen, und kleinen Kindern, die sich streiten, die lachen und gleich darauf weinen. Doch Treue, Ehrfurcht, Gerechtigkeit und Wahrheit eilten ›hin zum Olymp von der wegreichen Erde‹.« (V,33)

Die einprägsamsten Formeln mahnen an die Kürze des Lebens, an den Tod und an die Eitelkeit des Ruhms:

»Nah ist die Zeit, daß du alle vergissest, nah die Zeit, daß alle dich vergessen.« (VII,21)

»Alles ist kurzlebig: sowohl das, das sich erinnert, als auch das, dessen es sich erinnert.« (IV,35)

»Bald wirst auch du die Augen schließen, doch den, der dich herausträgt, wird gleich ein anderer beweinen.« (X,34,6)

»[...] gestern ein bißchen Schleim, morgen Mumie oder Asche.« (IV,48,3)

Marc Aurel beherrscht nicht nur die Kunst, kurze Sentenzen zu prägen, sondern weiß auch die Schönheit der Dinge mit wenigen Worten zur Geltung zu bringen, wie jene bereits zitierten Zeilen[48] zeigen, in denen er das knusprige Brot und die aufplatzenden reifen Feigen vor Augen führt, die Reife, die fast schon eine Überreife ist, die der Farbe der Oliven ihren Glanz verleiht, die auch die alten Leute gleichsam blühen und die prallen Ähren sich schwer zu Boden neigen läßt. Auch die »sich in Falten legende Stirn des Löwen«, der »Schaum, der aus dem Maul des Ebers trieft«, die »aufklaffenden Mäuler der Raubtiere« haben ihre wilde Schönheit.

Fronto hatte ihn gelehrt, Bilder und Gleichnisse in die Sentenzen und Reden einzuführen, und der Kaiser hat diese Lehre nicht vergessen:

»Viele Weihrauchkörnchen liegen auf demselben Altar; das eine fiel früher herab, das andere später, doch das macht keinen Unterschied.« (IV,15)

»Grabe innen hinein. Im Innern liegt die Quelle des Guten, und sie kann immer aufsprudeln, wenn du unablässig gräbst.« (VII,59)

»Eine Spinne ist stolz, wenn sie eine Fliege erbeutet hat, manch einer, wenn er einen Hasen, ein anderer, wenn er einen Fisch in seinem Netz hat, wieder ein anderer, wenn er Wildschweine, manch einer, wenn er Bären, ein anderer, wenn er Sarmaten gefangen hat. Sind es nicht Räuber, wenn du ihre Leitsätze [*dogmata*] prüfst?« (X,10)

»Wenn du je eine abgehauene Hand, einen Fuß oder einen abgeschnittenen Kopf getrennt von dem übrigen Körper hast irgendwo liegen sehen: zu einem solchen macht sich, soweit es an ihm liegt, derjenige, der nicht will, was ihm widerfährt, und der sich vom Ganzen absondert.« VIII,34)

Gewisse Ermahnungen lassen auch ein Bemühen um Rhythmus, um eine harmonische Ausbalancierung der Sätze erkennen, wie z.B. das folgende Gebet an die Welt:

»Alles, oh Welt, was mit dir in Einklang ist, ist auch mit mir in Einklang. Nichts ist mir zu früh, nichts zu spät, was für dich rechtzeitig ist. Alles ist mir Frucht, was deine Jahreszeiten hervorbringen, oh Natur.« (IV,23)

Oder ein Gedanke entwickelt sich in parallelen, sich steigernden Formeln, wie dies z.B. in folgendem Text der Fall ist, dessen Anfangszeilen wir zitieren wollen:

»Es gibt nur *ein* Sonnenlicht, auch wenn es durch Mauern, Berge und tausend andere Dinge geteilt wird. [...] Es gibt nur *eine* gemeinsame Substanz, selbst wenn sie in tausende von Körpern mit individuellen Qualitäten aufgeteilt ist Es gibt nur *eine* Seele, auch wenn sie auf tausende von Wachstumskräften und individuelle Unterschiede verteilt ist. Es gibt nur *eine* denkende Seele, auch wenn sie zerteilt zu sein scheint.« (XII,30,1-4)

Diese verschiedenen Stilübungen, denen Marc Aurel seine ganze Aufmerksamkeit widmete, deuten, wie mir scheint, auf zwei Charakterzüge seiner Persönlichkeit hin: eine große ästhetische Empfindsamkeit und ein intensives Streben nach Vollkommenheit. Im übrigen mag ein Hinweis auf die Studie, die W. Williams[49] über die Verfassungstexte Marc Aurels, d.h. seine juristischen Schriften, vorlegte, von Interesse sein. Sie lassen, Williams zufolge, eine große Sorgfalt in den Details erkennen, einen fast übertriebenen Eifer bei der Erklärung von ohnehin klaren Punkten, der, so scheint es, einen gewissen Mangel an Vertrauen in die intellektuellen und moralischen Qualitäten seiner Untergebenen verrät, eine Suche nach der Reinheit im griechischen und lateinischen Sprachgebrauch, und schließlich die peinliche Aufmerksamkeit darauf, die unparteiischste, menschlichste, gerechteste Lösung zu finden.

4. Chronologische Hinweise

Der Leser eines literarischen Werkes möchte immer gern wissen, zu welchem Zeitpunkt im Leben des Autors und in was für einer Atmosphäre es geschrieben worden ist. Die *Ermahnungen an sich selbst* haben ohne Frage etwas Zeitloses, und was die Versuche verschiedener Historiker betrifft, diesen oder jenen Text auf diesen oder jenen Umstand im Leben des Kaisers zurückzuführen, so muß man feststellen, daß diese recht enttäuschend ausfallen. Denn da diese Texte, wie wir gesehen haben, geistige Übungen sind, die nach vorgefertigten Entwürfen aus der stoischen Tradition durchgeführt werden, bieten sie dem Anekdotischen keinen Raum. Bei dem Versuch, das Datum ihrer Abfassung zu bestimmen, können wir uns lediglich auf zwei Angaben stützen: Zwischen den heutigen Büchern I und II der *Ermahnungen an sich selbst* findet sich in der *editio princeps* ein Vermerk, den man folgendermaßen übersetzen kann:»Geschrieben im Land der Quaden, am Ufer des Gran, I«, und zwischen den heutigen Büchern II und III: »Geschrieben in Carnuntum«. Möglicherweise hat der Kaiser beim Ordnen seiner früheren Notizen für sich selbst jene beiden Vermerke hinzugefügt.

Carnuntum war eine Militärbasis, welche die Römer seit Beginn des 1. Jahrhunderts n. Chr. an der Donau unweit des heutigen Wien unterhielten und in der Tausende von Legionären stationiert waren. In der Nähe des Lagers war eine kleine Stadt mit einem im 2. Jahrhundert errichteten Amphitheater entstanden. Während der Kriege gegen die Quaden und Markomannen schlug Marc Aurel dort von 170 bis 173 sein Hauptquartier auf.

Der Fluß Gran trägt auch heute noch diesen Namen bzw. wird auch Hron genannt: Er durchquert die Slowakei von Nord nach Süd und mündet in Ungarn schließlich in die Donau. Die Erwähnung dieses Flusses ist sehr wertvoll, zeigt sie uns doch, daß sich der Kaiser nicht damit begnügte, seine Operationen von dem befestigten Lager Carnuntum aus durchzuführen, sondern daß er die Donau überquert hatte und über 100 km tief in das Land der Quaden eingedrungen war, eines Stammes, der zusammen mit den Markomannen zu den germanischen Völkern gehörte, die im Jahre 169 in das Imperium eingefallen waren.

Auf welche Bücher der *Ermahnungen an sich selbst* beziehen sich die besagten Vermerke? Der Hinweis auf die Quaden ist zwischen dem ersten und dem zweiten Buch, die Erwähnung Carnuntum zwischen den Büchern II und III eingefügt. In der Antike konnten Titel oder Hinweise dieser Art sowohl am Beginn als auch am Ende eines Buches stehen. Wenn diese beiden Vermerke nun jeweils den Abschluß des Buches bildeten, bezieht sich der erste auf das Buch I, der zweite auf Buch II. Gehen sie den Texten voran, so betreffen sie das zweite bzw. dritte Buch. Die Historiker vertreten jeweils die eine oder andere Interpretation, ohne jedoch eindeutige Beweise liefern zu können. Für meinen Teil halte ich – und hier schließe ich mich G. Breithaupt[50] und W. Theiler[51] an – die zweite Möglichkeit, nämlich die, daß sie am Beginn des zweiten bzw. dritten Buches stehen, für wahrscheinlicher.

Es ist äußerst interessant und auch bewegend festzustellen,

daß zumindest ein Teil der *Ermahnungen an sich selbst* während der Donau-Feldzüge der Jahre 170-173 geschrieben worden ist –, und zwar nicht nur in der verhältnismäßigen Ruhe des Hauptquartiers, sondern auch unter den unbequemen Bedingungen, die ein Ausfall ins Land der Quaden mit sich brachte. Diese Situation erklärt vielleicht den besonderen Ton der Bücher II und III, auf den wir noch genauer eingehen werden[52] – jene nagende Präsenz des Todesthemas: Es bleibt keine Zeit mehr zum Lesen, es ist nicht der Moment, umherzuirren. Gern würde ich in dieser kriegerischen Atmosphäre die Erklärung für den Entschluß erblicken, den Marc Aurel im zweiten Buch zu fassen scheint, nämlich den, sich auf die Praxis der geistigen Übungen zu konzentrieren, die ihm helfen werden, endlich das philosophische Leben zu führen, das er stets hatte leben wollen und sollen.

Ich vermute – ohne es jedoch beweisen zu können –, daß es in der Handschrift, die der *editio princeps* als Vorlage diente, noch andere Vermerke dieser Art gegeben hat, die aber vom Herausgeber ausgelassen worden sind. Wir wissen also nicht, wo die anderen Bücher geschrieben worden sind. Sollte man mit Breithaupt[53] annehmen, daß die Bücher, in denen auf den Hof und die Reden vor dem Senat Bezug genommen wird, nach Marc Aurels Rückkehr nach Rom zwischen November 176 und August 178 verfaßt worden sind? Doch schon in Carnuntum mag er sehr wohl über sein Leben als Kaiser im allgemeinen nachgedacht haben. Fast gesichert scheint jedoch, daß die Bücher IV bis XII in dem Zeitraum von 173 bis 180 – dem Todesjahr Marc Aurels – niedergeschrieben worden sind.

Kehren wir zurück zu dem Vermerk »Geschrieben im Land der Quaden, am Ufer des Gran, I«, der sich zwischen den heutigen Büchern II und III befindet. Wie läßt sich jedoch diese Ziffer I erklären, wenn sich der Hinweis auf das zweite Buch beziehen soll? Das vorliegende Buch I, in welchem Marc Aurel sich in einem Stil, der sich von den eigentlichen *Ermahnungen an sich selbst* (Buch II-XII) deutlich abhebt, an alles erinnert, was er von den Menschen und den Göttern empfangen hat, scheint ein gesonderter

Text zu sein, der eine innere Geschlossenheit aufweist und der, wenn vielleicht nicht vom Kaiser selbst, so doch zumindest von einem Herausgeber der Antike an den Beginn der *Ermahnungen an sich selbst* im eigentlichen Sinn gestellt worden ist. Somit wäre das heutige Buch II tatsächlich das erste der eigentlichen *Ermahnungen an sich selbst* gewesen.[54] Dies würde die dem erwähnten Vermerk »geschrieben im Land der Quaden« nachgestellte Ziffer I erklären, die von einem Herausgeber oder einem Sekretär hinzugefügt worden sein muß, der die verschiedenen Gruppen von Marc Aurels Notizen numeriert hat.

Darüber hinaus kann man, auch wenn hierfür keine eindeutigen Beweise vorliegen, wohl mit Recht annehmen, daß der Kaiser das heutige Buch I sehr spät in seinem Leben schrieb, denn es vermittelt tatsächlich den Eindruck, als spreche es nur von bereits Verstorbenen. Da der Tod der Kaiserin Faustina, an die sich Marc Aurel auf jenen Seiten erinnert,[55] auf das Jahr 176 fällt, ist dieses Buch wohl zwischen 176 und 180 verfaßt worden – vielleicht in Rom, nachdem Marc Aurel von seiner großen Orientreise, die er im Anschluß an den Aufstand des Avidius Cassius unternommen hatte, zurückgekehrt war, oder auch in Sirmium, wo der Kaiser zwischen 178 und 180, als der Krieg mit den Germanen erneut entbrannte, sein Hauptquartier aufgeschlagen hatte – in Sirmium, der Stadt, in der er wahrscheinlich am 17. März 180 starb. Dieses heutige Buch I, welches, wie gesagt, sowohl in stilistischer als auch in seiner allgemeinen Struktur in sich sehr geschlossen ist, scheint dem literarischen Entwurf der eigentlichen *Ermahnungen an sich selbst*, also der Bücher II bis XII, fremd. Wenn es auch heutzutage diesen als eine Art Einleitung vorangestellt wird, bildet es doch vielmehr ein eigenständiges Werk,[56] welches den *Ermahnungen an sich selbst* zwar selbstredend verwandt ist – so zeichnet sich z. B. in Buch VI,30 ein erstes Porträt des in Buch I genannten Antoninus Pius ab –, jedoch einer ganz anderen seelischen Einstellung entspricht. Das erste Buch ist, worauf wir noch häufiger zurückkommen werden, als eine Dankbarkeitsbezeugung aufzufassen, wohingegen die Bücher II bis XII eine Meditation über die Dogmen und Regeln des stoischen Lebens darstellen. Und während letztere von einem Tag zum anderen niedergeschrieben worden sind, wobei ein Gedanke verbindungslos einem anderen folgt, ist das Buch I zu einem festgelegten Zeitpunkt, nach einem festgelegten Plan verfaßt worden.

5. Die Bücher II bis XII

Im Verlauf des hier vorliegenden Werkes haben wir bereits die Frage angesprochen,[57] ob die zwölf Bücher, die wir heute unterscheiden, ebenso vielen Gruppen von Ermahnungen entsprechen, die in den Augen ihres Autors ihre eigene, durch ein oder mehrere Hauptthemen definierte Einheit aufweisen. Sollte dies der Fall sein, könnten wir uns einen, wenn auch nur flüchtigen Eindruck davon verschaffen, was den Kaiser vornehmlich beschäftigte oder welcher Lektüre er sich zu der jeweiligen Zeit gerade widmete. Oder ist diese Einteilung in zwölf Bücher rein zufällig, ist sie bedingt z.b. durch Form und Dimension der Schreibunterlage? Daß Buch I für sich ein geschlossenes Ganzes bildet, ihm eine ganz besondere Absicht zugrunde liegt und daß es von den anderen elf Büchern unabhängig ist – worauf noch zurückzukommen sein wird –, ist offensichtlich. Wie verhält es sich jedoch mit den Büchern II bis XII?

Auf den ersten Blick scheint die Trennung zwischen den Gruppen der Ermahnungen rein willkürlich: In diesen Büchern werden stets dieselben Themen, dieselben Ausdrücke wieder aufgegriffen. Die bereits beschriebene dreiteilige Struktur der Disziplinierungen übt keinerlei Einfluß auf die literarische Form des Werkes aus: Sie wird nur in verschiedenster Gestalt wiederholt. In keinem dieser Bücher läßt sich ein genauer Plan erkennen – mit Ausnahme vielleicht von Buch III, das sich, wie noch auszuführen sein wird, gleichsam als eine Abfolge von Essays über das Thema des sittlichen Menschen darstellt.

Eine aufmerksame Prüfung erlaubt jedoch, gewisse, dem jeweiligen Buch eigene Charakteristika zu entdecken: bevorzugte Themen, eine besondere Wortwahl, mehr oder weniger häufig verwendete Literaturformen, Sentenzen z.B. oder aber kurze Abhandlungen. Wenn Marc Aurel seine *Ermahnungen an sich selbst* von einem Tag zum anderen, wahrscheinlich in den letzten Jahren seines Lebens, zusammengestellt hat, läßt sich mit Recht annehmen, daß ihn bestimmte geistige Interessen oder die Lektüre bestimmter Werke zu verschiedenen Zeiten der Abfassung unterschiedlich beeinflußt haben.

Die in den einzelnen Büchern bevorzugten Themen werden zudem häufig in einem Verfahren behandelt, das ich »Verflechtung« nennen würde. Marc Aurel läßt die Ermahnungen, die sich auf ein und dasselbe Thema beziehen, nicht gesammelt aufeinanderfolgen, sondern verknüpft sie – wohl im Laufe der Tage – mit Ermahnungen, die vollkommen andere Dinge behandeln. Mit anderen Worten: Nach einer manchmal nur sehr kurzen Unterbrechung kehrt er wieder zu dem Thema zurück, welches für einen bestimmten Zeitraum seine Aufmerksamkeit fesselt. Wie ein roter Faden durchzieht mit solchen Unterbrechungen ein präzises Thema – es können auch mehrere sein – jeweils ein Buch von Anfang bis Ende.

Die Bücher II und III sind eng miteinander verwandt. Beide lassen die drohende Nähe des Todes spüren (II,2; II,5; II,6; II,11; II,14; II,17), und es bleibt keine Zeit mehr, sich mit Lektüre zu zerstreuen (II,2 und 3). Marc Aurel faßt den Entschluß, nichts mehr zu schreiben, was nicht der Transformation des moralischen Lebens und der Meditation über die stoischen Dogmen dient (III,14). Das Leben zu ändern, ist von großer Dringlichkeit, zumal wenn einem die Götter so viel Aufschub gewährt haben. (II,4). Nur eine Sache zählt: die Philosophie (II,17,3). Diese besteht in den drei Disziplinierungen: das leitende Prinzip der Seele (*hégemonikon*, II,2,4) bzw., was auf das gleiche hinausläuft, die Seele (II,16) oder auch den inneren *daimôn* von der Sklaverei der falschen Gedanken (II,2,4) frei zu halten – das ist die Disziplinierung des Denkens oder des Urteils; das leitende Prinzip der Seele frei zu halten von jeder Auflehnung gegen die Ereignisse, indem man in den Anteil einwilligt, der einem vom Schicksal zugeteilt wurde (II,2,4; II,16,1-2; II,17,4) – dies ist die Disziplinierung des Begehrens; und schließlich das leitende Prinzip der Seele frei zu halten von jeder selbstsüchtigen, leichtfertigen und ziellosen Handlung (II,2,4; II,17,4) – dies ist die Disziplinierung des Handelns. Um dies zu erreichen, gilt es, die Dogmen und Lebensprinzipien zu formulieren, die einen dazu befähigen werden, jene drei Disziplinierungen in die Praxis umzusetzen (z.B. II,1; II,14; II,16; II,17). Das dritte Buch nimmt genau dieselben Themen wieder auf, und man verspürt dieselbe Atmosphäre, dieselbe drohende Nähe des Todes und den Entschluß, sich einzig den für die Transformation des moralischen Lebens bestimmten geistigen Übungen zu widmen: »Irre nicht länger ab. Du wirst deine Notizen [*hypomnématia*] nicht mehr lesen« (III,14). Ebenso findet sich auch die Beschreibung des einzig Notwendigen, des einzigen, das bei einer solchen Dringlichkeit zählt, wieder: den eigenen *daimôn*, das eigene leitende Prinzip in der Ordnung des Denkens, des Begehrens und des Handelns rein zu erhalten. Es ist allerdings sehr interessant zu beobachten, daß Buch III die Themen des zweiten Buches viel weiter zu entwickeln und auszuarbeiten versucht, so daß es im wesentlichen eine Abfolge von kurzen Abhandlungen zu ein und demselben Thema darstellt. Es handelt sich dabei um die Beschreibung des »sittlichen Menschen« als Ideal des Lebens und um die Aufzählung der Vorschriften, deren Einhaltung einen dazu befähigen werden, ein solches Ideal zu verwirklichen (III,9-11). Ein erster, sich über ca. vierzig Zeilen erstreckender Versuch erfolgt in III,4, wird kurz in III,5 in etwa zehn Zeilen wiederaufgenommen, um schließlich in III,6-8 erneut in ungefähr vierzig Zeilen ausführlich behandelt zu werden. Dem »sittlichen Menschen«, der seinen inneren *daimôn* – gleichsam seinen Priester und seinen Diener – allem vorgezogen hat, gelingt es, die höchste Ebene menschlicher Glückseligkeit zu erreichen, die darin besteht, nach der aufrechten Vernunft zu handeln (III,7,2).

Die Bücher IV bis XII unterscheiden sich deutlich von den beiden vorausgehenden. Zunächst einmal gilt es festzuhalten: Selbst wenn sich darin ähnliche kurze Abhandlungen wie im dritten Buch finden – insbesondere in den Büchern V, X und XI –, so weist doch die Mehrzahl der in ihnen enthaltenen Ermahnungen die Form kurzer, einprägsamer Sentenzen auf. Marc Aurel selbst scheint die Theorie dieser literarischen Gattung zu formulieren, wenn er an die »geistige Einkehr in sich selbst« mahnt, die eben in dem Akt besteht, sich auf »kurze und grundlegende« Formeln zu konzentrieren, die jeden Schmerz und jede zornige Erregung vertreiben werden (IV,3,1-3).

Manche Themen der Bücher II und III werden auch in Buch IV fortgeführt, wie etwa das der drohenden Nähe des Todes oder das Ideal des »sittlichen Menschen« (IV,17; IV,25 und 37):

»Nicht so zu leben, als hättest du zehntausend Jahre. Das Unabwendbare schwebt über dir. Werde, solange du lebst, solange es dir möglich ist, ein sittlicher Mensch.« (IV,17)

Wie auch schon in den vorangegangenen Büchern erlaubt diese Dringlichkeit der Transformation nicht mehr, daß man seine Zeit damit verliert, sich dafür zu interessieren, was ein anderer tut oder sagt (IV,18); man muß sich beeilen, das Ziel über den kürzesten Weg zu erreichen (II,5; IV,18 und 51).

Die Idee des *daimôn* verschwindet indessen ganz. Sie taucht auch in den übrigen Büchern der *Ermahnungen an sich selbst* nur noch vereinzelt auf (V,10,6 und V,27; VIII,45,1, X,13,2; XII,3,4). Dahingegen erscheinen neue Themen, die uns von nun an durch alle Bücher begleiten werden, wie z.B. das Dilemma: »Vorsehung oder Atome« (IV,3,6), von dem bereits ausführlich die Rede war.

Mit Buch V verschwinden die beherrschenden Themen der Bücher II und III oder treten endgültig in den Hintergrund. Der Tod z.B. wird zwar manchmal noch als Drohung beschrieben, die das Streben nach der Vollkommenheit zunichte machen könnte, wird jetzt aber auch als Befreiung dargestellt, die es in Geduld und Vertrauen zu erwarten gilt und die uns von einer Welt der

Menschen befreien wird, in der das einzige, was zählt, der einzige Wert mit Füßen getreten wird: das moralische Leben (V,10,6 und V,33,5).

Als eines der neu auftauchenden Themen behandelt Marc Aurel auch das Gewissen, zu dessen Prüfung er sich ermahnt: »Zu welchem Ziel gebrauche ich denn jetzt meine Seele? – dies sich bei jeder Gelegenheit erneut fragen und prüfen« (V,11). So stellt er sich die Frage (V,31), wie er sich gegenüber den Göttern, seiner Familie, seinen Lehrern, seinen Freunden und seinen Sklaven verhalten habe, worin sich der Bereich der »Pflichten« (*kathékonta*), ein Gegenstand der Disziplinierung des Handelns, wiedererkennen läßt. Danach zieht Marc Aurel eine Art Bilanz seines Lebens (V,31,2), die, wie die Textstellen V,10,6 und V,33,5 zeigen, zu verstehen gibt, daß er mit Gleichmut auf den Tod warten kann, wurde ihm doch alles gewährt, was er vom Leben erhoffen konnte.

In Buch V wird besonders eine Idee, auf die das zweite Buch (II,9) nur kurz Bezug genommen hat, oft und ausführlich erörtert, nämlich die Unterscheidung zwischen der Allnatur und »meiner« eigenen Natur. Diese Unterscheidung begründet, wie wir gesehen haben,[58] den Gegensatz zwischen der Disziplinierung des Begehrens, die darin besteht, dem zuzustimmen, was ich aufgrund der Allnatur »erleide«, und der Disziplinierung des Handelns, welche darin besteht, kraft meiner eigenen vernünftigen Natur zu »handeln« (V,3,2; V,10,6; V,25,2; V,27):

> »Ich habe nun, was ich nun nach dem Willen der *gemeinsamen Natur* haben soll, und ich tue nun, was ich nun nach dem Willen meiner Natur tun soll.« (V,25,2)

Wie Marc Aurel sagt, ist der Weg, dem diese beiden Naturen folgen, in der Tat ein und derselbe (V,3,2): es ist der geradeste und kürzeste Weg. An dieser Stelle taucht übrigens die Idee des *daimôn* kurz wieder auf, und es ist äußerst interessant, sowohl eine Gleichsetzung als auch einen Gegensatz festzustellen zwischen dem »äußeren« Gott, der die Allnatur oder die Allvernunft ist, und dem »inneren« Gott, dem *daimôn*, dem *hégemonikon*, der die Emanation derselben ist:

> »[...] man muß sich allein bei folgendem Gedanken ausruhen: erstens, daß mir nichts widerfahren wird, was der Allnatur nicht gemäß wäre; zweitens, daß es mir freisteht, nicht meinem Gott und *daimôn* zuwiderzuhandeln.« (V, 10,6)

Aus diesem Grund läßt sich das moralische Leben als ein »Leben mit den Göttern« definieren:

> »Mit den Göttern lebt, wer ihnen ununterbrochen seine Seele zeigt, wie sie mit dem ihr Zugeteilten zufrieden ist und tut, was der *daimôn* will, den Zeus (d.h. die Allnatur) als ein Bruchstück seiner selbst jedem als Beschützer und Leiter beigegeben hat. Es ist dies eines jeden Geist und Vernunft.« (V,27)

Dieses Thema der zwei Naturen wird auch in anderen Büchern (VI,58; VII,55,1; XI,13,4; XII,32,3) wiederaufgenommen, jedoch nirgendwo mehr so häufig wie in Buch V.

Doch auch andere Themen scheinen für das fünfte Buch charakteristisch zu sein. So finden sich darin zwei Anspielungen auf eine stoische kosmologische Doktrin, auf die sich Marc Aurel nur sehr selten beruft: die Doktrin der ewigen Wiederkehr. Für gewöhnlich stellt er sich die Metamorphosen der Dinge und das Schicksal der Seelen innerhalb der kosmischen »Periode« vor, in der wir in diesem Moment leben, ohne sich mit der ewigen Wiederkehr dieser Periode zu beschäftigen. So geht er auch zunächst in V,13 vor, wo er zu Beginn bekräftigt, daß sich jeder Teil des Weltalls, wenn er geboren wird und stirbt, in einen anderen Teil des Universums verwandelt. Er merkt jedoch an: »Nichts hindert mich daran, so zu sprechen, auch wenn die Welt gemäß festgeordneten Perioden verwaltet wird.« In diesem Fall, so meint er, werden alle Teile der Welt am Ende jeder Periode wieder in der ursprünglichen Feuer-Vernunft aufgesogen, bevor sie erneut aus diesem selben Feuer in der nächsten Periode wiedergeboren werden. An anderer Stelle kann man die Unermeßlichkeit des Feldes erahnen, das sich vor der »wissenden« Seele auftut, die »weiß«, d.h. die stoische Doktrin akzeptiert:

»Welche Seele ist nun gebildet und gelehrt? Diejenige, die den Anfang und das Ende kennt und die Vernunft, die sich durch die ganze Substanz hindurch ausbreitet und das Ganze in alle Ewigkeit nach festgeordneten Perioden verwaltet.« (V,32)

Erst in XI,1,3 wird uns erneut eine Anspielung auf die ewige Wiederkehr begegnen.

Schließlich erscheint in Buch V auch ein wichtiges autobiographisches Thema: der Gegensatz, der für Marc Aurel ein schwerwiegendes persönliches Problem darstellt, zwischen dem Hof, an dem er zu leben gezwungen ist, und der Philosophie, der er sich ganz und gar widmen möchte (V,16,2) – ein Thema, welches in den Büchern VI (12,2) und VIII (9) wiederaufgenommen werden wird.

Die ersten Ermahnungen des sechsten Buches sind ein gutes Beispiel für die weiter oben erwähnte »Verflechtung«. Das erste Kapitel von Buch VI behandelt die stoische Doktrin, die die Zusammensetzung der Wirklichkeit durch den Gegensatz erklärt zwischen der sich formen lassenden, zu jeder Verwandlung bereiten weltlichen Materie, die also frei von Übeln ist, und der sie »leitenden Vernunft«, welche dem Übel ebensowenig Raum bietet. Nach drei sehr kurzen Ermahnungen, die in keinerlei Beziehung zu dieser Problematik stehen, kommt Marc Aurel erneut auf das anfängliche Thema der Einwirkung der »leitenden Vernunft« auf die Materie zurück (VI,5). Dieser in VI,1 und VI,5 bezeugte Ausdruck »leitende bzw. verwaltende Vernunft« (*dioikôn logos*) findet sich sonst nirgends in den *Ermahnungen an sich selbst* wieder – außer in IV,46,3 in bezug auf ein Heraklit-Zitat. Es scheint, als seien die ersten Ermahnungen des sechsten Buches durch eine Lektüre zum Thema der Güte der Vernunft, die die Materie verwaltet bzw. regiert, angeregt worden.

Einige persönliche Züge zeigen sich in Buch VI. Marc Aurel nimmt darin Bezug auf seinen Namen Antoninus (VI,26), den er bei seiner Adoption durch Antoninus Pius erhalten hat. Er unterscheidet auch gewissermaßen zwischen sich als »Antoninus«, dem Kaiser, dessen Staat Rom ist, und sich als dem »Menschen«, dessen Staat die Welt ist (VI,44,6); auch in VI,30 taucht diese Unterscheidung zwischen Kaiser und Mensch auf, empfiehlt er sich doch, sich nicht zu »verkaisern«, den kaiserlichen Purpur nicht auf den Menschen abfärben zu lassen. Anschließend wendet er sich dem Vorbild zu, das Antoninus Pius, sein Adoptivvater, für ihn dargestellt hat: »Tue alles als Schüler des Antoninus«, und beschreibt einige der Qualitäten, die er an ihm bewundert hat und die ihn bei seiner Lebens- und Regierungsführung leiten können.

Zahlreicher noch als das Buch VI gibt das siebente Buch Beispiele für das, was wir »Verflechtung« genannt haben. Mit Vorliebe kommt Marc Aurel hier auf gewisse häufig wiederkehrende Themen zurück, die zwar auch in anderen Büchern auftauchen, doch nicht so durchgängig und regelmäßig wie in Buch VII, wo sie, durch eine oder mehrere Ermahnungen voneinander getrennt, beständig wiederkehren. So wiederholt er mehrmals, daß wir die Macht haben, unsere eigenen Werturteile über die Dinge zu kritisieren und zu modifizieren (VII,2,2; VII,14; VII,16; VII,17,2; VII,68,3), daß die Dinge einer allumfassenden und raschen Metamorphose unterworfen sind (VII,10; VII,18; VII,19; VII,23; VII,25), daß es eitel ist, nach Ruf und Ruhm zu streben (VII,6; VII,10; VII,21; VII,62); er formuliert das Verhalten, welches es zu bewahren, die Prinzipien, die es sich ins Gedächtnis zu rufen gilt, wenn uns von jemandem ein Unrecht zugefügt worden ist (VII,22; VII,26), und schließlich preist er die Vorzüglichkeit und die Überlegenheit des moralischen Lebens (d.h. der drei Disziplinierungen) im Vergleich zu allen anderen Qualitäten (VII,52; VII,66-67; VII,72).

Die Kapitel 31 bis 51 sind äußerst interessant, scheinen sie uns doch Spuren von Notizensammlungen bewahrt zu haben, die Marc Aurel angelegt hatte. Die in ihnen enthaltenen Zitate verschiedener Autoren, wie Demokrit (VII,31,4), Platon (VII,35; VII, 44-46), Antisthenes (VII,36) oder Euripides (VII,38-42 sowie VII,50-51), stammen höchstwahrscheinlich aus zweiter Hand. So hat Marc Aurel z.B. das Antisthenes-Zitat: »Das Los eines Königs ist es, für die Wohltat üble Nachrede zu ernten« wahrscheinlich in den von Arrian gesammelten *Unterredungen* des Epiktet (IV, 6, 20) gelesen, und es wird seine Aufmerksamkeit um so mehr erregt haben, da es seine eigene Erfahrung ausdrückte. Was die Euripides-Zitate betrifft, so nehmen sie einen bevorzugten Platz in den Sentenzensammlungen ein. In einem anderen Buch (XI,6) umreißt Marc Aurel kurz die Geschichte der dramatischen Kunst und geht dabei nacheinander kurz auf die Tragödie, auf die alte und die neue Komödie ein. Über die Tragödie notiert er, daß einem die Dichter dieser Gattung nützliche Lektionen in Sachen Moral erteilen, und zitiert dabei jene drei Texte von Euripides, die wir in den Kapiteln 38, 40 und 41 des siebenten Buches der *Ermahnungen an sich selbst* wiederfinden und in denen die Stoiker ihre eigene Doktrin wiedererkennen konnten: »Wenn ich von den Göttern und meinen Kindern verlassen worden bin, so hat auch das einen Grund«; »Man darf den Ereignissen nicht zürnen, denn sie können nichts dafür«; »Das Leben ernten wie eine mit Körnern prall gefüllte Ähre, das eine lebt fort, das andere ist nicht mehr«.

Auch im achten Buch macht Marc Aurel sehr häufig von dem Verfahren der »Verflechtung« Gebrauch, wofür wir an dieser Stelle zwar nur ein einziges, doch sehr charakteristisches Beispiel geben wollen. In diesem Buch taucht ein Thema wieder auf, welches uns bereits begegnet ist: das des geraden und kürzesten Weges, der der Natur zu eigen ist. Die vernünftige menschliche Natur folgt ihrem Weg, bewegt sich geradewegs auf das Ziel zu, wenn sie die drei Disziplinierungen in die Praxis umsetzt (VIII,7). Dieses

Thema erhält nun in jenem achten Buch eine Nuance, die man in den anderen nicht wiederfindet. Marc Aurel spricht diesmal von der geradlinigen Bewegung, nicht nur der Natur, sondern auch des Geistes. Und anstatt diese dem Geist eigene Bewegung in einem einzigen Gedankengang darzustellen, kommt Marc Aurel in drei verschiedenen Kapiteln darauf zurück, die durch Ausführungen voneinander getrennt sind, die nichts mit diesem Thema zu tun haben. In Kapitel 54 geht er das Thema an, indem er sich selbst dazu ermahnt, den alles umfassenden Geist gleichsam wie die Luft, die ihn umgibt, einzuatmen. Denn die Macht des Geistes, sagt er, *verbreitet sich überallhin* – so wie die Luft, die man einatmet. Es folgen zwei Kapitel (55 und 56), die in keinerlei Beziehung zu diesem Thema stehen, bevor er es in Kapitel 57 wiederaufgreift. Diesmal wird die Bewegung des Geistes nicht länger mit der der Luft verglichen, sondern mit der des Sonnenlichtes, das *sich überallhin* und *geradlinig verbreitet*, indem es die Hindernisse, die sich ihm in den Weg stellen, erleuchtet, sie sich gleichsam ähnlich macht. Und wieder folgen zwei Kapitel, die von etwas ganz anderem sprechen, ehe Marc Aurel in Kapitel 60 erneut auf besagtes Thema zurückkommt. Die Bewegung des Geistes wird nun mit der eines Pfeiles verglichen: *geradlinig* wie dieser bewegt sich der Geist auf ein Ziel hin, wenn er mit Bedacht vorwärtsschreitet und sich bemüht, die Dinge aufmerksam zu prüfen. Sprach das Kapitel 54 nur von dem göttlichen Geist, an dem wir teilhaben, so beschreiben die Kapitel 57 und 60 die Bewegung unseres Geistes, wie er den göttlichen Geist nachahmt. Marc Aurel wäre wohl kaum dreimal auf dieses sehr spezielle Thema zurückgekommen, wenn er nicht durch eine bestimmte Lektüre oder wenigstens durch eine momentane Besorgnis dazu angeregt worden wäre. Die Kapitel 54, 57 und 60 stehen jedenfalls in enger Beziehung zueinander.

In diesem achten Buch nimmt das Thema der allumfassenden Metamorphose eine ganz besondere Form an. Die Natur erscheint darin als mit der Macht begabt, die Abfallstoffe, die sich aus ihrer lebenschaffenden Tätigkeit ergeben, dazu zu benutzen, neue Wesen zu schaffen (VIII,50). Da sie außerhalb ihrer selbst keinen Platz hat, um sich dieser zu entledigen, verwandelt sie sie in ihrem eigenen Inneren und macht sie erneut zu ihrer Materie (VIII,18). Die geistige oder vernünftige Natur verwandelt ihrerseits die Hindernisse, die sich ihrer Tätigkeit entgegensetzen, in einen Übungsstoff, der ihr erlaubt, das, was ihr Widerstand leistet, in dieser Weise zur Erreichung ihres Zieles einzusetzen (VIII,7,2; VIII,32; VIII,35; VIII,41; VIII,47; VIII,54; VIII,57).

Es lassen sich auch einige autobiographische Anspielungen finden: Das Hofleben (VIII,9), die Reden vor dem Senat (VIII, 30), dahingeschiedene Nahestehende werden erwähnt, seine Mutter (VIII,25), sein Adoptivbruder (VIII,37). Und erstmals seit dem fünften Buch erscheinen wieder mehrfach Aufforderungen, sein Gewissen zu prüfen (VIII,1 und 2), in Verbindung mit dem Thema der drohenden Nähe des Todes (VIII,1; VIII,8; VIII,22,2).

Das Buch IX setzt sich zwar, wie auch die Bücher IV, VI, VII und VIII, fast vollständig aus kurzen Sentenzen zusammen, doch es enthält nicht weniger als fünf relativ lange Erörterungen, die jeweils dreißig bis vierzig Zeilen umfassen und zu denen sich im Rest des Werkes kaum oder keine Parallelen finden lassen. In IX,1 beweist Marc Aurel schlüssig, daß man eine Unfrömmigkeit und ein Unrecht an der verehrungswürdigsten aller Gottheiten, nämlich der Natur, begeht, wenn man sich der Verfehlung gegen die drei Disziplinierungen des Handelns, des Denkens und des Begehrens schuldig macht. Im dritten Kapitel desselben Buches entwickelt er eine Reflexion über den Tod: Die Auflösung des Körpers wird nicht nur erwartet, sondern, wie in Buch V, als eine Befreiung wahrgenommen. Wo Marc Aurel von der Mattigkeit spricht, die durch den Mißklang im Zusammenleben entsteht, und einen baldigen Tod herbeiwünscht (IX,3,8), handelt es sich vielleicht um eine autobiographische Notiz – wir werden darauf noch zurückkommen müssen. In IX,9 wird der Schluß gezogen, daß die wechselseitige Anziehung um so mehr wächst, je höher man in der Hierarchie der Seienden aufsteigt, und in IX,40 wird die Frage des Gebetes untersucht. Den Abschluß dieses Buches bilden die im 42. Kapitel versammelten Betrachtungen, die der Neigung zum Jähzorn entgegenwirken sollen.

Auch die knappen Erinnerungen an seine Kindheit (IX,21), eine mögliche Anspielung auf die das Imperium verwüstende Pest (IX,2,4) und vor allem eine äußerst bedeutsame Reflexion darüber, wie man regieren soll (IX,29), enthalten wohl autobiographische Züge.

Dieses Buch weist lexikalische Eigenheiten auf. Ein Beispiel: Nirgendwo sonst verwendet Marc Aurel *ektos aitia*, »äußere Ursache«, zur Bezeichnung der Ursächlichkeit des Schicksals und der Allnatur (IX,6 und IX,31).

In einem ganz anderen Kontext, dem der Beziehungen zu den anderen Menschen, erwähnt das Buch IX als einziges von allen das Vorbild der Götter, die den Menschen trotz ihrer Fehler ihr Wohlwollen bewahren und ihnen sogar im Bereich der Dinge helfen, die für die Stoiker gleichgültig sind und keinen moralischen Wert besitzen, wie z.B. Gesundheit oder Ruhm (IX,11 und 27). Aus diesem Grund muß auch der Kaiser selbst jenen unphilosophischen Begierden der Menschen Aufmerksamkeit schenken.

Dieses neunte Buch besteht gerne auf der Notwendigkeit, »ins leitende Prinzip der Seele der anderen vorzudringen«, um die Beweggründe zu verstehen, aus denen diese so oder so handeln, mithin um sie zu entschuldigen (IX,18; IX,22; IX,27; IX,34).

In Buch X steigt die Anzahl der längeren, fünf bis dreißig Zeilen umfassenden Erörterungen sehr deutlich an, wohingegen sich weitaus weniger Beispiele für das Verfahren der »Verflechtung« entdecken lassen. Gleichwohl ist das wiederholte Vorkommen des Themas der realistischen Vision der anderen Menschen (X,13 und 19) immerhin bemerkenswert: Um sie nach ihrem wahren Wert zu beurteilen, muß man die anderen dabei beobachten oder sich vorstellen, wie sie essen, schlafen, sich paaren oder entleeren.

Man hat den Eindruck, als weihe uns der Kaiser in seine Gedanken ein, wenn er sich die Leute vorstellt, die um ein Sterbebett, welches das seine sein könnte, stehen und flüstern: »Endlich werden wir aufatmen, von diesem Schulmeister [*paidagôgos*] befreit zu sein.« (X,36)

Das zehnte Buch ist das einzige, in dem von dem Wort *theôrétikon* Gebrauch gemacht wird, und zwar einmal in X,9,2, wo die Wichtigkeit der *theoretischen* Grundlagen der Handlung bekräftigt wird, ein andermal in X,11,1, wo Marc Aurel sich selbst rät, eine *theoretische* Methode zu erwerben, um die geistige Übung zu praktizieren, die darin besteht, die allumfassende Metamorphose jedes Dings zu erkennen. Das bedeutet, daß die geistige Übung sich auf solide und innerlich gut verarbeitete Dogmen gründen soll. Und auch der Vergleich der Vernunft und des Geistes, die alle Ereignisse als Nahrung für ihr moralisches Leben annehmen, mit einem gesunden Magen, der sich alle Nahrung zunutze macht, taucht ebenfalls nur in diesem Buch auf (X,31,6 und X,35,3).

Das elfte Buch besteht aus zwei Teilen: zum einen aus den ersten einundzwanzig Kapiteln, zum anderen aus den achtzehn letzten, die aus einer Sammlung von Zitaten bzw. während der Lektüre angefertigter Notizen bestehen, vergleichbar mit der bereits erwähnten Gruppe dieser Art in der Mitte des siebenten Buches. Aus welchem Grund die Sammlung jedoch an dieser Stelle im elften Buch auftaucht, ist nicht ersichtlich. Inhaltlich stammen zumindest acht der in ihr versammelten Texte aus den von Arrian zusammengestellten *Unterredungen* des Epiktet. Der Rest besteht aus Homer- und Hesiod-Zitaten, Fragmenten von Tragödiendichtern und Erinnerungen an gelesene Werke.

In der ersten Hälfte dieses Buches sind die langen Erörterungen viel zahlreicher (14) als die kurzen Sentenzen (7). Das Phänomen der »Verflechtung« taucht kaum auf, und es gibt wenige Themen, die uns wiederholt begegnen – außer dem Thema der Freiheit, die wir besitzen, unsere eigenen Urteile über die Ereignisse und die Dinge zu kritisieren oder uns ihrer zu enthalten. Dieses Thema findet sich in einer fast identischen Form in zwei Texten wieder (XI,11 und XI,16,2):

»Die Dinge kommen nicht auf uns zu, sondern verharren unbeweglich.«

Einige der langen Erörterungen finden keine Parallelen in den anderen Büchern, wie z.b. die ausführliche Beschreibung der Eigenschaften der vernünftigen Seele (XI,1), die Methode, Gegenstände und Ereignisse in ihre Bestandteile zu zerlegen (XI,2), die bereits erwähnte Geschichte der Tragödie und der Komödie (XI,6), die Seele als leuchtende Kugel (XI,12), die Erörterung über die wahre Aufrichtigkeit, die man genauso unmittelbar wahrnimmt wie den unangenehmen Geruch eines Menschen (XI,15), die lange Aufzählung der Dogmen, die uns vom Zorn heilen können (XI,18). Seinem Inhalt und seiner Form nach unterscheidet sich das elfte Buch also beträchtlich von den anderen Büchern.

Doch auch das zwölfte Buch hat seine charakteristischen Ausdrücke. Z.B. erscheint darin zweimal der Begriff *gumna tôn phloiôn*, »entblößt von ihren Schalen«. Einerseits sieht der göttliche Blick die leitenden Prinzipien der Seelen »entblößt von ihren Schalen« (XII,2), andererseits soll man sich selbst darin üben, die ursächlichen Bestandteile der Menschen, d.h. eben die leitenden Prinzipien der Seelen, »entblößt von ihren Schalen« zu sehen (XII,8). Dieses Thema der Trennung des Zentrums der Seele von all ihren Hüllen ist im übrigen eines der Hauptmotive des zwölften Buches. Es zeichnet sich bereits im ersten Kapitel in der Aufforderung ab, nur das *hégemonikon*, das leitende Prinzip der Seele, als einzigen Wert anzuerkennen, und wird anschließend in Kapitel 2 (wie Gott selbst nur das *hégemonikon* sehen) und im Kapitel 3 (alles Fremde vom Geist, dem Denkvermögen, dem leitenden Prinzip abtrennen) entwickelt. Wiederaufgenommen wird es in Kapitel 8 (die ursächlichen Bestandteile, d.h. die leitenden Prinzipien der Seelen entblößt von ihren Schalen sehen), in Kapitel 19 (sich dessen bewußt werden, was das Edelste und Göttlichste in uns ist) und schließlich in Kapitel 33, in dem der Kaiser sich nach seinem eigenen Gebrauch des leitenden Teils der Seele fragt: »Alles hängt davon ab.«

Damit ist der Begriff des ursächlichen Bestandteils (*aitiôdés*) aufgetaucht, welcher für Marc Aurel im Gegensatz zu dem stofflichen Bestandteil (*hulikon*) steht. Wie gesagt haben wir es hier mit einem der Grundgegensätze der stoischen Physik zu tun. Doch für Marc Aurel dient er vor allem dazu, die im Buch XII wiederholt beschriebene geistige Übung zu formulieren, die für den Geist als den leitenden Bestandteil der Seele darin besteht, sich seiner selbst als des ursächlichen, bestimmenden, leitenden Bestandteils bewußt zu werden, um sich von dem stofflichen Bestandteil, d.h. schließlich nicht nur vom Körper, sondern von allem, was nicht von uns abhängt, zu unterscheiden und abzutrennen (vgl. XII,3). Eben deshalb kehrt dieses Thema des Gegensatzes zwischen dem »Ursächlichen« und dem »Stofflichen« im zwölften Buch beständig und mit großer Häufigkeit wieder (XII,8; XII,10; XII,18; XII,29).

Diese kurzen, vielleicht etwas ermüdenden Analysen haben dem Leser möglicherweise einen Eindruck davon vermittelt, daß sich fast in jedem der Bücher ein charakteristisches Vokabular sowie immer wiederkehrende Themen entdecken lassen, was die Vermutung nahelegt, daß jedes Buch eine relativ autonome Einheit bildet. Obwohl in den *Ermahnungen an sich selbst*, wie erwähnt, viele wortwörtliche Wiederholungen auftauchen, lassen sich doch in jedem Buch spezifische Besonderheiten beobachten.

Die letzten drei Kapitel des zwölften Buches und zugleich die letzten des ganzen Werkes sind dem Tod gewidmet. Und hier mag das letzte Kapitel, nicht zuletzt aufgrund seiner Dialogform, als besonders bewegend erscheinen:

»Du Mensch, du hast dich als Bürger in diesem großen Staat betätigt. Welchen Unterschied macht es für dich, ob du dies fünf oder drei Jahre lang tatest. Denn was den Gesetzen gemäß zugeteilt wird, ist für jeden gleich. Was ist Furchtbares daran, wenn dich aus der Stadt weder ein Tyrann noch ein ungerechter Richter wegschickt, sondern die Natur, die dich hineingeführt hat? Es ist so, wie wenn der

Prätor den von ihm engagierten Komödianten von der Bühne entläßt. – ›Aber ich habe nicht fünf, sondern nur drei Akte gespielt.‹ – Das stimmt, jedoch machen im Leben die drei Akte das ganze Drama aus. Denn was das Ganze ist, bestimmt jener, der einst für deine Zusammensetzung und nun für deine Auflösung verantwortlich ist. Du aber bist an beidem unbeteiligt. Tritt also heiter und gelassen ab, ist doch auch der, der dich entläßt, von heiterer Gelassenheit.« (XII,36)

Es sei Absicht, hat man gesagt,[59] daß die *Ermahnungen an sich selbst* mit dem Wort »heitere Gelassenheit« enden. Mag sein, doch wer hat es dorthin gestellt? War es Marc Aurel selbst, in Voraussicht seines drohenden Todes? War es derjenige, der die Meditationen des Kaisers herausgegeben und dabei dieser Ermahnung ihre jetzige Stelle gegeben hat? Diese Worte erinnern im übrigen an die ersten Seiten des zweiten Buches (3,3): »[...], damit du nicht murrend stirbst, sondern in wahrhaft heiterer Gelassenheit und den Göttern von Herzen dankbar.«

Es läßt sich also mutmaßen – wenn auch nur auf sehr hypothetische Weise –, daß in die elf Bücher von II bis XII, die ebenso viele Gruppen der von einem Tag zum anderen niedergeschriebenen Ermahnungen darstellen, vielleicht doch eine Ordnung und gewisse Entsprechungen eingeführt wurden. Gewiß läßt sich einwenden, bei einem Werk, in dem der Todesgedanke eine so beträchtliche Rolle spielt, sei es nicht verwunderlich, ihm in den ersten oder letzten Zeilen zu begegnen, ohne daß auch nur der geringste kompositorische Kunstgriff im Spiel gewesen zu sein braucht. Doch andererseits könnte man sich fragen, warum sich die Gewissensprüfungen, welche alle gleichermaßen durch die drohende Nähe des Todes eingegeben sind, jeweils zu Beginn der Bücher III, VIII, X und XII an einer besonders exponierten Stelle finden, so als wollte der Autor bzw. der Herausgeber damit gleichsam den anschließenden Ermahnungen eine Einführung voranstellen. In diesen Prüfungen seines Gewissens ermahnt sich Marc

Aurel, sofort eine Umkehr zu vollziehen, befürchtet er doch, daß seine geistigen Fähigkeiten schon vor dem Tod nachlassen könnten und ihm nicht mehr gestatten würden, ein moralisches Leben zu führen: Er ist noch weit von dem Ziel entfernt, ein Philosoph zu sein, und schließlich, gesteht er, muß er sich nicht am meisten davor fürchten, sein Leben zu beenden, sondern davor, gar nicht erst damit anzufangen (XII,1,5). Daher die melancholischen Fragen zu Beginn des zehnten Buches:

»Wirst du denn, meine Seele, jemals gut sein, einfach, eins mit dir selbst, unverhüllt, offener daliegend als der Körper, der dich umgibt? [...] Wirst du denn jemals gesättigt und bedürfnislos sein und nichts ersehnen noch begehren [...] zufrieden mit der Gegenwart?«

Im allgemeinen hebt keines der Bücher mit einer kurzen Sentenz an, sondern am Anfang der Bücher II bis XII steht jeweils eine verhältnismäßig lange Erörterung, deren Umfang fünf bis fünfundzwanzig Zeilen beträgt. Die Bücher II und V beginnen beide mit einer Übung, die am Morgen praktiziert werden soll: »Bei Tagesanbruch [...]«; »Wann immer es dir am Morgen schwerfällt aufzustehen [...]«. Die verhältnismäßig langen Erörterungen über die vernünftige Seele (XI,1) und die Unfrömmigkeit gegenüber der Natur (IX,1) scheinen ebenfalls aufgrund der Wichtigkeit der behandelten Themen den Büchern jeweils vorangestellt worden zu sein.

Die häufigen Wiederholungen, die man in den *Ermahnungen an sich selbst* feststellen kann, geben Grund zu der Annahme, daß sie, wie gesagt, von einem Tag zum anderen niedergeschrieben worden sind. Aber die hier aufgezählten schwachen Hinweise lassen uns gewisse Gewohnheiten Marc Aurels vermuten, wie etwa die, ein neues Notizbuch mit einem bestimmten Typ von Ermahnung zu eröffnen. Als Ausgangspunkt weiterführender Forschungen sind diese kleinen Einzelheiten meiner Meinung nach einen Hinweis wert.

6. Das Andenken an die Dahingeschiedenen

Der Todesgedanke beherrscht, wie wir gesehen haben, die *Ermahnungen an sich selbst* durchgängig. Der Reihe nach erscheint der Tod in dem Werk zunächst als eine noch bevorstehende Bedrohung, die Marc Aurel daran hindern könnte, sich endlich zu einem philosophischen Leben zu erheben, sodann als ein Naturphänomen, das um nichts außerordentlicher ist als alle anderen, und schließlich als eine Befreiung, durch die Marc Aurel von einer Welt erlöst werden wird, in der die Menschen dem einzigen Wert, nämlich demjenigen der Tugend und des moralisch Guten, keine Beachtung schenken.

Doch die *Ermahnungen an sich selbst* stellen auch von Anfang bis Ende eine Übung in der Vorbereitung auf den Tod dar, in denen Marc Aurel u.a. der berühmten Männer vergangener Zeiten gedenkt, die trotz ihrer Macht, ihres Wissens und ihres Ruhmes wie alle anderen gestorben sind. Wie später François Villon, so dichtet auch Marc Aurel seine *Ballade von den Männern vergangener Zeit*. Auch wenn er noch nicht fragt: »Wo ist der tapfere Karl der Große geblieben?«, so beschwört er doch allemal Alexander – und seinen Maultiertreiber –, Archimedes, Augustus, Caesar, Chrysippos, Kroisus, Demokrit, Epiktet, Eudoxos, Heraklit, Hipparchos, Hippokrates, Menipp, Philipp, Pompeius, Pythagoras, Sokrates, Tiberius, Trajan sowie all jene herauf, die nur noch legendäre Namen (VIII,25,3) oder fast in Vergessenheit geraten sind: Caeson, Volesus, Dentatus, Scipio, Cato (IV,33,1). Er spricht auch von den weniger edlen Leuten, die aber auch ihre Ruhmesstunde hatten, wie der Mimendichter Philistion, Phoibos oder Origanion (VI,47,1). Und er denkt auch an das Heer der Namenlosen, an all die Ärzte, Astrologen, Philosophen, Prinzen und Tyrannen von ehemals, oder auch an die Bewohner von Pompeji (IV,48,1; VIII,31,2) und Herculaneum und schließlich an all jene, die zur Zeit des Vespasian oder des Trajan lebten: sie alle hat der Tod fortgetragen.

Marc Aurel erinnert sich auch der Persönlichkeiten, die er in seinem Leben gekannt hat – unter ihnen Lucius Verus, sein Adoptivbruder, der den Kaiserthron mit ihm teilte und der verhältnismäßig jung gestorben ist. Er war mit Lucilla, einer der Töchter Marc Aurels verheiratet, hatte jedoch vor seiner Ehe – während seines Aufenthalts in Antiochia – eine Mätresse, Pantheia aus Smyrna, von der der Schriftsteller Lukian um 163/164 in seinen zwei Werken *Die Bilder* (*»Eikones«*) und *Verteidigung der Bilder* (*»Hyper tôn Eikonôn«*) ein liebenswürdiges Bild zeichnet. War sie wirklich so schön, so gebildet, so gut, so einfach, so sanft, so wohlwollend, wie Lukian sie beschreibt? Allerdings hätte er wohl – wollte er nicht in Verdacht geraten, sich über sie lustig zu machen – kaum erfinden können, daß sie sich beim Gesang auf der Leier begleitete, ionisch sprach, sich bescheiden und einfach gegenüber denen zeigte, die sich ihr näherten, und daß sie über die Lobreden, die Lukian über sie hielt, zu lachen wußte. Was wurde aus Pantheia, nachdem Lucius Lucilla geheiratet hatte? Blieb sie weiterhin im Umkreis des Lucius, der – wenn man den Geschichten der *Historia Augusta* Glauben schenken darf – keine Hemmungen hatte, einen Trupp Freigelassener aus Antiochia mit nach Rom zu nehmen und mit ihnen ein lustiges Leben zu führen?[60]

Es ist auf jeden Fall bewegend, die Gestalt der Pantheia in den *Ermahnungen an sich selbst* wiederzufinden, was die Annahme zuläßt, daß sie bis zum Tode des Lucius Verus in seiner Nähe war und einige Jahre später verstorben ist.

»Sitzt etwa auch jetzt Pantheia oder Pergamos [vielleicht ein Geliebter des Verus?] am Sarg des Verus? Oder Chabrias oder Diotimos an dem des Hadrian? – Lächerlich [wohl weil sie auch tot sind]. Und wären die Verstorbenen, wenn jene noch da säßen, imstande, es zu bemerken? Und wenn sie es bemerkten, wären sie imstande, sich darüber zu freuen? Und wenn sie sich darüber freuten, wären die, die bei ihrem Sarg sitzen, deswegen unsterblich? Hat nicht das Schicksal verfügt, daß auch jene, die an ihren Särgen sitzen, alte Frauen, alte Männer werden und schließlich sterben? Was wird dann aus jenen, wenn diese auch gestorben sind?« (VIII,37)

Dasselbe Buch VIII beschreibt eine ähnliche Szene, in der die Lebenden, die die Toten beklagen, nach kurzer Zeit selbst beweint werden (VIII,25): die Mutter Marc Aurels; Lucilla, die ihren Mann Verus verlor und danach selbst gestorben ist; Secunda, die Frau des Maximus, ein Freund und Lehrer Marc Aurels,[61] die starb, nachdem sie Maximus begraben hatte; Antoninus, der Adoptivvater Marc Aurels, der seine Gattin Faustina, deren Apotheose er verkündet hatte, nicht lange überleben sollte. Marc Aurel erwähnt auch einen seiner Rhetoriklehrer, Caninius Celer,[62] der Sekretär des Kaisers Hadrian gewesen war und vielleicht einen Nachruf auf diesen gehalten hatte. Auch er weilt nicht mehr unter den Lebenden, als Marc Aurel diesen Text schreibt. Ebenfalls in diesem Kontext finden wir einen gewissen Diotimos, wahrscheinlich ein von Hadrian Freigelassener, von dem Marc Aurel, wie wir weiter oben gelesen haben (VIII,37), schreibt, daß er neben dem Sarg des Kaisers saß.

Auch an anderen Stellen führt sich Marc Aurel alle möglichen, ihm bekannten, für uns jedoch nur schwer identifizierbaren Personen wieder vor Augen.

Doch es ist vor allem das erste Buch, in dem der Kaiser der Toten gedenkt, die ihm etwas bedeutet haben: seiner Eltern, seiner Lehrer, des Antoninus Pius, seines Adoptivbruders Lucius Verus und der Kaiserin Faustina. Ohne jegliche Melancholie äußert er sich auf diesen Seiten, die nur die Tugenden, und nicht die Schwächen derer erwähnen, die er gekannt und geliebt hat. Und dennoch kann man sich des Gedankens nicht erwehren, daß Marc Aurel mit Nostalgie an diejenigen zurückdenkt, die er liebte, und deren Abgang ihn zutiefst einsam zurückgelassen hat.

7. Die »Bekenntnisse« des Marc Aurel

In gewisser Weise stellt das erste Buch die »Bekenntnisse« des Marc Aurel dar, vergleichbar denen des Augustinus, d.h. »Bekenntnisse« nicht in der Art von mehr oder weniger schamlosen Geständnissen à la Jean-Jacques Rousseau, sondern in der Art einer Dankbarkeitsbezeugung für die Wohltaten, die man von den Göttern und den Menschen empfangen hat.[63] Buch I endet mit der Formel: »Denn all dies bedarf der Hilfe der Götter und des Glücks.« Dieser Satz bezieht sich vor allem auf das Kapitel 17, in dem all die besonderen Gnaden der Götter aufgezählt werden, gilt aber auch für das ganze Buch, denn Marc Aurel glaubt, es der »Hilfe der Götter und dem Glück« zu verdanken, daß er die Eltern, Lehrer und Freunde bekam, die er erhalten hatte.

Das Buch weist eine ganz besondere Struktur auf. In sechzehn Kapiteln von jeweils unterschiedlicher Länge gedenkt der Kaiser sechzehn Personen, mit denen das Schicksal ihn in Beziehung gesetzt hat und deren jede ihm ein Beispiel für bestimmte Tugenden war – ganz allgemein oder unter bestimmten Umständen – oder Ratschläge gegeben hat, die ihn stark beeinflußten. Ein siebzehntes Kapitel zählt die Wohltaten auf, die ihm zeitlebens reichlich von den Göttern erwiesen worden sind, indem sie ihm bestimmte Bekanntschaften oder Ereignisse zukommen ließen. So ist das siebzehnte Kapitel ein Echo der sechzehn vorangegangenen.

Die Kapitel 1-16 zeichnen gleichsam die Geschichte eines Lebens, das auch ein geistiger Werdegang war. Da ist zunächst die Kindheit, in der der junge Marcus von den ihn behütenden Gestalten des Großvaters Annius Verus, des sehr früh verstorbenen Vaters, der Mutter, des Urgroßvaters Catilius Severus, des Hauslehrers und eines gewissen Diognetos umgeben war.

Es folgt die Entdeckung der Philosophie – mit Junius Rusticus und den Lehrern Apollonius und Sextus. Dieses Ereignis ist von so großer Bedeutung für Marc Aurel, daß er sogar die chronologische Ordnung umkehrt und den Grammatiklehrer Alexander von Cotiaeum und seinen Rhetoriklehrer Fronto auf die Philosophen folgen läßt. Danach erinnert Marc Aurel an seine Freunde und Vertraute, die für ihn Vorbilder oder Philosophielehrer gewesen sind: Alexander der Platoniker, sein Sekretär für den griechischen Briefverkehr, der Stoiker Cinna Catulus, Claudius Severus, von dem er vor allem festhält, was dieser ihm über die Helden der republikanischen Tradition vermittelt hat, und Claudius Maximus, ein anderer Staatsmann und Stoiker. Kapitel 16 enthält ein ausführliches Porträt des Kaisers Antoninus Pius. Die dreiundzwanzig Jahre, die Marc Aurel gemeinsam mit seinem Adoptivvater verbrachte, nämlich von seinem achtzehnten Lebensjahr bis zu seiner Thronbesteigung im Alter von vierzig Jahren, gaben ihm Gelegenheit, Antoninus Pius genau zu beobachten und von ihm zutiefst beeinflußt zu werden.

Im siebzehnten Kapitel tauchen bei der Aufzählung der von den Göttern empfangenen Wohltaten einige dieser Personen wieder auf: namentlich Antoninus Pius, die Verwandten, die Mutter sowie die drei Philosophen bzw. Freunde Apollonius, Rusticus und Maximus. Marc Aurel erwähnt aber auch die Konkubine seines Großvaters, die beiden »Versuchungen« – Benedicta und Theodotus –, den Adoptivbruder Lucius Verus sowie Kaiserin Faustina, seine Frau.

Höchstwahrscheinlich haben auch viele andere Personen eine wichtige Rolle in Marc Aurels Leben gespielt. Herodes Atticus z.B., der »antike Milliardär«,[64] der in Athen eine Machtstellung innehatte, ein sehr berühmter Rhetor und des Kaisers Rhetoriklehrer war, erscheint nicht in diesem ersten Buch. In diesem besonderen Fall mag es jedoch zwei Gründe für dieses Schweigen geben: Zunächst einmal handelt es sich um eine recht zweifelhafte Gestalt. Ohne Frage ist Marc Aurel ihm sehr zugetan und schont ihn bei den beiden Gerichtsverfahren, in die Herodes verwickelt war, insbesondere als er im Jahre 174 wegen der von den Athenern gegen ihn erhobenen Beschuldigungen zum Hauptquartier des Kaisers in Sirmium vorgeladen ist.[65] Marc Aurel kann jedoch nicht umhin, anzuerkennen, daß jener Herodes Atticus wahrlich kein Vorbild für ein philosophisches Leben abgibt! Es mag aber noch einen anderen Grund für Marc Aurels Schweigen geben, spricht der Kaiser doch in Buch I offenbar nur von den bereits Dahingeschiedenen. Da Herodes erst 179 gestorben ist, ließe sich annehmen, daß das Buch I zwischen 176 und 179, vielleicht 177 oder 178, in Rom geschrieben worden ist. Um nachvollziehen zu können, wie Marc Aurel dieses erste Buch verfaßt hat, reicht es vielleicht zu untersuchen, wie er über Fronto, seinen Lehrer in lateinischer Rhetorik, schreibt. Liest man den Briefwechsel zwischen diesem und seinem Schüler, gewinnt man in der Tat den Eindruck, als bestünde eine enge Freundschaft, ein ständiger Austausch von Ideen, Ratschlägen und Diensten, was erwarten ließe, daß Marc Aurel des verehrten Meisters in einer Vielzahl von Zeilen gedenkt. Tatsächlich jedoch widmet er ihm nur ganze drei, wohingegen er über dreizehn Zeilen davon spricht, wie tief er in der Schuld von Rusticus stehe. Und was hat er von all jenen Jahren der Arbeit und Vertraulichkeit mit Fronto behalten? Zweierlei, was zudem nichts mit der Rhetorik zu tun hat:

»Gelernt zu haben, wie groß der Neid, die List und die Heuchelei der Tyrannen sind, und wie diejenigen, die man bei uns Patrizier nennt, im allgemeinen in gewisser Weise am herzlosesten sind.« (I,11)

Diese Bemerkung über die Patrizier ist tatsächlich in einem der Briefe Frontos bezeugt. Das läßt uns erahnen, daß sich wohl hinter jeder Notiz Marc Aurels eine präzise Tatsache verbirgt. So schreibt Fronto z.B. an den Kaiser Lucius Verus, um einen seiner Schüler, Gavius Clarus, zu empfehlen, und lobt dessen Gewissenhaftigkeit, Bescheidenheit, Zurückhaltung, Edelmut, Einfachheit, Enthaltsamkeit, Wahrhaftigkeit, echte römische Aufrichtigkeit und:

»[...]eine Herzlichkeit *[philostorgia]*, von der ich nicht weiß, ob sie römisch ist, denn in meinem ganzen Leben in

Rom ist mir nichts seltener begegnet als ein Mensch, der eine aufrichtige Herzlichkeit besitzt. Ich möchte meinen, daß es kein lateinisches Wort gibt, um diese Tugend zu bezeichnen, findet sich doch in Rom niemand, der Herzlichkeit besäße.«[66]

In seinem Schreiben an den Prokonsul Lollianus Avitus, an den er sich wandte, um Licinius Montanus zu empfehlen, zählt er dessen Eigenschaften in ähnlicher Weise auf: »Er ist nüchtern, ehrlich, herzlich (*philostorgus*)«, und merkt noch einmal an, daß für letzteres kein lateinisches Wort existiert.[67] Als Marc Aurel seinem Lehrer auf lateinisch schreibt, redet er ihn auf griechisch mit *philostorge anthrôpe* (»herzlicher Mensch«) an, als gäbe es tatsächlich keinen entsprechenden lateinischen Ausdruck.[68] Nun kann man sich fragen, ob nicht in jener Behauptung Frontos eine Spur Ressentiment des aus der Provinz Stammenden und *homo novus* gegenüber dem altrömischen Adel liegt. Wie dem auch sei: Die Bemerkung Frontos hat Marc Aurel tief beeindruckt, und man kann vermuten, daß er selbst einen Mangel an Herzlichkeit unter der herrschenden Klasse verspürte. Mehrmals wird er sich in den *Ermahnungen an sich selbst* dazu ermahnen, Herzlichkeit zu zeigen (VI,30,2; II,5,1; XI,18,18), und im Buch I erwähnt er, daß sein Lehrer Sextus *philostorgia* besitze.

Was die Bemerkung über die Korruption der Monarchie, die Tyrannei anbetrifft, die darin besteht, aus der Macht Vorteil zum eigenen Vergnügen zu ziehen, besitzen wir keinen Text von Fronto, aus dem sich jene Anspielung erklären ließe. Man könnte an ein Gespräch zwischen Lehrer und Schüler über dieses Thema denken oder an einen im Unterricht behandelten Text aus der lateinischen Literatur. Festgehalten hat der Kaiser, daß die egoistische Ausübung der Herrschaft zu Boshaftigkeit, Unbeständigkeit und Heuchelei führt. Wie R.B. Rutherford treffend angemerkt hat, ist der Kaiser von dieser Idee um so mehr beeindruckt worden, als er als Kaiser eben derjenige ist, der sehr leicht zum Tyrannen werden kann, mehr noch, der der »potentielle Tyrann«

ist.⁶⁹ So stellt sich Marc Aurel in den *Ermahnungen an sich selbst* wiederholt die Frage, ob er nicht in diesem Moment eine tyrannische Seele habe, vor allem in IV,28 – eine Stelle, die wie eine Beschreibung des tyrannischen Charakters anmutet:

»Schwarzer Charakter, weibischer Charakter, halsstarriger Charakter, roher, bestialischer, kindischer, feiger, falscher, possenreißerischer, kleinkrämerischer, tyrannischer Charakter.«

Andernorts erscheinen die Tyrannen, namentlich Phalaris und Nero, durch ihre Triebe wie Marionetten hin- und hergezerrt, wie es auch wilden Tieren und Androgynen geschieht (III,16).

Von seinem langen Umgang mit Fronto will oder kann Marc Aurel also nur zwei moralische Lehren festhalten. Er nennt keine Tugend, hält anscheinend keinen Charakterzug für erwähnenswert.

Dies bedeutet, daß das Buch I keine Sammlung von Erinnerungen darstellt, in der der Kaiser diejenigen, die er gekannt hat, so wie sie waren, vor seinem geistigen Auge wiederauferstehen läßt, sondern es ist eine Art präziser Bilanz dessen, was er von jenen erhalten hat, die eine Rolle in seinem Leben gespielt haben. Selbst der Stil des Buches entspricht einer Erbschaftsaufstellung oder einem Schuldbuch,⁷⁰ ist doch jedes Kapitel eingangs mit einer Art Etikett versehen – »Von meinem Großvater Verus [...]«; »Von meiner Mutter [...]«; »Von Sextus [...]«; »Von Fronto [...]« –, bevor die bewunderten Qualitäten, die empfangenen Lehren, die beispielhaften Handlungen aufgezählt werden. Grammatikalisch verwendet Marc Aurel substantivierte, neutrale Adjektive oder Infinitivsätze, d.h. es gibt kaum Verben, die in einem Personalmodus stehen. Der Kaiser sagt nicht: »An meinem Großvater habe ich bewundert [...]«, »Von meinem Großvater habe ich festgehalten oder gelernt [...]«, sondern »Von meinem Großvater Verus: den guten Charakter und die Freiheit von Zorn«.

Diese Bilanz betrifft also die Tugenden, die Marc Aurel in die Praxis umgesetzt sah, die Ratschläge, die er gehört hat, diese oder jene Taten, diese oder jene Beispiele, die ihn beeindruckt haben, und schließlich die Wohltaten, die er empfangen hat.

Die Persönlichkeit mancher der hier in die Erinnerung zurückgerufenen Gestalten erlischt gänzlich hinter den Ratschlägen, die sie dem Kaiser gegeben haben. Er erwähnt keine individuelle Tugend seines Hauslehrers oder des Diognetos, des Rusticus oder des Fronto. Das bedeutet nicht, daß sie keine moralischen Qualitäten gehabt hätten, sondern daß ihr Einfluß auf Marc Aurel nicht auf diese gegründet war. Was Marc Aurel geformt hat, sind z.B. die Tadel, die Rusticus ihm bezüglich seines Charakters erteilt hat, und die Tatsache, daß er ihm Epiktets *Unterredungen* hat zukommen lassen.

Bei anderen Gestalten, wie seiner Mutter, spricht der Kaiser lediglich von den Tugenden, an denen er sich offensichtlich ein Beispiel nahm:

»Von meiner Mutter: die Frömmigkeit, die Freigebigkeit, die Abscheu nicht nur vor bösem Tun, sondern auch davor, auf einen solchen Gedanken zu verfallen. Überdies die schlichte Lebensart, fernab vom Treiben reicher Leute.« (I,3)

Dasselbe gilt für Claudius Maximus, dessen ganze Persönlichkeit für ihn beispielhaft war, zeigte er doch Selbstbeherrschung, Seelenruhe bei Widrigkeiten, Sanftmut und Würde, Überlegung bei der Ausführung eines Plans, Übereinstimmung von Worten, Taten und moralischem Bewußtsein, die Fähigkeit, sich über nichts zu wundern und von nichts erschrecken zu lassen, sondern stets sich selbst gleich zu bleiben, Wohlwollen, Duldsamkeit, Wahrhaftigkeit, Handlungsfreudigkeit, Scherzhaftigkeit.

Und von einigen hat Marc Aurel sowohl die Lehren als auch die Tugenden festgehalten, wie Severus, der wohltätig und freigebig war, freimütig sprach und den Kaiser darüber hinaus die ganze philosophische Tradition des Widerstands gegen die Tyrannei entdecken ließ.

Durch diesen Katalog von Tugenden und Lehren hindurch zeichnet sich auch das Leben Marc Aurels in seinen großen Zügen ab. So kam er dank seines Urgroßvaters in den Genuß, zuhause unterrichtet zu werden, hat dank seines Hauslehrers gelernt, sich nicht für die Parteien der Zirkus-Wettspiele – die Grünen oder die Blauen – noch für Gladiatoren begeistert zu haben. Diognetos hingegen hat ihn von Nichtigkeiten, dem Aberglauben und dem bereits erwähnten Spiel[71] mit den Wachteln abgebracht und in ihm das Interesse an einem spartanischen Leben geweckt. Rusticus machte ihm bewußt, daß sein Charakter der Korrektur bedürfe, und hat ihn bei seinem Philosophieunterricht sowohl vor der Versuchung, theoretische Abhandlungen oder Mahnreden zu verfassen, als auch vor der Verirrung in eine ostentative Askese bewahrt. Er lehrte ihn, auf Rhetorik und Poesie zu verzichten, und sich einen schlichten Stil anzueigenen, vor allem durch das Beispiel eines Briefes, den Rusticus an die Mutter Marc Aurels geschrieben hatte. Er unterwies ihn in der Lektüre philosophischer Texte und ließ ihm – was am wichtigsten ist – die Notizen aus dem Unterricht des Epiktet zukommen. Auch von den anderen Philosophielehrern Apollonius und Sextus hat der Kaiser mehr praktische Beispiele als präzise Lehren festgehalten.

An Alexander dem Grammatiker bewunderte Marc Aurel die Kunst zu tadeln, ohne zu kränken, indirekt auf Fehler aufmerksam zu machen. Im Umgang mit Alexander dem Platoniker, seinem Sekretär für den griechischen Briefverkehr, hat der Kaiser gelernt, den Pflichten gegenüber den Mitmenschen nicht unter dem Vorwand auszuweichen, daß man keine Zeit habe, auf ihre Briefe zu antworten. Bei den drei Freunden Catulus, Severus und Maximus sind es vor allem die Tugenden, die beispielhaft waren; überdies verdankt er seinem Freund Severus die Entdeckung einer grundlegenden politischen Haltung, auf die wir noch zurückkommen werden: die Monarchie, die die Freiheit der Untertanen achtet.

Und schließlich kommt er auf die Begegnung mit Antoninus zu sprechen, welcher dem zukünftigen Kaiser durch sein ganzes Verhalten die Eigenschaften des idealen Herrschers offenbart hat.

Das siebzehnte Kapitel, das die Wohltaten der Götter ihm gegenüber rühmt, erlaubt Marc Aurel, die Etappen seines Lebens aufs neue Revue passieren zu lassen. In seiner Kindheit hat er, nach dem Tode seines Vaters, einige Zeit bei seinem Großvater Annius Verus gelebt. Es war für ihn offenbar eine Zeit der Versuchungen, und er dankt den Göttern dafür,

> »daß ich nicht zu lange bei der Gefährtin meines Großvaters erzogen wurde, die Blüte meiner Jugend bewahrte, nicht vorzeitig zum Manne wurde, sondern sogar später als allgemein üblich.« (I,17,4)

Dann folgt die Jugend, die Zeit der Adoption durch den Kaiser Antoninus Pius, als Marc Aurel siebzehn Jahre alt war (138). Die wichtigste Entdeckung in dieser Zeit ist für ihn noch einmal die der Einfachheit:

> »Daß ich einem Herrscher und Vater unterstellt war, der mir jeden Hochmut nehmen und mich zur Einsicht führen sollte, daß es möglich ist, am Hofe zu leben, ohne Leibwachen zu benötigen oder teure Kleider, Fackeln, Statuen u.ä. oder dergleichen Prunk, sondern daß es möglich ist, sich beinahe auf das Leben eines Privatmannes zu beschränken, ohne sich dadurch geringer an Würde oder leichtfertiger bei der Wahrnehmung der von einem Herrscher für das Gemeinwohl zu vollbringenden Pflichten zu zeigen.« (I,17,5)

Durch die Adoption erhält Marc Aurel einen Bruder, Lucius Verus, und er dankt den Göttern dafür:

> »daß ich einen solchen Bruder bekam, der mich durch seinen Charakter dazu brachte, für mich selbst zu sorgen, und mich zugleich mit seiner Achtung und Zuneigung erfreute.« (I,17,6)

Bald danach, im Jahre 145, findet die Hochzeit mit Faustina statt, auf die Marc Aurel noch zu sprechen kommen wird. Zunächst gedenkt er all seiner Kinder, die »weder unbegabt noch mißgestaltet« waren. Dies ist auch die Zeit der Rhetorikstudien bei Fronto und Herodes Atticus, auf die Marc Aurel in diesem siebzehnten Kapitel aber nicht eingeht. Viel Erfolg auf diesem Weg hätte ihn von der Philosophie entfernt, doch wiederum sagt er, haben hier die Götter gewacht:

»daß ich nicht zu weit in Rhetorik, Poetik und den anderen Beschäftigungen fortgeschritten bin, die mich vielleicht festgehalten hätten, wenn ich das Gefühl gehabt hätte, leichten Weges vorwärtszukommen.« (I,17,8)

Auf jeden Fall hat er dank der Götter alles getan, um seine Lehrer zu belohnen:

»daß ich mich beeilt habe, meine Erzieher auf die Ehrenplätze zu erheben, die sie sich zu wünschen schienen, statt sie in der Hoffnung hinzuhalten, ich werde es, da sie noch jung waren, später tun.« (I,17,9)

Und dann kommt das Wichtigste, nämlich die Philosophie und ihre Praxis:

»Daß ich Apollonius, Rusticus und Maximus kennenlernte, daß ich mir klar und oft vorstellte, worin das Leben gemäß der Natur besteht, so daß, insofern es von den Göttern, den von dort kommenden Gaben, Hilfen und Eingebungen abhängt, mich nun nichts mehr daran hindert, gemäß der Natur zu leben. Allein ich bin noch weit davon entfernt, und zwar durch meine eigene Schuld, da ich die Mahnungen und geradezu Belehrungen der Götter mißachte.« (I,17,10)

So haben die göttlichen Gnaden ihm dabei geholfen, die Philosophie zu praktizieren, doch auch den Versuchungen der Unzucht und des Zorns zu widerstehen und die Strapazen des kaiserlichen Lebens auszuhalten:

»Daß mein Körper in einem solchen Leben so lange ausgehalten hat.« (I,17,12)

Diese kurze Bemerkung läßt vielleicht erahnen, welche Strapazen der Donaufeldzug mit sich brachte.

»Daß ich weder Benedicta noch Theodotus anrührte und auch später von Liebesleidenschaften gesundete.« (I,17, 13)

Marc Aurel war nicht der leidenschaftslose Stoiker, für den man ihn vielleicht gehalten hat. Offensichtlich gab es Jugendlieben – Benedicta und Theodotus, zwei Gestalten, über die wir nichts wissen und die er vielleicht während des Aufenthaltes bei seinem Großvater kennengelernt hat. Doch es gab auch die Leidenschaften des reifen Alters, von denen er wieder genesen konnte. Zudem sei darauf verwiesen, daß er sich nach Faustinas Tod in den letzten drei Jahren seines Lebens eine Konkubine nahm.[72]

»Daß ich, der ich oft in Zorn gegen Rusticus geraten bin, mich nie zu etwas habe hinreißen lassen, was ich später bereut hätte.« (I,17,14)

Die Beziehung zwischen dem Schüler und seinem Seelenleiter war also zuweilen recht stürmisch: Der Kaiser sagt uns nicht, ob sich diese Gewitter auf die Zeit seiner Jugend und seiner philosophischen Ausbildung beschränkten oder sich auch nach der Thronbesteigung fortsetzten, als Rusticus zu einem von Marc Aurel sehr geschätzten Berater wurde.

Und daß seine Mutter die letzten Jahre vor ihrem frühen Tod

bei ihm, am Hof des Antoninus, verbringen konnte, war ebenso eine Gnade der Götter wie die Tatsache, daß er stets den Bedürftigen helfen konnte, oder schließlich, daß die Kaiserin Faustina »so fügsam, so zärtlich, so schlicht« (I,17,18) war und daß er seinen Kindern eine gute Erziehung gewähren konnte.

Anschließend ruft sich Marc Aurel die Heilmittel gegen Blutspucken und Schwindel in Erinnerung, die ihm im Traum von den Göttern offenbart wurden.

Und schließlich kehrt er zu dem Thema zurück, das er bereits in bezug auf Rusticus angeschnitten hatte, daß die Tatsache, daß er sich nicht auf den Weg der abstrakten, logischen oder physikalischen Rede in der Philosophie begeben habe, sondern vor allem gelernt habe, philosophisch zu leben, nicht zu den geringsten Gaben der Götter zu zählen sei.

»Denn all dies«, so beschließt Marc Aurel das erste Buch, »bedarf der Hilfe der Götter und des Glücks«, wobei sich »all dies« im Grunde auf den Inhalt des ganzen ersten Buches bezieht: auf jene Eltern, Lehrer und Freunde, die ihm reichlich und großmütig Beispiele und Ratschläge gegeben haben, aber auch auf jene göttlichen Eingebungen, die ihm in seinem physischen und geistigen Leben Beistand geleistet haben. Wir haben bereits von den zwei Perspektiven der stoischen Idee der Vorsehung gesprochen und gesagt, daß sie einander nicht ausschließen, nämlich das allgemeine, gegenüber den Individuen gleichgültige Gesetz des Weltalls und das Wirken der Götter, die für die Individuen sorgen.[73] Selbstverständlich vertritt das erste Buch die zweite Perspektive, also die der individuellen Vorsehung: Sein ganzes Leben läßt der Kaiser in dem beruhigenden Licht der Fürsorge der Götter noch einmal vor seinem geistigen Auge vorüberziehen.

Der Leser mag sich vielleicht darüber wundern, daß der Autor der *Ermahnungen an sich selbst*, der über ein unermeßlich großes Imperium herrscht, von Sorgen bedrückt und zugleich gewohnt ist, sich zu großartigen Visionen zu erheben, die die Unermeßlichkeit von Zeit und Raum umfassen, den Göttern für Dinge dankt, die einem ein wenig irdisch vorkommen mögen, wie z.B.

dafür, geringe Fortschritte in der Rhetorik gemacht zu haben, oder die doch allemal nicht über das Niveau der Wünsche eines gewöhnlichen Menschen hinausgehen: die Kinder gut zu erziehen, gesund zu sein, gute Eltern, eine liebevolle Frau zu haben. Vielleicht berühren wir hier einen individuellen Aspekt der Psychologie Marc Aurels. Dank der Lektüre Epiktets und der Stoiker vermag er sehr wohl – und zwar in einem bemerkenswerten Stil –, über sehr erhabene Themen zu meditieren. Von seiner Mutter, von Rusticus, von Antoninus hat er hingegen gelernt, am Hof das Leben eines gewöhnlichen Menschen zu führen, indem er sich etwa, wie wir durch den Briefwechsel mit Fronto wissen, mit den Landarbeitern an der Weinlese beteiligte. Bei ihm gibt es keine aristokratische oder rhetorische Suche nach »großen Gefühlen« oder geopolitischen Perspektiven, sondern eine ganz besondere Aufmerksamkeit auf die Wirklichkeiten des Alltagslebens. Hierin bestand ja auch die Lehre Epiktets, der, wie bereits erwähnt, sagte: »Iß wie ein Mensch, trink wie ein Mensch, kleide dich, heirate, zeuge Kinder, das Leben eines Bürgers [...] Zeige uns das, damit wir wissen, ob du wahrhaftig etwas von den Philosophen gelernt hast« (III,21,5-6). Hinzu kommt vielleicht eine gewisse Lauterkeit, eine gewisse Naivität und Einfachheit, die ihn in dieser gnadenlosen Welt der römischen Aristokratie nach Herzlichkeit, Zuneigung, Gefühlswärme und Aufrichtigkeit der einfachen menschlichen Beziehungen suchen läßt.

In den anderen Büchern der *Ermahnungen an sich selbst* findet sich nur wenig Autobiographisches: einige Anspielungen auf seinen Namen und seine Situation als Kaiser, auf seinen Adoptivvater Antoninus, dessen kurzes Porträt er zeichnet (VI,30), das ein Entwurf zu dem zu sein scheint, was man in Buch I über ihn lesen kann, sowie darüber hinaus einige Worte über sein fortgeschrittenes Alter (II,2,4 und II,6), über seine Schwierigkeiten, morgens aufzustehen (V,1 und VIII,12), über seine Abneigung gegenüber dem Leben bei Hofe (VIII,9) und gegen die Zirkusspiele (VI,46).

Überaus bemerkenswert – sowohl in Buch I wie auch in den

anderen Büchern – ist das Bewußtsein, welches Marc Aurel von seiner eigenen Fehlbarkeit hat,[74] so daß seine »Bekenntnisse« auch eine Art Geständnis seiner Fehler sind. Dies ist zwar eine vorzüglich stoische Haltung, da es bei Epiktet heißt:

»Der Ausgangspunkt der Philosophie besteht in dem Bewußtsein, das wir von unserer Schwäche und unserer Unfähigkeit im Bereich des Notwendigsten haben.« (*Unterredungen*, II,11,1)

Doch diese Haltung nimmt Marc Aurel vielleicht spontan ein. Zunächst gibt er zu, daß es ihm bislang nicht wirklich gelungen sei, als Philosoph zu leben (VIII,1), daß seine Seele noch nicht – wie sie sein sollte – auf den Frieden und die Liebe eingestellt sei (X,1), daß es seine Schuld sei, wenn er trotz der Aufschübe und Mahnungen der Götter noch nicht »gemäß der Natur«, d.h. gemäß der Vernunft lebe (I,17,11). Und mehr noch: Er deckt bei sich selbst eine Neigung auf, Fehler zu begehen (I,17,2 und XI,18,7), und wenn er sich diese oder jene Verfehlung nicht hat zuschulden kommen lassen, so nur aus Feigheit, aus Furcht vor dem, was man dazu sagen würde – im Grunde genommen unterscheide er sich aber in keiner Weise von denen, die er kritisiere (XI,18,7). Auch räumt er ein, daß er sich täuschen könne, und willigt ein, daß man ihn von seinem Irrtum befreie (VI,21 und VIII,16). Marc Aurel weiß, daß er Gefahr läuft, Fehler dort zu sehen, wo es keine gibt (IX,38 und XII,16), und schließlich nimmt er die Hilfe genauso bereitwillig an wie der hinkende Soldat, der alleine keine Mauer zu erklimmen vermag (VII,7 und VII,5).

Im übrigen ist sich der Kaiser der Grenzen seiner Intelligenz vollkommen bewußt, wie das folgende, an anderer Stelle bereits angeführte Zitat verdeutlicht:

»Geistesschärfe werden sie an dir wohl nicht bewundern. Sei es drum. Doch es gibt vieles andere, wovon du nicht behaupten kannst: ›Ich bin nicht dazu begabt.‹ Zeige also jene Dinge, die gänzlich von dir abhängen: Lauterkeit, Ernsthaftigkeit [...] und innere Freiheit [...].« (V,5,1)

Ohne Frage ist Marc Aurel von jener Entschlossenheit zur Selbstanklage frei, die man bei Augustinus findet, der *a priori* von der Verdorbenheit der menschlichen Natur überzeugt war. Gleichwohl ist er offenbar von Natur aus mit einem scharfen Bewußtsein seiner selbst, einer Fähigkeit zur Selbstkritik oder vielmehr dem Vermögen begabt gewesen, sich selbst objektiv prüfen zu können und die eigenen Fehler, aber auch die eigenen Qualitäten erkennen zu können. Diesbezüglich soll auf die folgende kurze Notiz hingewiesen werden:

»Ich verdiene es nicht, mir selber Schmerz zu bereiten, habe ich doch niemals absichtlich einem anderen Schmerz zugefügt.« (VIII,42)

Oder auch auf diese, alles in allem zuversichtliche und positive Bilanz an der Schwelle des Todes:

»Denke aber auch daran, was du alles durchgemacht und zu ertragen imstande gewesen bist. Und nun, da die Geschichte deines Lebens bereits erfüllt, der Dienst vollendet ist, denke auch daran, wieviel Schönes du gesehen hast und wieviel Lust und Schmerz du überwunden, wieviel Ruhmbringendes du verachtet hast, wie vielen Undankbaren du mit Wohlwollen begegnet bist.« (V,31,2)

Renan hat diese »Bekenntnisse« des Marc Aurel, vor allem in der Form, wie sie sich im ersten Buch darstellen, kritisiert: »Wohl sah er die Niedertracht der Menschen, gestand sie sich aber nicht ein. Diese Art, sich willentlich zu verblenden, ist der Fehler der edlen Herzen. Da die Welt nicht so ist, wie sie gern möchten, belügen sie sich selbst, um sie anders zu sehen, als sie ist – daher eine gewisse Voreingenommenheit in den Urteilen. Das wirkt bei Marc Aurel zuweilen etwas störend. Wollten wir ihm Glauben schenken, so wären seine Lehrer, von denen einige nur als recht mittelmäßig zu bezeichnen sind, ausnahmslos vortreffliche Männer gewesen.«[75] Das Urteil, das Renan ausspricht, ist jedoch sehr ungenau. Denn erstens hat sich Marc Aurel bemüht, jedem genau das zu geben, was er ihm schuldete, und weiter nichts, wie wir bei Fronto gesehen haben. Auch verdient in diesem Zusammenhang Beachtung, was er über seinen Adoptivbruder Lucius Verus notiert, dessen Persönlichkeit sich nur schwer bestimmen und von dem sich bestenfalls sagen läßt, daß er äußerst verschieden von Marc Aurel war. Denn der Kaiser spricht nicht davon, daß dieser vollkommen gewesen wäre, sondern merkt im Gegenteil an, daß er beim Anblick von dessen Lebensweise dazu angeregt worden sei, sich selbst unter Kontrolle zu halten, um es ihm nicht gleichzutun; alles in allem war das schlechte Beispiel, das Lucius ihm gab, doch eine Gnade der Götter – ansonsten fügt er lediglich hinzu, daß dieser Bruder ihm Achtung und Zuneigung entgegenbrachte. Und zweitens hat Marc Aurel offenbar eine sorgfältige Wahl getroffen zwischen denen, von denen er sprechen, und denen, die er außer acht lassen wollte, da sie nichts zu seiner Bereicherung beigetragen hatten.

Das erste Buch der *Ermahnungen an sich selbst* ist zugleich Danksagung und Geständnis, eine Bilanz des Wirkens der Götter und seines Widerstands dagegen. Und dieses Wirken hat sich seiner Meinung nach in demjenigen Bereich der Wirklichkeit ausgewirkt, auf den es einzig und allein ankommt: dem des moralischen Werts, der Tugend. Marc Aurel dankt den Göttern nicht dafür, daß sie ihn zum Kaiser erhoben oder ihm den Sieg über die Germanen vergönnt haben, sondern dafür, daß sie ihn über die Vermittlung mancher Menschen, die ihm von der Vorsehung geschickt worden sind, zu einem philosophischen Leben geführt haben.

8. *Verus* oder *Fictus* – »Aufrichtiger« oder »Heuchler«

Eine Stelle aus dem in der *Historia Augusta* enthaltenen *Leben des Marc Aurel* zeigt, daß sich die Zeitgenossen des Kaisers über die wahre Persönlichkeit des Kaisers Gedanken machten:

> »Manche haben ihm auch vorgeworfen, ein Heuchler *(fictus)* gewesen zu sein und nicht so einfach *(simplex)*, wie er den Anschein hatte oder wie Antoninus Pius oder Verus es gewesen waren.«[76]

Diese Bemerkung enthält natürlich ein Wortspiel, hieß doch Marc Aurel, wie bereits erwähnt, Marcus Annius Verus, wobei das Wort *verus*, »wahr«, »wahrhaftig«, an die Aufrichtigkeit mahnte. Kaiser Hadrian, der ihn in seiner Kindheit gekannt hatte, hatte ihm sogar den Beinamen *Verissimus*, »der überaus Aufrichtige«, gegeben. Seine Verleumder behaupteten jedoch, er hätte nicht *Verus*, »der Aufrichtige«, sondern *Fictus*, »der Heuchler«, heißen sollen. Wahrscheinlich stammte diese Kritik aus der Feder des Geschichtsschreibers Marius Maximus,[77] der seine politische Laufbahn in den letzten Regierungsjahren Marc Aurels begonnen hatte und ganz allgemein sämtliche Klatschgeschichten sammelte, die über die kaiserliche Familie kursierten, was in der *Historia Augusta* seinen Niederschlag findet.

Der Historiker Cassius Dio, der etwa zur gleichen Zeit wie Marius Maximus lebte, vertritt jedoch die genau entgegengesetzte Position:

> »Selbstverständlich war es nie Heuchelei, die sein Handeln bestimmte, sondern allein Tugendhaftigkeit [...]: In allem blieb er sich stets treu und änderte sein Verhalten in keinerlei Hinsicht; so sehr war er ein sittlicher Mensch ohne eine Spur von Heuchelei.«[78]

Ihm seine Heuchelei vorzuwerfen, lief in Wirklichkeit darauf hinaus, ihm vorzuwerfen, daß er sich zur Philosophie bekannte. Denn das philosophische Leben, das er führte, ließ ihn eine befremdliche Haltung annehmen, die sich von der der übrigen Menschen unterschied, und darum wirkte es in den Augen der anderen als Heuchlerei wirkte.

Cassius Dio etwa, der andernorts die Aufrichtigkeit des Kaisers anerkennt, wundert sich über die außerordentliche Milde, die dieser nach dem Aufstand des Avidius Cassius walten ließ: »Nichts konnte ihn zu etwas zwingen, was seiner Handlungsweise fremd gewesen wäre – weder die Idee, ein Exempel zu statuieren, noch das Ausmaß des Verbrechens.«[79]

Tatsächlich aber muß man über diese Art von Beispielen hinausgehen und die wirkliche Schwierigkeit des moralischen Lebens erkennen. Wer auch immer danach strebt, sich selbst unter Kontrolle zu haben, geistige Übungen zu praktizieren, sich zu verändern, bewußt und überlegt zu handeln, erweckt den Eindruck, es fehle ihm an Spontaneität, er sei berechnend und bedacht. Wir streifen hier das ewige Problem der moralischen Bemühung und der Arbeit des Selbst an sich selbst. So wissen wir z.B., daß Marc Aurel, um sein eigenes Verhalten zu berichtigen, Nachforschungen darüber anstellte, was man im Volke über ihn sagte, und änderte seine Verhaltensweise, wann immer die Kritiken gerechtfertigt waren.[80]

Der Kaiser war sich dieser, vielleicht unüberwindbaren Gefahr vollkommen bewußt. Im ersten Buch bewundert er Claudius Maximus, weil dieser den Eindruck eines natürlich »aufrechten« und nicht den eines Mannes mache, der sich berichtigt, sich »aufgerichtet« hat (I,15,8). Dieses Thema ist auch in anderen Büchern der *Ermahnungen an sich selbst* gegenwärtig: »Man muß aufrecht sein, nicht aufgerichtet« (III,5,4 und VII,12). Und die Aufrichtigkeit preisend (XI,15) kritisiert er die Leute, die von vornherein versichern: »Ich werde offen sprechen« – und selbstverständlich nichts dergleichen tun. Die wahre Offenheit, schreibt Marc Aurel, steht im Gesicht geschrieben, schwingt in der Stimme mit, spricht aus den Augen – man nimmt sie unmittelbar wahr, so wie die geliebte Person die Liebe im Blick des Liebenden erblickt. Die Qualitäten des sittlichen Menschen, des einfachen und des wohlwollenden Mannes lassen sich aus den Augen ablesen, solche Qualitäten bleiben nicht verborgen. Und so forderte Marc Aurel, daß die moralische Handlung so vollkommen natürlich erfolgen solle, als geschähe sie unbewußt, ohne jede Selbstbesinnung.[81] Möglicherweise haben die Götter, an die er seine Danksagungen am Ende des ersten Buches richtet, ihn nicht mit der höchsten Gnade, der Anmut ausgestattet, die als höchste Leichtigkeit und Schönheit den anderen den Eindruck vermittelt, als tue man von Natur aus Gutes. Aber ich glaube, daß niemand Marc Aurel den guten Willen und die akribische Gewissenhaftigkeit, mit der er versucht hat, gut zu handeln, abstreiten konnte, war er doch hierin zutiefst aufrichtig.

9. Die Einsamkeit des Kaisers, die Einsamkeit des Philosophen

In seinem berühmten Porträt des Philosophen im *Theaitetos* (174e) beschreibt Platon, wie der Philosoph sich den König oder den Tyrannen vorstellt. Was ist ein König? Was ein Tyrann? – Ein Schäfer oder ein Kuhhirte, der glücklich ist, viel Milch aus seinen Tieren zu melken. Tatsächlich aber ist er nicht so glücklich, wie er scheint, denn die Tiere, die er zu weiden oder zu melken hat, sind bei weitem unangenehmer, schwieriger, hinterlistiger, verräterischer als die des einfachen Schäfers, und überdies hat er, erfüllt von den Sorgen, jene unangenehmen Tiere, die Menschen, zu regieren, keine Muße mehr, so daß er genauso grob und ungebildet wie die Hirten werden muß, »sobald sie sich die Mauer um ihr Berggehege errichtet haben«.

Und genau das gibt der Philosoph Marc Aurel dem Kaiser Marc Aurel zu verstehen. Wo immer er auch hingeht, wird er im Gefängnis der Macht eingesperrt sein, allein, ohne Muße, in Auseinandersetzung mit den hinterlistigen Tieren, von denen Platon spricht:

»Hab stets vor Augen, daß dies hier das Land ist und daß alles hier dem gleicht, was auf dem Land oder dem Berg ist oder am Meeresufer oder sonstwo. Sofort nämlich wirst du vorfinden, wovon Platon spricht: ›Um sein Berggehege die Mauer errichtet habend‹, sagte er, ›die Schafe melken‹.«
(X,23)

Wo immer du auch hingehst, meint Marc Aurel, wirst du das Gefängnis der Macht, die Einsamkeit finden, in die deine Stellung eines Hirten der Menschen dich einsperrt, doch du wirst, wo immer du dich auch hinwendest, in dir und nur in dir jenes Land, jenen Berg, jenes Meer finden, die dich aus diesem Gefängnis befreien, das du überall wiederfindest (vgl. IV,3,1). Anders gesagt: Die innere Einstellung des Kaisers wird darüber entscheiden, ob er wie der König bei Platon im Berggehege gefangen bleibt oder Entspannung und Muße in den Bergen oder auf dem Land findet, wie er es sich wünscht. Gleichgültig, wo man ist, findet man, wenn man will, Knechtschaft oder Freiheit.

Der Berg bedeutet hier also zweierlei: zum einen ist er das Symbol für das Gehege, in dem der Tyrann bzw. König mit der Tierherde lebt, die er ausbeutet, zum anderen aber auch ein Symbol für die Einkehr in sich selbst und für die innere Freiheit, die man überall findet, wenn man nur will:

»Lebe wie auf einem Berg. Gleichgültig, ob hier oder dort, wenn man nur überall im Kosmos wie in einer Stadt lebt.«
(X,15,2)

Doch die Einkehr des Philosophen, d.h. sein philosophisches Leben im Sinne des Stoizismus, wird eine andere Einsamkeit nach sich ziehen, einen anderen Bruch zwischen der Herde und ihrem Hirten, einen schwerwiegenden Zwiespalt zwischen den Werten des einen und des anderen.

Dieses Unbehagen erklärt die Abneigung Marc Aurels gegen das Leben am Hof, den er mit einer Stiefmutter vergleicht (VI,12), während die Philosophie seine wahre Mutter ist, die es ihm ermöglicht, den Hof zu ertragen und sich denen, die dort leben, erträglich zu machen. Gleichwohl wirft er sich diese Haltung vor:

»Niemand soll dich mehr das Leben am Hofe tadeln hören, auch du dich selbst nicht.« (VIII,9)

Hier findet sich erneut, was man das Thema des Sichzurückziehens auf den Berg nennen könnte: Überall, wo man leben kann, kann man gut, d.h. philosophisch leben. Es läßt sich aber am Hofe leben. Folglich kann man dort auch gut leben (V,16,2). Diese Schlußfolgerung führt Marc Aurel als ein Beispiel dafür an, wie sich die Seele gewisse Vorstellungen aneignen kann.

Aber diese Abneigung Marc Aurels gegen das Hofleben ist keine bloße oder oberflächliche Mißstimmung, nein, seine Nicht-Übereinstimmung mit diesem reicht äußerst weit. In Fortführung des oben zitierten Gedankens über das Leben »auf dem Berg«, d.h. im Weltstaat, läßt der Kaiser durchblicken, wie weitreichend der Bruch und die Unvereinbarkeit sind:

»Sehen, kennenlernen sollen die Menschen einen wahren Menschen, der gemäß der Natur lebt. Wenn sie ihn nicht ertragen, so sollen sie ihn töten, ist es doch besser als so wie sie zu leben.« (X,15,3)

Der Konflikt liegt in der grundlegenden Verschiedenheit der Lebensprinzipien. Marc Aurel faßt ihn mit einer lapidaren Formel zusammen, die zwei griechische Wörter einander entgegensetzt: *homothamnein* und *homodogmatein*:

»Dem gleichen Stamm entwachsen [wie die anderen], doch nicht [mit ihnen] übereinstimmen.« (XI,8,6)

Zwei Pflichten, die schwer miteinander zu vereinen sind: die der Liebe zu den Menschen, mit denen wir nur einen einzigen Körper, einen einzigen Baum, einen einzigen Staat bilden, aber auch die Pflicht, sich nicht dazu verleiten zu lassen, ihre falschen Werte und Lebensmaximen anzunehmen.

Und eben hierin besteht das Drama im Leben Marc Aurels: Er liebt die Menschen und will sie lieben, haßt aber, was sie lieben. Für ihn zählt nur eines: die Suche nach der Tugend, nach der Reinheit der moralischen Absicht. Diese Welt der Menschen, in der der einzige Wert nicht gepflegt wird, ruft einen heftigen Widerwillen, einen tiefen Überdruß bei ihm hervor. Dennoch nimmt er sich wieder zusammen und versucht, die Sanftmut und die Duldsamkeit in sich wiederaufleben zu lassen.

Dieser Überdruß, dieser Ekel, läßt ihn den Tod herbeiwünschen, und er weiß, daß dies ein Fehler ist. Wir wissen, welch eine wichtige Rolle die »Hilfsmittel«, die Argumente zur Vorbereitung auf den Tod in den *Ermahnungen an sich selbst* spielen. Unter ihnen finden sich solche, die vollkommen philosophisch sind, wie z.B. die, die uns lehren, den Tod als einen besonderen Fall der allumfassenden Metamorphose, als ein Mysterium der Natur anzusehen (II,12,3; IV,5; IX,3,1-4). Es finden sich aber auch solche, die nicht philosophisch, sondern gewöhnlich und grob *(idiôtika)* und dabei sehr wirksam sind, wie z.B. jene, die Menschen Revue passieren lassen, die zäh am Leben hingen und doch nicht weniger gestorben sind (IV,50). Eine andere Betrachtung dieser Art, die – wie Marc Aurel zugibt (IX,3,5) – zwar genauso »grob«, mithin unphilosophisch ist, doch einem ans Herz geht, ist die, sich zu sagen, daß man schließlich wenig verläßt. Dafür bedarf es nur

> »gut zu prüfen, welcher Art die Dinge sind, von denen du dich trennen wirst, und mit welch schlechten Sitten deine Seele nicht mehr in Berührung kommen wird. Du darfst zwar an ihnen nicht den geringsten Anstoß nehmen, sondern sollst dich sogar um sie sorgen und sie sanftmütig ertragen, allenfalls daran denken, daß du von Menschen weggehen wirst, die nicht die gleichen Leitsätze haben wie du. Denn das einzige, wenn überhaupt etwas, was dich

wieder zu ihnen hinzöge und dich im Leben zurückhielte, wäre, *wenn es dir vergönnt wäre, mit denen zusammenzuleben, die dieselben Leitsätze [dogmata] haben wie du.* Nun aber siehst du, wie sehr dich der Mißklang des Zusammenlebens ermüdet – so sehr, daß du sagst: ›Komm schneller, oh Tod, damit ich mich nicht auch noch selbst vergesse.‹« (IX,3)

Man fühlt sich hier an den Ausruf Baudelaires »Ach Tod, alter Kapitän [...]! Dieses Land langweilt uns, ach Tod! Laß uns die Segel setzen!« erinnert, der den Überdruß am irdischen Leben und das Verlangen nach dem Unendlichen ausdrückt. Wenn jedoch Marc Aurel den Tod so schnell wie möglich herbeiwünscht, so weniger aus Überdruß als aus Furcht, den Menschen gleich zu werden, die sich selbst vergessen, unbewußt leben.

Man mag sich über diesen Abscheu wundern, den Marc Aurel gegenüber seiner Umgebung empfindet, hat er sich doch mit Freunden und Ratgebern umgeben, die selbst Philosophen sind, wie seinem teuren Rusticus, und mit all denen, von denen Galens Zeugnis sprach.[82] Man kann hingegen annehmen, daß sie alle in den letzten Jahren seines Lebens verstorben sind und daß er sich nach den Anfängen seiner Regierungszeit zurücksehnt. Andererseits: Wußte er nicht, wie Cassius Dio sagte, daß niemand perfekt sein kann?

»Er sagte, es sei unmöglich, Menschen so zu schaffen, wie man sie haben möchte, sondern es gezieme sich, die Menschen, wie sie sind, für Aufgaben einzusetzen, bei denen sie nützlich sind.« – »Wenn jemand etwas Gutes tat, lobte er ihn und setzte ihn für eine Aufgabe ein, bei der dieser sich besonders auszeichnete, ohne sein sonstiges Verhalten in Erwägung zu ziehen.«[83]

Muß man annehmen, daß er im Alter unversöhnlicher geworden ist? Oder läßt sich aus seinen Zeilen die Enttäuschung herauslesen, die er angesichts der Entwicklung des Charakters seines Sohnes Commodus empfindet? Dies jedenfalls hatte E. Renan[84] vor allem in bezug auf einen anderen Text vermutet, der ebenfalls durch den Ausdruck des Überdrusses und der Enttäuschung frappiert:

> »Niemand wird so vom Glück begünstigt, daß er im Sterben nicht von einigen umgeben wäre, die das traurige Ereignis begrüßen würden. Tüchtig und weise war er, aber letztendlich wird es doch jemand geben, der zu sich selbst sagt: ›Endlich werden wir aufatmen, von diesem Schulmeister befreit zu sein. Gewiß war er mit keinem von uns zu streng, doch wir spürten, daß er uns insgeheim verurteilte.‹« (X,36)

Marc Aurel stellt zwar im selben Text den Fall dieses sittlichen Menschen in einen Gegensatz zu seinem eigenen; in gewisser Weise denkt er aber bereits an sich selbst, wenn er von diesem sittlichen Menschen spricht. Denn er weiß sehr wohl, daß man in seiner Umgebung, aber auch im ganzen Imperium darum wußte, daß er ein Philosoph zu sein suchte. Ein apokrypher Brief von Lucius Verus an seinen Adoptivbruder, den die *Historia Augusta* überliefert und der eine zur Zeit Marc Aurels verbreitete Meinung widerspiegeln mag, warnt ihn, daß Avidius Cassius, der sich gegen Ende seiner Regierungszeit gegen ihn auflehnen sollte, Marc Aurel als »alte Frau, die Philosophie betreibe«[85] bezeichnete. Wahrscheinlich werden viele Leute ähnlich über den Kaiser gedacht haben. Nannten sie ihn vielleicht sogar »Schulmeister«? Jedenfalls bedient sich Marc Aurel dieser Beschreibung des Todes des sittlichen Menschen als eines Argumentes *a fortiori*. Wenn sogar ein solcher Mann sich auf ein derartiges Ende gefaßt machen muß, muß er sich selbst um so mehr auf ähnliche Reaktionen in seinem letzten Augenblick gefaßt machen:

»Wenn man dies von einem sittlichen Menschen sagen wird, wie viele andere Gründe gibt es da, daß viele Leute mich loswerden wollen? Dies also wirst du im Sterben bedenken und um so leichteren Herzens dieses Leben verlassen, wenn du denkst: Aus einem solchen Leben gehe ich, in dem selbst die Gefährten [*koinônoi*], für die ich so sehr gekämpft, gebetet und gesorgt habe, ja gerade diese wollen, daß ich abtrete, da sie sich dadurch vielleicht eine Erleichterung erhoffen.«

Wer sind diese Genossen, diese Gefährten (*koinônoi*)? Es könnten durchaus die zum kaiserlichen Rat gehörenden Berater Marc Aurels sein, die, wie Aelius Aristides, ein Zeitgenosse des Kaisers, sagte, an der Macht teilhatten. Der Ausdruck »für die ich so sehr gekämpft, gebetet und gesorgt habe« setzt jedoch eine ganz besondere Beziehung des Kaisers zu diesen Gefährten voraus. Wie sollte man da nicht – wie E. Renan – an Commodus, den jungen Sohn Marc Aurels, denken, der seit 177, also drei Jahre vor dem Tod des Vaters, am Kaiseramt beteiligt wurde und wahrscheinlich bereits jene unheilvollen Neigungen zeigte, die sich in seiner Regierungszeit immer stärker entwickeln sollten.

Was immer es damit auch auf sich hat: Marc Aurel verwandelt diese Meditation über die Undankbarkeit der Mitmenschen in eine Vorbereitung auf den Tod, nicht in eine philosophische, wie die weiter oben angeführte, denn sie verstößt gegen die Disziplinierung des Handelns, die die Liebe zu den Mitmenschen voraussetzt. Trotzdem ist sie sehr wirksam, weil sie den Schmerz und die Angst vermindert, die der Verlust des Lebens auslöst:

»Warum sollte man also darauf Wert legen, noch länger hier zu verweilen?«

Doch er verbessert sich sofort:

»Geh jedoch nicht weniger wohlgesonnen ihnen gegenüber fort, wohl aber, deiner Gewohnheit folgend, freundlich, wohlwollend, heiter [...].«(X,36,6)

Diese Einstellung gilt es, im Leben stets zu bewahren. Zuweilen jedoch gewinnen Überdruß und Enttäuschung die Oberhand, von denen Marc Aurel, wie erwähnt, implizit sagt, daß sie nicht philosophisch sind, sondern eine Schwäche, vielleicht sogar eine Leidenschaft darstellen. Offenbar setzt sich dieses komplexe Gefühl aus mehreren Bestandteilen zusammen. Zunächst findet man darin einen illusionslosen Blick auf die menschliche Schwäche. Marc Aurel hat einen scharfen und sehr realistischen Sinn für seine eigene Fehlbarkeit und die der anderen, was manchmal sogar so weit geht, daß er die anderen für unverbesserlich hält:

»Daß sie auch weiterhin immer dasselbe tun werden, auch wenn du [vor Zorn] platzt.« (VIII,4)

Und hierin liegt, wie W. Williams gezeigt hat,[86] auch der Grund dafür, daß Marc Aurel sich stets bemüht, die offiziellen Texte, in denen er seinen Entscheidungen Ausdruck verleiht, bis aufs I-Tüpfelchen genau zu formulieren, scheint er doch zu befürchten, daß seine Untergebenen seine Befehle schlecht verstehen oder nicht in seinem Sinn ausführen wollen. Ein Beispiel: Bei einer testamentarischen Verfügung über die Freilassung eines Sklaven, die wegen der Form des Schriftstückes angefochten werden konnte, macht sich der Kaiser, der stets darauf bedacht ist, diese Freilassungen zu erleichtern, d.h. die »Sache der Freiheit« zu vertreten, die Mühe, zu präzisieren, daß man seine Entscheidung nicht dadurch zu toten Buchstaben erklären kann, daß man irgendein anderes Motiv dafür geltend macht, wie z.B. daß der Fiskus das von dem Testator hinterlassene Eigentum für sich beanspruche: »Die unsere Interessen verwalten«, schreibt Marc Aurel, »sollen wissen, daß der Sache der Freiheit der Vorrang vor jedem finanziellen Vorteil gebührt.«[87] Hierin kann man einerseits erkennen, welches Gewicht Marc Aurel dem moralischen und menschlichen Gesichtspunkt beimißt, doch andererseits auch, daß er ein gewisses Mißtrauen gegenüber den geistigen und moralischen Qualitäten seiner Untertanen hegt. Verstärkt werden Marc Aurels Schwierigkeiten mit seiner Umgebung noch dadurch, daß der Kaiser eine unleugbare Neigung zum Jähzorn aufweist, was er, wie wir gesehen haben, auch selbst nicht zu verheimlichen sucht, gibt er doch zu, daß es eine Schwäche ist, sich zum Zorn hinreißen zu lassen (XI,9,2).

Die Hauptursache seines Überdrusses liegt hingegen in seiner leidenschaftlichen Liebe zum moralisch Guten. Eine Welt, in der dieser absolute Wert nicht anerkannt wird, ist für ihn eine leere Welt, in der zu leben keinen Sinn mehr hat. Mit zunehmendem Alter fühlt er sich daher inmitten dieses unermeßlichen Imperiums allein, inmitten dieser Mengen, die ihn umgeben und bejubeln, inmitten sowohl des entsetzlichen Donaukrieges als auch der Siegeszüge in der Stadt Rom, fühlt die Leere um sich, da es ihm nicht gelingt, sein Ideal zu verwirklichen (IX,3,7): sich gemeinsam mit den anderen der Suche nach dem einzig Notwendigen zu widmen.

10. Politische Vorbilder

In den *Ermahnungen an sich selbst* schlägt Marc Aurel kein präzises Regierungsprogramm vor, was auch nicht weiter verwundert, beschäftigt er sich doch in dem Werk weniger mit dem, was man tun soll, als mit der Art und Weise, wie man etwas tun soll.

Gleichwohl enthält das Buch I immerhin einige Anspielungen auf die politische Praxis. Durch Claudius Severus, schreibt Marc Aurel (I,14), habe er Thrasea, Helvidius, Cato, Dio und Brutus kennengelernt – eine Namensliste, die eine sehr genaue Bedeutung hat.[88]

Paetus Thrasea ist der berühmte Senator, der im Jahre 66 unter der Regierung Neros wegen seiner offenen Opposition zum Selbstmord gezwungen wurde. Helvidius Priscus, Thraseas

Schwiegersohn, wurde vermutlich im Jahre 75 unter Vespasian ermordet. Beide opponierten gegen den jeweiligen Kaiser – eine Haltung, die gewissermaßen eine Familientradition darstellt, an der oft Frauen beteiligt sind. In diesen großen Adelsfamilien hält man die Porträts der Märtyrer in Ehren und schreibt ihre Lebensgeschichte auf. Allein durch das Abfassen von solchen Werken setzte man sich unter manchen Kaisern erneut der Todesgefahr aus. Zu Beginn seines *Agricola* beschreibt Tacitus das Glück, das die Regierung Kaiser Nervas für Rom darstellte, weil dieser ein Regime errichtete, das, so Tacitus, die Monarchie und die Freiheit miteinander versöhnte, während es unter seinem Vorgänger Domitian verboten war, die Biographien bestimmter Opponenten zu schreiben.

»Arulenus Rusticus, weil er den Panegyrikus auf Paetus, und Herennius Senecio, weil er den auf Helvidius geschrieben hatte, bezahlten es mit ihrem Leben [...]. Man glaubte, die Stimme des römischen Volkes, die Redefreiheit *(libertas)* des Senats und das Gewissen des Menschengeschlechts ersticken zu können.«

Ungefähr fünfzig Jahre trennen diese letzten Ereignisse von dem Moment, in dem Marc Aurel dank Claudius Severus diese Tradition der Opposition entdeckt. Aber diese Opponenten im Imperium verehrten ihrerseits ältere Märtyrer, die zur Zeit Caesars in der ausgehenden Republik lebten. In seinen *Satiren* (V,36) sagt Juvenal, ein Zeitgenosse des Tacitus, über die Qualität eines Weines, er gleiche demjenigen, den Paetus Thrasea und Helvidius Priscus zu den Jahrestagen des Brutus und des Cassius, der Mörder Caesars, tranken.

Laut Marc Aurel soll Claudius Severus ihm auch von der Gestalt des Brutus erzählt haben, der im ersten Jahrhundert v. Chr. (85-42) lebte, sowie von Cato, womit selbstverständlich Cato Uticensis (95-46 v. Chr.) gemeint ist, welcher als Opponent Caesars sich den Tod gab, als dessen Truppen nahten.

Hat Claudius Severus Marc Aurel die Biographien des Thrasea, des Helvidius Priscus, des Brutus und des Cato zukommen lassen? Thrasea hatte in der Tat eine Lebensgeschichte des Cato geschrieben, Helvidius eine des Thrasea und Herennius Senecio wiederum eine des Helvidius. Und hat er ihm auch die von Plutarch verfaßten Parallelbiographien des Brutus und des Dion von Syrakus zu lesen gegeben, deren Autor ebenfalls die Parallelbiographien des Phokion und des Cato geschrieben hatte? Zumindest wundert man sich, auf der Liste der von Claudius Severus aufgezählten Römer einen Griechen namens Dion zu finden, jenen Dion von Syrakus, der um 409 v. Chr. geboren wurde und 354 v. Chr. gestorben war, und der den Tyrannen Dionysios den Jüngeren aus Syrakus vertrieb, schließlich jedoch selbst ermordet wurde.[89] Denn es ist kaum anzunehmen, daß mit jenem Dion Dion Chrysostomos gemeint ist, der Redner und Philosoph, welcher unter Domitian verbannt wurde, später jedoch die kaiserliche Gunst zurückgewann. Abgesehen davon, daß die Liste sonst nur Staatsmänner enthält und Dion Chrysostomos somit eine Ausnahme darstellen würde, war er nicht wirklich ein »Märtyrer« der Opposition gegen das Imperium.

Claudius Severus mag auch sehr wohl gesprächsweise diese Personen erwähnt haben und dabei den Zug, der ihnen allen gemein ist, hervorgehoben haben, nämlich das Verhältnis zwischen der Philosophie und einer bestimmten Auffassung von Politik, oder anders gesagt: den Haß gegen die Tyrannei. Dion von Syrakus war ein Schüler Platons gewesen und praktizierte laut Plutarch[90] die philosophischen Tugenden der freimütigen Rede, der Seelengröße, der Würde, der Milde gegenüber seinen Feinden, die Genügsamkeit. Er gibt Syrakus nach dem Sturz des Dionysios die Freiheit zurück und schafft die Tyrannei ab, doch er ist ein Verfechter des Mittelweges zwischen Tyrannei und Demokratie, des Weges einer konstitutionellen Monarchie nach dem Regierungsprogramm, welches in dem Platon zugeschriebenen Brief VIII dargestellt wird.

Auch der Römer Brutus ist ein Platoniker, der der zu seiner

Zeit gängigen Tendenz von Antiochos von Askalon anhing, die sehr vom Stoizismus beeinflußt war – er hatte Abhandlungen »Über die Pflicht«, »Über die Geduld« und »Über die Tugend« geschrieben. Brutus war zugleich der Mörder Caesars sowie der Mann, der sich selbst den Tod gab, nachdem er in dem Bürgerkrieg besiegt worden war, der auf die Ermordung folgte. Wie bei Dion handelt es sich also bei ihm um einen Feind der Tyrannei, einen Kämpfer für die republikanische Freiheit.

Cato nun war in den Augen Senecas eine der seltenen Verkörperungen des Ideals des stoischen Weisen.[91] Vor seinem Selbstmord diskutiert er über das stoische Paradoxon: Frei ist einzig und allein der Weise – dann liest er Platons *Phaidon*.[92] Seine ganze Lebensart ist die eines Philosophen, der gleichzeitig versucht, das strenge Leben der alten Römer wiederauferstehen zu lassen. Er übt sich in körperlicher Ausdauer, reist zu Fuß, widersetzt sich dem, was gerade in Mode ist, macht kein Hehl aus seiner Verachtung des Geldes, lehnt jede Gefälligkeit, jedes Einverständnis mit dem Machtmißbrauch durch die Herrschenden Roms ab.

Brutus und Cato sind Republikaner, d.h. für sie ist die Freiheit vor allem die des Senats, das Recht einer führenden Klasse auf die Regierung im Gegensatz zu der tyrannischen Willkür eines einzigen. Dazu will Cato die moralische – philosophische – Strenge in die senatorische Klasse einführen.

Thrasea und Helvidius träumen, unter dem Kaisertum, von einer Rückkehr zu den alten Institutionen der römischen Republik, wollen also dem Senat seine politische Autorität wiedergeben. Beide sind Stoiker und bleiben in der stoischen Tradition, namentlich bei Epiktet,[93] Beispiele für Beständigkeit, Festigkeit der Seele und Gleichgültigkeit gegenüber gleichgültigen Dingen. Epiktet selbst kannte sich dank Musonius Rufus, seinem Lehrer, der mit Thrasea eng verbunden war, in der Geschichte dieser Opposition gegen die kaiserliche Macht gut aus.

All diese Erinnerungen wurden durch die Regierung und die Verfolgung durch Domitian wieder wachgerufen, wie aus den zahlreichen Anspielungen auf diese finstere Zeit in den Briefen

Plinius' des Jüngeren ersichtlich wird. In der vollkommen veränderten Atmosphäre, die die Machtübernahme durch Kaiser Nerva mit sich brachte und die sich unter seinen Nachfolgern Trajan, Hadrian und Antoninus fortsetzte, bekamen die Senatoren und Philosophen den Eindruck, daß sich das Kaisertum gewissermaßen mit dem Geist jener Anhänger der republikanischen Idee und des Stoizismus versöhnt hätte – dies ist sicherlich der Sinn der Äußerungen des Claudius Severus über die Märtyrer, die ihr Leben im Kampf gegen die Tyrannei verloren hatten.[94]

Indem er jene fast legendären Gestalten heraufbeschwor, hat Claudius Severus Marc Aurel einen Einblick in die Prinzipien politischen Verhaltens vermittelt. Ihm verdankt er, so der Kaiser,

> »eine Vorstellung von einem Staatswesen [*politeia*] vermittelt bekommen zu haben, in welchem gleiches Recht für alle herrscht und das auf der Grundlage der Gleichheit und der Redefreiheit verwaltet wird, und von einem Königtum, das die Freiheit der Untertanen über alles achtet.« (I,14,2)

Die Idee eines für alle gleichen Gesetzes geht nicht zuletzt auf jenen Platon zugeschriebenen Brief VIII zurück, von dem bereits die Rede war. Dabei handelt es sich in Wirklichkeit um eine geometrische Gleichheit, die jedem das nach seinem Wert und Verdienst Zustehende zuteilt. Und genau dies ist die aristotelische und stoische Definition der Gerechtigkeit, die die Vorteile proportional zu den Verdiensten gewährt.[95]

Die Begriffe der Rechtsgleichheit – der Rechtsgleichheit in bezug auf das Wort – und der Freiheit sind seit der altgriechischen Demokratie einander äußerst nahestehende Begriffe. Als Tacitus in der Kaiserzeit unter der Regierung Nervas von der Versöhnung zwischen Monarchie und Freiheit spricht,[96] hat die Idee der Freiheit allerdings bereits viel von ihrem Gehalt verloren. Sie bedeutet für den Bürger nicht länger die Möglichkeit, uneingeschränkt am politischen Leben teilzunehmen, sondern beinhaltet vielmehr Ideen wie die des Schutzes und der Sicherheit der Individuen, der individuellen Freiheit (dem Recht, seine Meinung zu äußern oder den Wohnsitz zu wechseln) oder aber die Möglichkeit für die Städte, ihre Traditionen sowie ein gewisses Selbstverwaltungsrecht zu bewahren – vor allem bedeutet sie jedoch für den Senat die Möglichkeit, die Entscheidungen des Kaisers mehr oder weniger zu beeinflussen.

Claudius Severus lehrt den künftigen Kaiser, daß die Freiheit mit der Monarchie vereinbar ist, wenn man unter dieser ein Regime versteht, das die Gesetze und die Bürger achtet. Ohnehin dürfte Marc Aurel, so nahe wie er dem Kaiser Antoninus stand, der selbst eine gemäßigte Macht ausübte, diese Art der Regierungsführung bereits bekannt gewesen sein. Claudius Severus hat ihn diese also nicht entdecken lassen, sondern muß ihm vielmehr die historischen Wurzeln dieser Auffassung der Monarchie, die Opposition der Philosophen-Märtyrer gegen die Tyrannei, offenbart haben.

So machte er ihm die Verhaltensprinzipien bewußt, die die aufgeklärte Monarchie leiten sollen, nämlich: die Gesetze zu achten, die Rechte des Senates anzuerkennen, an seinen Sitzungen und Beratungen teilzunehmen, das Recht auf das Wort nicht nur dem Kronrat und dem Senat, sondern auch den einfachen Bürgern zuzuerkennen, wenn diese sich an den Kaiser wenden.

Die antiken Geschichtsschreiber haben uns einige Beispiele dafür überliefert, wie Marc Aurel diese Prinzipien anwandte. Um den Krieg an der Donau zu finanzieren, machte er sich die Mühe, Geld aus der Staatskasse zu beantragen. Nicht, daß dieser Fonds – wie Cassius Dio anmerkt[97] – dem Kaiser nicht zur Verfügung gestanden hätte, sondern Marc Aurel bestand darauf, deutlich zu machen, daß das Geld dem Senat und dem Volk von Rom gehöre. In seiner Rede vor dem Senat sagte er: »Wir besitzen nichts Eigenes und wohnen in eurem Haus.« Der *Historia Augusta* zufolge[98] besprach er sich immer, bevor er etwas unternahm, sowohl in militärischen wie zivilen Angelegenheiten, mit seinem Rat, lautete doch seine Maxime: »Es ist gerechter, daß ich dem Rat meiner Freunde folge, als daß diese vielen Freunde lediglich meinem Willen folgen.« Äußerst sorgfältig trug er der Meinung des Senats Rechnung. Die Mimendichter durften ihn offen kritisieren, und der Geschichtsschreiber Herodian präzisiert, daß er alle Bittschriften annahm und seinen Wachen verbot, die zu entfernen, die sich ihm näherten.[99] Die *Historia Augusta* faßt diese Haltung folgendermaßen zusammen: »Dem Volk gegenüber verhielt er sich so, als handelte er in einem freien Staat.«[100] Das Porträt des Antoninus Pius, welches Marc Aurel im ersten Buch der *Ermahnungen an sich selbst* zeichnet, illustriert teilweise diese Regierungsprinzipien und umreißt gewissermaßen die Züge des idealen Herrschers, dem der Kaiser gern gleichen möchte. Ein Entwurf dazu findet sich bereits in Buch VI (30), wo Marc Aurel sich nicht nur dazu ermahnt, sich nicht zu »verkaisern«, den kaiserlichen Purpur nicht auf sich abfärben zu lassen, sondern sich in allem als Schüler des Antoninus zu erweisen. Vor allem beschreibt er die moralischen Qualitäten, von denen sein Adoptivvater in seiner Regierungsführung Zeugnis abgelegt hat und denen er nacheifert. Hatte er nach reiflicher Überlegung eine Entscheidung getroffen, so hielt sich Kaiser Antoninus fest daran; er blieb sich unter allen Umständen gleich. Niemals betrachtete er eine Frage als erledigt, bevor er sie nicht gründlich geprüft hatte. Er ertrug diejenigen, die zu Unrecht Vorwürfe gegen ihn erhoben. Nie übereilte er etwas; er überhörte die Verleumdungen und wußte die Sitten und Handlungen der Menschen eindringlich zu prüfen; niemals versuchte er, jemanden zu demütigen, doch fürchtete und verachtete er auch niemanden. Er war kein Sophist, führte ein einfaches Leben, begnügte sich mit wenig, was seine Wohnung betraf, sein Lager zum Schlafen, seine Kleider, seine Nahrung, seine Dienerschaft. Er war arbeitsam und geduldig. Er war treu und beständig in seinen Freundschaften. Er ertrug es, daß man seiner Meinung mit großer Offenheit widersprach, und war froh, wenn man ihm eine bessere Lösung vorschlug. Er war gottesfürchtig, ohne abergläubisch zu sein.

In diesem ersten Porträt des idealen Herrschers, welches teilweise in Buch I wiederaufgenommen wird, lassen sich manche

Verhaltensweisen erkennen, zu denen sich Marc Aurel im Laufe der *Ermahnungen an sich selbst* oft ermahnt, wie z.B.: zuzulassen, daß Berater anderer Meinung sind als er selbst, und sich ihrer Meinung anzuschließen, wenn sie besser sein sollte (IV,12 und VIII,16), niemanden zu demütigen (XI,13,2; XI,18,18), sich zeit seines Lebens selbst treu zu bleiben (XI,21).

Inmitten der *Ermahnungen an sich selbst* erscheint dieses Porträt des Antoninus wie ein erratischer Block, und man wundert sich, daß Marc Aurel so lange bei dieser Skizze verweilt hat, die anscheinend so weit von den Ermahnungen entfernt ist, welche er andernorts an sich selbst richtet. Sein Vorhandensein bestätigt aber einen Eindruck, den wir beim Lesen des Werkes bereits gewinnen konnten, nämlich daß sich dieses nicht nur an den Menschen Marc Aurel, sondern auch an den Kaiser Marc Aurel bei der Ausübung seines Amtes richtet. Und in diesem Sinne ist das Vorbild des Antoninus von größter Bedeutung.

Die in Buch I (Kap. 16) gezeichneten Züge des Antoninus sind zahlreicher und präziser; es sind Erinnerungen und Beispiele, die oft dem Kanon des idealen Herrschers entsprechen, den die philosophische Reflexion nach einer uralten Tradition zu formulieren versucht hat.[101]

Wenn wir einige Bemerkungen Marc Aurels über die moralischen Qualitäten seines Adoptivvaters außer acht lassen, können wir diesem Porträt eine gewisse Anzahl charakteristischer politischer Haltungen entnehmen.

Zu nennen wären hier zunächst jene in bezug auf das Verhältnis zwischen dem Souverän und dem Volk: die Verwerfung jeder Demagogie, kein Werben um die Gunst oder Dankbarkeit des Volkes, die Verachtung des eitlen Ruhms, die Ablehnung der Jubelrufe. Er wußte, wann es galt, die Zügel straff anzuziehen oder umgekehrt locker zu lassen. Er praktizierte eine strenge Gerechtigkeit und wußte »jedem unbeugsam zuzuteilen, was ihm nach seinem Verdienst gebührte.«

Allgemein gesagt, schenkte er den allgemeinen Bedürfnissen des Imperiums beständig Aufmerksamkeit und war äußerst sparsam bei den öffentlichen Ausgaben: Man verspottete ihn deswegen, doch er war solchen Kritiken gegenüber sehr tolerant. Erst nach reiflicher Überlegung bot er dem Volk Schauspiele an, errichtete Denkmäler oder breitete seine Freigebigkeiten aus. Vor allem dachte er daran, das Richtige zu tun, und nicht an den Ruhm, den man daraus ziehen konnte. Und er bemühte sich auch – doch ohne es zur Schau zu stellen –, an den Bräuchen der Ahnen festzuhalten.

In seinem Regierungsstil zeigte er viel Sanftmut: Nichts Hartes, Unerbittliches oder Gewaltsames fand sich darin. Er verwendete große Sorgfalt darauf, auch die geringsten Angelegenheiten zu klären und jede Einzelheit, und sei sie noch so klein, im voraus zu regeln. War eine Entscheidung einmal getroffen, hielt er sich daran, ohne schwankend zu werden. Er hatte wenig Geheimnisse, hörte seinen Beratern, denjenigen, die man traditionell »Freunde des Kaisers« nannte, aufmerksam zu, ließ ihnen große Freiheiten, liebte aber auch ihre Gesellschaft.

Aus diesem Porträt läßt sich eine implizite Kritik an den Vorgängern des Antoninus, vor allem an Kaiser Hadrian[102] herauslesen. Wenn Marc Aurel etwa betont, daß sein Adoptivvater der »Liebe zu den Jünglingen« ein Ende gesetzt hatte, ist dies unzweifelhaft eine Anspielung auf die Vorgänge am Hofe Trajans und Hadrians. Wenn er die Tatsache hervorhebt, daß Antoninus gern an denselben Orten weilte, so galt seine Kritik wahrscheinlich den vielen Reisen, die Hadrian in alle Gegenden des Imperiums unternommen hatte. Und vermutlich spielt er auch auf dessen Verschwendungssucht und Vorliebe für schöne Bauwerke an, wenn er von der sparsamen Umsicht spricht, die sein Adoptivvater bei den Ausgaben für die Organisation der Schauspiele und den Bau der Denkmäler walten ließ. Und wahrscheinlich setzte er dem Konservatismus des Antoninus, der an den Bräuchen der Vorfahren, d.h. den altrömischen Traditionen, festhielt, Hadrians Neuerungen entgegen.

In seinem Adoptivvater erblickt Marc Aurel einen wahren, dem Sokrates vergleichbaren Philosophen, der die Güter zu genießen wußte, wenn sie vorhanden, und auf sie verzichten konnte, wenn sie nicht vorhanden waren (I,16,30). Er gedenkt seiner vollkommenen und unbesiegbaren Seele und seines ruhigen Gewissens in seiner letzten Stunde (VI,30,15). Zwar wissen wir nicht, ob Antoninus sich selbst für einen Philosophen hielt, doch ist es überaus bemerkenswert, daß er in dem Moment seines Todes an den Tribun der Prätorianergarde das Losungswort *Aequanimitas*, »Gleichmut«, ausgab – ein Wort, das eine ganze philosophische Haltung durchscheinen läßt.[103] Wie dem auch sei: Alles deutet darauf hin, daß sich Marc Aurel bei der Ausgestaltung des Porträts seines Adoptivvaters nicht damit begnügt, einige erbauliche Züge zu sammeln, sondern seine Zustimmung zu einem ganz bestimmten Regierungsstil, nämlich dem des Antoninus, zum Ausdruck gebracht hat. Und so faßt die *Historia Augusta* dieses Streben nach Kontinuität treffend zusammen: »Marc Aurel und Lucius Verus verhielten sich seit Beginn ihrer Regierungszeit so wohlwollend und bürgernah (*civiliter*), daß niemand Grund hatte, sich nach der Sanftmut des Antoninus zurückzusehnen.«[104]

11. »Hoffe nicht auf Platons Staat«

»Wie jämmerlich sind doch diese kleinen Menschen, die Politik spielen und meinen, sie behandelten die Staatsdinge philosophisch? Rotznäsig! Was hast du zu tun, Mensch? Tue, was die Natur in diesem Augenblick fordert. Setze dich, wenn es dir gegeben ist, in diese Richtung in Bewegung, und schaue nicht umher, ob es jemand wissen wird. Hoffe nicht auf Platons Staat, sondern gib dich zufrieden, wenn es auch nur den kleinsten Fortschritt gibt, und denke daran, daß dieses Resultat eben keine Kleinigkeit ist.
Denn wer kann die Prinzipien ändern, nach denen die Menschen ihr Leben regeln? Was gibt es aber ohne die Veränderung der Prinzipien anderes als die Sklaverei derer, die stöhnen und vorgeben zu gehorchen?

Zitiere mir nun Alexander, Philipp und Demetrios! Mögen sie selber sehen, ob sie gewußt haben, was die Allnatur wollte, und ob sie sich selber in Zucht gehalten haben. Haben sie aber Tragödien gespielt, so hat mich niemand dazu verurteilt, sie nachzuahmen. Schlicht und zurückhaltend ist das Werk der Philosophie. Führe mich nicht dazu, anmaßende Aufgeblasenheit zur Schau zu stellen.« (IX,29)

Wer sind diese »Jämmerlichen«, diese »Rotznäsigen«? Schwer zu sagen – vielleicht meint Marc Aurel damit jene, die mit Philosophie prahlten und ihn kritisierten, weil er keine »große Politik« betrieb. Der Fortgang des Textes läßt vermuten, daß man ihm zwei Dinge vorwarf. Zum einen, Platons Staat nicht zu verwirklichen. Sollte er, der Kaiser-Philosoph, den Staat nicht nach den Prinzipien der Philosophie vollständig reformieren? Zum anderen, keine Eroberungspolitik wie Alexander oder Philipp von Makedonien oder Demetrios Poliorketes[105] – ruhmreich für ihn und das ganze Imperium – zu betreiben.

Nein, antwortet Marc Aurel, das Wesentliche besteht darin, sich auf die gegenwärtige politische und moralische Handlung zu konzentrieren, so bescheiden sie auch sein mag. Tue, was die Natur (d.h. die Vernunft) in eben diesem Augenblick von dir verlangt, ohne dich zu weitgehenden utopischen Ansichten verleiten zu lassen und dich in »Platons Staat« zu wähnen.

»Platons Staat« war ein sprichwörtlicher Ausdruck, der eine sehr· präzise Bedeutung hatte. Er bezeichnete nicht im eigentlichen Sinne das im Dialog des großen Philosophen dargelegte politische Programm, sondern allgemein einen Staat, in dem alle Bürger, zu Philosophen geworden, vollkommen sind. So berichtet Cicero, daß der Stoiker Mucius Scaevola ein Plädoyer für Rutilius Rufus so gehalten habe, »als befände man sich in Platons Staat«,[106] d.h. als spräche er zu Philosophen. Und andernorts sagt er von Cato Uticensis, dieser habe so gehandelt, als lebte er in Platons Staat, nicht im Sumpfland des Romulus.[107] Genau dies meint auch Marc Aurel. Es ist äußerst schwierig, die Masse der Menschen umzuformen, die Werte, unter deren Bann sie stehen, die Auffassungen, nach denen sie handeln, zu verändern oder gar Philosophen aus ihnen zu machen. Doch wenn man ihre Art und Weise, die Dinge zu sehen, nicht umformt, das moralische Leben jedes Individuums nicht grundlegend verändert, dann wird jede Reform, die ohne ihre Zustimmung erzwungen wird, sie zu Sklaven machen, »die stöhnen und vorgeben zu gehorchen«. Dies ist das ewige Drama der Menschheit im allgemeinen und der Politik im besonderen. Da man die Menschen nicht gänzlich umzuformen vermag, kann die Politik nie etwas anderes sein als ein Kompromiß mit dem Übel.

Marc Aurel versucht also, realistisch und klarsichtig zu sein: Er gibt sich keinen Illusionen über eine allgemeine Bekehrung der Menschheit hin oder über die Möglichkeit, den Menschen einen idealen Staat aufzuzwingen – was allerdings nicht bedeutet, daß man gar nichts ändern könnte. So wie der stoische Philosoph zwar weiß, daß er niemals ein Weiser sein wird, sich aber trotzdem anstrengt, sich diesem Ideal in kleinen Schritten anzunähern, genauso weiß der Staatsmann, daß die Menschheit niemals vollkommen sein wird und er glücklich sein muß, wenn es ihm von Zeit zu Zeit gelingt, einen kleinen Fortschritt zu erzielen. Selbst ein ganz kleiner Fortschritt ist keine Geringfügigkeit, kostet er doch viele Anstrengungen und ist besonders wertvoll, wenn es sich um einen moralischen Fortschritt handelt, und sei er noch so winzig, denn ein moralischer Fortschritt ist niemals klein.

Ein Beispiel für diese politische Praxis Marc Aurels zeigt vielleicht seine Haltung gegenüber den Gladiatorenkämpfen. Die stoische Philosophie stand solchen Schauspielen ablehnend gegenüber, weil sie die menschliche Würde der Kämpfer mißachteten: »Es ist ein Sakrileg«, schrieb Seneca, »den Menschen zu lehren, Wunden auszuteilen oder zu empfangen. [...] *Der Mensch ist dem Menschen etwas Heiliges.* Heutzutage schlachtet man ihn zum Spiel und zum Zeitvertreib ab.«[108] Es ist also, nebenbei bemerkt, falsch, im Sinne von G. Ville[109] zu behaupten, daß die Stoiker diesen Schauspielen nur deshalb feindlich gesinnt waren, weil sie für den Zuschauer entwürdigend gewesen wären, daß sich diese Philosophen ansonsten aber ganz und gar nicht um das Drama des Opfers gekümmert hätten. Hierbei handelt es sich also um ein weiteres Beispiel für das Vorurteil mancher Historiker, die sich hartnäckig bemühen, die Bedeutung der Umkehrung der Werte durch die stoische Philosophie herunterzuspielen. Nur leider lassen sich die vorhandenen Texte nicht ignorieren: »*Homo res sacra homini*« heißt es bei Seneca.

Es wäre utopisch gewesen, diese Spiele abzuschaffen, die eine wesentliche Bedeutung im Leben des Volkes hatten. So erzählte das Volk bereits, als Marc Aurel die Gladiatoren zum Kampfeinsatz an der Donau einberief und es in Rom zu einer Unterbrechung der Spiele kam, der Kaiser wolle das Volk seiner Vergnügungen berauben und zur Philosophie bekehren.[110] Auf jeden Fall mußte es Marc Aurel als einen wenn auch kleinen, so doch nicht zu verachtenden Fortschritt betrachtet haben, erreicht zu haben, was der Geschichtsschreiber Cassius Dio berichtet:

»Marc Aurel hegte eine solche Abneigung gegen jedes Blutvergießen, daß er in Rom nur solchen Kämpfen der Gladiatoren beiwohnte, bei denen diese wie Athleten kämpften, ohne ihr Leben aufs Spiel zu setzen. Denn er erlaubte nicht, daß man ihnen scharfe Waffen in die Hand gab; sie sollten mit stumpfen Schwertern kämpfen, die mit einem Lederknopf versehen waren.«[111]

Keine utopischen Vorstellungen also, sondern eine realistische Sicht der Möglichkeiten und Grenzen der menschlichen Natur sowie eine Politik, die präzise und begrenzte Ziele anstrebt. Zudem verwirft der Kaiser-Philosoph jede Politik, die nur um des Ansehens willen geschieht. »Tue, was die Natur in eben diesem Augenblick fordert. [...] und schaue nicht umher, ob es jemand wissen wird« (IX,29,4).

Nur allzu deutlich sah Marc Aurel, daß man ihn in den Schatten stellen könnte, wenn man ihn mit Alexander, Philipp oder Demetrios (wobei es sich hier natürlich, wie gesagt, um Demetrios Poliorketes, den Städtebelagerer handelt) verglich. Große Eroberer waren sie gewiß, doch auch, mag Marc Aurel wohl gesagt haben, durch ihre Leidenschaften beherrschte Wesen. Ihrer materiellen und rohen Macht setzte die stoische Tradition, wie bei Epiktet etwa nachzulesen ist (II,13,24), die geistige und moralische Macht eines Philosophen wie des Diogenes entgegen, der nicht zögerte, offen zu ihnen zu sprechen. Und eben hierin liegt im übrigen der Sinn einer Ermahnung, in der Marc Aurel eine ähnliche Idee ausdrückt:

> »Was aber sind Alexander, Gaius [Julius Caesar] und Pompeius gegen Diogenes, Heraklit und Sokrates? Diese haben die Dinge, die Ursachen und die Stoffe gesehen, und ihre leitenden Prinzipien waren autark. Bei jenen dagegen wieviel Plünderungen,[112] wieviel Versklavte!« (VIII,3)

Große Eroberer sind Alexander, Philipp und Demetrios gewesen. Das mag schon sein, doch haben sie auch gewußt, was die Natur, die Allvernunft wollte? Haben sie nicht nur Herren der Welt, sondern auch Herren ihrer selbst zu sein gewußt? Sind sie nicht bloß »Tragöden« gewesen? Waren sie also nicht zugleich Leute, die schreckliche Ereignisse – Ereignisse, die einer Tragödie würdig gewesen wären – verursacht haben, und Schauspieler, die feierliche und falsche Posen einnahmen? Was immer die »Rotznäsigen«, auf die Marc Aurel anspielt, auch dazu sagen mögen, nichts kann ihn dazu zwingen, diesen nachzueifern. Er wird seine Arbeit als Kaiser, als wahrer Philosoph fortführen, indem er in jedem Augenblick gemäß dem Willen der Vernunft und der Natur handelt – und dies ohne Aufgeblasenheit, ohne eine feierliche Miene aufzusetzen, sondern schlicht und einfach.

Für Marc Aurel bietet die Philosophie also kein politisches Programm, sondern er erwartet von ihr, daß sie ihn forme, daß sie ihn durch geistige Übungen darauf vorbereite, seine politische Handlung in einem gewissen Geist, in einem gewissen Stil durchzuführen. Worauf es ankommt, ist weniger, was man tut, als vielmehr, wie man es tut. Im Grunde gibt es keine Politik, die nicht auch Ethik wäre. Sie besteht vor allem in der Disziplinierung des Handelns, die wir bereits analysierten, und die im wesentlichen den Dienst an der menschlichen Gemeinschaft, die Hingabe an die Mitmenschen und den Geist der Gerechtigkeit impliziert. Die Politik als Disziplinierung des Handelns läßt sich im übrigen unmöglich von jenen großen kosmischen und menschlichen Perspektiven trennen, welche uns die Anerkennung einer transzendenten Universalität, die Anerkennung der Vernunft und der Natur eröffnet, die durch ihre Übereinstimmung mit sich selbst zugleich die Liebe der Menschen zueinander und die Liebe der Menschen zum Ganzen begründet, dessen Teile sie sind. Wie könnte man dabei nicht an die vor nicht langer Zeit veröffentlichten Zeilen von Václav Havel denken, in denen er vom »moralischen« oder »geistigen Staat« spricht:

»Die wahre Politik, die Politik, die als einzige diesen Namen verdient und die zu praktizieren ich bereit bin, ist die Politik im Dienst des Nächsten. Im Dienste der Gemeinschaft [...]. Ihre Grundlage ist ethisch, insofern sie lediglich die verwirklichte Verantwortung gegenüber dem Ganzen und für das Ganze ist [...]. [Diese Verantwortung] erwächst aus der Gewißheit – bewußt oder unbewußt –, daß [...] alles für immer aufgeschrieben und andernorts bewertet wird, irgendwo ›über uns‹, in dem, was ich einst das ›Gedächtnis des Seins‹ genannt habe, in jenem vom Kosmos, von der Natur und vom Leben untrennbaren Teil, den die Gläubigen Gott nennen und dessen Urteil alles unterworfen ist. [...] Mich zu bemühen, unter allen Umständen anständig, gerecht, tolerant und verständnisvoll zu sein, zugleich aber unbestechlich und meiner vollkommen sicher. Kurz: mich zu bemühen, in Übereinstimmung mit meinem Gewissen und meinem besseren Ich zu sein.«[113]

Schlußbetrachtung

Zu Beginn dieses Buches haben wir auf den außergewöhnlichen Erfolg verwiesen, der den *Ermahnungen an sich selbst* des Marc Aurel seit dem Erscheinen der ersten gedruckten Ausgabe im Jahre 1559 über Jahrhunderte hinweg beschieden war. Wie läßt sich dieses Phänomen erklären? Warum übt dieses Werk auch heute noch, bis in unsere Tage hinein, eine solche Faszination aus? Ein Grund mag in der vollendeten Kunstfertigkeit liegen, mit der der Kaiser seine Aphorismen auszufeilen wußte. »Eine gute Sentenz«, sagte Nietzsche, »ist zu hart für den Zahn der Zeit und wird von allen Jahrtausenden nicht aufgezehrt, obwohl sie jeder Zeit zur Nahrung dient: dadurch ist sie das große Paradoxon in der Literatur, das Unvergängliche inmitten des Wechselnden, die Speise, welche immer geschätzt bleibt, wie das Salz, und niemals, wie selbst dieses, dumm wird.«[1]

In diesem Fall besteht jedoch die nahrhafte Substanz – wie wir gesehen haben – in dem stoischen System, so wie Epiktet es darstellte. Vermag uns dieses denn auch in der heutigen Zeit noch eine geistige Nahrung zu bieten?

E. Renan[2] verneinte dies, reichten die *Ermahnungen an sich selbst* seiner Meinung nach doch weit über Epiktet und jede bestimmte Doktrin hinaus:

»Glücklicherweise wurde das Kästchen, welches die am Ufer des Gran und in Carnuntum niedergeschriebenen Gedanken verborgen hielt, gerettet. Zum Vorschein kam jenes mit nichts zu vergleichende Buch, das Epiktet überragt, dieses Handbüchlein des Verzicht übenden Lebens, dieses Evangelium derer, die nicht an das Übernatürliche glauben – ein Buch, das erst in unserer Zeit verstanden werden konnte. Ein wahrhaft ewiges Evangelium darstellend, werden die *Gedanken* Marc Aurels niemals altern, denn sie verkünden kein Dogma. Das Evangelium ist in manchen seiner Teile veraltet, läßt die Wissenschaft doch nicht länger die naive Vorstellung des Übernatürlichen zu, die ihm zugrunde liegt. Das Übernatürliche ist in den *Gedanken* nur ein kleiner, unbedeutender Fleck, der die wunderbare Schönheit des Grundgehaltes nicht beeinträchtigt. Hätte die Wissenschaft auch die Macht, Gott und die Seele zu zerstören, so blieben die *Gedanken* dennoch jung an Leben und erfüllt von Wahrheit. Die Religion des Marc Aurel ist, wie es auch mitunter die des Jesus war, die absolute Religion, jene, die sich aus der einfachen Tatsache eines hohen moralischen Bewußtseins im Angesicht des Weltalls ergibt. Es ist eine Religion, die weder einer Rasse noch einem Land angehört. Keine Revolution, kein Fortschritt, keine Entdeckung wird sie ändern können.«

Diese Zeilen vermitteln in bewundernswerter Weise den Eindruck von Marc Aurels Werk auf seine Leser. Sie bedürfen jedoch der Präzisierung und Nuancierung. Wie viele andere Historiker nach ihm hat sich Renan hinsichtlich der Bedeutung getäuscht, die jenem berühmten Dilemma bei Marc Aurel zukommt: Entweder die Natur oder die Atome. Er folgerte daraus, daß Marc Aurel gegenüber den stoischen Dogmen (der Natur) bzw. denen des Epikur (die Atome) eine Haltung vollkommener Gleichgültigkeit eingenommen habe, als hätte er entdeckt – und hierin bestünde das Geheimnis der ewigen Jugend der *Ermahnungen an sich selbst* –, daß das moralische Gewissen von jeder Theorie über die Welt, jedem bestimmten Dogma unabhängig sei, »als hätte er«, so sagt Renan,»Kants *Kritik der reinen Vernunft* gelesen«[3].

Tatsächlich meint dieses Argument jedoch, wie bereits erläutert,[4] etwas völlig anderes. Zunächst gilt es darauf hinzuweisen, daß Marc Aurel es keineswegs erfunden hat, war es doch in der Schule der Stoa traditionell. Zudem war diese Gedankenabfolge von den Stoikern erarbeitet worden, um unwiderruflich festzulegen, daß man, selbst wenn der Epikureismus der Wahrheit entspräche – eine Hypothese, die sie von vornherein ausschlossen –, ein stoisches Leben führen, d.h. nach der Vernunft handeln und das moralisch Gute als das einzig Gute betrachten müßte, selbst wenn um uns herum nur Chaos und Zufall wären. Eine solche Position impliziert keinerlei Skeptizismus – ganz im Gegenteil. Die Tatsache jedoch, daß die Stoiker eine derartige Argumentation aufgebaut haben, ist äußerst interessant. Angesichts der Überlegung, daß ihre physikalischen Theorien falsch sein könnten, man jedoch nichtsdestoweniger als Stoiker leben müsse, offenbaren sie das, was sie als das absolut Wesentliche in ihrem System erachteten. Der Stoiker definiert sich also vor allem durch die Wahl eines Lebens, in dem jeder Gedanke, jedes Begehren, jede Handlung von keinem anderen Gesetz als dem der Allvernunft geleitet werden soll. Mag die Welt geordnet oder ein Chaos sein, von uns allein hängt es ab, in vernünftiger Weise kohärent mit uns selbst zu leben.[5] Aus dieser existentiellen Wahl leiten sich tatsächlich alle Dogmen des Stoizismus ab: In der Tat kann der Kosmos unmöglich die menschliche Vernünftigkeit hervorgebracht haben, ohne daß sie in ihm bereits in irgendeiner Form gegenwärtig gewesen wäre. Das Wesen des Stoizismus besteht also in der Erfahrung der Absolutheit des moralischen Bewußtseins und der Reinheit der Absicht. Das moralische Bewußtsein ist im übrigen nur moralisch, sofern es rein ist, d.h. wenn es sich auf die Allgemeingültigkeit der sich als Selbstzweck verstehenden Vernunft gründet und nicht auf ein besonderes Interesse des Individuums oder des Staates. Alle Stoiker und nicht nur Marc Aurel hätten daher die beiden kantischen Formulierungen des kategorischen Imperativs unterschreiben können: »*Handle nur nach derjenigen Maxime, durch die du zugleich wollen kannst, daß sie ein allgemeines Gesetz werde*«; »*Handle so, als ob die Maxime deiner Handlung durch deinen Willen zum allgemeinen Naturgesetz werden sollte*«.[6] Anstatt zu sagen, Marc Aurel schreibe, als hätte er die *Kritik der reinen Vernunft* gelesen, muß es vielmehr heißen, Kant verwendet diese Formeln, weil er u.a. die Texte der Stoiker gelesen hatte.

Abgesehen davon hat Renan recht, wenn er davon spricht, daß in den *Ermahnungen an sich selbst* der absolute Wert des moralischen Bewußtseins behauptet wurde. Läßt sich in diesem Zusammenhang jedoch von Religion sprechen? Ich glaube nicht, bin ich doch der Meinung, daß das Wort »Philosophie« ausreicht, um die Reinheit jener Haltung zu beschreiben, und man sich davor hüten muß, die Philosophie mit all den unpräzisen und vagen, sozialen und mythischen Implikationen zu vermengen, die im Begriff der Religion mitschwingen.

Ewiges Evangelium? Renan zufolge sind einige Teile des christlichen Evangeliums veraltet, wohingegen es den *Ermahnungen an sich selbst* stets gelungen ist, ihre Frische zu bewahren. Doch sind nicht auch einige – religiöse – Seiten Marc Aurels sehr weit von uns entfernt? Sollte man nicht besser sagen, daß jedes Evangelium in dem Maße altert, wie es der jeweiligen Mode entsprochen hat, d.h. die kollektiven Vorstellungen und Mythen der Zeit und der Umwelt, in der es niedergeschrieben wurde, widergespiegelt hat? Doch gibt es Werke, zu denen sowohl das Evangelium als auch die *Ermahnungen an sich selbst* gehören, aus denen die Menschheit wie aus immer neuen Quellen schöpfen kann. Und wenn wir über ihre zeitgebundenen Aspekte hinauszugehen wissen, erahnen wir in ihnen einen unvergänglichen Geist, der uns zu einer Lebenswahl aufruft, zu einer Verwandlung unserer selbst, einer grundlegenden Revision unserer Haltung gegenüber den Menschen und der Welt.

Die *Ermahnungen an sich selbst* fordern uns, wie wir im Verlauf des hier vorliegenden Buches gesehen haben, zu einer Lebenswahl im stoischen Sinne auf. Dies bedeutet natürlich nicht, daß sie uns zu einer vollkommenen Bekehrung zu den Dogmen und Praktiken des Stoizismus veranlassen können. Doch in dem Maße, in dem wir unserem Leben einen Sinn zu geben versuchen, laden sie uns ein, eine Verwandlung zu entdecken, die sich in unserem Leben ergeben könnte, wenn wir gewisse, den Geist der Stoa ausmachende Werte, im wahrsten Sinne des Wortes, realisieren.

Im übrigen ließe sich sagen, daß es in der Menschheit einen universellen Stoizismus gibt, womit gemeint ist, daß die Haltung, die wir »stoisch« nennen, eine der permanenten und fundamentalen Möglichkeiten des menschlichen Daseins ist, wenn es die Weisheit sucht. So hat J. Gernet[7] z.B. gezeigt, wie gewisse Aspekte des chinesischen Denkens mit dem verwandt sind, was wir als Stoizismus bezeichnen. Selbstverständlich haben sie sich entwickelt, ohne daß der griechisch-lateinische Stoizismus einen Einfluß auf sie ausüben konnte. So läßt sich dieses Phänomen z.B. bei Wang Fuzhi,[8] einem chinesischen Philosophen des 17. Jahrhunderts, feststellen, der schreibt: »Die gemeine Erkenntnis [die sich darauf beschränkt, was man gesehen und gehört hat] besteht im Egoismus des Ich und entfernt sich von der ›großen Objektivität‹ [*dagong*; ein Ausdruck, der eine zugleich moralische wie auch intellektuelle Bedeutung hat].« Diese Zeilen lassen erahnen, daß diese »große Objektivität« vollkommen identisch mit Marc Aurels Methode der physikalischen Definition ist, die ebenfalls darin besteht, sich von der egoistischen Sichtweise zu befreien und die der Allnatur einzunehmen.[9] J. Gernet kommentiert: »Moral und Vernunft sind ein und dasselbe. Nachdem er seinen Geist bis zu den Dimensionen des Weltalls [*daxin*, welches das genaue Gegenstück zum griechischen Begriff *megalopsychia*, ›Seelengröße‹, darstellt] ausgeweitet und ›seine Person zu einem Teil der Welt gemacht‹ hat, gelingt es dem Weisen, den Geist der ›Großen Verwandlung‹ [d.h. des Lebens des universellen Austauschs, das den Rhythmus der Welt bestimmt] zu begreifen.« Die »große Objektivität« des Weisen – wir können auch sagen: die Ausweitung seines Geistes bis zu den Dimensionen der Allvernunft – legt eine ganz und gar stoische Haltung nahe, wie der folgende Text von Wang Fuzhi zeigt:

> »Der sittliche Mensch erwartet, was das Schicksal ihm zugedacht hat, und läßt sich vom Tod nicht bekümmern. Er schöpft seine individuellen Fähigkeiten bis zum letzten aus und entwickelt die guten Anlagen seiner Natur [die einen Abglanz der himmlischen Ordnung darstellt], um nicht gegen die Normen dessen, was angemessen ist, zu verstoßen.«[10]

Und bei einem anderen Philosophen jener Epoche, Tang Zhen, welcher ebenfalls von J. Gernet übersetzt wurde, erkennen wir ein Thema wieder, welches uns bei Marc Aurel begegnet ist: die Opposition zwischen der Winzigkeit des im Kosmos verlorenen menschlichen Daseins und der Transzendenz des moralischen Bewußtseins, die es dem Weltall ebenbürtig macht.

»In der Unermeßlichkeit des Raumes und der Zeit des Universums gleicht der Mensch einem Staubkorn, das der Wind davonträgt, oder einem winzigen Lichtpunkt. Durch die Vervollkommnung seiner grundsätzlichen Güte und des Adels seines moralischen Bestrebens jedoch bewirkt er, daß er dem Universum in nichts nachsteht.«[11]

Unter den zahlreichen Haltungen, die der Mensch gegenüber dem Universum einnehmen kann, findet sich eine, die in der griechisch-lateinischen Welt »Stoizismus« genannt wurde, die man jedoch auch ganz anders bezeichnen könnte, und die durch ganz bestimmte Tendenzen charakterisiert wird.

Zunächst ist sich der »Stoiker«, was hier in einem allgemeinen Sinn verstanden werden soll, der Tatsache bewußt, daß kein Mensch für sich alleine existiert, sondern wir einem Ganzen angehören, welches sowohl in der Totalität des Menschen als auch in der des Kosmos besteht. Dem Geist des Stoikers ist das Ganze stets gegenwärtig.

Darüber hinaus läßt sich sagen, daß sich der Stoiker in dem Maße vollkommen gelassen, frei und unverwundbar fühlt, wie er sich bewußt geworden ist, daß es kein anderes Übel gibt als das moralisch Schlechte und daß einzig die Reinheit des moralischen Bewußtseins zählt.

Und schließlich: Der Stoiker glaubt an den absoluten Wert des Menschen. Man wird es nicht oft genug wiederholen können, denn man vergißt es nur zu oft, nämlich daß die moderne Auffassung der »Menschenrechte« auf die Stoiker zurückgeht. In diesem Zusammenhang haben wir die schöne Formel Senecas[13] »Der Mensch ist dem Menschen heilig« bereits zitiert. Man kann auch folgenden Ausspruch von Epiktet nicht unerwähnt lassen, der auf die Frage, wie ein ungeschickter Sklave zu ertragen sei, antwortete:

»Du selber bist ein Sklave! Wirst du nicht deinen Bruder ertragen, der Gott zum Vater hat und, als ein Sohn, aus demselben Samen wie du geboren wurde und wie du von oben herstammt? [...] Wirst du dich denn nicht daran erinnern, wem du befiehlst? Deinen Verwandten, deinen Brüdern von Natur aus, den Söhnen Gottes. – ›Aber ich habe Rechte über sie, weil ich sie gekauft habe, wohingegen sie über mich keine haben.‹ – Siehst du denn nicht, worauf du deinen Blick richtest? Du siehst nur die Erde, jenen Todesschlund; du siehst nur die elenden Gesetze, diejenigen der Toten. Siehst du denn die Gesetze der Götter nicht?« (I,13,3)

Epiktet verwendet die bildhafte und mythische Vorstellung der Abstammung aller Menschen von Gott, die dem modernen Menschen altmodisch vorkommen mag. Doch wenn er von Gott spricht – und dies gilt, wie wir gesehen haben, auch für Marc Aurel –, denkt er vor allem an die Vernunft und will damit nur sagen: Jener Sklave ist ein Lebewesen wie du und genauso wie du ein vernunftbegabtes Wesen. Selbst wenn die Gesetze der Menschen nicht anerkennen wollen, daß er deinesgleichen ist, gewähren ihm die Gesetze der Götter, d.h. das Gesetz der Vernunft, die Anerkennung seines absoluten Wertes. Wir modernen Menschen glauben, diese Gesetze der Toten abgeschafft zu haben, aber letztendlich regieren sie immer noch die Welt.

Wie V. Goldschmidt[14] angemerkt hat, besteht ein anderer Aspekt dessen, was man den »ewigen Stoizismus« nennen könnte, in der Übung, sich auf den gegenwärtigen Augenblick zu konzentrieren – eine Übung, die einerseits darin besteht, so zu leben, als sähen wir die Welt zum ersten und zugleich zum letzten Mal, und andererseits, uns dessen bewußt zu sein, daß wir in dieser gelebten Gegenwart des Augenblicks Zugang zur Totalität der Zeit und der Welt haben.

Zu Recht mag der Leser einwenden: Die Tatsache, daß die besondere Haltung, die wir »stoisch« nennen, in gewisser Weise universell und immerwährend ist, erklärt vielleicht, daß wir die *Ermahnungen an sich selbst* trotz der Zeit, die uns davon trennt, auch heute noch verstehen und – mehr noch – Regeln für das Denken und Handeln darin finden. Damit ist aber nicht die einzigartige Faszination erklärt, die dieses Buch auf uns ausübt. Doch könnte man dem Leser nicht entgegnen, daß, wenn die *Ermahnungen an sich selbst* seit jeher eine solche Faszination besitzen, dann, weil wir beim Lesen das Gefühl haben, nicht nur vor einem System, nämlich dem Stoizismus, zu stehen – auch wenn sich Marc Aurel stets darauf beruft –, sondern vor allem einem Menschen zu begegnen, einem Menschen guten Willens, der nicht zögert, sich selbst zu kritisieren, sich selbst zu prüfen, einem Menschen, der ohne Unterlaß wieder und wieder die Aufgabe angeht, sich zu ermahnen, sich zu überzeugen und die Worte zu finden, die ihm zu leben helfen werden, gut zu leben helfen werden? Gewiß sind dies nach einer bestimmten Methode durchgeführte geistige Übungen. Doch wir nehmen gleichsam an ihnen teil: Sie sind dem Leben in eben dem Moment entnommen, in dem sie praktiziert werden.

In der Weltliteratur begegnen uns viele Prediger, Schulmeister und Zensoren, die den anderen, ob selbstgefällig, ironisch, zynisch oder bitter, die Leviten lesen, äußerst selten jedoch treffen wir auf einen Menschen, der dabei ist, sich selbst darin zu üben, wie ein Mensch zu leben und zu denken:

»Wann immer es dir am Morgen schwerfällt, aufzustehen, denk daran: Ich stehe auf, um des Menschen Werk zu tun.«
(V,1)

Zögern, Tasten, Suchen hat sicher wenig Platz in diesen Übungen – folgen sie doch einem Plan, den die stoische Philosophie, den

Epiktet genau vorgezeichnet hat. Die persönliche Anstrengung wird vielmehr in den Wiederholungen, den zahlreichen Variationen deutlich, die über dasselbe Thema entwickelt werden, sowie auch in der beständigen stilistischen Suche nach der einprägsamsten, der wirksamsten Formel. Und doch bewegt es uns auf ganz besondere Weise, gewissermaßen Zutritt zu einer geistigen Intimität zu haben, in das Geheimnis einer Seele einzudringen und so unmittelbar an den Versuchen eines Menschen teilzuhaben, der, von dem einzig Notwendigen, von dem absoluten Wert des moralisch Guten fasziniert, sich bemüht, zu tun, was wir im Grunde alle versuchen: vollkommen bewußt, vollkommen klarsichtig zu leben, jedem Augenblick seine Intensität und seinem ganzen Leben einen Sinn zu geben. Marc Aurel spricht zu sich selbst, doch es ist, als spräche er zu einem jeden von uns.

Anmerkungen

Für die abgekürzten Literaturangaben, z.B. Cassius Dio oder R.B. Rutherford, *Meditations*, siehe das Literaturverzeichnis am Schluß des Buches.

I. Der Kaiser-Philosoph

1. Zu diesen Fabriken vgl. H. Bloch, *I bolli laterizi e la storia edilizia romana*, Rom 1947 (²1968), bes. S. 204-210 und 331; Margareta Steinby, »Ziegelstempel von Rom und Umgebung«, in: *Paulys Realencyklopädie*, Supplem. XV, 1978, Sp. 1489-1591.
2. Über das Verhältnis von diesen Geburten, den Münzprägungen und der kaiserlichen Propaganda vgl. K. Fittschen, *Die Bildnistypen der Faustina Minor und die Fecunditas Augustae*, Göttingen 1982.
3. Vgl. E. Champlin, *Fronto and the Antonine Rome*, Harvard University Press 1980, S. 139-142.
4. James F. Gilliam, »The Plague under Marcus Aurelius«, in: *American Journal of Philology*, Bd. 82, 1961, S. 225-251.
5. Cassius Dio, LXXII, 36,3, S. 66.
6. F. Lot, *La Fin du monde antique et le début du Moyen Âge*, Paris 1951, S. 198-199.
7. Siehe die Werke von E. Renan, A.R. Birley und P. Grimal.
8. Zu diesem Aspekt der antiken Philosophie vgl. P. Hadot, *Philosophie als Lebensform* ..., sowie vom selben Autor das Vorwort zu R. Goulet, *Dictionnaire des philosophes antiques*, Bd. I, Paris 1989, S. 11-16.
9. J.M. Rist, »Are You a Stoic? The Case of Marcus Aurelius«, in: *Jewish and Christian Self-Definition*, III, B.F. Meyer / E.P. Sanders (Hg.), London 1983, S. 23.
10. Justin, christlicher Apologet und Zeitgenosse Marc Aurels (vgl. André Wartelle, *Saint Justin, Apologies*, Paris 1987, S. 31-32), gibt zwar zu Beginn seiner *Apologie* Marc Aurel und Lucius Verus den Beinamen »Philosoph«, und Melito aus Sardes, ein anderer Apologet (vgl. Eusebius von Caesarea, *Historia ecclesiastica*, IV,26,7), verbindet Commodus mit dem Ruf seines Vaters Marc Aurel als eines Philosophen. Doch beide, sowohl Verus wie Commodus, verdanken diesen Titel lediglich ihrer Verbindung zu Marc Aurel. Zum Begriff des »Philosophen« in der Kaiserzeit siehe das ausgezeichnete Buch von J. Hahn, *Der Philosoph und die Gesellschaft*, Stuttgart 1989.
11. Fronto, *Ad Antonin. Imper., De eloquentia*, 2,15, Van den Hout, S. 143,18; Haines, Bd. II, S. 70.
12. *Historia Augusta*, MA, II,I, S. 134: »*Fuit a prima infantia grauis*«.

13. Fronto, *Ad Marc. Caes.*, II,16, Van den Hout, S.34,2, Haines, Bd. I, 150 .
14. Nach der *Historia Augusta*, MA, IV,9 (Bd. I, S. 142) war Diognetos (oder Diogenetos) sein Zeichenlehrer.
15. Vgl. J. Taillardat, *Les Images d'Aristophane*, Paris 1962, S. 268, § 474 und Anm. 2.
16. *Historia Augusta, MA*, II,6, S. 136.
17. Seneca, *Ad Lucilium*, 18,5-7; 20,9; Plinius d. J., *Briefe*, I,22,4; Musonius, 22, in: *Deux prédicateurs de l'Antiquité, Télès et Musonius*, ins Französische übers. von A.-J. Festugière, Paris 1978, S. 123-124.
18. Z.B. Strabon, *Geographika*, V,47.
19. Vgl. Polybius, *Hist.*, I,32,1; Plutarch, *Agesilaus*, 2, und *Kleomenes*, 11,3-4; Dionysios von Halikarnassos, *Antiquitates Romanae*, 2,23,2,1.
20. Plutarch, *Lykurgos*, 16,12.
21. F. Ollier, *Le Mirage spartiate*, Bd. I und II, Paris 1933-1943. E.N. Tigerstedt, *The Legend of Sparta in Classical Antiquity*, Bd. I-II, Stockholm 1965-1973.
22. Musonius (zitiert in Anm. 17), 1, S. 52 und 22, S. 124.
23. Vgl. Platon, *Symposion* 219b; Xenophon, *Memorabilien*, I,6,2.
24. *Historia Augusta, MA*, III,3, S. 138.
25. Cassius Dio, LXXII, 35,1, S. 64.
26. Themistius, *Orationes quae supersunt*, hg. von G. Downey und A.F. Norman, Leipzig 1969-1974, Bd. I (*orat.* 17), S. 307, 28; Bd. II (orat. 34), S. 218,6 und S. 226,9.
27. I. Hadot, *Seneca und die griechisch-römische Tradition der Seelenleitung*, Berlin 1969, S. 167 f.
28. Arrian, *Unterredungen des Epiktet*, IV,8,12.
29. Fronto, *Ad Antonin. Imper.*, I,2,3; Van den Hout, S. 88,4, Haines, Bd. II, S. 36.
30. Fronto, *Ad Marc. Caesar.*, IV,13, Van den Hout, S. 67-68; Haines, Bd. I, S. 214 . Zum Begriff der Umkehr vgl. A.D. Nock, *Conversion. The Old and the New in Religion from Alexander the Great to Augustine of Hippo*, Oxford 1933; P. Hadot, *Exercices ...*, S. 175-182.
31. Es ist wenig wahrscheinlich, daß Marc Aurel, Caesar, Beisitzer des Aufidius war.
32. E. Champlin, »The Chronology of Fronto«, in *Journal of Roman Studies*, Bd. 64, 1974, S. 144 ff.
33. Vgl. Anm. 17.
34. R.B. Rutherford, *Meditations ...*, S. 106, Anm. 41; H. Görgemanns, »Der Bekehrungsbrief Marc Aurels«, in *Rheinisches Museum für Philologie*, Bd. 134, 1991, S. 96-109; P. Hadot in: *École pratique des Hautes Études, Ve Section, Annuaire*, Bd. XCII, 1983-1984, S. 331-336.
35. H. Görgemanns (zitiert in Anm. 34) weist auf S. 102-108 nach, daß diese Beschreibung eine Anspielung auf den Zorn des Achilles im ersten Lied der *Ilias* von Homer enthält. Es ist eine gewollte Ironie des jungen Marc Aurel, der den Schmerz mildern will, den er seinem Lehrer Fronto zufügt, indem er ihm seine wachsende Liebe zur Philosophie zu verstehen gibt.

36. Vgl. die Formel »*Silent leges inter arma*«: »Die Gesetze schweigen während des Krieges«, in: A. Otto, *Die Sprichwörter und sprichwörtlichen Redensarten der Römer*, Hildesheim 1962, S. 192, und vgl. Plutarch, *Agesilaos*, 30,4.
37. SVF, Bd. I, 333. Zu diesem Philosophen vgl. A. Ioppolo, *Aristone di Chio e lo stoicismo antico*, Neapel 1981.
38. Vgl. SVF, Bd. I, §§ 383-403.
39. Seneca, *Ad Lucilium*, 94,2; Cicero, *De finis bonorum et malorum*, III,50, IV,43 und 79.
40. Was ich in P. Hadot, *Exercices* ..., S. 130, *Philosophie als Lebensform* ..., S. 79, und in der in Anm. 34 zitierten Studie über Ariston gesagt habe, soll in dieser Hinsicht korrigiert werden. Siehe auch S. 109-112.
41. *Historia Augusta*, »Antoninus Pius«, X,4, S. 124.
42. Ebd., X,5, S. 124.
43. *Historia Augusta, MA*, III,2, S. 136.
44. A. Adler (Hg.), *Suidae Lexicon*, Bd. IV, Stuttgart ²1971, § 235, S. 341.
45. Philostratos, *Sophistenbiographien*, II,1,557, in: Philostratus and Eunapius, *The Lives of Sophists*, hg. von W.C. Wright, London 1968, S. 163. Lucius, von dem hier die Rede ist, ist offensichtlich nicht Lucius Verus, Marc Aurels Adoptivbruder, wie P. Grimal, S. 89, meint, sondern ein Philosoph, von dem Philostratos in diesem Zusammenhang andere Anekdoten erzählt. Erwähnenswert ist hier die Toleranz Marc Aurels gegenüber dem offenen Wort des Lucius; vgl. hierzu R.B. Rutherford, *Meditations* ..., S. 89.
46. Fronto, *Ad Antonin. Imper., De eloquentia*, 1,4, Van den Hout, S. 135,3; Haines, Bd. II, S. 50 .
47. Ebd., 2,17, Van den Hout, S. 144,2 und 5,4, S. 151,22; Haines, Bd. II, S. 66 und 83.
48. Vgl. G.W. Bowersock, *Greek Sophists in the Roman Empire*, Oxford 1969, S. 53-54, und Philostratos, *Sophistenbiographien*, II,5,571, S. 192 Wright (zitiert in Anm. 45).
49. *Historia Augusta, MA*, III,2, S. 136 und III,3, S. 138.
50. Galen, *De praecognitione* = Galen, *On Prognosis*, hg., ins Englische übersetzt und mit einem Kommentar versehen von V. Nutton, (*Corpus Medicorum Graecorum*, V 8,1), Berlin 1979, S. 82,6. O. Murray meint in seiner Besprechung des Buches von R. MacMullen, »*Enemies of Roman Order*«, in: *Journal of Roman Studies*, Bd. 59, 1969, S. 265 (Additional Note), daß es sich bei dem Freund und Lehrer, an den sich Marc Aurel erinnert, um jenen Claudius Severus handelt, von dem auch Galen spricht, d.h. um Marc Aurels eigenen Schwiegersohn.
51. Zu diesen Sitzungen vgl. P. Moraux, *Galien de Pergame. Souvenirs d'un médecin*, Paris 1985, S. 83 und 101.
52. Fronto, *Ad Amicos*, I,14, Van den Hout, S. 180,2; Haines, Bd. II, S. 98.
53. Fronto, *Ad Antonin. Imper., De eloquentia*, 2,11, Van den Hout, S. 140,6, Haines, Bd, II, S. 62.
54. Fronto, *De feriis Alsiensibus*, 3,6, Van den Hout, S. 230,14, Haines, Bd. II, S. 10.

55. Siehe Anm. 9.
56. Fronto, *Ad Marc. Caesar.*, V,24, Van den Hout, S. 73,7, Haines, Bd. I, S. 196.
57. Fronto, *Ad Antonin. Imper.*, I,3,2, Van den Hout, S. 91,21, Haines, Bd. II, S. 120.
58. *Historia Augusta, MA*, XXIII,5, S. 190.
59. Siehe Anm. 10.
60. Zum Zeugnis Galen vgl. die Belege von V. Nutton in seinem Kommentar zu Galen, *On Prognosis* (zitiert in Anm. 50), S. 163 ff. und J. Hahn, *Der Philosoph und die Gesellschaft* (zitiert in Anm. 10), S. 29, Anm. 42, und S. 148 ff. (zum philosophischen Leben in Rom zur Zeit Galens). Zur Karriere dieser Persönlichkeiten vgl. G. Alföldy, *Konsulat und Senatorenstand unter den Antoninen*, Bonn 1977; siehe auch G.W. Bowersock (zitiert in Anm. 48), S. 82.
61. Persius, *Satiren*, III, Vers 54.
62. Galen, *In Hippocrat. Epidem.*, VI, hg. von Wenkebach und Pfaff, Berlin ²1956, S. 206; Kühn, XVII B, S. 150. Die Schlußfolgerungen die Dailly-van Effenterre (»Le cas Marc-Aurèle«, in *Revue des études anciennes*, Bd. 56, 1954, S. 365) aus diesem Text ziehen, sind zumindest gewagt. Hinweise auf die kaiserliche Haartracht finden sich in J. Marquardt, *Das Privatleben der Römer*, 1886, Neuauflage, Darmstadt 1980, Bd. II, S. 602.
63. Cassius Dio, LXXII, 35,2, S. 64.

II. Erste Annäherung an die *Ermahnungen an sich selbst*

1. Cassius Dio, LXXII, 24,1, S. 41 ff.; A.S.L. Farquharson, *The Meditations of the Emperor Marcus Antoninus*, Oxford 1968, Bd. 1, S. XIV.
2. Themistios, *Oratio 6 (Philadelphoi)*, 81c.
3. Aurelius Victor, *Caesares*, 16,9; »Avidius Cassius«, in: *Historia Augusta*, III, 6-7, S. 238.
4. Nikephoros Kallistos Xanthopoulos, *Ecclesiastica Historia*, III,31, *Patrologia Graeca*, Bd. 145, Col. 960.
5. A. Adler (Hg.), *Suidae Lexicon*, Bd. III, Stuttgart 1967, § 214, S. 328,24.
6. L.G. Westerink (Hg.), *Arethae Scripta Minora*, Bd. I, Leipzig 1968, S. 305.
7. Vgl. ebd., Bd. II, S. 105,5 (*Ermahnungen an sich selbst*, I,7,7); *Scholia in Lucianum*, H. Rabe (Hg.), Leipzig 1906, S. 189 und 207 (*Ermahnungen an sich selbst*, VIII, 25 und 37).
8. Vgl. Ph. Meyer, »Des Joseph Bryennios Schriften, Leben und Bildung«, in: *Byzantinische Zeitschrift*, Bd. V, 1896, S. 110, der verschiedene wörtliche Zitate Marc Aurels bei diesem Autor des 15. Jahrhunderts aufzeigt.
9. Ioannis Reuchlin ..., *De arte cabalistica libri tres*, Hagenau 1517, S. XXXV verso (zitiert wird IV,36 mit der Wendung: »*in libro ad se ipsum tertio*«, und

VII,28,2, wo das Verb *haploun* nicht im Sinne von »sich vereinfachen«, sondern von »sich entledigen«, »sich befreien« verstanden wird: *explicare se*). Zum Manuskript von Marc Aurel, auf welches sich Reuchlin beruft, vgl. L. Bergson, »Fragment einer Marc-Aurel-Handschrift«, in: *Rheinisches Museum*, Bd. 129, 1986, S. 157-169.
10. *Marci Antonini Imperatoris de rebus suis, sive de eis quae ad se pertinere censebat libri XII*, commentario perpetuo explicati atque illustrati studio Thomae Gatakeri, Cambridge 1652.
11. Vgl. P. Hadot, Vorwort zu R. Goulet (Hg.), *Dictionnaire des philosophes antiques*, Bd. I, Paris 1989, S. 10.
12. P. Moraux, *Galien de Pergame. Souvenirs d'un médecin*, Paris 1985, S. 153; L. Brisson, M.-O. Goulet-Cazé ..., *Porphyre, Vie dePlotin*, Bd. I, Paris 1982, S. 283.
13. *Arethae Scripta Minora* (zitiert in Anm. 6), S. 305.
14. »*Anthologia Palatina*«, Buch XV, § 23, in: P. Waltz (Hg.), *Anthologie grecque* [Anthologia Graeca, gr. u. frz.], Paris 1928 ff., Bd. XII, S. 135: »Wenn du die Trauer besiegen willst, so öffne dieses glückselige Buch und lies es sorgfältig durch; mit ihm wirst du dich mühelos von dieser so fruchtbaren Idee überzeugen können: Ob vergangen, gegenwärtig oder zukünftig sind Lüste und Schmerzen eitel Rauch.«
15. Vgl. oben, Anm. 7.
16. A. Adler (Hg.), *Suidae Lexicon*, Bd. III, Stuttgart 1967, § 214, S. 328,24.
17. Vgl. oben, Anm. 2.
18. Vgl. Meric Casaubon in seiner Marc-Aurel-Ausgabe: *Marci Antonini Imperatoris De Seipso et Ad Seipsum libri XII*, London 1643, in seinen *Prolegomena*, S. 12-14 (Seiten nicht numeriert), zitiert nach der zweiten Auflage der *editio princeps* (1568).
19. Vgl. Anm. 18.
20. Casaubon in dem gleichen Band (vgl. Anm. 18), S. 2-3, seiner Anmerkungen mit dem Titel *Merici Casauboni ... in Marci Antonini De seipso ... Libros Notae*, die sich am Ende des Werkes finden.
21. Gataker (vgl. Anm. 10) in seinem *Praeloquium*, S. 24.
22. Caspar Barthius, *Adversariorum Commentariorum Libri LX*, Frankfurt 1624, Buch I, Kap. 2, S. 22-24.
23. J.-P. de Joly, *Pensées de l'empereur Marc Aurèle*, Paris 1773, S. XXXIV-XLIII.
24. Farquharson, S. LXIV-LXVII.
25. Renan, S. 157 f.
26. G. Misch, *Geschichte der Autobiographie*, 1,2, Bern 1951, S. 449.
27. P.A. Brunt, »Marcus Aurelius in his Meditations«, in: *The Journal of Roman Studies*, Bd. 64, 1974, S. 1.
28. Vgl. unten, S. 231-250 und 334-351.
29. Fronto, *Ad Marc. Caesar.*, II,8,3, Van den Hout, S. 29,2, Haines, Bd. I, S. 138.

30. P.A. Brunt, »Marcus Aurelius ...«, S. 3, Anm. 12; R.B. Rutherford, *Meditations* ..., S. 29 und Anm. 90.
31. Vgl. Photius, *Bibliothek*, Bd. II, Codex Nr. 175, Henry, S. 170 f.
32. Aulus Gellius, Vorwort, § 2.
33. Plutarch, *De tranquillitate animi (Über die Seelenruhe)*, 1,464 f.
34. Augustinus, *Soliloquien*, I,1,1, dt.: *Selbstgespräche /Soliloquien. Über die Unsterblichkeit der Seele*, lat. von H. Fuchs und dt. von H. Müller, München 1986.
35. Porphyrios, *Vita Plotini*, Kap. 8,4.
36. Vgl. E. Arns, *La Technique du livre d'après saint Jérôme*, Paris 1953, S. 47 f., der *Patrologia latina*, Bd. 25, 1118 A zitiert.
37. P.A. Brunt, »Marcus Aurelius ...«, S. 1, der Cassius Dio, LXXII, 36,2, S. 67 zitiert.
38. T. Dorandi, »Den Autoren über die Schulter geschaut. Arbeitsweise und Autographie bei den antiken Schriftstellern«, in: *Zeitschrift für Papyrologie und Epigraphik*, Bd. 87, 1991, S. 11-33, bes. 29-33.
39. Zur Bedeutung des Wortes vgl. E. Arns (zitiert in Anm. 36), S. 18-22.
40. J.-P. Joly (zitiert in Anm. 23), S. XXXIV-XLIII.
41. P.A. Brunt, »Marcus Aurelius ...«, S. 1-15. G. Cortassa, *Il Filosofo, i libri, la memoria. Poeti e filosofi nei Pensieri di Marco Aurelio*, Turin 1989, S. 60 und Anm. 11, die die Bibliographie zu diesem Thema enthält.

III. Die *Ermahnungen an sich selbst* als geistige Übungen

1. Arrian, *Unterredungen des Epiktet*, I,3,1; I,18,20; II,16 (Titel), III,10,1.
2. V. Hugo, *Quatre-vingt-treize*, III,2,7.
3. SVF, Bd. III, §§ 29-48; Arrian, *Unterredungen des Epiktet*, IV, 1,133.
4. Über die *kephalaia* vgl. J. Dalfen, *Formgeschichtliche Untersuchungen*, S. 234; R.B. Rutherford, *Meditations* ..., S. 33 und 131.
5. Ich stimme der von Theiler vorgeschlagenen Texteinteilung zu, behalte aber die Lesung *mimos* von Dalfen bei.
6. SVF, Bd. III, § 68.
7. Cicero, *De legibus*, I,7,23 und I,12,33; gleiche Verflechtung des Begriffs des gemeinsamen Gesetzes mit dem der Gemeinschaft der vernünftigen Wesen.
8. Lukrez, *De rerum natura*, III,1024-1052; F. Villon, »Ballade des dames du temps jadis«, in: Villon, *Poésies complètes*, Paris 1991, S. 117, dt.: »Ballade von den Frauen vergangener Zeit«, in: F.V., *Das große Testament*, München 1981, S. 35 f. Vgl. G.B. Conte, »Il trionfo della Morte de la galleria dei grandi trapassati in Lucrezio III, 1024-1053«, in: *Studi italiani di filologia classica*, NS, Bd. 37, 1965, S. 114-132, bes. S. 131, Anm. 1.
9. SVF, Bd. II, §§ 299-305.

10. Über die griechische Sprache in Rom, Quintilian, *Institut.*, I,I,12; vgl. I. Hadot, *Arts libéraux et philosophie dans la pensée antique*, Paris 1984, S. 248.
11. So auch J. Rist in dem in Anm. 9, Kap. I zitierten Artikel.
12. Aulus Gellius, *Attische Nächte*, VII,1,7; VII,2,1.

IV. Der Sklaven-Philosoph und der Kaiser-Philosoph. Epiktet und die *Ermahnungen an sich selbst*

1. Zu den Zitaten bei Marc Aurel vgl. die hervorragende Studie von G. Cortassa, *Il Filosofo* ...
2. Siehe z.B. A. A. Long, »Heraclitus and Stoicism«, in: *Philosophia*, 5-6, 1975-1976, S. 133-153.
3. Vgl. Frg. 73 Diels-Kranz. Siehe G. Cortassa, *Il Filosofo* ..., S. 41-54.
4. Vgl. Frg. 71 Diels-Kranz.
5. Vgl. Frg. 75 Diels-Kranz.
6. Vgl. Frg. 72 Diels-Kranz.
7. *Ebd.*
8. Vgl. Frg. 76 Diels-Kranz.
9. Zu dieser Liste ist das Thema der kosmischen Jahreszeiten hinzuzufügen, IV,23; IX,3 und IX,10, Echo Heraklits (Frg. 100 Diels-Kranz).
10. G. Cortassa, *Il Filosofo* ..., S. 65-70; Empedokles, Frg. 27 und 28 Diels-Kranz. Siehe die berühmte Formel von Horaz in bezug auf den Weisen in: *Satiren*, II,7,86: »*Et in se ipso totus, teres atque rotundus*« (»Und rund und kugelförmig, findet er alles in sich selbst«).
11. Vgl. G. Cortassa, *Il Filosofo* ..., S.107-113: Demokrit Frg. 3 Diels-Kranz. Die gleiche Kritik bei Seneca, *De tranquillitate (Über die Seelenruhe)*, 13,1 und *De ira (Über den Zorn)*, III,6,3, und bei Plutarch, *De tranquillitate (Über die Seelenruhe)*, 465c.
12. Demokrit, Frg. 115 Diels-Kranz. Vgl. G. Cortassa, *Il Filosofo* ..., S. 115-117.
13. Demokrit, testim. 49 Diels-Kranz = Galen, *De elementis ex Hippocrate, libri II*, hg. von G. Helmreich, Erlangen 1878, I,2, S. 3,20 (= hg. von Kühn, Bd. I, S. 417). Galen zitiert Frg. 125, wobei er *nomos* als Äquivalent von *nomisti* betrachtet.
14. Diese Interpretation entspricht der von G. Cortassa, *Il Filosofo* ..., S. 109-113.
15. Dies ist die Interpretation von Theiler in seiner Übersetzung dieser Ermahnung.
16. Diogenes Laertios, VI,83. Die Übersetzung von L. Paquet, *Les Cyniques*, Presses de l'Université d'Ottawa 1988, S. 101: »Alles *menschliche Unterfangen* ist nichts als Rauch«, ist gewiß nicht im Sinne Marc Aurels.
17. Es ist nicht genau geklärt, auf welche Anekdote Marc Aurel anspielt. Siehe G. Cortassa, *Il Filosofo* ..., S. 57.

18. Vgl. S. 243-245.
19. G. Cortassa, *Il Filosofo* ..., S. 129-139.
20. *Ebd.*, *Il Filosofo* ..., S. 141-145.
21. Zur Möglichkeit des moralischen Fortschritts vgl. I. Hadot, *Seneca*, S. 76 f.; zum Unterschied in der Gewichtung der Fehler S. 144-152. Siehe Seneca, *De clementia*, IV,3: »*Peccavimus omnes, alii gravia, alii leviora.*«
22. G. Cortassa, *Il Filosofo* ..., S. 125-128.
23. *Ebd.*, S. 147-162.
24. Vgl. P. Hadot, »›Le présent seul est notre bonheur‹. La valeur de l'instant présent chez Goethe et dans la philosophie antique«, in: *Diogène*, Nr. 133, 1986, S. 62-75. Dt.: »Die Gegenwart allein ist unser Glück«, in: *Philosophie als Lebensform*, Berlin 1991, S. 101-122.
25. Aulus Gellius, I,2,1-13; II,18,11; XV,11,5; XVII,19,1; XIX,1,14.
26. Lukian, *Adversus Indoctum*, § 13, Bd. III, S. 192.
27. Galen, »*De libris propriis*«, in: *Opera omnia*, Bd. XIX, S. 44, 10 Kühn.
28. Origenes, *Gegen Celsus*, III,54,23; VI,2,15; VII,53,13 und 54,24.
29. Simplicius, *In Epict. Enchir.*, S. 45,35 und 116,48 Dübner; XV, 41, S. 275 und XLIV,77, S. 406 Hadot..
30. Lukian, *Demonax*, § 55, Bd. I (Loeb Classical Library, No. 14), S. 168.
31. Vgl. den bemerkenswerten Artikel »Arrien de Nicomédie« von S. Follet, in: R. Goulet, *Dictionnaire des philosophes*, Bd. I, Paris 1989, S. 597-604. Ph. A. Stadter, *Arrian of Nicomedia*, The University of North Carolina Press 1980. Einige Werke sind enthalten in: A. G. Roos und G. Wirth, *Flavii Arriani quae extant omnia*, II: *Scripta minora et fragmenta*. Leipzig 1968.
32. Ph. A. Stadter, *Arrian*, S. 14; J.H. Oliver, »Arrian in two Roles«, in: *Hesperia*, Suppl. XIX, *Studies in Attic Epigraphy History and Topography presented to Eugene Vanderpool*, Princeton 1982, S. 122-129.
33. Vgl. S. Follet (zitiert in Anm. 31), S. 597; *Suidae Lexicon*, A. Adler (Hg.), Bd. II, Stuttgart 1967, S. 117.
34. Vgl. S. Follet, S. 602.
35. *Ebd.*, S. 599.
36. Themistius, *Oratio* 34, vgl. Anm. 26 in Kap. I.
37. Eine Zusammenstellung der verschiedenen Positionen sowie eine Bibliographie zu dieser Frage findet sich in: S. Follet, S. 602.
38. J. Souilhé, *Épictète, Entretiens*, Bd. I, Einleitung, S. XXXIX.
39. Aulus Gellius, *Attische Nächte*, I,26,1-11. Vgl. J. Souilhé (zitiert in Anm. 39), S. XXIX.
40. Photius, *Bibliothek*, codex 250, 111, Bd. VII, S. 189.
41. Eine weitverbreitete Ansicht, die I. Hadot in dem Artikel »Épictète«, in: *Encyclopaedia Universalis*, S. 36 widerlegt.
42. Aulus Gellius, XIX,1,14.
43. Vgl. unten, S. 103-108.
44. Aulus Gellius, 1,2,6.
45. Vgl. Anm. 42.
46. Farquharson, Bd. II, S. 446.

47. Zu den Epiktet-Zitaten in den *Ermahnungen an sich selbst* vgl. G. Breithaupt, *De Marci Aurelii Antonini commentariis quaestiones selectae*, Göttingen 1913, S. 45-64.
48. H. Fränkel, »Ein Epiktetfragment«, in: *Philologus*, Bd. 80, 1925, S. 221.
49. Ich beabsichtige, demnächst in meiner Ausgabe des Werkes von Marc Aurel auf Fränkels Darstellung und das Problem der Fragmente des Epiktet bei Marc Aurel zurückzukommen.
50. Vgl. oben, S. 73-78.
51. Vgl. unten, S. 126 und 185.
52. Vgl. oben, S. 29-33.
53. »La physique comme exercice spirituel, ou pessimisme et optimisme chez Marc Aurèle«, in: *Revue de théologie et de philosophie*, 1972, S. 225-239, wiederaufgenommen und korrigiert in: P. Hadot, *Philosophie als Lebensform* ..., S. 69-82 unter dem Titel: »Der Fall Marc Aurel«.
54. Philon von Alexandreia, *De specialibus legibus*, II, § 46.
55. SVF, Bd. I, § 360; Clemens von Alexandreia, *Stromata (Die Teppiche)*, II,21,129,5, hg. von O. Stählin und L. Früchtel, Berlin 1960.
56. I,12; III,1,2; III,16,2; VI,22; VI,26,3.
57. SVF, Bd. I, §§ 351-357.
58. H. Görgemanns, »Der Bekehrungsbrief Marc Aurels«, in: *Rheinisches Museum für Philologie*, Bd. 134, 1991, S. 108, meint im übrigen, daß Marc Aurel in seinem Brief an Fronto, in dem er sich zur Philosophie bekennt, Ariston, der wegen seiner Beredsamkeit »die Sirene« genannt wird, nur ausdrücklich nennt, um Fronto nicht zu sehr zu verletzen. Für diesen wäre es noch schmerzlicher gewesen, von seinem Rivalen Junius Rusticus und von den *Unterredungen* des Epiktet zu hören, die er aufgrund seines literarischen Geschmacks wenig schätzte.

V. Der Stoizismus des Epiktet

1. É. Bréhier, *Histoire de la philosophie*, 1, Paris, Neuauflage 1991, S. 266.
2. Seneca, *Ad Lucilium*, 20,2-5.
3. SVF, Bd. I, § 179 (= Johannes Stobaios, *Anthol.*, II,7,6, Bd. II, S. 75,11, Wachsmuth). Zur Transzendenz des Einklangs mit sich selbst in bezug auf die Objekte, mit denen das Lebewesen in Einklang gebracht wird, vgl. V. Goldschmidt, *Le Système stoïcien et l'idée de temps*, Paris 1977, S. 129.
4. SVF, Bd. II, § 625 und §§ 596-632.
5. Vgl. P. Hadot, »La figure du sage dans l'Antiquité gréco-latine«, in: *Les Sagesses du monde*, unter der Leitung von G. Gadoffre, Paris 1991, S. 11-18.
6. Vgl. O. Luschnat, »Das Problem des ethischen Fortschritts in der alten Stoa«, in: *Philologus*, Bd. 102, 1958, S. 178-214; I. Hadot, *Seneca*, S. 72-78. Vgl. oben, S. 91-92, zum Problem der Grade des Guten und des Üblen.
7. Vgl. unten, S. 249-250.

8. P. Hadot, »La division des parties de la philosophie dans l'Antiquité«, in: *Museum Helveticum*, Bd. 36, 1979, S. 201-223.
9. Vgl. Anm. 1.
10. Vgl. Cicero, *De finibus bonorum et malorum*, III,21,72-73.
11. Plutarch, *De Stoicorum repugnantiis*, 9,1035a; SVF, Bd. II, § 42.
12. SVF, Bd. II, § 41.
13. SVF, Bd, S. II, § 38; Sextus Empiricus, *Adversus Mathematicos*, VII = *Against the Logicians*, I, § 19 (Loeb Classical Library, No. 291, S. 10 f.).
14. SVF, Bd. II, § 53 (= 50, S. 120).
15. SVF, Bd. II, § 37. Vgl. P. Hadot, »Philosophie, discours philosophique et divisions de la philosophie chez les stoïciens«, in: *Revue internationale de philosophie*, 1991, S. 205-219.
16. Vgl. den in Anm. 11 zitierten Text.
17. É. Bréhier, Vorwort zu A. Virieux-Reymond, *La logique et l'épistémologie des stoïciens*, Chambéry, o.J., S. V.
18. A. Bonhöffer, *Die Ethik des Stoikers Epictet*, Stuttgart 1894, 1968, S. III f. sowie *Epictet und die Stoa*, Stuttgart 1890, 1968, S. V.
19. Arrian, *Unterredungen des Epiktet*, II,17,40 und II,19,9; III,2,13-16 und 21,7.
20. Arrian, *Handbüchlein*, 1,1.
21. Platon, *Staat* IV, 436b und ff.
22. Plutarch, *De virtute morali*, 3,441c.
23. Arrian, *Unterredungen des Epiktet*, I,4,12; III, 2,1 z.B.
24. SVF, II, § 37.
25. Cf. H. Throm, *Die Thesis*, Paderborn 1932, S. 88 und 118. P. Hadot, »Philosophie, dialectique, rhétorique dans l'Antiquité«, in: *Studia philosophica*, Bd. 39, 1980, S. 147.
26. A.-J. Voelke, *L'Idée de volonté dans le stoïcisme*, Paris 1973, S. 97.
27. Ich hoffe damit auf die Einwände von D. Pesce geantwortet zu haben, *Il Platone di Tubinga*, Brescia 1990, S. 55 ff.
28. SVF, Bd. III, § 68.
29. Vgl. zu diesen Aussagen M. Frede, *Die stoische Logik*, Göttingen 1974, S. 44 ff. und 48.
30. Nach der allgemeinen Einleitung (Cap. 1), Disziplinierung des Begehrens (Cap. 2-29), Disziplinierung der Handlung (Cap. 30-51), kurze Erwähnung der Disziplinierung der Zustimmung (Cap. 52), Schluß: stets zur Hand zu habende Sentenzen (Cap. 53), vgl. M. Pohlenz, *Die Stoa*, Bd. II, Göttingen 1972, S. 162.
31. Zu diesen Versuchen vgl. P. Hadot, *Exercices ...*, S. 150-153.

VI. Der Stoizismus der *Ermahnungen an sich selbst.* Die innere Burg oder Die Disziplinierung der Zustimmung

1. Diogenes Laertios, VII, 49.
2. Diogenes Laertios, VII, 51ff.
3. Aulus Gellius, XIX,1,15-20.
4. Vgl. oben, S. 128-129.
5. Vgl. unten, S. 190-192 und 231-235.
6. Cicero, *De fato (Über das fatum)*, XIX, § 43.
7. SVF, Bd. II, § 91 (= Sextus Empiricus, *Adversus Mathematicos*, VIII = *Against the Logicians*, II, § 397 [Loeb Classical Library, No. 291, S. 446 f.]).
8. Plutarch, *De virtute morali*, 3,441c.
9. Vgl. oben, S. 133.
10. SVF, Bd. II, § 846 (= Damascius, *In Phaedonem*, Nr. 276, S. 167 Westerink).
11. Vgl. Kap. V, S. 126 und Anm. 20.
12. V. Goldschmidt, *Système stoïcien* ..., S. 120 f.
13. Vgl. unten, S. 236-237.
14. Sextus Empiricus, *Adversus Mathematicos*, VII = *Against the Logicians*, I, § 234 (Loeb Classical Library., No. 291, S. 127).
15. Seneca, *Ad Lucilium*, 78, § 14.
16. Vgl. oben, S. 102 und 151-153.
17. Seneca, *De constantia sapientis (Über die Standhaftigkeit)*, X,4.
18. Seneca, *De ira (Über den Zorn)*, II,4,1.
19. Seneca, *De ira (Über den Zorn)*, I,16,7: »*umbras affectuum*«.
20.. Vgl. oben, S. 108-109 und S. 125-135.
21. Vgl. oben, Kap. IV, Anm. 10.
22. Vgl. *ebd.*
23. Vgl. unten, S. 178-180.
24. Vgl. oben, S. 134.
25. Vgl. oben, S. 165-166.
26. SVF, Bd. III, § 4.
27. Aristoteles, *Nikomachische Ethik*, X,7,1177b26.
28. P. Claudel, *Vers d'exil*, VII. Dt.: *Verse der Verbannung*. Freiburg 1964.
29. Plotin, *Enn.*, I,1,13,7.
30. Pascal, *Pensées*, § 460, S. 544 Brunschvicg. Dt.: *Gedanken*, übers. u. hg. von E. Wasmuth, Stuttgart 1979.
31. *Ebd.*, § 793, S. 695.
32. Vgl. oben, S. 136-137 und 145-146.
33. Vgl. unten, S. 321-322.
34. SVF, Bd. III, § 171. Vgl. A.-J Voelke, *Volonté* ..., S. 50-55.
35. SVF, Bd. III, § 265.

36. R. Schaerer, *La Question platonicienne*, Paris-Neuchâtel 1969, S. 100.
37. Vgl. oben, S. 104.
38. É. Bréhier, Vorwort zu A. Virieux-Reymond, *La Logique et l'épistémologie des stoïciens*, Chambéry, o.J., S. V.

VII. Der Stoizimus der *Ermahnungen an sich selbst*. Die Disziplinierung des Begehrens oder *Amor Fati*

1. Vgl. A.-J.Voelke, *Volonté* ..., S. 131-133.
2. Vgl. oben, S. 180-184.
3. SVF, Bd. III, § 4.
4. Zur Identität zwischen »der Natur gemäß« und »dem *logos* gemäß leben« (Marc Aurel, VII,11) vgl. SVF, Bd. III, § 178, Diogenes Laertios, VII, 85f.
5. Vgl. oben, S. 168 und 174.
6. Vgl. oben, S. 154-155.
7. Anatole France, »*Le Livre de mon ami*«, XI, in: *Œuvres*, Bd. I, Paris 1984, S. 515.
8. SVF, Bd. II, § 509. Zu diesem Problem vgl. J.-J. Duhot, *La Conception stoïcienne de la causalité*, Paris 1989, S. 95-100.
9. H. Bergson, *La Pensée et le Mouvant*, S. 168 f., dt.: *Denken und schöpferisches Werden. Aufsätze und Vorträge*, Meisenheim am Glan 1948, S. 171 f.
10. Simplicius, *In Aristotel. Categ.*, S. 407,3 Kalbfleisch: »Ihnen zufolge ist die Zukunft determiniert.«
11. Diese Interpretation des Begriffs der Gegenwart, Vergangenheit und Zukunft bei den Stoikern beruht auf derjenigen von É. Bréhier in: *La Théorie des incorporels dans l'ancien stoïcisme*, Paris 1962, S. 58 f.
12. V. Goldschmidt, *Système stoïcien* ..., S. 195.
13. Dies gegen E.-R. Dodds, *Pagan and Christian in an Age of Anxiety*, Cambridge 1965, S. 8, dt.: *Heiden und Christen in einem Zeitalter der Angst*, Frankfurt am Main 1985, S. 23f., und J. Rist, »Are you a Stoic«, S. 38 f.
14. Vgl. oben, S. 131.
15. Homer, *Ilias*, XX,127; XXIV,209; XXIV,525, *Odyssee*, VII, 197.
16. Vgl. P. Boyancé, »Remarques sur le Papyrus de Derveni«, in: *Revue des Études Grecques*, Bd. 87, 1974, S. 95.
17. Platon, *Staat* 617b ff.
18. SVF, Bd. II, § 913.
19. SVF, Bd. II, § 914.
20. Vgl. unten, S. 215-231.
21. Eine gute Zusammenfassung der Theorie findet sich in: É. Bréhier, *Chrysippe*, Paris 1951, S. 114-127 und S. Sambursky, *Physics of the Stoics*, London 1959, S. 11-17. Vgl. Plutarch, *De communibus notitiis (Über allgemeine Auffassungen)*, 37,1077-1078.

22. SVF, Bd. II, § 480 = Plutarch, *De communibus notitiis (Über allgemeine Auffassungen)*, 37,1078e.
23. H. Reeves, *Patience dans l'azur*, Paris 1988, S. 259.
24. F. Thompson, *The Mistress of Vision*, Aylesford, 1966.
25. Euripides, *Tragoediae*, Bd. III, hg. von Nauck, Leipzig 1912, Frg. 890, S. 249.
26. Vgl. oben, S. 137-144.
27. F. Nietzsche, »*Ecce Homo*«, in: *Sämtliche Werke, Kritische Studienausgabe*, Bd. 6, S.297.
28. F. Nietzsche, »*Nietzsche contra Wagner*«, ebd., Bd. 6, S. 436.
29. F. Nietzsche, ebd., Bd. 12, Nachgelassene Fragmente, Ende 1886 – Frühjahr 1887, 7 [38], S. 307.
30. *Ebd.*, Bd. 13, Frühjahr – Sommer 1888, 16 [32], S. 493.
31. Vgl. unten, S. 217-220 und 236-237.
32. W. Blake, *Auguries of Innocence*, in: G. Keynes (Hg.), Blake, *Completé Writings*, London 1966, S. 431.
33. Seneca, *De beneficiis (Über die Wohltaten)*, VII,3,3.
34. Plutarch, *De communibus notitiis (Über allgemeine Auffassungen)*, 8,1062a.
35. Seneca, *Ad Lucilium*, 74,27.
36. Zu diesen Begriffen vgl. P. Hadot, *Philosophie als Lebensform*, S. 106-116.
37. L. Wittgenstein, *Tractatus logico-philosophicus*, 6,4311.
38. Seneca, *Ad Lucilium*, 16,4.
39. Von E. Renan (vgl. unten, S. 334) bis zu J. Rist, »Are you a Stoic«, S. 29.
40. Ich folge dem Text der Theiler-Ausgabe.
41. Aristoteles, *Protreptikos*, Frg. 2, S. 27 f. Ross.
42. Seneca, *Ad Lucilium*, 16,4, worin sich einige der Hypothesen Marc Aurels vorfinden: unpersönliche Vorsehung (4. Hypothese unserer Tabelle), persönliche Vorsehung (5. Hypothese), Zufall (1. Hypothese). Zu diesen verschiedenen Hypothesen siehe W. Theiler, »Tacitus und die antike Schicksalslehre«, in: *Phyllobolia für Peter von der Mühl*, Basel 1945, S. 35-90.
43. M. Frede, *Die stoische Logik*, Göttingen 1974, S. 98-100. Aulus Gellius, *Attische Nächte*, XVI,8,14.
44. Aulus Gellius, *Attische Nächte*, VII,1,7-13.
45. Cicero, *De natura deorum*, III,35,86; vgl. auch II,66,167: Die Götter tragen Sorge für die großen Dinge und vernachlässigen die kleinen. Philon von Alexandreia, *De providentia*, II, § 102: Die durch die natürliche Verwandlung der Elemente erzeugten Umwälzungen sind lediglich zusätzliche Folgen des ihnen zugrundeliegenden Naturvorgangs.
46. Vgl. die Verwendung von *toioutos* bei Marc Aurel, V,8,4: die Welt als »ebensolcher« Körper, das Schicksal als »ebensolche« Ursache, sowie IV,33,3.
47. Pascal, *Pensées*, § 77, S. 361, Brunschvicg. Dt.: *Gedanken*, übers. u. hg. von E. Wasmuth, Stuttgart 1979.
48. SVF, Bd. II, § 1027.
49. Seneca, *Quaestiones naturales*, I, praef. 3.

50. *Ebd.*
51. Kleanthes, *Hymne an Zeus*, SVF I, Frg. 537. Dt. Übers. in: U. v. Wilamowitz-Moellendorf, *Reden und Vorträge* ⁴1,306 ff.
52. Seneca, *Naturales quaestiones*, II,45,1.
53. *Ebd.*, II,45,2-3.
54. *Ebd.*, II,46.
55. Arrian, *Unterredungen des Epiktet*, I,12,8; I,20,15; Marc Aurel, III,16,3; X,11,4; XII,27,2; XII,31,2 (Identität zwischen »der Vernunft folgen« und »Gott folgen«).
56. P. Hadot, Einleitung zu *Plotin, Traité 50*, Paris 1990, S. 68.
57. Vgl. oben, S. 188.
58. Origenes, *Gegen Celsus*, IV,74; vgl. SVF, Bd. II, §§ 1156-1157.
59. Henri Bergson, *Les deux sources de la morale et de la religion*, S. 343 (letzter Satz des Buches), dt.: *Die beiden Quellen der Moral und der Religion*, Frankfurt am Main 1992, S. 247.
60. Cicero, *De natura deorum*, II,66,165-166.
61. Vgl. oben, Anm. 45.
62. Vgl. oben,. S. 200.
63. Man möge zu diesem Text von Marc Aurel den bewundernswerten Artikel des leider verstorbenen André-Jean Voelke, »Santé du monde et santé de l'individu. Marc Aurèle V,8« (erschienen in der *Revue internationale de philosophie*, 1991, S. 322-335) lesen, der einen um so mehr berührt, als sein Autor, wie er ihn schrieb, sich seines nahen Todes vollkommen bewußt war.
64. Vgl. oben, S. 87-88.
65. Klaus Stemmer (Hg.), *Kaiser Marc Aurel und seine Zeit*, Berlin 1988, S. XII.
66. Vgl. unten, S. 334-335.
67. Vgl. oben, S. 154-156.
68. R.B. Rutherford, *Meditations* ..., S. 243.
69. Seneca, *Ad Lucilium*, 107,2.
70. Plotin, VI,7 (38), 22,31 (s. P. Hadot, *Plotin, Traité* 38, Paris 1988, S. 145).
71. Vgl. oben, Anm. 28.
72. *Journal de l'abbé Mugnier*, Paris (Mercure de France) 1985, S. 221.
73. Vgl. unten, S. 347-349.
74. Man beachte die Wörter: »aus der Höhe gesehen « in dem Zitat von Nietzsche (s.o. Anm. 28 und 71). Zu dem Thema des Blicks von oben vgl. R.B. Rutherford, *Meditations* ..., S. 155-161, 251 f.; P. Hadot, »La terre vue d'en haut et le voyage cosmique«, in: J. Schneider und M. Léger-Orine (Hg.), *Frontières et conquêtes spatiales*, Dordrecht 1988, S. 31-39.
75. Seneca, *Ad Lucilium*, 102,21.
76. Wenn der Leser diese beiden Dialoge zu lesen wünscht, verweise ich ihn auf die englische Übersetzung, wie ich dies auf den vorangegangenen Seiten getan habe (Bd. II = Loeb Classical Library, No. 54) oder dt. in: K. Mras

(Hg.), *Die Hauptwerke des Lukian*, München 1980 (*Ikaromenipp*, S. 282 ff.), oder: E. Ermatinger und K. Hoenn (Hg.), Lukian, *Parodien und Burlesken*, auf Grund der Wielandschen Übertr., Zürich 1948 (*Ikaromenipp*, S. 100 ff.).

77. Lukian, »*Totengespräche*«, 10, in: *Die Hauptwerke des Lukian* (vgl. Anm. 76), S. 192.
78. Vgl. Arrian, *Unterredungen des Epiktet*, III,22,24. Vgl. E. Norden, »*Beiträge zur Geschichte der griechischen Philosophie*«, in: *Jahrbücher für classische Philologie*, 19. Supplementband, Leipzig 1893, S. 375-385.
79. A. Schopenhauer, *Die Welt als Wille und Vorstellung*, hg. von E. Grisebach, Bd. 2, Kap. 38, Stuttgart 1987, S. 522.
80. Lukrez, *De rerum natura*, III, 944.
81. Vgl. unten, S. 397-405.
82. Vgl. oben, S. 163-180.
83. Vgl. Arrian, *Handbüchlein des Epiktet*, Cap. 17: Du spielst im Drama des Universums die Rolle, die der Regisseur von dir zu spielen verlangt. Zu diesem Thema vgl. V. Goldschmidt, *Système stoïcien* ..., S. 180 ff.
84. I. Kant, *Kritik der praktischen Vernunft*, hg. von Karl Vorländer, Hamburg 1985, S. 42 f. (»*der bestirnte Himmel über mir und das moralische Gesetz in mir*« *ist bei Kant gesperrt. Alle anderen Hervorhebungen im Zitat stammen vom Autor. Insofern nicht anders gekennzeichnet, gilt dies auch für andere Zitate [A.d.Ü.]*).

VIII. Der Stoizismus der *Ermahnungen an sich selbst*. Die Disziplinierung des Handelns oder Die Handlung im Dienst der Menschen

1. Vgl. unten, S. 271-272.
2. Vgl. oben, S. 88.
3. Fronto, *De feriis Alsiensibus*, 3,7, Van den Hout,S. 231,5, Haines, Bd. II, S. 12 : »*Si quempiam condemnas, parum cavisse videtur.*«
4. Ich bediene mich der Übersetzung von I.G. Kidd, »Posidonius on Emotions«, in: A. A. Long (Hg.), *Problems in Stoicism*, London 1971, S. 201 (siehe darüber hinaus vom selben Autor und in derselben Sammlung den Artikel »Stoic Intermediates and the End for Man«). Zu diesem Thema siehe auch I. Hadot, *Seneca*, S. 72-78; V. D'Agostino, *Studi sul Neostoicismo*, Kap. »I doveri dell'etica sociale in Marco Aurelio«, S. 120-140; V. Goldschmidt, *Système stoïcien* ..., S. 145-168.
5. M. Pohlenz, *Die Stoa*, I, S. 130.
6. Vgl. Cicero, *De finibus bonorum et malorum*, III,5,16 und ff., mit dem bemerkenswerten Kommentar von V. Goldschmidt, *Système stoïcien* ..., S. 126-132.
7. Seneca, *De beneficiis (Über die Wohltaten)*, IV,33,2.

8. Cicero, *De officiis (Vom rechten Handeln)*, III,13,55 ff. Vgl. zu diesen kasuistischen Problemen I. Hadot, »Tradition stoïcienne et idées politiques au temps des Gracques«, in: *Revue des études latines*, Bd. 48, S. 1970, S. 161-178.
9. Cicero, *ebd.*, III,12,51-53.
10. Vgl. oben, S. 125-126.
11. Vgl. A.-J. Voelke, *Volonté* ..., S. 73-75.
12. Marc Aurel, IV,1,2; V,20,2; VI,50,2; Arrian, *Handbüchlein des Epiktet*, § 2,2, und Epiktet zitiert von Marc Aurel, XI,37,1; Seneca, vgl. die folgenden Texte.
13. Seneca, *De tranquillitate animi (Über die Seelenruhe)*, XIII,2-3.
14. Seneca, *De beneficiis (Über die Wohltaten)*, IV,34,4-5.
15. Vgl. Anm. 14.
16. Cicero, *De finibus bonorum et malorum*, III,6,22. Übersetzung nach A. Kabza, *Marcus Tullius Cicero, De finibus bonorum et malorum*, München 1960, S. 211.
17. Vgl. Anm. 14 und 15.
18. Seneca, *De providentia*, II,1 und 4.
19. Seneca, *De beneficiis (Über die Wohltaten)*, II,10,1.
20. *Ebd.*, II,10,3.
21. SVF, Bd. III, § 45; Seneca, *De vita beata*, IX,4: *(virtus) ipsa pretium sui*, Spinoza, *Ethik*, V, propos. XLII.
22. Ich folge dem Text der Farquharson-Ausgabe.
23. Vgl. oben, S. 272.
24. Matthäusevangelium, 6,3.
25. Plotin, *Enn.*, I,4,10,26 ff.
26. Vgl. unten, S. 395-397.
27. Vgl. oben, S. 268-269.
28. Seneca, *De beneficiis (Über die Wohltaten)*, IV,34,4 und *De tranquillitate animi (Über die Seelenruhe)*, XIII,2-3.
29. Eine Geschichte dieser Übung findet sich in: Cicero, *Tusculanae disputationes*, III,13,28 ff. Vgl. I. Hadot, *Seneca* ..., S. 60 f.
30. Philon von Alexandreia, *De specialibus legibus*, II, § 46.
31. Eine hervorragende Formulierung von Mireille Armisen-Marchetti aus ihrem Artikel »Imagination et méditation chez Sénèque. L'exemple de la praemeditatio«, in: *Revue des études latines*, Bd. 64, 1986, S. 185-195.
32. Seneca, *Ad Lucilium*, 98,6.
33. Vgl. oben, S. 217-220.
34. I. Kant, *Grundlegung zur Metaphysik der Sitten*, Hamburg 1965, 433, S. 56.
35. SVF, III, §§ 124-126. Vgl. É. Bréhier, *Études de philosophie antique*, Paris 1955, S. 135-138.
36. Seneca, *Ad Lucilium*, 89,14.
37. SVF, Bd. III, § 262; Philon von Alexandreia, *Legum allegoriae*, I, § 87; vgl. Marc Aurel, I,16,5.

38. Vgl. oben, S. 296.
39. Cassius Dio, LXXII, 34,4, S. 62.
40. Platon, *Gesetze*, VI, 756e-758a; Aristoteles, *Nikomachische Ethik*, V,6,1131 a-b.
41. Herodian, *Geschichte des Kaisertums*, I,2,2: Herodian denkt hier vor allem an die Heirat der Lucilla, der Witwe des Kaisers Lucius Verus, mit Claudius Pompeianus – eine Heirat, die offenbar weder Lucilla noch ihrer Mutter Faustina gefiel.
42. Vgl. oben, S. 276.
43. Vgl. oben, S. 218-231.
44. SVF, Bd. III, § 125.
45. Platon, *Staat* 617 e 1; 620 d 8; *Phaidon*, 107 d 7.
46. Vgl. unten, S. 414-419.
47. L. Lavelle, *L'Erreur de Narcisse*, Paris 1939, S. 111.
48. Vgl. oben, S. 181-183.
49. Sokrates in: Aristoteles, *Nikomachische Ethik*, VII,3,1145 b 21-27; Platon, *Protagoras* 345 d; *Gorgias* 509 e; *Timaios* 86 d.
50. Galen, »*De peccatorum dignotione*«, 4,1, in: *Corpus medicorum graecorum*, V,4,1,1, Berlin 1937, De Boer, S. 53; Kühn, Bd. V, S. 77.
51. Seneca, *De clementia*, II,5,4.
52. L. Lavelle, *L'Erreur de Narcisse*, S. 196. Vgl. J. de Romilly, *La douceur dans la pensée grecque*, Paris 1979.
53. Vgl. unten, S. 402-403.
54. Vgl. oben, S. 294.
55. Vgl. oben, S. 203.
56. Arrian, *Unterredungen des Epiktet*, III,22,54.
57. Matthäusevangelium, 25,40.
58. Seneca, *De clementia*, II,5,3.

IX. Der Stoizismus der *Ermahnungen an sich selbst*. Die Tugend und die Freude

1. Platon, *Protagoras* 325 a und 329 c; *Staat* 487 a 5, *Phaidon* 69 b 2; *Gesetze* XII,936 und I,630-631.
2. SVF, Bd, III, § 262 und ff., § 295 und ff.
3. Vgl. oben, S. 224.
4. Vgl. G. Quandt (Hg.), *Orphei Hymni*, Berlin 1955, S. 10.
5. K. Smolak, »Der Hymnus des Mesomedes an die Natur«, in: *Wiener Humanistische Blätter*, Heft 29, 1987, S. 1-13.
6. Cicero, *De officiis (Vom rechten Handeln)*, I,4,13-14; I,5,15; Begriffe, die in dem größten Teil des ersten Buches entwickelt werden.
7. Seneca, *Ad Lucilium*, 59,16-17.
8. Aristoteles, *Nikomachische Ethik*, X,4,1174 b 33.

9. Seneca, *De vita beata*, IX,2; vgl. Diogenes Laertios, VII, § 94.
10. *Ebd.*, XV,2.
11. Diogenes Laertios, VII, § 116.
12. Plutarch, *De communibus notitiis (Über allgemeine Auffassungen)*, 35, 1077 b.
13. Diogenes Laertios, VII, § 88.
14. Platon, *Gesetze* IV,716 a 1.

X. Marc Aurel in seinen *Ermahnungen an sich selbst*

1. E. Renan, S. 273.
2. *Ebd.*, S. 267.
3. *Ebd.*, S. 30.
4. *Ebd.*, S. 34.
5. P. Wendland, *Die hellenistisch-römische Kultur in ihren Beziehungen zu Judentum und Christentum*, Tübingen 1972, S. 238.
6. J. Rist, *Stoic Philosophy*, Cambridge 1969, S. 286-287.
7. P. Petit, *La Paix romaine*, Paris 1982, S. 194: »Marc Aurel, stoischer Philosoph von eher abergläubischer als rationalistischer Art, trotz der Spuren einer recht negativistischen Verzweiflung am Ende seines Lebens.«
8. E.-R. Dodds, *Pagan and Christian* ..., dt.: *Heiden und Christen in einem Zeitalter der Angst*, Frankfurt am Main 1985, S. 23 f. und 38 f., Anm. 82.
9. *Ebd.*, S. 38 f., Anm. 82.
10. Vgl. oben, S. 182-183.
11. *Historia Augusta, MA*, V,2, S. 142.
12. Cassius Dio, LXXII,36,1, S. 66.
13. P. Grimal, S. 53.
14. Philostratos, *Die Bilder*, hg. von O. Schönberger, München 1968, 30, S. 169.
15. R. Dailly/H. van Effenterre, »Le cas Marc Aurèle«, S. 349 f.
16. Cassius Dio, LXXII,6,4, S. 22.
17. Cassius Dio, LXXII,36,2, S. 66.
18. R. Dailly/H. van Effenterre, S. 354.
19. Siehe oben, Anm. 16.
20. T.W. Africa, S. 98 f. Siehe meine Widerlegung dieses Artikels, die unter dem Titel »Marc Aurèle était-il opiomane?« in: *Mémorial André-Jean Festugière*, Genf 1984, S. 33-50 erschienen ist.
21. Galen, *De antidotis*, I,1 ff., *Opera omnia*, Bd. XIV, Kühn, S. 2 ff.
22. *Ebd.*, I,7, S. 42; II,17, S. 201; II,9, S. 155; siehe P. Hadot (1984), S. 38.
23. Galen, *Ad Pisonem de theriaca*, 2, Bd. XIV, Kühn, S. 216 f.
24. T.W. Africa, S. 102, Anm. 78.
25. *Ebd.*, S. 101.
26. Th. De Quincey, *Confessions of an English Opium Eater*, London 1949, Everyman's Library No. 223, S. 234, dt.: *Bekenntnisse eines englischen Opiumessers*, Köln 1992.

27. Seneca, *Ad Lucilium*, 99,10; 49,3.
28. »*Anthologia Palatina*«, Buch VII, 472 in: P. Waltz (Hg.), *Anthologie grecque* [Anthologia Graeca, gr. u. frz.], Paris 1928 ff., Bd. V, S. 56.
29. SVF., Bd. II, § 762, Plutarch, *De communibus notitiis (Über allgemeine Auffassungen)*, 44,1083d.
30. Platon, *Kratylos* 402 a; vgl. A. A. Long, »Heraclitus and Stoicism«, in: *Philosophia*, Académie d'Athènes, 1975-1976, 5-6, S. 153.
31. Plutarch, *De defectu oraculorum (Über die eingegangenen Orakel)*, 39,432 a.
32. Ovid, *Metamorphosen*, XV, 179.
33. Platon, *Staat* 486 a, zitiert von Marc Aurel, VII,35.
34. Philon von Alexandreia, *De specialibus legibus*, III,1-2.
35. Maximus von Tyros, XXII,6, S. 91, Dübner.
36. Ovid, *Metamorphosen*, XV,147.
37. Z.B. Seneca, *Naturales quaestiones*, I, praef. 7-13.
38. »*Metrodori Epicurei Fragmenta*«, Frg. 37, in: A. Körte (Hg.), *Neue Jahrbücher für classische Philologie*, Supplementband, XVII, 1890, S. 557.
39. Cicero, *Somnium Scipionis (Traum des Scipio)*, § 16, in: Marcus Tullius Cicero, *Vom Gemeinwesen*, übertragen von K. Büchner, Zürich 1960, S. 338.
40. Pascal, *Pensées*, Abschnitt II, § 72, S. 347, Brunschvicg. Dt.: *Gedanken*, übers. u. hg. von E. Wasmuth, Stuttgart 1979.
41. Th. de Quincey, (zitiert in Anm. 26), S. 238.
42. P. Rabbow, *Seelenführung. Methodik der Exerzitien in der Antike*, München 1954, S. 85.
43. J. Dalfen, *Formgeschichtliche Untersuchungen zu den Selbstbetrachtungen Marc Aurels*, München (Inaugural-Dissertation, Universität München) 1967.
44. M. Alexandre, »Le travail de la sentence chez Marc Aurèle: philosophie et rhétorique«, in: *La Licorne, Publications de la Faculté des lettres et des langues de l'Université de Poitiers*, 1979/3, S. 125-158.
45. R.B. Rutherford, *Meditations ...*, S. 126 und ff.
46. Fronto, *Ad Antonin. Imper., De eloquentia*, 4,8, Van den Hout, S. 140,8, Haines, Bd. II, S. 79 .
47. Fronto, *Ad Antonin. Imper.*, IV, 1, Van den Hout, S. 105,4-6; Haines, Bd. I, S.305.
48. Vgl. oben, S. 236-237.
49. W. Williams, »Individuality in the Imperial Constitutions: Hadrian and the Antonines«, in: *The Journal of Roman Studies*, Bd. 66, 1976, S. 78-82.
50. G. Breithaupt, S. 15-16, der die Parallele zwischen den Titeln (am Anfang) des 3. und des 4. Buches der *Odyssee* aufzeigt: *Ta en Puloi, Ta en Lakedaimoni* (Die Dinge, die sich in Pylos zugetragen haben. Die Dinge, die sich in Lakedemonien zugetragen haben). Für die Titel bei Marc Aurel korrespondiert dies mit: »Was in Carnuntum geschrieben wurde.«
51. W. Theiler, S. 307.
52. Vgl. unten, S. 361-362.

53. G. Breithaupt, S. 39.
54. W. Theiler, S. 307. Soll man der Tatsache Bedeutung beimessen, daß Reuchlin 1517 einen Text des 4. Buches zitiert, als gehörte er dem 3. an? Vgl. oben, Kap. II, Anm. 9.
55. W. Theiler, S. 307, zum grammatikalischen Problem.
56. R.B. Rutherford, *Meditations* ..., S. 46.
57. Vgl. oben, S. 52-53.
58. Vgl. oben, S. 185-189.
59. W. Theiler, S. 347.
60. *Historia Augusta*, »*Lucius Verus*«, VIII,7-11, S. 224.
61. Vgl. oben, S. 36, 37 sowie unten S. 385.
62. Zu diesem Caninius Celer vgl. G.W. Bowersock, *Greek Sophists in the Roman Empire*, Oxford 1969, S. 53 (vgl. *Historia Augusta*, *MA*, II,4, S. 136; Philostratos, *Sophistenbiographien*, II, § 524, S. 94, [zitiert in Kap. I, Anm. 45]). Der Hadrian, von dem Marc Aurel hier spricht, kann nicht, wie Dalfen, S. 69, denkt, der Redner Hadrian aus Tyros sein, denn dieser ist viel später als Caninius Celer gestorben und war, als Marc Aurel schrieb, noch am Leben (vgl. Philostratos, *Sophistenbiographien*, II, § 590, S. 232).
63. Vgl. P. Courcelle, *Recherches sur les Confessions de saint Augustin*, Paris 1968, S. 12-29.
64. Vgl. P. Graindor, *Un milliardaire antique: Hérode Atticus et sa famille*, Le Caire 1930; W. Ameling, *Herodes Atticus*, 2 Bd., Hildesheim 1983.
65. Zu den Dokumenten, die wir über diesen Vorgang besitzen, vgl. J. H. Oliver, »*Marcus Aurelius, Aspect of Civil and Cultural Policy in the East*«, in: *Hesperia*, Supplem. XIII, 1970. Zu dem ersten Prozeß vgl. Fronto, *Ad Marc. Caesar*, III, 3 ff., Van den Hout, S. 37,5 ff.; Haines, Bd. I, S. 59 ff. Zu den Beziehungen zwischen Marc Aurel und Herodes Atticus, G. W. Bowersock, *Greek Sophists* (zitiert in Anm. 62), S. 49 und 94-100.
66. Fronto, *Ad Verum Imper.*, I,6,7, Van den Hout, S. 111,17; Haines, Bd. II, S. 154 .
67. Fronto, *Ad Amicos*, I,3, Van den Hout, S. 173,28, Haines, Bd. I, S. 280 .
68. Fronto, *De feriis Alsiensibus*, 4, Van den Hout, S. 234,13, Haines, Bd. II, S. 18 .
69. R.B. Rutherford, *Meditations* ..., S. 229.
70. Zu dem ersten Buch der *Ermahnungen an sich selbst* vgl. das ausgezeichnete Buch von F. Martinazzolli, *La »Successio« di Marco Aurelio*, Bari 1951.
71. Vgl. oben, S. 23.
72. *Historia Augusta*, *MA*, XXIX,10, S. 204.
73. Vgl. oben, S. 222-231.
74. Vgl. R.B. Rutherford, *Meditations* ..., S. 132.
75. E. Renan, S. 36.
76. *Historia Augusta*, *MA*, XXIX, 6, S. 204.
77. Zu Marius Maximus vgl. R. Syme, *Emperors and Biography*, Oxford 1971, S. 113 f.
78. Cassius Dio, LXXII, 34,4-5, S. 62.

79. Cassius Dio, LXXII, 30,2, S. 52.
80. *Historia Augusta, MA*, XX,5, S. 182.
81. Vgl. oben, S. 278-281.
82. Vgl. oben, S. 40-41.
83. Cassius Dio, LXXII, 34,4, S. 62.
84. E. Renan, S. 272.
85. *Historia Augusta, »Avidius Cassius«*, I,8, S. 234.
86. Vgl. oben, S. 356.
87. *Institut. Justin*, III,11,1, zitiert von Williams, S. 80; siehe auch G. Cortassa (1984), S. 574.
88. Zu diesen Persönlichkeiten vgl. R. MacMullen, *Enemies of the Roman Order*, Cambridge 1966, S. 1-94.
89. Kaiser Julian nähert die Figuren von Cato und Dion aus Syrakus aufgrund ihres unglücklichen Schicksals einander an (»*Oratio VI, Ad Themistium«* 3,256 a, hg. und übersetzt von G. Rochefort, in: L'Empereur Julien, *Oeuvres complètes*, t. II, 1, Paris (Collection des Universités de France) 1963, S. 15.
90. Plutarch, *Dion*, 5,8,960 b; 7,1,960 e; 8,1,961 b; 17,6,965 a; 47,1-9,978-979; 52,1-3,980-981.
91. Seneca, *De constantia sapientis (Über die Standhaftigkeit)*, VII,1 und *De providentia (Von der Vorsehung)*, II,9 ff.
92. Plutarch, *Cato der Jüngere*, 67-68, 792-793.
93. Arrian, *Unterredungen des Epiktet*, I,2,19; IV,1,123.
94. Zu diesem Problem vgl. P.A. Brunt, *The Stoicism and the Principat*, in: *Papers of the British School at Rome*, vol. 43, 1975, S. 7-35; R.B. Rutherford, *Meditations* ..., S. 59-80 (hervorragende Studie über »Die Stoiker und das Imperium«).
95. Vgl. oben, S. 301.
96. Vgl. oben, S. 406.
97. Cassius Dio, LXXII,33,2, S. 56.
98. *Historia Augusta, MA*, XXII,3, S. 186; VIII,1, S. 150.
99. Herodian, *Geschichte des Kaisertums*, I,2,4 (in dem Vorwort der Loeb-Ausgabe des Herodian, S. LXXX, unterstreicht C. R. Whittaker die Verbindungen zwischen der Ideologie des Herodian und der von Claudius Severus ausgehenden Tradition) und vgl. F. Millar, *The Emperor in the Roman World*, London 1977, S. 271 f.
100. *Historia Augusta, MA*, XII,1, S. 162.
101. Vgl. P. Hadot, Art. »Fürstenspiegel«, in: *Reallexikon für Antike und Christentum*, Bd. VIII, fasc. 60, 1970, S. 555-632.
102. R.B. Rutherford, *Meditations* ..., S. 108.
103. *Historia Augusta, »Antoninus Pius«*, XII,6, S. 130.
104. *Historia Augusta, MA*, VIII,1, S. 150.
105. Da es sich bei den Makedonen Alexander und Philipp um zwei große Eroberer handelt, liegt es nahe, daß es sich bei dem in diesem Zusammenhang genannten Demetrios nicht um den Staatsmann und Philosophen Demetri-

os von Phaleron handelt, sondern um den makedonischen Eroberer Demetrios mit dem Beinamen Poliorketes (»Städtebelagerer«). »Von Phaleron« ist sicher eine in den Text übernommene Randglosse, wie von Schenkl und G. Cortassa vermutet.
106. Cicero, *De oratore*, I,230.
107. Cicero, *Epistulae ad Atticum (Atticus-Briefe)*, 2,1,8; Plutarch, *Phocion*, 3,2,742 f.
108. Seneca, *Ad Lucilium*, 95,33.
109. G. Ville, *La Gladiature en Occident des origines à la mort de Domitien*, Rom 1982, S. 462 und S. 482.
110. *Historia Augusta, MA*, XXIII,5, S. 190.
111. Cassius Dio, LXXII,29,3, S. 50.
112. Ich lese: *hosé* (mit A) *pronomeia* (*pronoia* AT).
113. Vgl. Vaclav Havel, *Sommermeditationen*. Reinbek bei Hamburg 1994, S. 131 f.

Schlußbetrachtung

1. Nietzsche, »*Menschliches, Allzumenschliches*«, Bd. II, § 168, in: *Sämtliche Werke*, Kritische Studienausgabe, Bd. 2, S. 446.
2. E. Renan, S. 166.
3. *Ebd.*, S. 162.
4. Vgl. oben, S. XXXXX.
5. Vgl. oben, S. XXXXX.
6. I. Kant, *Grundlegung zur Metaphysik der Sitten*, Hamburg 1965, S. 42 f.
7. J. Gernet, *Chine et christianisme*, Paris ²1991, S. 193.
8. J. Gernet, »La sagesse chez Wang-Fou-tche, philosophe chinois du XVIIe siècle«, in: *Les Sagesses du monde*, Colloquium unter der Leitung von G. Gadoffre, Paris 1991, S. 103.
9. Vgl. oben, S. 154-155 und 232.
10. J. Gernet, »La sagesse ...«, S. 103.
11. Tang Zhen, *Écrits d'un sage encore inconnu*, übers. von J. Gernet, Paris 1991, S. 97.
12. Seneca, *Ad Lucilium*, 95,33.
13. V. Goldschmidt, *Système stoïcien* ..., S. 216-218.

Literatur

Dieses Literaturverzeichnis verfolgt nicht das Ziel, die Literatur über Marc Aurel aufzulisten (siehe dazu J. Dalfen oder P. Grimal). Sie soll dem Leser lediglich helfen, die Werke zu finden, die ich in den Anmerkungen zitiert habe.

Africa (T.W.): T.W. Africa, »The Opium Addiction of Marcus Aurelius«, in: *Journal of History of Ideas*, 1961, S. 97-102 (dt.: »Marc Aurels Opiumsucht«, in: *Marc Aurel*, hg. von R. Klein. *Wege der Forschung*, Bd. 550, Darmstadt 1979, S. 133-143.

Aristoteles, *Nikomachische Ethik:* Aristotelis *Ethica Nicomachea*, hg. von J. Bywater, Oxford 1894. Gr. Texte, mehrere Auflagen, dt. in: Aristoteles, *Werke*, Bd. 6, übers. v. E. Dirlmeier, Berlin 1983.
–, *Protreptikos:* Aristotelis *Fragmenta Selecta*, hg. von W.D. Ross, Oxford 1955 (nur gr. Texte), dt. in: I. Düring, *Aristoteles*, Heidelberg 1966, S. 414.

Arrian, *Unterredungen des Epiktet:* Epictetus, *The Discourses as reported by Arrian, the Manual and Fragments*, [Encheiridion, gr. u. engl.] with an English Translation by W.A. Oldfather, in 2 vol., London (Loeb Classical Library) 1925-1928 (mehrere Auflagen). Dt. Übersetzungen von mehreren *Unterredungen* in: R. Nickel, *Epiktet, Teles, Musonius, Wege zum Glück*. Auf der Grundlage der Übertragung von W. Capelle neu übersetzt, mit Einführungen und Erläuterungen versehen, Zürich 1987.
–, *Handbüchlein des Epiktet:* in: Oldfather, Bd. II, und Nickel.

Aulus Gellius, *Attische Nächte*, übers. und mit Anm. vers. von F. Weiss, Darmstadt (Nachdruck der Ausg. Leipzig 1875) 1992, 2 Bde.

Aurelius Victor, Caesares: Aurelius Victor, *Livre des Césars*, éd. et trad. P. Dufraigne, Paris 1975.

Birley (A.R.): A.R. Birley, *Marcus Aurelius*, London 1966, ²1987. Dt.: *Mark Aurel, Kaiser und Philosoph*, München 1977.

Breithaupt (G.): G. Breithaupt, *De M. Aurelii Antonini commentariis quaestiones selectae*, Göttingen 1913.

Brunt (P.A.), »Marcus Aurelius«: P.A. Brunt, »Marcus Aurelius in his Meditations«, in: *Journal of Roman Studies*, Bd. 64, 1974, S. 1-20.

Capelle: Marc Aurel, *Selbstbetrachtungen*, übertrag. und mit einer Einleitung von W. Capelle, Stuttgart ¹²1973.

Casaubon (M.): *Marci Antonini Imperatoris De Seipso et Ad Seipsum* libri XII, Guil. Xylander ... Graece et Latine primus edidit, nunc vero ... notas et emendationes adjecit Mericus Casaubonus, London 1643. Gr. und lat. Texte.

Cassius Dio: *Dio's Roman History*, Bd. IX: Books LXXI-LXXX, übers. v. E. Cary, London 1925 (mehrere Auflagen).

Cicero, *De natura deorum: Vom Wesen der Götter*, lat.-dt., übers. und erl. v. W. Gerlach und K. Bayer, München ³1990.
–, *De oratore: Über den Redner*, lat. und dt., übers., komm. und mit einer Einl. hg. von H. Merklin, Stuttgart 1976.
–, *De officiis: Vom rechten Handeln*, lat. und dt., hg. und übers. von K. Büchner, München ³1987, oder: *Von den Pflichten*, lat. und dt., übertr. und hg. von H. Merklin, Frankfurt und Leipzig 1991.
–, *De legibus: Staatstheoretische Schriften* [*De re publica, De legibus*], lat. und dt., hg. von K. Ziegler, Berlin und Darmstadt 1974.
–, *De finibus ...: Das höchste Gut und das schlimmste Übel*, lat. und dt., hg. von A. Kabza, München 1960.
–, *Somnium Scipionis* (in: *De re publica*): *Vom Gemeinwesen*, lat. und dt., eingel. und neu übertr. von K. Büchner, Zürich ²1960 (4. erw. Aufl.: *Der Staat*, Zürich und München 1987).
–, *Tusculanae disputationes: Gespräche in Tusculum*, lat. und dt., eingel. und neu übertr. von K. Büchner, München ³1984.
–, *Epistulae ad Atticum: Atticus-Briefe*, lat. und dt., hg. von H. Karsten, München 1990.

Cortassa (G.): *Scritti di Marco Aurelio*, ... a cura di Guido Cortassa, Turin 1984. Gr. und lat. Texte mit ital. Übers. Enthält alle Schriften von Marc Aurel (*Ermahnungen an sich selbst, Briefe an Fronto, juristische Texte*).
–, *Il Filosofo*: G. Cortassa, *Il Filosofo, i libri, la memoria. Poeti e filosofi nei Pensieri di Marco Aurelio*, Turin 1989.

Dailly (R.), Effenterre (H. van): R. Dailly und H. van Effenterre, »Le cas Marc Aurèle. Essai de psychosomatique historique«, in: *Revue des études anciennes*, Bd. 56, 1954, S. 347-365.

Dalfen (J.): *M. Aurelii Antonini Ad se ipsum libri XII*, Ed. J. Dalfen, Leipzig 1979, ²1987. Nur gr. Texte. Neue kritische Ausgabe mit einem ausgezeichneten Begriffsregister, aber J. Dalfen betrachtet – wie mir scheint, zu Unrecht – viele Stellen als Interpolationen.
–, *Formgeschichtliche Untersuchungen*: J. Dalfen, *Formgeschichtliche Untersuchungen zu den Selbstbetrachtungen Marc Aurels*, Dissertation, München 1967.

Damascius, *In Phaedonem: The Greek Commentaries on Plato's Phaedo*, Bd. II. *Damascius*, L.G. Westerink, Amsterdam 1977

Diels-Kranz: *Die Fragmente der Vorsokratiker*, gr. und dt. von Hermann Diels, hg. von Walther Kranz, 3 Bde., Berlin 1954 (mehrere Auflagen). Enthält gr. Texte und eine dt. Übers. der Vorsokratiker, vor allem Heraklit, Demokrit und Empedokles.

Diogenes Laertios: Diogenes Laertios, *Leben und Meinungen berühmter Philosophen*, übers. von O. Apelt, neu hg. von K. Reich, Hamburg ³1990.

Epiktet, siehe **Arrian, Souilhé**.

Eusebius von Caesarea, *Historia ecclesiastica*: dt.: E.C., *Kirchengeschichte*, hg. und eingel. von Heinrich Kraft, München 1981.

Farquharson: *The Meditations of the Emperor M. Antoninus*, ed. with transl. and comm. by A.S.L. Farquharson, Oxford 1944. Gr. Texte mit engl. Übers. Reichhaltiger Kommentar.

Fronto: gleichzeitig zitiert nach zwei Ausgaben: *Fronto, Epistulae*, schedis tam editis quam ineditis Edm. Hauleri usus, iterum ed. M.P.J. van den Hout, Leipzig 1988; *The Correspondence of Marcus Cornelius Fronto, with Marcus Aurelius Antoninus, Lucius Verus, Antoninus and Various Friends*, ed. and transl. by C.R. Haines, in 2 vol., London (Loeb Classical Library) 1919 (mehrere Auflagen).

Galen, hg. Kühn: Claudii Galeni *Opera omnia*, hg. von C.G. Kühn, 20 Bde., Leipzig 1821-1833 (gr. Texte mit lat. Übers.). Weitere Werke von anderen Herausgebern sind in den Anmerkungen angegeben.

Gataker: *Marci Antonini Imperatoris de rebus suis, sive de eis quae ad se pertinere censebat libri XII commentario perpetuo explicati atque illustrati*, studio ... Thomae Gatakeri, Cambridge 1652. Gr. und lat. Texte mit einem sehr reichhaltigen lat. Kommentar, aber ein wenig ausschweifend.

Goldschmidt (V.), *Système stoïcien*: V. Goldschmidt, *Le Système stoïcien et l'idée de temps*, Paris ³1977.

Grimal (P.): P. Grimal, *Marc Aurèle*, Paris 1991.

Hadot (I.), *Seneca*: I. Hadot, *Seneca und die griechisch-römische Tradition der Seelenleitung*, Berlin 1969.

Hadot (P.), »Le présent ...«: P. Hadot »Le présent seul est notre bonheur.‹ La valeur de l'instant présent chez Goethe et dans la philosophie antique«, in: *Diogène*, Nr. 133, 1986, S. 58-81. Dt.: »Die Gegenwart allein ist unser Glück«, in: *Philosophie als Lebensform*, Berlin 1991, S. 101-122.

– (1984): P. Hadot, »Marc Aurèle était-il opiomane?«, in: *Mémorial André-Jean Festugière. Les Cahiers d'orientalisme*, Bd. X, Genf 1984, S. 33-50.

–, *Exercices:* P. Hadot, *Exercices spirituels et philosophie antique*, Paris ³1992, dt.: *Philosophie als Lebensform*, Berlin 1991.

Herodian, *Geschichte des Kaisertums: Herodian*, Bd. 1, Books I-IV, with an English Translation by C.R. Whittaker, London 1969.

Historia Augusta, MA: Historia Augusta, Vita Marci, in: Scriptores Historiae Augustae with an English Translation by D. Magie, Bd. 1, London 1925 (mehrere Auflagen); dt.: *Historia Augusta. Römische Herrschergestalten*, Bd. 1, von E. Hohl, E. Merten, A. Rösger und J. Straub, Zürich und München 1976.

Horaz, *Sämtliche Werke*, lat. und dt., hg. von H. Färber und W. Schöne, München 1957.

Lukian: *Lucian* with an English Translation, by A.M. Harmon, K. Kilburn and M.D. MacLeod in 8 vol., London 1972. Gr. Texte mit engl. Übers. Dt.: *Die Hauptwerke des Lukian*, hg. von K. Mras, München 1980, oder: Lukian, *Parodien und Burlesken*, auf Grund der Wielandschen Übertr. hg. von E. Ermatinger u. K. Hoenn, Zürich 1948.

Lukrez, *De rerum natura: Von der Natur*, lat. und dt., hg. und übers. von H. Diels [1923-1924], Darmstadt 1993.

Marc Aurel, *Ermahnungen an sich selbst*: Griechische Texte oder Übersetzungen siehe Capelle, Casaubon, Cortassa (1984), Dalfen (1987), Farquharson, Gataker, Nickel, Theiler, Trannoy.

Martinazzoli (P.): P. Martinazzoli, *La »Successio« di Marco Aurelio. Struttura e spirito del primo libro dei Pensieri*, Bari 1951.

Nickel (R.): *Marc Aurel, Wege zu sich selbst*, hg. und übers. von R. Nickel, München und Zürich ²1992.

Origenes, *Gegen Celsus:* Origène, *Contre Celse*, éd. et trad. M. Borret, 5 Bde., Paris 1967-1968; dt.: P. Koerschau, *Des Origenes acht Bücher gegen Celsus*, München (Bibliothek der Kirchenväter, Bd. 52/53) 1926-1927.

Ovid, *Metamorphosen*, hg. und übers. von H. Breitenbach, Zürich 1958.

Philon von Alexandreia, *Die Werke in deutscher Übertragung*, von L. Cohn und I. Heinemann, Bd. I-VII, Berlin 1960-1964.

Photios, *Bibliotheca:* Photius, *Bibliothèque*, Bd. I-IX, éd. et trad. R. Henry, Paris 1959-1991.

Platon, *Sämtliche Dialoge,* hg. von O. Apelt, Bd. I-VII, (Nachdruck der Ausg. von 1920/1922) Hamburg 1988.

Plotin: *Plotins Schriften,* hg. und übers. von R. Harder, R. Beutler und W. Theiler, Bd. I-VI, Hamburg 1956-1971.

Plutarch: *Plutarch's Moralia, (De tranquillitate animi, De virtute morali, De communibus notitiis, De defectu oraculorum, De repugnantiis stoicorum)* gr. with an English Translation in 17 volumes, London 1927. Dt.: *Moralia,* übers. v. Otto Apelt., 3 Bde., Leipzig 1926-1927.
–, *Lebensbeschreibungen (= Agesilaos, Brutus, Cato, Kleomenes, Dion, Lykurgos, Phocion);* Gesamtausgabe, übers. von J.F. Kaltwasser und H. Floerke, Bd. I-VI, München 1964.

Pohlenz (M.): M. Pohlenz, *Die Stoa,* Bd. I-II, Göttingen ⁴1971-1972.

Renan (E.): E. Renan, *Marc Aurèle et la fin du monde antique,* Paris 1882 (mehrere Auflagen, wir zitieren vor allem aus: »Le livre de poche«, »Biblio/Essais«, Nr. 4015, Paris 1984).

Rist (J.), »Are you a Stoic«: J. Rist, »Are you a Stoic, The Case of Marcus Aurelius«, in: *Jewish and Christian Self-Definition,* hg. von B.F. Meyer und E.P. Sanders, London 1983, S. 23-45.

Rutherford (R.B.), *Meditations:* R.B. Rutherford, *The Meditations of Marcus Aurelius. A Study,* Oxford 1989.

Seneca, *Philosophische Schriften (= De beneficiis, De clementia, De constantia sapientis, De ira, De providentia, De tranquillitate animi, De vita beata, Epistulae ad Lucilium).* Lat. und dt., hg. von M. Rosenbach, Bd. I-IV, Darmstadt 1969-1995.
–, *Naturwissenschaftliche Untersuchungen (Naturales Quaestiones),* hg. und übers. von M.F.A. Brok, Darmstadt 1995.

Sextus Empiricus, *Against the Logicians: Sextus Empiricus,* with an English Translation by R.G. Bury in 4 vol., Bd. II, *Against the Logicians,* London 1935 (mehrere Auflagen). Enthält die gr. Texte mit engl. Übers. von Sextus Empiricus, *Adversus Logicos,* I-II, auch zitiert als *Adversus Mathematicos,* VII, VIII.

Simplicius, *In Epicteti Enchiridion:* Simplicius, *Commentaire sur le Manuel d'Épictète.* Introd. et éd. crit du texte grec par Ilsetraut Hadot, Leiden 1996.

Souilhé: J. Souilhé, Épictète, *Entretiens,* Paris 1969 (mehrere Auflagen).

Stobaios (J.), *Anthol.: Ioannis Stobaei Anthologium* recens. K. Wachsmuth und O. Hense, 5 Bde., Berlin 1884 (mehrere Auflagen).

Strabon, *Geographika:* Strabon, *Géographie*, t. III (Livres V-VI), éd. et trad. par F. Lasserre, Paris 1967.

SVF: *Stoicorum Veterum Fragmenta*, Collegit Iohannes von Arnim, 4 Bde. Leipzig 1905-1924 (Neuaufl. Wm. C. Brown, Iowa). Nur griechische Texte.

Theiler: *Kaiser Marc Aurel, Wege zu sich selbst*, hg. und übers. von W. Theiler, Zürich und München 1951 (mehrere Auflagen). Bis heute die beste Ausgabe des griechischen Textes und die beste Übersetzung (auf deutsch).

Trannoy: *Marc Aurèle, Pensées*, hg. und übers. von A.-I. Trannoy, Paris 1925 (mehrere Auflagen). Gr. Texte mit frz. Übers., die nicht immer sehr gut ist. Ich bereite für diese Sammlung eine kritische Neuausgabe und eine Neuübersetzung der *Ermahnungen an sich selbst* vor.

Voelke (A.-J.), *Volonté:* A.-J. Voelke, *L'Idée de volonté dans le stoïcisme*, Paris 1973.

Williams (W.), »Individuality in the Imperial Constitutions: Hadrian and the Antonines«, in: *Journal of the Roman Studies*, Bd. 66, 1976, S. 67-83.

Xenophon, *Memorabilien:* Gr. Text mit engl. Übers.: Xenophon in 7 vol., Vol. IV, with an English Translation by E. C. Marchant, London 1979; dt.: Xenophon, *Erinnerungen an Sokrates*, übertr. von R. Preiswerk und W. Burkert, Stuttgart 1980.

Register der Zitate aus Marc Aurels *Ermahnungen an sich selbst*

Die fettgedruckten Ziffern verweisen auf wörtliche Zitate. Auf Anmerkungen wird mit einer römischen Ziffer für das Kapitel und einer arabischen Ziffer für die Nummer der Anmerkung verwiesen (z.B. X Anm. 22)

Buch I	356-360, 380-394, 405, X Anm. 70	5,2	**194, 260**
		5,3	329
3	**385**	6	361, 391
6	20, 23	9	364
7	**26-27**, 28, 101	10	91
8-16	34-38	11,1	361
11	**382**	11,4	**80**
12	IV Anm. 56	12,3	241, 400
14	405-414, **409**	13,1	179
15,8	396	13,3	**309**
16	37, 381, 412-414	14	190, 361, 362
16,1	**269-270**	14,3	69
16,5	**300**, VIII Anm. 37	14,5	**70**
17	225, 380, 387-390	15	69, **90**, 183
17,2	392	16	361-362
17,4	**387**	16,6	**258, 291**
17,5	**387**	17,1-4	**62**, 166, 179, 361-362
17,6	**387**		
17,8	**388**	Buch III	77, 357-362, 375
17,9	**388**	1	375, IV Anm. 56
17,10	**388**	2	**236-237**, 354
17,11	392	2,6	88
17,12	**389**	4,1	**168**, 362
17,13	**389**	4,4	259
17,14	28, **389**	5	179, 362, 396
17,18	**17, 390**	6-8	362
17,22	111, 390	6,1-3	180, **249**, 259, **325-326**, 331
Buch II	357-362	6,6	**250**
1	65-68, **287, 314**, 362	7,2	250, 362
2,1-3	166, 361	7,4	179
2,2	**56**	9-11	362
2,4	**259**, 361-362, 391	9,2	75, **325**
3	361	10,1	190
3,3	**56**, 63, 375	10,2	**246**
4	361	11,1-2	**80, 154**, 232, 292, 297
5	361, 363, 383	11,3	151

11,5	**299**	37	363
12,1	179	39,2	70
13,1	63	40	170, 202
14	**55**, 361-362	41	**103, 235**
16,1-3	166, 179, **199**, 384, IV Anm. 56, VII Anm. 55	43	**171, 346**
		46,1-4	**87-88**, 367
		48,1	377
Buch IV	362-363	48,3	**233, 354**
1	**275**	49,1	178
1,2	VIII Anm. 12	49,2-5	**106**
2	70	49,6	63, **64**
3	66-73	50	79, 400
3,1	65, 363, 398	51	330, 363
3,3	86		
3,4	68	Buch V	363-366
3,5-6	65-72, **210**, 212, 363	1	**376**, 391, **427**
3,7-8	69, **246**	2	70
3,10	67, 70, **156**	3,2	**330**, 364
3,11	68	5	54, **175, 392-393**
4	72	6,3-4	**279**
4,2	292	6,6	**281**
5	400	8	72, **199, 204, 230**
7	70, **76**, 161	8,4	VII Anm. 46
8	**80**	8,12	**201**, 229, **304**
10	303	9,3-5	**327**, 329
12	282, 412	10,4	**337**
15	**354**	10,6	**187-188**, 363-365
17	**363**	11	**364**
18	261, 363	13	**365**
21	54	14	330
21,5	69	16,1	72
22	**76, 259**	16,2	54, 153, 366, 399
23	**115, 205, 355**, IV Anm. 9	16,5	227
24	88, **261**	19	70, **156**, 160
25	363	20,2	274, VIII Anm. 12
25,5	69	21	250
26	66-73, **201**, 229, **304**	22	**105**
27	73, 211, **213**	23	**171, 346**
28	384	24	**347**
29	**188-189**, 251	25	**186**, 364
32	**79**	26,1	**169**
32,5	**261**	27	179, 226, 363, 364, **365**
33	**75**, 377, VII Anm. 46	28,3	309, 310
34	**201**, 229	28,4	**352**
35	**54, 80, 354**	29,2	**104**

30	**291, 302**	58	**186,** 365
31	364, **393**		
32	234, **366**	Buch VII	370, 367
33,1-2	**233, 353**	2	64, 83
33,5	364	2,2	70, 367
33,6	166	3	**79**
34,1	329	5,3	**282,** 392
36	**298**	6	367
		7	392
Buch VI	366-367, 370	9	**72,** 202, 254
1	234, 366	10	367
5	366	11	291, VII Anm. 4
6	**54**	12	**352,** 396
7	**194, 250, 272, 328**	13	**278, 315,** 328
8	**161**	14	70, 367
10	73, 211	16	70, 166, 367
12	54, 366, 398	17,2	367
13	**90, 155, 232**	18	367
15,2	**240**	19	79, **94,** 367
17	**330**	21	**9, 53, 246, 354,** 367
21	392	22,2	66-67, **314,** 367
22	IV Anm. 56	23	235, 367
24	79, **212**	25	241, 367
26	367, IV Anm. 56	26,1	309, 367
27,3	309, 310	27	92
30	54, **62,** 359, 367, 383,	29	**77**
	391, 414	29,2	**259**
32	166, 190	29,5	69
36,1	**198,** 242, **348**	29,7	67
36,2	**217**	31-51	54, 368
36,3	**236**	31,4	89, 368
37	**70, 247**	33	92
38	73, 202	35	91, 368, X Anm. 33
39	**316**	36	**368**
40	235	38-42	368
42	87, **231**	44-46	91, 368
44	73	47	236, **241**
44,3-4	**218, 225**	48	79, **243**
44,6	54, **292,** 367	49	249, **350-351**
46	**232,** 247, 249, 391	50-51	368
47	79, 377	52	368
47,6	**313, 331**	54	63, 74, 300, 369
50	**274-275,** 309, **312**	55	369
50,2	VIII Anm. 12	55,1	**188,** 365
52	70, **156**	55,2-3	**293**

56	369	33	**353**
57	**76, 304,** 369	34	81, **295, 355**
59	354	35	**276,** 370
60	369	36	**191,** 272, **284-285**
62	367	37	54, 79, 370, **378-379**
63	**104, 308**	40	70, 153
64	92	41	370
66	368	42	**393**
67	111, 368	43	**298**
68	**161, 272,** 367	45,1	363
69	**260**	47	70, **158,** 370
72	368	48	174, **177**
73-74	**278**	49	70, **153**
75	73, **227**	50	160, **353,** 370
		54	370
Buch VIII	368-370, 375	56,1	166
1	370, 392	57	330, 370
1,6	**64**	59	**309, 353**
2	**262,** 370		
3	**418**	Buch IX	370-371
4	**404**	1	230, **321-322,** 323, 370, 376
5	79		
5,2	**290**	1,1-2	181, **294, 302**
7,1	**75,** 108, **198-199,** 329, 369	1,6	**303**
		1,9	239
7,2	**301,** 303, 370	1,10	**221**
8	370	2,4	371
9	54, 366, 370, 391, **399**	3	370, **400-401,** 405, IV Anm. 9
11	69		
12	391	6	**74, 209,** 262, 371
13	**112**	7	**75, 108**
16	**281-282,** 392, 412	9	73, 317, 370
18	73, 370	10	IV Anm. 9
21,2-3	66-67, 69	11,1	309, **313**
22	**80**	11,2	225, **299,** 371
22,2	370	13	70
23	**76, 257**	15	70, **156**
24	**231, 233**	17	**352**
25	79, 370, 377, 379	18	371
26	242, **328**	20	**353**
28	**108**	21	371
29	70, **153, 297**	22	371
30	54, 370	23,2	**295**
31	**78,** 377	24	103, 104, **235**
32	**272-273, 325,** 370	25	69

27	225, **299**, 371	31,2	54, 79
28	73, 211, 214-215, 227, 241	31,5	232, **276**
		31,6	372
29	371, **414-415,** 415-419	33	73
30	79	33,2	**327**
31	186, **257,** 371	33,6	235
32	241, **348**	34,6	**354**
34	371	35,3	372
35	**70**	36	54, 313, 371, **402-404**
36	**231, 234**		
37	69	Buch XI	372-373
38	392	1	**210,** 373, 376
39	73, 211, **214**	1,1-2	**271**
40	370	1,3	**70, 242, 247, 348,** 366
41	92, **93**	1,4	**294-295, 315**
42	370-371	2	**192, 232,** 373
42,2	310	4	**278**
42,6	**309**	5	**64**
42,12	**279**	6	368, 373
		8	81
Buch X	371-372	8,6	**352, 399**
1	375, **376,** 392	9	**313-314,** 405
2	256, **257**	10,4	**324**
4	**309-310**	11	70, **158,** 372
5	**201,** 229, **304**	12	373
6-7	73	13,2	**310,** 412
6,6	329	13,4	**187,** 365
7,4	212	15	**311,** 373, 396
8	336	16	70, **110, 159,** 372
9,1	**71, 80, 353**	18	66-69, **213,** 373
9,2	**71,** 371	18,4-5	68, 104, **308**
10	233, **355**	18,7	392
11,1	**80, 240,** 371	18,10	68
11,2	**257**	18,11	67
11,3	**76**	18,15	**311**
11,4	330, VII Anm. 55	18,18	**310,** 383, 412
12	**289,** 290	18,21	**312**
13	**176,** 363, 371	18,24	68
15	**398, 399**	20	166
18	**240**	21	412
19	**233,** 371	22-39	54
21	**203, 316**	26	92
23	91, **398**	27	92
25	**304**	33-39	105-106, 109
27	248, **350**	34	**103,** 104-105, **284, 286**

37	105, **109**, 262, **282**, 296, VIII Anm. 12	19	373
38	**106**	20	**76, 258**
		21	68-69, **246**
		22	67-70
Buch XII	373-375	24,1	**258**
1	375	24,3	**248, 347**
1,1-2	**193**	25	70
1,5	**240,** 376	26	**66-67,** 68-72, 166, 183, 190
2	373		
3	88, **165-166,** 166-178, **193, 325,** 363, 374	27	79, VII Anm. 55
		29	69, 73, 259, **328,** 374
7	66-73, 235	30	293, **355**
8	66-73, 373-374	31,2	VII Anm. 55
10	69, 374	32,1-2	242, **251**
14	166, **212, 222-223**	32,3	**186, 257,** 365
15	75, **325**	33	373
16	392	36	**305, 374-375**
18	68-69, 151, 374		

Register der Zitate aus den *Unterredungen* des Epiktet

Vorwort	**82, 97-98**	16,15	**271**
		17,25	**139**
Buch I		17,40	V Anm. 19
1,25	**82**	19,5	146
2,19	X Anm. 93	19,9	V Anm. 19
3,1	III Anm. 1	19,27	235
4,12	139, 141, V Anm. 23	19,32	140
4,23	107	22,29	140
5	**163**	22,36	**308**
6,19	**144**	25,1	146
9,1	148	26	**182-183**
10,8	99	26,7	310
10,10	**142**		
12,8	132, VII Anm. 55	Buch III	
12,25	**138, 201**	2,1-2	**131,** V Anm. 23
12,26	**253**	2,3	141
13,3	148, **426**	2,5-6	139, 145-146
14,12	**226**	2,13-16	V Anm. 19
17,6	**146**	3,14	**104-105**
17,10	146	5,10	**144**
17,22	139	8,1	**128-129**
18,20	III Anm. 1	8,5	154
20,15	132, VII Anm. 55	10,1	III Anm. 1
25,18	**104**	10,15	235
26,9	146	12,14	**145**
26,13	99	12,15	**162**
28,4	104, **307**	13,4-8	**143, 224**
28,10-33	140	15,6	**259**
30,1	**177**	21,4-6	**19, 265, 391**
		21,7	V Anm. 19
Buch II		22,24	VII Anm. 78
1,17	167	22,41	235
5	288	22,54	VIII Anm. 56
5,26	148, **292, 295**	22,105	105
6,9	**265-266**	23,2	259
10,3	148	23,29	95
11,1	**392**	24,84	**173**
12,4	310	24,86	105, **286**
13,24	418	24,88	104
14,7	**138**	24,92-93	105
16 (Titel)	III Anm. 1	24,103	**82**

25,3	106	In Marc Aurels	
26,14	139, 146	*Ermahnungen an sich selbst*	
26,28	**228**	IV,41	**103**, 235
		IV,49	**106-107**
Buch IV		V,22	**105**
1,100	**143**	V,29,2	**104**
1,103	**143-144**	VII,36	**368**
1,110	**162**	VII,63	**104**
1,111	**288**	IX,24	**103**
1,112	**173**	XI, 33-39	**103-106, 109, 282, 284,**
1,123	X Anm. 93	**286**, VIII Anm. 12	
1,133	III Anm. 3		
1,147	92	*Handbüchlein*	
4,11-18	**136**, 139		147, V Anm. 30
4,39	259	1,1	**126**, V Anm. 20
6,20	**368**	1,5	**163**
6,26	139	2,2	VIII Anm. 12
7,6	**142**	5	**82**, 89, **158, 161**
7,31	235	8	**205**
8,12	I Anm. 28	17	VIII Anm. 83
10,13	139		

Buch V, bei Aulus Gellius   101-102

Namensregister

Auf Anmerkungen wird mit einer römischen Ziffer für das Kapitel und einer arabischen Ziffer für die Nummer der Anmerkung verwiesen (z.B. X Anm. 22)

A

Achilles I Anm. 35
Aelius Aristides 403
Aelius Caesar *Siehe* Ceionius Commodus
Africa (T.W.) 342, 343, 344, 345, 346, 350, X Anm. 20, Anm. 24, Anm. 25
Agrippa (Marcus Vipsanius) 78
Ägypten 16-17
Aischylos, *Sieben gegen Theben* 319
Akademie (Platons) 114, 119
Alexander der Grammatiker *Siehe* Alexander von Cotiaeum
Alexander der Große 35, 79, 212, 248, 350, 377, 415, 417, 418, I Anm. 30, X Anm. 105
Alexander der Platoniker 36, 38, 381, 386
Alexander von Cotiaeum 36, 380, 386
Alexander von Damaskus (Peripatetiker) 40
Alexandre (M.) 352, X Anm. 44
Alföldy (G.) I Anm. 60
Alsium 38, 261
Amiel (H.F.) 51
Andromachos der Jüngere 343-344
Annius Verus (Großvater von Marc Aurel) 15, 380, 381, 384, 387, 389
Annius Verus (Vater von Marc Aurel) 15, 22, 36, 52, 379-380, 387, 390-391
Anthologia Palatina II Anm. 14, X Anm. 28
Antiochia 40, 378
Antiochos von Askalon 408

Antipater aus Tarsos 125, 267
Antisthenes 25, 368
Antoninus Pius (Kaiser) 15-16, 21, 26, 29, 34-35, 37, 52, 248, 269, 300, 336, 350, 359, 367, 379-381, 386-387, 390-391, 395, 409-414, I Anm. 41
Aphrodite 203
Apollo 224
Apollodorus von Seleukeia 135
Apollonius von Chalkedon 26, 34-38, 65, 380-381, 386, 388
Apuleius, *Apologie* 37
Aquileia 16
Archedemos 125, 267
Archimedes 79, 377
Arethas (Bischof) 43, 46, 53, II Anm. 6, Anm. 7, Anm. 13, Anm. 15
Aristo (Rechtsberater) *Siehe* Titius Aristo
Ariston von Chios 30-33, 109-112, I Anm. 40, IV Anm. 58
Aristophanes 23, I Anm. 15
Aristoteles 37, 91, 114, 119, 121, 196, 219
  Nikomachische Ethik 45, 178, 301, 329, VI Anm. 27, VIII Anm. 40, Anm. 49, IX Anm. 8
  Protreptikos 214, VII Anm. 41
  Über die Teile der Tiere 237-239
Arius Didyme 78
Arkesilaos von Pitane 277
Armisen-Marchetti (M.) VIII Anm. 31
Arns (E.) II Anm. 36, Anm. 39
Arrian von Nikomedeia 94-103
Arulenus Rusticus *Siehe* Junius (Arulenus) Rusticus
Asklepius 230

Athen 224
Athenagoros 39
Athos (Berg) 197, 242, 348
Atropos 200
Aufidius Victorinus 29, 31, 38, I Anm. 31
Augustinus (hl.) 58-59, I Anm. 30
Confessiones (Bekenntnisse) 380, 393
Soliloquien 58-59, II Anm. 34
Augustus 48, 78-79, 241, 377
Aulus Gellius 20, 57, 61, 85
Attische Nächte 57, 94, 100-102, 151, 169, II Anm. 32, III Anm. 12, IV Anm. 25, Anm. 39, Anm. 42, Anm. 44-45, VI Anm. 3, VII Anm. 43, Anm. 44
Aurelius Victor 43, II Anm. 3
Avidius Cassius 16, 42, 338, 359, 396, 402, II Anm. 3, X Anm. 85

B

Barth (C.) 50, II Anm. 22
Baudelaire (Ch.) 401
Benedicta 381, 389
Bergson (H.) 195-196, 228, VII Anm. 9, Anm. 59
Bergson (L.) II Anm. 9
Bibesco (Prinzessin) 240
Birley (A.R.) I Anm. 7
Blake (W.) 208, VII Anm. 32
Bloch (H.) I Anm. 1
Bonhöffer (A.) 125, I Anm. 18
Bowersock (G.W.) I Anm. 48, Anm. 60, X Anm. 62, Anm. 65
Boyancé (P.) VII Anm. 16
Bréhier (É.) 115, 120, 125, 184, IV Anm. 4, V Anm. 1, Anm. 17, VI Anm. 38, VII Anm. 11, Anm. 21, VIII Anm. 35
Breithaupt (G.) 357, IV Anm. 47, X Anm. 50, Anm. 53
Brunt (P.A.) 51, II Anm. 27, Anm. 30, Anm. 37, Anm. 41, X Anm. 94

Brutus (M. Junius, Mörder Caesars) 84, 405-408, X Anm. 88

C

Caesar (Julius) 79, 377, 405, 418
Caeson 377
Caninius Celer 379, X Anm. 62
Carnuntum 49, 52, 357-358, 420, X Anm. 50
Casaubon (M.) 47, 48, II Anm. 18-20
Cassius (Mörder Caesars) 406
Cassius Dio 18, 26, 41, 42, 96, 300, 336-344, 395-396, 401, 410, 417, I Anm. 5, Anm. 25, Anm. 63, II Anm. 1, VIII Anm. 39, X Anm. 12, Anm. 16, Anm. 17, Anm. 78, Anm. 79, Anm. 83, Anm. 97, Anm. 111
Catilius Severus (Urgroßvater von Marc Aurel) 380
Cato Uticensis 19, 97, 377, 406-408, 415, X Anm. 88, Anm. 89
Catulus *Siehe* Cinna Catulus
Ceionius Commodus (Aelius Caesar) 15
Chabrias 378
Champlin (E.) 31, 32, I Anm. 3, Anm. 32
Charon 244-245
Chrysippos 38, 39, 94, 99, 110, 113, 123-125, 141-142, 156, 162, 178, 188, 195-196, 200, 202, 209, 217-218, 234, 265-267, 377, VII Anm. 21
Cicero 26, 30, 48, 84, 85, 147
De finibus ... (Das höchste Gut und das schlimmste Übel) 32, 270, I Anm. 39, V Anm. 10, VIII Anm. 6, Anm. 16
De legibus (Staatstheoretische Schriften) 72, III Anm. 7
De natura deorum (Vom Wesen der Götter) 219, 228-229, VII Anm. 45, Anm. 60, Anm. 61

De officiis (Vom rechten Handeln) 266, 326, VIII Anm. 8, Anm. 9, IX Anm. 6
De oratore (Über den Redner) 415, X Anm. 106
Epistulae ad Atticum (Atticus-Briefe) 415, X Anm. 107
Somnium Scipionis (Der Traum des Scipio) 349, X Anm. 39
Tusculanae disputationes (Gespräche in Tusculum) VIII Anm. 28
Cinna Catulus 36-38, 40, 381, 386, I Anm. 60
Claudel (P.) 179, VI Anm. 28
Claudius Maximus 37-38, 40, 379, 381, 385-386, 388, 396, I Anm. 60
Claudius Pompeianus VIII Anm. 40
Claudius Severus (Konsul im Jahr 173, Schwiegersohn von Marc Aurel) 38, 40, I Anm. 50, Anm. 60
Claudius Severus Arabianus (Konsul im Jahr 146, Lehrer von Marc Aurel) 37, 381, 405-410, X Anm. 99
Clemens von Alexandreia *Stromata (Die Teppiche)* IV Anm. 55
Commodus (Kaiser) 15, 17, 39, 43, 339, 344, 402, 403, I Anm. 10
Conte (G.B.) III Anm. 8
Cornutus 85
Cortassa (G.) II Anm. 41, IV Anm. 1, Anm. 10-12, Anm. 14, Anm. 17, Anm. 19, Anm. 20, Anm. 22, Anm. 23, X Anm. 87,
Courcelle (P.) X, Anm. 63,

D

D'Agostino (V.) VIII Anm. 4
Dailly (R.) 338-342, 345, I Anm. 62, X Anm. 15, Anm. 18
Dalfen (J.) 14, 351-352, III Anm. 4, Anm. 5, X Anm. 43, Anm. 62
Damascius, *In Phaedonem* VI Anm. 10

Demeter 338
Demetrios (Leibarzt von Marc Aurel) 343
Demetrios (Metropolit von Heraklea) 43
Demetrios Poliorketes 415, 417-418, X Anm. 105
Demetrius (Kyniker) 23
Demokrates *Siehe Sentenzen des Demokrates*
Demokrit 79, 88-91, 260-261, 368, 377, IV Anm. 11, Anm. 12, Anm. 13
Dentatus 377
De Quincey (Th.) 345-350, X Anm. 26, Anm. 41
Derveni (Papyrus aus) 200, VII Anm. 16
Descartes (R.) 220
Dio Cassius *Siehe Cassius Dio*
Diogenes Laertios 151, IV Anm. 16, VI Anm. 1, Anm. 2, VII Anm. 4, IX Anm. 9, Anm. 11, Anm. 13
Diogenes von Seleukeia 267, 304, VIII Anm. 43
Diogenes von Sinope (Kyniker) 25, 418
Diognetos 20, 23, 25, 27, 36, 380, 385-386, I Anm. 14
Dion Chrysostomos 407-408
Dion von Syrakus 405-407, X Anm. 88, Anm. 89
Dionysios (Tyrann von Syrakus) 407
Dionysios von Halikarnassos, *Antiquitates Romanae* I Anm. 19
Diotimos (Freigelassener Sklave des Hadrian) 378
Dodds (E.-R.) 336, VII Anm. 13, X Anm. 8, Anm. 9
Domitia Lucilla (Mutter von Marc Aurel) 15, 23, 27, 36, 52, 370, 379-381, 384-386, 389, 391
Domitian (Kaiser) 94, 406-408
Donau 16-18, 39, 43, 55, 339-343, 357-358, 389, 405, 410, 417

Dorandi (T.) 59, II Anm. 38
Duhot (J.-J.) VII Anm. 8

E

Eleusinische Mysterien 17
Empedokles 88, 165-166, 174, IV Anm. 10
Epaphroditos 95
Epiktet 87-149
Epikur 92, 242, 421
Eros 117
Eudemos von Pergamon (Peripatetiker) 40
Eudoxos von Knidos 79, 377
Euripides 203, 368, VII Anm. 25
Eusebius von Caesarea, *Historia ecclesiastica* I Anm. 10

F

Falerner (Wein) 155
Farquharson (A.S.L.) 50-51, 102, II Anm. 1, IV Anm. 46
Faustina (Frau des Antoninus Pius) 379
Faustina (Tochter des Antoninus, Frau von Marc Aurel) 15-17, 344-345, 359, 379, 381, 388-390, VIII Anm. 41
Favorinus von Arelate 94
Festugière (A.-J.) I Anm. 17, VII Anm. 51, X Anm. 39
Fittschen (K.) I Anm. 2
Flavius Boethus 40, I Anm. 60
Follet (S.) IV Anm. 31, Anm. 33-35, Anm. 37, X Anm. 65
France (A.) 192, VII Anm. 7
Fränkel (H.) 106-107, IV Anm. 48, Anm. 49
Frede (M.) VII Anm. 43
Friedrich II. (der Große) 9
Fronto 15-16, 20-22, 25-30, 33, 36, 38-39, 55, 84, 261, 352, 354, 380, 382-385, 388, 391, 394, I Anm. 11, Anm. 13, Anm. 29, Anm. 30, Anm. 32, Anm. 46, Anm. 47, Anm. 52-54, Anm. 56, Anm. 57, II Anm. 29, IV Anm. 58, VIII Anm. 3, X Anm. 46, Anm. 47, Anm. 65, Anm. 66-68

G

Galen 46, 84, 98, I Anm. 60
Ad Pisonem de theriaca 343-344, X Anm. 23
De antidotis 342-343, X Anm. 21
De elementis ex Hippocrate 89, IV Anm. 13
De libris propriis 94, Anm. 27
De peccatorum dignotione 307, VIII Anm. 50
De praecognitione 37, 40, 401, I Anm. 50, Anm. 60
In Hippocrat. Epidem. I Anm. 62
Gataker (Th.) 44, 47, 49, II Anm. 10, Anm. 21
Gavius Clarus (Schüler Frontos) 382
Germanen 17, 43, 357-359, 394
Gernet (J.) 424-425, Schluß Anm. 7, Anm. 8, Anm. 10
Gesner (A.) 44
Gilliam (J.F.) 17, I Anm. 4
Goethe (J.W.) 9
Goldschmidt (V.) 162-163, 197, 426, IV Anm. 34, V Anm. 3, VI Anm. 12, VII Anm. 12, Anm. 83, VIII Anm. 4, Anm. 6, Schluß Anm. 14
Görgemanns (H.) 31, I Anm. 34, Anm. 35, IV Anm. 59
Goulet-Cazé (M.-O.) II Anm. 12
Graindor (P.) X Anm. 64
Gran (= Hron) 52, 356-358, 420
Grimal (P.) 338, I Anm. 7, Anm. 45, X Anm. 13
Guérin (de, M.) 51
Guigo von Kastell 51

H

Hades 347
Hadot (I.) 26, I Anm. 27, III Anm. 10, IV Anm. 21, Anm. 41, V Anm. 6, VIII Anm. 4, Anm. 8, Anm. 28
Hadot (P.) I Anm. 8, Anm. 34, Anm. 40, II Anm. 11, IV Anm. 24, Anm. 49, V Anm. 8, Anm. 15, Anm. 25, Anm. 31, VII Anm. 36, Anm. 56, Anm. 74, X Anm. 22, Anm. 101
Hadrian (Kaiser) 15, 79, 97, 248, 324, 350, 378-379, 395, 409, 413
Hadrian aus Tyros (Rhetor) X Anm. 62
Hahn (J.) I Anm. 10, Anm. 60
Havel (V.) 419, X Anm. 113
Hekaton 277
Helike 284
Helvidius Priscus 405-408, X Anm. 88
Hera 224
Heraklit 79, 87-88, 113-114, 231, 347, 367, 377, 418, IV Anm. 2-9
Heras (Arzt) 343
Herculaneum 284, 377
Herennius Senecio 406-407
Hermes 244
Herodes Atticus 84, 93, 102, 381, 388, X Anm. 64, Anm. 65
Herodian 302, 411, VIII Anm. 40, X Anm. 99
Herodot 248
Hesiod 372
Hierapolis (= Pamukkale) 95
Hieronymus (hl.) 59, II Anm. 36
Hipparchos 79, 377
Hippokrates 79, 377
Historia Augusta 20, 23, 25, 34-35, 37, 43, 336-337, 378, 395, 402, 410-411, 414, I Anm. 12, Anm. 14, Anm. 16, Anm. 24, Anm. 41-43, Anm. 49, Anm. 58, II Anm. 3, X Anm. 11, Anm. 60, Anm. 62, Anm. 72, Anm. 76, Anm. 80, Anm. 85, Anm. 98, Anm. 100, Anm. 103, Anm. 104, Anm. 110
Holzmann (W., genannt Xylander) 44, 48
Homer 200, 243, 372
 Ilias I Anm. 35, VII Anm. 15
 Odyssee 104, VII Anm. 15, X Anm. 50
Horaz, *Satiren* 174, VI Anm. 10
Hugo (V.) 63, III Anm. 2

I

Institut. Justin X Anm. 87
Ioppolo (A.) I Anm. 37

J

Jesus Christus 49, 180, 280, 317, 334, 421
Joly (de, J.-P.) 50, 60, II Anm. 23, Anm. 40
Joseph Bryennios II Anm. 8
Julian (Kaiser) 18, X Anm. 89
Junius (Arulenus) Rusticus 406
Junius (Quintus) Rusticus 21, 25-28, 33-38, 40, 65, 93, 97, 101-103, 380-382, 385-386, 388-391, 401, I Anm. 60, IV Anm. 58
Jupiter 219, 223-224, 228-229
Justin (Apologet) 39, 84, I Anm. 10
Juvenal, *Satiren* 406

K

Kant (I.) 162, 253, 294, 316, 421-422, VII Anm. 84, VIII Anm. 34, Schluß Anm. 6
Kidd (I.G.) VIII Anm. 4
Kilikien 17
Kleanthes 38, 223, VII Anm. 51
Klotho 200-201, 229, 338
Krates 90
Kroisus 248, 350, 377

L

Lachesis 200
Lavelle (L.) 305, 312, VIII Anm. 47, Anm. 52
Leonidas von Tarent 347
Lesage (A.R.) 244
Licinius Montanus 383
Lollianus Avitus (Prokonsul) 383
Long (A.A.) IV Anm. 2, X Anm. 30
Lot (F.) 18, I Anm. 6
Lucilla (Tochter von Marc Aurel, Frau des Lucius Verus) 40, 378, VIII Anm. 41
Lucius (Philosoph) 35, I Anm. 45
Lucius Gellius (Freund des Arrian) 97, 101
Lucius Verus *Siehe* Verus
Lukian von Samosata 46, 94, 245, II Anm. 7
   Adversus Indoctum IV Anm. 26
   Charon 244, 245, VII Anm. 76
   Demonax 434, IV Anm. 30
   Die Bilder 378
   Ikaromenippos oder die Luftreise 243, VII Anm. 76
   Totengespräche 245, VII Anm. 77
   Verteidigung der Bilder 378
Lukrez 84-85
   De rerum natura 79, 249, III Anm. 8, VII Anm. 80.
Luschnat (O.) V Anm. 6
Lykurg 25

M

Mach (E.) 202
MacMullen (R.) I Anm. 50
Maecenas 78
Marius Maximus (Geschichtsschreiber) 395, X Anm. 77
Markomannen 16, 357
Marquardt (J.) I Anm. 62
Martinazzolli (F.) X Anm. 70

Martius Verus 16
Matidia (Tante Marc Aurels) 38
Matthäusevangelium 280, 317, VIII Anm. 23, Anm. 56
Maximus *Siehe* Claudius Maximus
Maximus von Tyros 349, X Anm. 35
Melito aus Sardes I Anm. 10
Menandros (Komödiendichter) 90
Menipp 243-244, 377
Mesomedes 324, IX Anm. 5
Metrodoros 349, X Anm. 38
Meyer (Ph.) II Anm. 8
Millar (C.F.) X Anm. 99
Misch (G.) 51, II Anm. 26
Moiren 138, 200-201
Monimos (Kyniker) 90-91
Moraux (P.) I Anm. 51, II Anm. 12
Mucius Scaevola (Augur) 26
Mucius Scaevola (Pontifex) 415
Murray (O.) I Anm. 50
Musonius Rufus 23-24, 36, 85, 95, 408, I Anm. 17, Anm. 22

N

Nero (Kaiser) 57, 95, 339, 384, 405
Nerva (Kaiser) 406, 409
Nietzsche (Fr.) 205-208, 239, 420, VII Anm. 27-30, Anm. 71, Anm. 74, Schluß Anm. 1
Nikephoros Kallistos Xanthopoulos, *Ecclesiastica Historia* II Anm. 4
Nock (A.D.) I Anm. 30
Norden (E.) VII Anm. 78
Nutton (V.) I Anm. 60

O

Oliver (J.H.) IV Anm. 32, X Anm. 65
Ollier (F.) 24, I Anm. 21
Origanion (Mimendichter) 377
Origenes, *Gegen Celsus* 94, 227-228, IV Anm. 27, VII Anm. 58
Orphische Hymnen 324, IX Anm. 4
Otto (A.) I Anm. 36

Ovid, *Metamorphosen* 347, X Anm. 32, Anm. 36

P

Paetus Thrasea 405-408, X Anm. 88
Pamphila 57, 61
Panaitios 125, 326
Pantheia aus Smyrna (Mätresse des Lucius Verus) 378
Paquet (L.) IV Anm. 16
Parzen *Siehe* Moiren
Pascal (B.) 51, 180, 220, 250, 349, VI Anm. 30, Anm. 31, VII Anm. 47, X Anm. 40
Paulus (hl.) 29
Pelops 338
Pergamos (Geliebter des Verus?) 378
Persius, *Satiren* 41, I Anm. 61
Pesce (D.) V Anm. 27
Petit (P.) 335, X Anm. 7
Phalaris (Tyrann von Akragas) 384
Philipp von Makedonien 248, 350, 377, 415, 417-418, X Anm. 105
Philistion (Mimendichter) 377
Philon von Alexandreia
De providentia VII Anm. 45
De specialibus legibus 110, 283, 349, IV Anm. 54, VIII Anm. 30, X Anm. 34
Legum allegoriae VIII Anm. 37
Philostratos
Die Bilder 338, X Anm. 14
Sophistenbiographien I Anm. 45, Anm. 48, X Anm. 62
Phocion 407
Phoibos (Mimendichter) 377
Phokylides 48
Photius, *Bibliothek* 100, II Anm. 31, IV Anm. 40
Platon 23, 45, 48, 54, 91, 116, 119, 121, 133-135, 176, 178-179, 182, 307-308, 318, 320, 368, 397-398, 407, 409, 414-415, V Anm. 27
Apologie 91, 114

Briefe 407, 409
Charmides 45
Gastmahl 117-118, I Anm. 23
Gesetze 301, 330, VIII Anm. 40, IX Anm. 1, Anm. 14
Gorgias 91, 307, VIII Anm. 49
Kratylos 347, X Anm. 30
Phaidon 45, 305, 408, VIII Anm. 45, IX Anm. 1
Philebos 45
Protagoras 307, VIII Anm. 49, IX Anm. 1
Staat 91, 104, 133, 200, 305, 319, 321, 349, 414-415, V Anm. 21, VII Anm. 17, VIII Anm. 45, IX Anm. 1, X Anm. 33
Theaitetos 91, 397
Timaios 178, 307, VIII Anm. 49
Plautus 30
Plinius der Jüngere, *Briefe* 23, 31, 33, 409, I Anm. 17
Plotin 19, 46, 59, 179, 239, 280, 351, VI Anm. 29, VII Anm. 70, VIII Anm. 24
Plutarch
Agesilaos I Anm. 19
Brutus 407
Cato der Jüngere 407, X Anm. 92
De communibus notitiis (Über allgemeine Auffassungen) VII Anm. 21, Anm. 34, IX Anm. 12
De defectu oraculorum (Über die eingegangenen Orakel) 347, X Anm. 31
De repugnantiis stoicorum (Über die Widersprüche der Stoiker) 123, V Anm. 11
De tranquillitate animi (Über die Seelenruhe) 58, 61, II Anm. 33
De virtute morali 134, 160, V Anm. 22, VI Anm. 8
Dion 407, X Anm. 90
Kleomenes 24, I Anm. 19
Leben des Lykurg 24, I Anm. 20
Phocion 407, X Anm. 107

Pohlenz (M.) V Anm. 30, X Anm. 5
Polemon 29
Polybius I Anm. 19
Pompeji 284, 377
Pompeius 79, 377, 418
Porphyrios 59
Vita Plotini II Anm. 35
Poseidon 338
Poseidonius 125-126
Pyrrhon 111
Pythagoras 377

Q

Quaden 16, 49, 52, 356-359
Quintilian 84, III Anm. 10

R

Rabbow (P.) 350, X Anm. 42
Reeves 202, VII Anm. 23
Renan (E.) 9, 51, 231, 334-335, 393-394, 402-403, 420-423, I Anm. 7, II Anm. 25, VII Anm. 39, X Anm. 1-4, Anm. 75, Anm. 84, Schluß Anm. 2, Anm. 3.
Reuchlin (J.) 43, II Anm. 9, X Anm. 54
Rist (J.M.) 335, I Anm. 9, Anm. 55, III Anm. 11, VII Anm. 13, Anm. 39, X Anm. 6
Rogatianus 19
Romilly (de, J.) VIII Anm. 52
Romulus 415
Rousseau (J.-J.) 380
Rusticus *Siehe* Junius Rusticus
Rutherford (R.B.) 31, 352, 383, I Anm. 34, Anm. 45, II Anm. 30, III Anm. 4, VII Anm. 68, Anm. 72, X Anm. 45, Anm. 56, Anm. 69, Anm. 74, Anm. 94, Anm. 102

S

Sambursky (S.) VII Anm. 21

Scaevola *Siehe* Mucius Scaevola
Schaerer (R.) 182, VI Anm. 36
Schopenhauer (A.) 248, VII Anm. 79
Scipio Africanus 349, 377
Secunda (Frau des Claudius Maximus) 379
Seneca 26, 84-85, 92, 147
De beneficiis (Über die Wohltaten) 209, 265, 269-270, 272-273, 277, 283, VII Anm. 33, VIII Anm. 7, Anm. 14, Anm. 15, Anm. 17, Anm. 19, Anm. 20, Anm. 28
De clementia (Über die Milde) 309, 317, IV Anm. 21, VIII Anm. 51, Anm. 58
De constantia sapientis (Von der Standhaftigkeit) 170, 408, VI Anm. 17, X Anm. 91
De ira (Über den Zorn) 171, VI Anm. 18
De providentia (Von der Vorsehung) 276, 408, VIII Anm. 18, X Anm. 91
De tranquillitate animi (Über die Seelenruhe) 269, 283, VIII Anm. 13, Anm. 28
De vita beata (Vom glücklichen Leben) 278-279, 329, VIII Anm. 21, IX Anm. 9-10
Ad Lucilium (Briefe an Lucilius) 23, 32, 116, 168, 209, 213, 215, 235-236, 242, 285, 298, 328, 346, 416, 424-425, I Anm. 17, Anm. 39, V Anm. 2, VI Anm. 15, VII Anm. 33, Anm. 38, Anm. 42, Anm. 69, Anm. 75, VIII Anm. 32, Anm. 36, IX Anm. 7, X Anm. 27, Anm. 108, Schluß Anm. 13
Naturales quaestiones (Naturwissenschaftliche Fragen) 223-224, VII Anm. 49, Anm. 50, Anm. 52-54, X Anm. 37
Sentenzen des Demokrates 88
Sergius Paulus 40, I Anm. 60
Sextius (Quintus, Vater und gleichna-

miger Sohn, röm. Philosophen im
1. Jahrhundert v. Chr.) 84
Sextus von Chaironeia 34-36, 38,
65, 383-384, 386
Sextus Empiricus, *Adversus Mathematicos* 35, 157, 166, V Anm. 13,
VI Anm. 7, Anm. 14
Shaftesbury (A.) 9
Simplicius
In Aristotel. Categ. VII Anm. 10
In Epicteti Enchiridion 95, IV Anm. 29
Sinuessa 27
Sirmium 17, 359, 381
Smolak (K.) IX Anm. 5
Sokrates 25, 32, 37, 79, 91, 94, 97, 106, 114, 116-117, 145, 178, 183, 334, 377, 413, 418, 441, 451
Solon 49
Souilhé (J.) 99, IV Anm. 38, Anm. 39
Sparta 24, 429
Spinoza (B.) 279, VIII Anm. 21
Stadter (Ph.) IV Anm. 31, Anm. 32
Statius Priscus 16
Steinby (M.) I Anm. 1
Stobaios, *Anthologie* V Anm. 3
Strabon I Anm. 18
Suda (Lexikon) 35, 43, 49, I Anm.44, II Anm. 5, Anm. 16, IV Anm. 33
Suidas Siehe Suda
Syme (R.) X Anm. 77
Syrien 17

T

Tacitus, *Agricola* 406, 409
Taillardat (J.) I Anm. 15
Tang Zhen 425, Schluß Anm. 11
Tantalos 338
Taurus (Platoniker) 20, 100
Theiler (W.) 13-14, 357, III Anm. 5, IV Anm. 15, VII Anm. 40, Anm. 42, X Anm. 51, Anm. 54, Anm. 55, Anm. 59

Themistius, *Orationes* 26, 43, 46, 97, I Anm. 26, II Anm. 2, IV Anm. 37
Theodotus 381, 389
Theognis 48
Theophrast 91
Theophylaktes Simokattes 46, II Anm. 14
Thompson (Fr.) 202, VII Anm. 24
Thrasea *Siehe* Paetus Thrasea
Throm (H.) V Anm. 25
Thukydides 248
Tiberius (Kaiser) 377
Tigerstedt (E.N.) I Anm. 21
Titius Aristo (Rechtsberater) 23, 31, 33
Trajan (Kaiser) 31, 377, 409, 413

V

van Effenterre (H.) 338-342, 345, I Anm. 62, X Anm. 15, Anm. 18
Verus (Lucius, Kaiser, Marc Aurels Adoptivbruder) 15-16, 19, 39-41, 338, 344, 370, 378-379, 381-382, 387, 394, 395, 402, 414, I Anm. 10, Anm. 45
Vespasian (Kaiser) 78, 377, 406
Vetulenus Civica Barbarus 40, I Anm. 60
Ville (G.) 416, X Anm. 109
Villon (F.) 79, 377, III Anm. 8
Voelke (A.J.) 139, V Anm. 26, VI Anm. 34, VII Anm. 1, Anm. 63, VIII Anm. 11
Volesus 377
Voltaire 245

W

Wang Fuzhi 424
Wartelle (A.) I Anm. 10
Wendland (P.) 335, X Anm. 5
Whittaker (C.R.) X Anm. 99
Wien 17, 357

Williams (W.) 356, 404, X Anm. 49, Anm. 87
Wittgenstein (L.) 210, VII Anm. 37

X

Xenokrates 29, 90
Xenophon, *Memorabilien* *(Erinnerungen an Sokrates)* 96-98, I Anm. 23
Xylander *Siehe* Holzmann

Z

Zenon von Kition 38, 99, 113, 116, 119, 125
Zeus 138, 143, 161, 201, 223-224, 226, 243, 324, 365

Begriffsregister

A

Absicht (moralische Absicht) 268-277
Allvernunft 217/18, *siehe auch* Übereinstimmung mit der Allvernunft
Antrieb (ursprünglicher Antrieb) 215-231, 303
areté (Tugend) 318
Ästhetik (realistische Ästhetik) 239
axia (Wert) 105, 296-306

B

Begehren (*orexis*) 74-75, 108-109, 126, 131, 137-145, 185-189, 218
Begleiterscheinung, notwendige und zusätzliche Folge (*epakolouthésis*, *parakolouthésis*) 85, 215-222, 229, 236-238
Berg (doppelte Bedeutung) 65, 91, 397-398
Berühmtheit 245-246
Bewußtsein (kosmisches) 125, 138, 142, 163-164, 198-205, 208-209, 251-254
Bewußtsein der eigenen Fehlbarkeit 392, 404
Blick von oben 239-246, 347-349
Böse (niemand tut willentlich Böses) 104, 182, 306-309

D

daimôn 176, 178-180, 188, 226-227, 305, 361
dianoia (Denkvermögen, Reflexion) 134, 151, 160, 165-166, 178-179, 190, 274
Definition (physikalische –) 154-156, 164, 191, 198, 219, 232-236, 286
Dialektik (Logik) 32, 36, 111-112, 119-129, 145-147, 150-184

disjunktive Aussage (Vorsehung oder Atome) 210-230
Disziplinierungen, Lebensregeln (die drei –) 63, 69, 73-78, 108, 109, 125-149, 185-189, 240, 255-258, 295, 320-326.
Dogmen 64-73.

E

Einkehr in sich selbst 65-66, 363
Elfenbeinschultern 337-338
epakolouthésis, *siehe* Begleiterscheinung, notwendige und zusätzliche Folge
Epikureismus 92-93, 210-216, 421
Ereignis 198-205

F

Freiheit der moralischen Absicht 251, 277-282
Freiheit (wirkliche –) 177
Freiheit (politische) 409-410
Freude 250, 327-331
Frömmigkeit 193

G

Gebet an den Kosmos 205
Gegenwart (Begrenzung der Gegenwart, Konzentration auf die Gegenwart) 77, 93, 168, 174, 189-202, 272,285
Gegenwart (Definition) 194-198
Gegenwart (Glück in der Gegenwart) 193
Gegenwart des Universums 202-203, 247
Gemeinwohl 291-296
Gemütsbewegungen (unwillkürliche –) 152, 168-169

Gerechtigkeit 74, 300-306, 318-326
Geschichte 248-249
Gesetz (moralisches) 253
Gesetz der Vernunft 116, 254, 291-292, 305
Gewissenhaftigkeit Marc Aurels 38-39, 261, 404-405
Gladiatorenkämpfe 416-417
Gleichartigkeit aller Dinge 247-249
gleichgültige Dinge 109-110, 130-132, 159, 190, 263, 305
Gleichgültigkeit 109-110, 204, 306
Gleichheit (politische), Rechtsgleicheit 301, 409-410
Gott (Natur, Schicksal) 223-224
Götter 132, 138-139, 225-229, 299, 365, 390-394
Gut (unbewußtes Begehren nach dem Guten) 308, 314

H

Handlung (gemäß der Natur) 279-280
Handlung (moralische, in jedem Augenblick vollendet) 209-210, 271-272, 330
Handlungen (angemessene –, Pflichten, *kathékonta*) 111, 130, 132, 141, 167, 262-265, 277, 301, 364
Handlungsantrieb (*hormé*) 75, 105, 108-109, 126, 130, 185-189, 255-258, 263, 274, 280, 296
hégemonikon , siehe leitendes Prinzip
Herzlichkeit (*philostorgia*) 382-383
Hierogamie 203, 316
Hof (kaiserlicher –) 366, 398-399
hormé, siehe Handlungsantrieb
hyparchein (aktuell zukommen) 195-197
hupexairesis, siehe Vorbehaltsklausel
hupolepsis, siehe Werturteil
hypomnéma, siehe Notizen,

I

Ich (Abgrenzung des Ichs) 127, 164-180,
Ich (Bewußtwerdung des Ichs) 164-180, 208-209, 251-254
Ich als Prinzip der moralischen Wahl 175, 251-254
Ich (das vom Schicksal bestimmte Ich) 175-176, 251-254
Ich und Ereignis 201, 303-304
Identitätskrise 337-338
Intellektualismus, *siehe* Böse *und* Tugend als Wissen

K

kataléptikos, *siehe phantasia*
Kasuistik 266-267
kategorischer Imperativ 422
kathékonta, siehe Handlungen (angemessene –)
kephalaia 66-72
Kohärenz mit sich selbst und mit dem Ganzen 115-116, 120, 147, 188, 293
kontradiktorisch – konträr 117-118
Körper als Leichnam 103, 235
Kritik der Vorstellungen und der Werturteile *siehe* Definition (physikalische –)
Kynismus 90, 245

L

lakonische Lebensweise 23-24
Lebensregeln, *siehe* Disziplinierungen
leitendes Prinzip (*hégemonikon*) 75, 81, 85, 108, 127, 134, 151, 157, 159-160, 166-170, 177, 325, 361
Liebe der Teile zum Ganzen und zueinander 142, 203, 293, 316-317, 330-331
Liebe zum Mitmenschen 314-317
Logik, *siehe* Dialektik

logos 88, 89, 114, 120, 122, 143, 188 , 252, 317,366

M

Magengeschwür 339-340
Mensch (ist dem Menschen etwas Heiliges) 416, 425-426
Mensch (Körper, Seele, Intellekt) 166
Menschenrechte 425-426
Metamorphose, Verwandlung 78, 88, 164, 220, 240-241
Mitleid, Erbarmen 223, 309
moralischer Fortschritt 92, 118, 300

N

Natur (*physis*) 121, 188, 256, 329
Natur (als Göttin) 321-324
Natur (Hymnen an die Natur)
Natur (Allnatur, gemeinsame Natur) 68, 88, 142, 185-189, 252, 255-258, 294, 321-324, 330-331, 364
Natur (menschliche Natur) 88, 185-189, 255-258, 330
Natur (Vertrautheit mit der Natur) 88, 240
Naturbetrachtung 142-143, 236-245
Niederschrift als geistige Übung 80-84, 341
Notizen der Schüler (*hypomnémata*) 28, 32, 95, 97, 101-103
Notizen (persönliche – : *hypomnémata*) 55-61, 80-86
notwendige und zusätzliche Folge Siehe Begleiterscheinung

O

Opium 342-351, 323-324
orexis, siehe Begehren

Q

parakolouthésis, siehe Begleiterscheinung
Pessimismus 52, 231-250, 334-335
Pflichten, *siehe* Handlungen (angemessene –)
phantasia, *siehe* Vorstellung
phantasia kataképtiké, *siehe* adäquate Vorstellung
Philosophie (Teile der Philosophie) 119-125, 135-147
Philosophie und philosophische Rede 19, 111, 122-125, 135-147
Philosophie und Weisheit 117-119
philostorgia, siehe Herzlichkeit
Politik und Ethik 414-419
politisches Programm 418
physis, siehe Natur
Physik 111, 119-125, 135-147, 155, 164, 204, 240

R

Rede (innere –) 80, 82-83, 127-128, 150-163, 18-184 199, 269
Redefreiheit 409
Reich der Zwecke 294, 316
Rhetorik 26-27, 33, 388

S

Schicksal 167, 173, 176, 198-210, 251-254, 265-277
Schönheit 236-240
Seele 157, 160-166
Seele (die drei Tätigkeiten oder Funktionen der –) 108, 125-135, 185, 326
Seelenleitung 27-28
Selbsterhaltung (Erhaltungstrieb) 115, 132, 167, 263
Selbstkritik 393
Sentenzen 351-356, 420
Sexualität 387, 389

Sklaven 404, 426
Spontaneität der moralischen Handlung 279-280, 311, 396-397
Stoizismus des Marc Aurel 19, 38-39, 85
Stoizismus (universeller Stoizismus) 423-427
subdisjunktive Aussage 216-217
sumbainon 199-201
synkatathesis, siehe Zustimmung

T

Tanz 192, 197, 210, 271
theôréma 64, 124
Tod als Befreiung 249, 363
Tod als Naturphänomen 210, 377, 400
Tod (drohende Nähe des Todes) 55, 194, 260, 361-362
Tod (Meditation des Todes) 240-241
Tod (nicht-philosophische Vorbereitung auf den Tod) 400-401
topoi (Übungsthemen) 108-109, 135-147, 172
Traum des Marc Aurel 337-338
Tugend als Wissen 114, 181-182, 307
Tugend als ihr eigener Lohn 328-329
Tugenden 132-133, 249, 274, 318-326, 384-386
siehe auch areté

U

Übereinstimmung mit sich selbst 115-116, 203, 263
Übereinstimmung mit der Allvernunft 116-117, 147-149, 172, 176, 179, 226, 251-254
Übungsthemen, *siehe topoi*
Umkehrung der Hindernisse 270, 274, 276, 302
Unfrömmigkeit 321-324
Ungewißheit 118, 265-268
Ursache (äußere – innere) 186, 371

Urteil 158-162
ursächlich – stofflich 69, 77, 81, 374

V

Verflechtung 361-373
Vernunft, *siehe logos*, Übereinstimmung mit der Allvernunft
Vernunft und Materie 234
Vernunft (lasterhafte und entstellte Vernunft) 134, 160, 176
vernunftbegabte Wesen, als Zweck des Universums 227-228
Vorbehaltsklausel (*hypexairesis*) 85, 105, 109, 269-270, 275
Vorbereitung auf die Schwierigkeiten 282-288
Vorsehung (ist nicht allmächtig) 219-220
Vorsehung (allgemeine und individuelle) 210-231, 303, 390
Vorstellung (*phantasia*) 63, 64, 108, 128, 132, 151-154, 157, 163
Vorstellung (adäquate Vorstellung: *phantasia kataléptiké*) 128-129, 132, 136, 150-154, 160-163, 189, 219; *siehe auch* Definition (physikalische Definition)

W

Wahlfreiheit (im Gegensatz zu der wirklichen Freiheit) 126-127, 159-160, 177, 251
Wahrscheinlichkeit des moralischen Wählens 111, 118, 130, 132, 265-268
was von uns abhängt 126-127, 175
Weg, gerader 329-330, 363, 369
Weise, der 88, 116-119, 122, 152-153, 170, 203, 228, 267-269 272-273, 276-277, 408
Weltbejahung 204-210
Welt als Staat 65, 72, 148, 292, 367
Wert, *siehe axia*

Wert (absoluter Wert der moralischen Absicht) 114, 119, 180, 209, 214-215, 236, 250, 271, 294, 318, 331, 400, 405
Werturteil (*hypolepsis*) 67, 85, 89-90, 126-129, 153, 160-162, 173, 180-184, 307
Wiederholungen 80-83
Wiederkehr, die ewige 116, 142, 206-208, 220, 365-366

Z

Ziel und Zielpunkt (*telos, skopos*) 270-271
Zorn 28, 312, 389, 405
Zufall 211-216
Zustimmung (*synkatathesis*) 131-132, 150-153